国家社科基金 2010 年度项目"《春秋穀梁传》哲学思想研究"（编号 10BZX036）阶段性成果

武汉大学自主科研项目（人文社会科学）"《春秋穀梁传》哲学思想研究"研究成果，"中央高校基本科研业务费专项资金"资助

武汉大学人文社科"70 后学者学术团队"计划"哲学学科重建研究团队"项目资助

珞珈中国哲学

秦平著

《春秋穀梁传》与中国哲学史研究

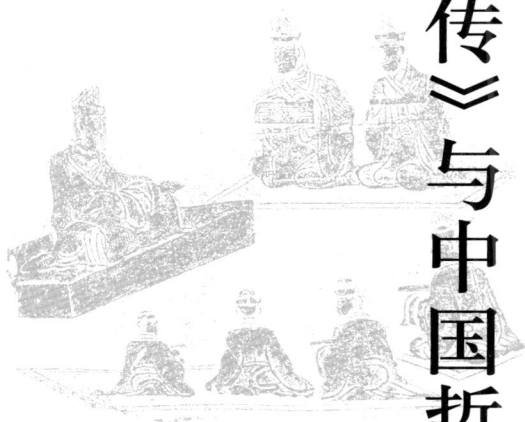

中华书局

图书在版编目（CIP）数据

《春秋穀梁传》与中国哲学史研究 / 秦平著. —北
京：中华书局，2012.11
（珞珈中国哲学）
ISBN 978 – 7 – 101– 08938 – 7

Ⅰ.春… Ⅱ.秦… Ⅲ.①中国历史—春秋时代—编年
体②《春秋穀梁传》—研究 Ⅳ.K225.04

中国版本图书馆 CIP数据核字（2012）第 225855 号

书　　名	《春秋穀梁传》与中国哲学史研究
著　　者	秦　平
丛 书 名	珞珈中国哲学
责任编辑	高　天
出版发行	中华书局
	（北京市丰台区太平桥西里 38 号 100073）
	http://www.zhbc.com.cn
	E-mail:zhbc@zhbc.com.cn
印　　刷	北京天来印务有限公司
版　　次	2012 年 11 月北京第 1 版
	2012 年 11 月北京第 1 次印刷
规　　格	开本 /630×960 毫米　1/16
	印张 21½　插页 2　字数 300 千字
印　　数	1–2000 册
国际书号	ISBN 978 – 7 – 101– 08938– 7
定　　价	54.00 元

珞珈中国哲学：通向未来中国哲学的一条可能之路

20世纪中国人文学的"一大事因缘"，就是新的知识分类体系的逐步确立。而在这一新的知识分类体系里，哲学作为一个独立的学科从传统的经史子集里分离出来。由于这样一个完全属于外来知识体系的新学科没有自己的历史及其固有的形态，在20世纪初期只能仿照西方的哲学学科体系来构造"中国哲学"与"中国哲学史"的知识体系，于是就出现了所谓的"反向格义"（刘笑敢语）的思想史的创作过程。改革开放三十年来，两代学人就中国哲学史教学体系与研究方法的诸多问题，特别是哲学史观与方法论问题，展开了多次研讨争鸣，认真反省"中国哲学"学科与中国哲学史自身的特色，在一定程度上也表述了对中国哲学自身身份认同的焦虑。

其实，在20世纪初期，有关"中国哲学"概念的具体内涵，金岳霖、冯友兰、张岱年诸先生都曾给出过自己的界定，如金先生在为冯友兰先生的《中国哲学史》写审查报告时，就区分了"中国哲学的史"和"在中国的哲学史"这二者的不同，而他本人则倾向于用一种没有"成见"的态度写一种"在中国的哲学史"（《中国哲学史》下册，中华书局1961年版）。而冯友兰先生本人在其两卷本《中国哲学史》的绪论中就明确地说，他是"就中国历史上各学问中，将其可以西洋所谓哲学名之者，选出而叙述之"，明显地以西方哲学学科为标准来写一本"在中国的西方哲学史"。张先生则辨析了"中国人的哲学"与"中国系的哲学"的差异，认为，"中国人的哲学"可以包括印度系的哲学如佛教哲学,而他所写的《中国哲学大纲》则主要是"中国系一般哲学"(《中国哲学大纲》第3页,中国社会科学出版社1982年版)。

在进入21世纪后的今天,谈论"中国哲学"问题,有一个不容抹杀的思想史事实,那就是:20世纪的现代思想文化已经成为中华民族精神传统的一个有机组成部分了。在这样的历史起点上谈"中国哲学"问题,就无法回避已被纳入到中国思想传统的西方哲学思想,特别是其中的马克思主义。相对于中国传统文化几千年的发展历程而言,近一百多年来的中国现代文化则是一个短期发展的结果,但它对于未来的中国而言却又有着极其重要的方向性意义。中国文化究竟该沿着什么样的方向发展,近一百多年来的文化论争已经基本上给出了一个大致的方向,那就是立足民族文化的优良传统,广泛吸纳外来文化的优秀成果,走综合创新之路。中国哲学的发展道路不可能偏离中国文化的整体发展方向,也将走一条"综合创新"的道路;而如何"综合创新",则将是言人人殊,各有胜途。

武汉大学地处中国大陆中部,是全国少数几个比较有名的以文科见长的综合性大学之一,哲学学院在全国哲学界得到广泛的认可,是比较少有的学科齐全、学术传统深厚的哲学教学与科研单位之一。其中,中国哲学研究群体及其研究成果,不仅在中国大陆得到同行专家们的首肯与赞誉,在国际学术界也有相当的影响。我们这个中国哲学研究群体,是以萧萐父、李德永、唐明邦、陈修斋、杨祖陶、刘纲纪先生等老一辈学者为第一代开创者,强调为学与为人的统一,主张德业双修;以史论结合、古今贯通、中外对比为宏观研究构架,以研究中国传统文化自我更新的内在契机与生命力为基本学术出发点,平章儒道墨释,涵化中印西马,认定明清之际为中国学术与文化的近代性的生长点,吸收并扬弃了梁启超、钱穆、侯外庐等人有关明清三百年学术研究的思想成果,将中国文化"自万历到'五四'的三百多年的自我更新历史看作是一个同质的近代文化的运动过程",从而论定,中国文明在世界性的由国别史向世界史迈进的进程中,是少有的几个具有原生、内发现代文化形态的主要文明形态之一。在第一代学人开创的事业基础之上,第二代、第三代学人,一方面深化前辈学者的许多固有的学术问题，另一方面也根据新的学术发展情况，拓展新的研究领域，特别是近二十年来，在现代新儒家思想研究、新出简帛文献中的哲学思想、佛教禅宗哲学研究等领域，做出了新的贡献。伴随着中国经济的发展，中国在进一步地走向世界，世界也在进一步地走进中国。中西比较哲学也将成为本哲学研究群体新的生长点。

　　本套丛书，主要展示了近几十年来在珞珈山下从事中国哲学研究的第二代、第三代部分学人的最新研究成果，体现了中国哲学研究在中国大陆中部地区最新进展的大致轮廓。丛书以中国本土的哲学思想为主要内容，其中有少量涉及中西比较哲学与比较宗教学思想。这些内容反映了珞珈中国哲学第一代学人"汗漫通观儒释道，从容涵化印中西"的宏伟学术理想，正在第二代、第三代学人的学术活动中慢慢地实现着。根据我个人的理解，在当前的语境下谈"中国哲学"，可以分成"中国人的哲学"和"在中国的哲学"两大类。所谓"中国人的哲学"，即是政治学意义上的中国人创造出来的哲学，而"在中国的哲学"，则是指来自西方、印度等域外而在中国被传播、接受、研究的哲学。"中国人的哲学"当然离不开"在中国的哲学"，但又不完全依赖于它，而是中国人对自己国家与民族的问题，乃至当今世界的问题，依据自己民族的固有思想资源，整合其他民族思想资源，提出一整套哲学的解决方案或思想方案。这便是"中国人的哲学"的主要内涵。也正是从这一意义上说，珞珈中国哲学，是一条通向未来中国哲学的可能之路。它揭示了这样一种学术理想：居住于珞珈山下的中国哲学研究群体将努力依据中国固有的思想资源，整合其他民族的思想资源，创造出一种"中国人的哲学"。这是一个目标，是一种学术理想，目前的这套丛书与此目标和理想还相差很远，但可以看作是通向此目标与理想的一级台阶。

　　是为序。

吴根友

2008 年 2 月 4 日

目　录

《春秋穀梁传》研究

中国哲学史研究

《春秋穀梁传》研究

20 世纪以来国内《春秋穀梁传》思想研究之综述

作为"《春秋》三传"之一,《春秋穀梁传》(以下简称《穀梁传》)曾在西汉宣帝统治期间盛极一时,被立为官学;后于唐代被列入"九经",至宋代正式位列"十三经"。可以说,两千多年来,《穀梁传》一直是中华传统最重要的经典之一,其所蕴涵的丰富的政治哲学、道德哲学与伦理哲学价值,均不容抹杀。但是,与《春秋公羊传》(以下简称《公羊传》)和《春秋左氏传》(以下简称《左传》)的研究相比,《穀梁传》研究无疑逊色了不少,无论在研究者的规模方面,还是在已经取得的研究成果方面,均远远不及《公》、《左》二传。

不过,自晚清今古文经学的滥觞、民国古史辨派运用新学科方法研究《穀梁传》以来,已经先后有学者从经学、史学、政治学、伦理学等角度对《穀梁传》展开深入研究,形成了现代《穀梁》学研究的一个相对繁荣的高潮。

总观 20 世纪以来的国内《穀梁》学研究成果,其主要集中在《穀梁传》的思想史定位以及《穀梁传》的思想价值等方面。本文拟对此作一番梳理,以期为《穀梁传》思想的进一步研究提供基础。

一、围绕《穀梁传》的思想史定位所展开的论辩

《穀梁传》在思想史、经学史上如何定位? 这是研究《穀梁传》思想的前提和基础。这一主题实际上包含了一系列问题的探讨,如孔子与"六经"的关系、孔子与《春秋》的关系、《穀梁传》与《春秋》的关系、《穀梁传》的作者、《穀梁传》与《公羊传》的关系、《穀梁传》的成书与流

传情况,等等。20 世纪以来,不少中国学者围绕这一主题的诸项子题各抒己见、论辩诘难,提出了许多极具启发性的见解,使相关研究和认识不断清晰与深化。

(一)孔子与"六经"的关系

孔子与"六经"是否有关? 如果有,又是什么关系? 解答这些疑问是人们理解"孔子与《春秋》之关系"问题的前提和背景。学者们对这些疑问的回应,大致可以归纳为三种观点:

持第一种观点的学者以皮锡瑞为代表,主张"六经"皆为孔子所删定。站在今文经学的立场上,皮锡瑞坚信孔子有帝王之德而无帝王之位,晚年明白了"道之不行",故退而删定"六经",寓微言大义于其中,以作为万世之准则,"孔子之教何在? 即在所作'六经'之内。故孔子为万世师表,'六经'即万世教科书"。皮锡瑞称孔子之所以贤于尧舜,甚至为生民以来所未有者,都是因为他删定了六经。所以,"经学开辟时代,断自孔子删定'六经'为始。孔子以前,不得有经"①。蒋伯潜的观点与皮氏相近,亦主张"五经"与孔子有关,其中有孔子的"微言大义"存焉,故孔子是经学的开山之祖②。

第二种观点的代表、古史辨派的重要学者钱玄同完全反对皮锡瑞的主张。钱玄同根本否定了"六经"与孔子的关系,提出若要想求得真正的孔学,要考察孔子的学说和事迹,只可依据《论语》。甚至《孟子》、《荀子》、《史记》中所述的孔学,都只能说是孟轲、荀况、司马迁之学而已,更毋论今文与古文经学了。在 1923 年写给顾颉刚的一封信中,钱玄同系统地提出了他关于孔子与"六经"关系的看法:(1)孔丘并无删述或制作"六经"之事;(2)《诗》、《书》、《礼》、《易》、《春秋》本是各不相干的五部书(至于《乐经》更是子虚乌有、从无此书);(3)因《论语》偶然提到诗、书、礼、乐,就先后有《史记·孔子世家》、《礼记·王制》、《孟子》等文献敷衍出"孔子作六经"之说;(4)实际上"六经"的配成是在战国末期的事情,首见于《庄子》的《天运篇》和《天下篇》;

---

① [清]皮锡瑞:《经学历史》,北京:中华书局,2004 年新 1 版,第 1—7 页。
② 详见蒋伯潜:《十三经概论》,上海:上海古籍出版社,1983 年第 1 版,第 5—6 页。

（5）自"六经"之名成立，后学多将六者并举，而且还扯上"五行"、"五常"等话头来比附①。

　　第三派观点是由周予同先生提出的。他首先考察了上述两派的意见，指出：钱玄同从"疑古派"的怀疑精神出发，全盘否定了"六经"与孔子有关系的说法，钱氏的见解固然有其独到之处，但他的立足点却是有问题的，因为他是对这个问题先存在否定的意见，然后再去从古代文献里找证据来证明自己的观点，难以避免主观主义的毛病；不过，钱玄同所代表的"新古史学者"以怀疑精神重理中国古代史，其"六经孔子关系论"体现了近代经学研究的新途径。至于皮锡瑞等今文经学家，他们坚信孔子怀抱着伟大的政治理想，并以"六经"为孔子思想所托，还可以说有一定道理；但其所信奉的"六经致用"、"孔教救国"，则更像是荒谬的鬼话，完全说不通。周予同最后提出自己的看法："六经"决非撰于一人、成于一时、作于一地。在孔子以前，必定有很多古代文献遗存下来，其中的一部分就残存在"经书"之中。作为我国历史上第一个创办私立学校的教育家，孔子很可能对这些文献重新整理过，用作教授学生的教本。所以现存的"六经"，是经过孔子整理的，也因此而成为儒家学派的"经典"。不过，孔子对"六经"尽管有所删节，但他的基本态度是"信而好古"，在很大程度上保留了原有的文字、史事和风格；并且，今天我们看到的"五经"已经不完全是孔子整理后的原书，而是既在流传过程中散佚了一部分，又掺杂有后来儒家学派增添的内容②。

（二）孔子与《春秋》的关系

　　孔子与《春秋》的关系问题直接影响到人们对《春秋》价值的评判，是研究《春秋》以及《穀梁传》首先碰到的、不可不解决的关键问题。这一时期的学者在此问题上的争论更加激烈，形成了多种意见。

　　皮锡瑞坚持认为《春秋》是孔子创作的一本治世大典，"说《春秋》

---

　　①　钱玄同：《答顾颉刚先生书》（1923 年 5 月 25 日），收录在顾颉刚等编著《古史辨》第一册，上海：上海古籍出版社，1982 年第 1 版，第 69—70 页。

　　②　朱维铮编：《周予同经学史论著选集》，上海：上海人民出版社，1983 年第 1 版，第 215—218 页。

者,须知《春秋》是孔子'作'。'作'是做成一书,不是抄录一过;又须知孔子所作者,是为万世作经,不是为一代作史"。皮氏此说实际上继承了孟子的"孔子作《春秋》"之说。皮锡瑞又详细描述了孔子作《春秋》的过程:《春秋》原本是鲁国旧史,只有史事的客观记载而没有更深刻的意义,而孔子忧"周德既衰,官失其守,上之人不能使《春秋》昭明;赴告策书,诸所记注,多违旧章",因此"考其真伪,而志其典礼,上以遵周公之遗志,下以明将来之法。其教之所存,文之所害,则刊而正之,以示劝戒,其余则皆即用旧史"。孔子对《春秋》加以笔削褒贬,为后王立法,而使乱臣贼子惧。所以,皮锡瑞认为孔子之作《春秋》比起删订其他诸经意义更为重大,甚至可以与大禹治水、周公平乱媲美①。蒋伯潜亦持"孔子作《春秋》"之说②。

晚清古文学派大师章太炎认为"六经"乃是"取周公之典章,所以体天人之撰而存治化之迹",故"六经"是"以先王政教典章,纲维天下"。章太炎不同意今文学派的孔子"作"《春秋》之说,他主张"六艺皆周公之政典","圣如夫子,而不必为经"。世传"夫子作《春秋》"之说,其实孔子只是"议而不断"、"不自为赏罚"。因此,孔子之"作"《春秋》,实为"修"《春秋》③。

徐复观先生也认为《春秋》是孔子所"修"而非所"作",但他不赞同古文学派"以《春秋》为史"的看法,认为孔子修订《春秋》的动机和目的并不是今日所谓的"史学",而是在发挥古代良史"以史的审判代替神的审判"的庄严使命;因此,孔子修《春秋》的用心是超乎史学之上的,《春秋》是经而不是史④。

钱玄同则继续贯彻古史辨派的怀疑精神,依据《论语》中"关于《春秋》的话,简直一句也没有",来证明《春秋》决非孔子所作或所删

① [清]皮锡瑞:《经学通论》之四《春秋》,北京:中华书局,1954 年第 1 版,第 2—4 页。
② 详见蒋伯潜:《十三经概论》,第 5 页。
③ 《文史通义》卷一《经解》,见[清]章学诚著、叶瑛校注:《文史通义校注》,北京:中华书局,1985 年第 1 版,第 93—112 页。
④ 徐复观:《两汉思想史》第三卷,上海:华东师范大学出版社,2001 年第 1 版,第 156 页。

修。钱玄同认为《春秋》只能是一部历史,具体说,是一部鲁国的"断烂朝报",不但无所谓"微言大义",并且是没有组织、没有体例、不成东西的史料而已。用他的话说,"'六经'之中最不成东西的是《春秋》"。所以,它绝不是孔二先生做的,以孔夫子的学问才具,似乎不至于做出这样一部不成东西的历史来①。

顾颉刚先生对钱玄同的观点做了补充和修订,主要是推测了"《春秋》何以说为孔子所作"的几个步骤,认为《春秋》本是鲁国史官所记的朝报,本来就有阙文和疏漏之处;等到孔子劝人读书,教育学生,但当时实在没有多少书可以读,只好把这鲁国所独有的史料拿来让七十子后学读;后来,儒家尊孔子,就把《春秋》截在孔子去世的时候为止了;而随着《春秋》的地位渐高,甚至有人一定要说《春秋》是孔子作的,并且硬要从里面找出孔老夫子的"微言大义"来。所以,《春秋》不是孔子作的,孔子只是借用它作为教材来教授学生;《春秋》里面也没有孔子的什么"微言大义"。但这并不是说《春秋》就没有任何"义例"了,《春秋》当然不可能处处有微言大义,但著作《春秋》的那些鲁国史官们秉笔而书,自然有它的体例,所以从中推出些义例来也不足为奇,只是不能一股脑把账全都算到孔夫子头上②。杨伯峻先生仔细考察了今本《春秋》的文字,认为:"春秋"本是当时各国国史的通名,后来专指鲁国的史书;现存《春秋》基本上是鲁国史书的原文。《春秋》本身前后笔调不一致,说明孔子寓"微言大义"于书中的说法不可信。《春秋》与孔子有一定关系,表现在孔子曾经将官书《春秋》作为教本教授学生,并使它传到民间;后来孔门弟子为纪念孔子,特意在书中加上了他的生卒年③。持相似观点的还有朱自清和赵伯雄④。

钱穆先生委婉地批评了钱玄同"只可依据《论语》考察孔子的学说和事迹"及"依据《论语》中没有关于《春秋》的话来证明《春秋》决非

————————

　　①　钱玄同:《论〈春秋〉性质书》,《古史辨》第一册,第 275—276 页。
　　②　顾颉刚:《答书》(1925 年 3 月 21 日),《古史辨》第一册,第 276—278 页。
　　③　《文史知识》编辑部编:《经书浅谈》,北京:中华书局,1984 年第 1 版,第 70—74 页。
　　④　详见朱自清:《经典常谈》,北京:中华书局,2009 年第 1 版,第 41—43 页;又见赵伯雄:《春秋学史》,济南:山东教育出版社,2004 年第 1 版,第 7—8 页。

孔子所作或所删修"的观点。通过历史地考察《春秋》在各个时代的影响和地位,钱先生得出结论:《论语》是孔门弟子记载孔子平日言行的一部书,而《春秋》则是孔子自己的著作,而且是孔子晚年的、唯一的一部亦经亦史的著作①。

周予同先生对"《春秋》"和"《春秋》学"做了分梳,指出《春秋》本身是一部很平常的史书,是中国古代初期的历史著作,因为受到当时物质的和意识的限制,只能形成这样一部东西。但是,《春秋》何以影响中国的政治、法律及社会思想如此深远? 周予同认为,这不是因为《春秋》本身有什么"微言大义",而是由于后人研究《春秋》、利用《春秋》而形成的"《春秋》学"所造成的②。

姚曼波则通过清理孔子与《春秋》、《左传》的关系,考察孔子作《春秋》的文化渊源与历史条件,比较《左传》、《论语》、《国语》在思想倾向、史料、语言风格、虚词文法等方面的异同,得出了一个新颖的结论:孔子确实著过《春秋》,但他所著的《春秋》并不是前人所说的和今天流传下来的《春秋》,而是一部独立的著作,是今之《左传》的蓝本;孔子《春秋》的原貌是一部记载着"弑君三十六,亡国五十二"史实的类似纪事本末体的史学著作;左氏割裂了孔子《春秋》,并加入逐条解经语而形成了今本的编年体的《左传》③。

谢金良主要讨论了"《春秋》是否含有微言大义"的问题,指出:如果《春秋》不含有微言大义,则《公》、《穀》二书就是后人编造杜撰出来的,这与二传文本体现出的作者的才华不相称。所以,可以从《公》、《穀》二传反推出《春秋》应当含有一定的微言大义。但这并不意味着《春秋》里的每一条都表现了圣人的"微言大义";而且,现有的史料只能说明《春秋》与孔子的学问有关系,还很难断定《春秋》的所有"义例"都是出自孔子。因此,一方面要承认《公》、《穀》之书专讲"微言大

①　钱穆:《两汉经学今古文平议》,北京:商务印书馆,2001 年新 1 版,第 263—317 页。
②　朱维铮编:《周予同经学史论著选集》,第 493—498 页。
③　姚曼波:《孔子作〈春秋传〉史实考》,《江苏教育学院学报》(社会科学版),2001 年第 7 期,第 88—92 页;又见姚曼波:《〈春秋〉考论》,南京:江苏古籍出版社,2002 年第 1 版,第 7—41 页。

义"并非全凭牵强附会杜撰出来的,而是源有所据的;另一方面,尽管孔子可能对《春秋》一书有着自己特殊的见解,但不能简单认为《春秋》的全部义例一定出自孔子①。

(三)《穀梁传》与《春秋》的关系

在《穀梁传》与《春秋》的关系问题上,学者们的意见分歧也很大,概括起来有四种观点。

不少学者继承了传统的"《穀梁》今文说",认为《穀梁传》同《公羊传》一样,都是为解释、阐发《春秋经》里孔子的"微言大义"所作的传。皮锡瑞是持这一观点的典型代表②。

晚清学者崔适撰《春秋复始》一书,认为《穀梁传》并非今文学,而是古文学,是由刘歆伪造的,目的是用来为同样由他伪造的《左传》张目③。张西堂先生进一步发展了此说,通过梳理《穀梁传》文本,他指出:《穀梁》有无经之传,有不释经之传,《穀梁》义例多相乖戾之处,文辞多重累之处,《穀梁》晚出于《公羊》,不合于鲁语,违反孔子之意,乃杂取传记以成等种种证据,论定《穀梁传》亦为古文之学,"盖本杂取传记以造,非得《春秋》之真传者也"④。

周予同则贯彻了《穀梁传》"信以传信,疑以传疑"的精神,在考订各家之说的基础上,提出:崔氏的立论虽然还没有得到一般学者的承认,但《穀梁传》的作者问题无明文可考,实在是不容讳言的。换言之,《穀梁传》与《春秋》的关系问题,在目前只能是暂付阙如⑤。

谢金良具体考察了崔适以《穀梁传》为古文学的几个证据,认为崔适的论证并不能成立,《穀梁传》仍应当属于今文学。接着,谢金良提出了一个大胆的推测:《穀梁传》一定有其渊源,其源头很有可能是子夏所传的《春秋传》;而这部《春秋传》并不见于史册,在此专指传说中

---

① 谢金良:《〈穀梁传〉的真伪和写作时代问题考辨》,《福建论坛》,1996 年第 2 期,第 9—13 页。
② [清]皮锡瑞:《经学历史》,第 1—23 页。
③ 参见张西堂:《穀梁真伪考》,台北:明文书局,1994 年第 1 版,第 72—76 页。
④ 张西堂:《穀梁真伪考》,第 1 页。
⑤ 朱维铮编:《周予同经学史论著选集》,第 264—265 页。

子夏秘传的《春秋》经义，可以说是一部虚名的文本①。

（四）《穀梁传》的作者

由于史料阙如，长期以来关于"《穀梁传》的作者"问题众说纷纭。单就"穀梁子"之名，到唐代时就已经有"穀梁喜"、"穀梁嘉"、"穀梁赤"、"穀梁俶"、"穀梁寘"、"穀梁淑"等六种说法。20 世纪以来，学者们对这一问题展开了进一步的研究。

皮锡瑞根据《穀梁传》传授的时代长短，推测"穀梁赤"、"穀梁俶"、"穀梁喜"、"穀梁寘"四名并非指一人，而是像《公羊传》"祖孙父子相传"一样，可能是穀梁家族几位相继传授《穀梁传》的传经者的名字②。

吴承仕不同意皮锡瑞的看法。通过对这六个名字进行声类转换的分析后，吴承仕指出：一人六名的现象是"字异而人同"；这六个名字并非指不同的人，而都是专指"穀梁子"一人③。

还有一些学者试图从转音或切合之字的思路来解释"公羊"和"穀梁"的姓。例如，传统的看法认为"公羊"和"穀梁"俱为复姓。而皮锡瑞的《经学通论》则介绍了有些学者认为"公羊"、"穀梁"皆为"卜商"二字的转音，换言之，《穀梁传》与《公羊传》实际上都是出自子夏（卜商）之手④。蔡元培即主张"公"和"穀"双声，"羊"和"梁"叠韵，因此，《穀梁传》与《公羊传》的作者是同出于一人⑤。

谢金良将前人在此问题上的说法总结为三类：第一类认为穀梁子是《穀梁传》的传经者，而不是自作者，这一说法源自徐彦的《公羊传疏》；第二类看法是《四库提要》所主张的《穀梁传》非一人一时之作；第三类则主张《穀梁传》是刘歆伪造的，持这一观点的主要有崔适和张西堂。在参考前人成果的基础上，谢金良提出了自己的观点：《穀梁

---

① 谢金良：《〈穀梁传〉的真伪和写作时代问题考辨》，《福建论坛》，1996 年第 2 期，第 9—13 页。
② ［清］皮锡瑞：《经学通论》之四《春秋》，第 17—18 页。
③ 吴承仕：《经典释文序录疏证》，北京：中华书局，1984 年第 1 版，第 117 页。
④ ［清］皮锡瑞：《经学通论》之四《春秋》，第 18 页。
⑤ 蔡元培此说参见蒋伯潜：《十三经概论》，第 430 页。

传》不可能是刘歆伪造的;穀梁子和《穀梁传》的关系很密切,类似于孔子和《春秋》的关系;穀梁子很可能既是《穀梁传》的重要传经者之一,又是主要的删定者;他主要是在传经过程中对子夏所传的《春秋传》的文本进行修补和删定,所以,后世学者把书的著作权归给他;在穀梁子修定之后至今本《穀梁传》写定之前,很可能还有传经者对穀梁子定形后的文本修补过,以致今本《穀梁传》变成不是一时一人之作①。

　　另一种有代表性的观点是由金建德先生提出的。金建德根据《史记·儒林列传》记载:瑕丘江生"为《穀梁春秋》",认为《穀梁传》的作者是汉代的瑕丘江生。金先生注意到《穀梁传》桓公五年载:"郑,同姓之国也,在乎冀州。"郑国在战国时所处地名应为豫州,直至《淮南子》才开始将河南"豫州"之地称为"冀州"。所以,《穀梁传》的说法实际上反映了汉代人的地理观念,这恰恰说明它成书的时代应该是汉代。具体地说,《穀梁传》应当是由汉代学者瑕丘江生著作的②。

(五)《穀梁传》与《公羊传》的关系

　　《穀梁传》与《公羊传》的关系一直是"三传"研究中的一个重点和难点。学者们就此问题也纷纷发表自己的看法。

　　杨伯峻在具体分析《穀梁传》与《公羊传》的文本之后,认为这"二传"不可能同出自子夏的传授。因为二者矛盾的地方很多,更不乏《穀梁》攻击《公羊》之处。如果它们同出于子夏,则只应大同小异、互有详略,不可能自相矛盾甚至相互攻击。所以,公羊子、穀梁子都未必是子夏的学生;托名子夏,不过是借以自重罢了。其中,《穀梁传》的成书又应该在《公羊传》之后③。

　　沈玉成、刘宁著《春秋左传学史稿》认为:"《穀梁传》与《公羊传》是同源异流、同本异末的两部著作。它们同属今文学派,同讲微言大

　　①　谢金良:《〈穀梁传〉的真伪和写作时代问题考辨》,《福建论坛》,1996 年第 2 期,第 9—13 页。
　　②　金建德:《瑕丘江公作〈穀梁传〉的推测》,《人文杂志》,1957 年第 3 期,第 30—34 页。
　　③　《文史知识》编辑部编:《经书浅谈》,第 87—89 页。

义,同以释经义为主,同为问答体,《穀梁传》的写定则晚于《公羊传》。其所以有异说甚至驳论,是两家经师传授的不同,既是学术上的分歧,也是在野的《穀梁》学派与当权的《公羊》学派所进行的政治争夺,争夺的结果是两派并列于学官。"①赵伯雄的观点与之相近②。

刘黎明、巩红玉则认为,《穀梁传》时常引用《公羊传》的现象,恰恰不能说明二书出于一人之手,反倒证明二书自有其传授系统;只是成书稍后的《穀梁传》参考了《公羊传》的论述而已③。

谢金良的看法是《穀梁传》与《公羊传》大体上有一个共同的蓝本。二传的体例、解释所具的经书文本、叙事的内容上颇多相近、互补之处;尤其是二传同时不立传的有 1040 余条,而同样两条以上连续无传的有 95 处之多。这些都暗示了《穀梁传》与《公羊传》并不是自相矛盾的,而是有着共同的源头。谢金良否定了《穀梁传》成书于《公羊传》之后的说法,认为《穀梁传》与《公羊传》相同者十之二三的现象,只能说明它们有着共同的源头,而《穀梁传》是源于子夏所传,在经过穀梁子删定成书之后仍有不少改动,所以才出现少量抄袭《公羊传》的现象;但这并不能证明《穀梁传》成书于《公羊传》之后④。

值得关注的是,还有一些学者从"齐学"与"鲁学"关系的角度考察《公羊传》与《穀梁传》之间的关系。其中,宋艳萍的看法比较有代表性。宋艳萍指出:《公羊传》与《穀梁传》的差异实质上反映了"齐"、"鲁"文化的差异。齐文化是一种比较积极进取的文化,善于变通,勇于革新;这反映在《公羊传》上表现为"《公羊传》善变通"、"尊王亦限王"和"讥世卿"。鲁文化比较保守,恪守周礼,以"礼仪之邦"自我标榜;这反映在《穀梁传》上表现为"《穀梁传》不知更化"、"一味尊王"和

① 沈玉成、刘宁:《春秋左传学史稿》,南京:江苏古籍出版社,1992 年第 1 版,第 69—70 页。

② 赵伯雄:《春秋学史》,济南:山东教育出版社,2004 年第 1 版,第 54—58 页。

③ 刘黎明、巩红玉:《〈春秋〉之谜》,成都:四川教育出版社,2000 年第 1 版,第 249—251 页。

④ 谢金良:《〈穀梁传〉的真伪和写作时代问题考辨》,《福建论坛》,1996 年第 2 期,第 9—13 页。

"维护世卿世禄制度"①。

（六）《穀梁传》的成书与流传情况

徐复观先生推测《穀梁传》的成书当在战国中期以后,书中引了"穀梁子曰",可见此传并非成于穀梁子之手;而且,作《穀梁传》的人对《春秋》史实的疏隔较之《公羊传》更甚。但《穀梁传》作者的态度是非常谨慎的,"信以传信,疑以传疑",并广引诸说以解经。关于"三传"的次第,徐复观认为:桓谭所谓《穀梁传》作于《左氏传》百余年之后且有残略,是可信的;《穀梁传》亦出于《公羊传》之后,并可能采用过《公羊传》。徐先生还提出了一个很有启发性的观点:董仲舒曾经学习过《穀梁传》,董氏所建立的"天的哲学系统"实受到《穀梁传》的影响②。

谢金良对"穀梁子受业于子夏"的说法表示怀疑。在分析了《穀梁传》的传授脉络后,谢金良认为"穀梁子受业于子夏之门人"的说法似更可信。他进而对《穀梁传》的产生和流传情况做了猜测:孔子在《春秋》文字之外另有褒贬之义,口传给弟子,独有子夏经传保留下来,其余各说仅有只言片语流传。子夏所传"经义"若干年后传到穀梁子,由于口耳相传数代,难免"残略、多所遗失",但文本主体尚在。于是,穀梁子以子夏所传《春秋传》为蓝本,广采尚存于世的各家之说,重新加以删定并编著成书,成为先秦较有影响的一种思想。后遭秦火,文本被焚,不得不再次靠口耳相传,到汉初才著于竹帛。谢氏的猜测中有一个大胆的假定,即:《穀梁传》在战国穀梁子时代曾经形成文本,后因秦火才被迫再次以口耳相传,到汉初方重新著于竹帛③。

赵伯雄指出,《穀梁传》与《公羊传》一样,在最初阶段可能都是在师徒父子间口耳相传,并没有固定的文本,很容易吸收不同时期传习者的各种经说,因此,作为《春秋》的一部"传",它的形成可能是一个较长的过程,而不一定是某一个人在短期内撰述完成的。直到汉代

① 宋艳萍:《从〈公羊传〉、〈穀梁传〉的主要区别浅探齐鲁文化的差异》,《管子学刊》,1999 年第 4 期,第 45—50 页。

② 徐复观:《两汉思想史》第三卷,第 153—154 页。

③ 谢金良:《穀梁传漫谈》,第 1—37 页。

"著于竹帛",写成定本,才题以先师之名而称为《穀梁传》。所以,作为《春秋》的"传",《穀梁》和《公羊》早在战国中后期已经形成了。我们尽管不能准确说出《穀梁传》的作者,但把它归为先秦《春秋》学的文献,总是毫无疑问的①。

二、针对《穀梁传》的思想价值本身所进行的研究

与学者们围绕《穀梁传》的思想史、经学史定位所展开的激烈论辩相比,直接针对《穀梁传》的思想价值本身而进行的研究,则显得单薄了很多。下面,我们具体介绍几位有代表性的学者的相关研究成果。

(一)傅隶朴的《春秋三传比义》②

傅隶朴先生继承了传统的"三传"比较的模式,著成洋洋三大册、88万字的《春秋三传比义》一书。傅先生的方式是:先列经文,然后详录《左》、《公》、《穀》三家的传义,最后作"比义",辨析三传异同,评断其优劣得失。按他自己的说法,著此书的目的和方法是:"以传发经之微,以经正传之谬;于三传之得失,有可比较者,则比较其得失以为断,其或仅有一传,无可比较者,亦必叄伍其事义以为断,于后儒说春秋者之新义,有可以资三传之印证者,亦偶引之,其于三传无涉者,概弃不取,免滋纷争。遇三传名物制度之欠考者,则引诗礼以补充之;辞义之晦涩难晓者,则用白话翻译之,总期于比较中得其正确的解释,能有涓滴之助于微言大义之领略。"

书中对包括《穀梁传》在内的"《春秋》三传"作了深入浅出的评析,创见颇多。如:批评《穀梁传》隐公元年论"郑伯克段于鄢"所持的"缓追逸贼,亲亲之道也"的意见,认为"贼"与"亲"是不并立的,既称之为贼,则亲情就绝了,否则周公之诛管、蔡不就成了失"亲亲之道"了吗?!又如《穀梁传》僖公十五年云:"韩之战,晋侯失民矣,以其民未败,而君获也。"傅隶朴认为《穀梁》虽与《左传》无大出入,但能独释经义,简明扼要,于三传中可算首屈一指了。不过,总体看来,傅先生在

---

① 赵伯雄:《春秋学史》,第54—56页。
② 傅隶朴:《春秋三传比义》(上、中、下),北京:中国友谊出版社,1984年第1版。

解读文本前已有定见,即:认为左氏亲见闻于夫子,公、穀远在其后;且《公羊》是非,全出主断;《穀梁》因袭敷衍者居多;故"三传"之优劣,《左氏》为上,《公羊》次之,《穀梁》最差。因而,在评议《穀梁传》思想时,傅先生常常用"殊无足取"、"穿凿"、"昏聩"、"糊涂"、"荒唐"等言辞,似未能对《穀梁传》文本语词背后的价值观念和意义认同作全面、客观、公正的理解和阐释,因此仍有不少值得商榷之处。

(二)浦卫忠的《春秋三传综合研究》①

浦卫忠是 20 世纪 80 年代以来对"《春秋》三传"的思想研究得最系统和最有深度的学者之一。他在杨向奎教授的指导下完成博士论文《〈春秋〉三传之比较研究》,后改名为《春秋三传综合研究》在台湾文津出版社出版。该书用三编的篇幅分别对"三传"的文本和主要思想做了个案研究,并在第四编综合考察了"三传"在史实、书法、礼制上的异同,比较了《公》、《穀》二传的思想差异。

在具体讨论《穀梁传》思想价值的第三编中,浦卫忠从君臣之道、妇道与婚姻、亲亲之义等三个方面研究了《穀梁传》的伦理道德观念,从政治制度的构拟、国家组织形式的设想的角度阐释了《穀梁传》所反映的社会和国家政治制度的实质,并对《穀梁传》中丰富的"重民"思想做了归纳和提升,认为"民为君本"是《穀梁传》的时代精神。浦氏的穀梁研究有很多极具价值的见解。如在讨论君臣之道时,注意到《穀梁传》关于"君臣之义"的论述与汉初黄老学派某些观点的相似性;又如提出《穀梁传》的"君"、"天子"绝不是孔、孟的"君"、"天子",而是荀子所构拟的"君"、"天子",等等。

(三)谢金良的《穀梁传漫谈》②

谢金良的《穀梁传漫谈》一书虽名为"漫谈",却是目前比较少见的专门研究《穀梁传》的学术著作。该书首先对《穀梁传》的来源、作者、成书年代、流传情况作了系统的梳理,接着从正文训诂和文章风格的角度对《穀梁传》的文本进行细致分析。该书的重点放在对《穀梁

①　浦卫忠:《春秋三传综合研究》,台北:文津出版社,1995 年第 1 版。

②　谢金良:《穀梁传漫谈》,台北:顶渊文化事业有限公司,1997 年第 1 版。

传》传经特色和思想倾向的挖掘上。谢金良将《穀梁传》在诠释《春秋》时所体现的特点总结为五条：一、开宗明义，正隐恶桓；二、倾向鲜明，手法婉曲；三、审慎周严，善于释经；四、表似训诂，正名尽辞；五、以历为例，以礼为理。而《穀梁传》的思想倾向则表现为：亲亲之义，尊尊之道；贵礼贱兵，尊王攘夷；贵义重民，援古正名。

　　谢金良的《穀梁传》研究，不同于浦卫忠之以功底取胜，而是以灵气见长。他在《穀梁传》的思想来源、作者与成书考订、流传情况辨析方面有不少独到见解，这在前文已有论及。在对《穀梁传》思想价值本身的研究方面，他也发表了一些很有启发性的观点。例如，他认为《穀梁传》解经的一个特点在于"以历为例，以礼为理"，注意到《春秋》特有的"年"、"时"、"月"、"日"的记载方式以及《穀梁传》以"时"、"月"、"日"为例的典型现象，指出这是读懂《穀梁传》的一个前提；而《穀梁》以古礼作为阐释《春秋》经文的义理，常常引古礼来揭示经文中寓含的褒贬损益之义，并作为正名的一个重要依据，这也是《穀梁传》优胜于《左》、《公》之处。

（四）吴智雄的《穀梁传思想析论》①

　　《穀梁传思想析论》是台湾青年学者吴智雄根据他的硕士学位论文修订、扩充而来，是目前不多的《穀梁传》思想研究专著中比较有代表性的一部。该书的一个显著的特点是：将《穀梁传》的出现放置在春秋时代"礼坏乐崩"、社会政治脱序的历史背景中加以考察，认为《穀梁传》继承了孔子的"正名"主张，其创作的目的在于：针对因缺少外在行为规范而出现的社会动荡、脱序的现实，建立一套社会各阶层各安其分的行为规范（"礼"），从而建构一个秩序井然的和谐社会。

　　在这一思路的指导下，吴智雄分别考察了《穀梁传》的"礼"观念和伦理思想，并把重心放在对《穀梁传》政治思想的清理上，指出：在继承者的合法性问题上，《穀梁传》提出"《春秋》与正不与贤"的观念，这实质体现了一种"居正"的思想；面对着古代政治伦理（"尊尊"）与亲属伦理（"亲亲"）的冲突，《穀梁传》采取重尊尊而轻亲亲的主张，提倡

---

　　①　吴智雄：《穀梁传思想析论》，台北：文津出版社，2000年第1版。

"不以亲亲害尊尊",认为政治归政治,伦理归伦理,二者不能混为一谈;在华夏夷狄问题上,《穀梁传》从历史方面说明了霸主兴起的背景,认为中原诸夏之国有相互救亡图存的义务,华夏为尊,夷狄为卑,但华夷之间的界限并不是绝对的,华夷之辨实质上遵循的是一种文化的标准。

以上,本文初步总结了20世纪以来国内学者有关《穀梁传》思想研究的一些成果。总的来看,这一时期学术界围绕《穀梁传》的思想史、经学史定位所展开的一系列研究,包括孔子与"六经"的关系、孔子与《春秋》的关系、《穀梁传》与《春秋》的关系、《穀梁传》的作者、《穀梁传》与《公羊传》的关系及《穀梁传》的成书与流传情况等相关主题,一方面继承了传统经学研究的成果,另一方面在学术方法、研究领域和理论深度上又有所突破,可谓成就斐然,基本上代表了穀梁学研究的最高水平。但是,直接针对《穀梁传》的思想价值本身而进行的研究,无论是研究队伍的规模、研究的力度,还是学术成果的广度和深度,都还不尽如人意。因此,有关《穀梁传》思想的研究仍具有很大的理论空间。

《春秋穀梁传》"天论"初探

　　无论是与世界其他文明的典型哲学形态相比，还是就中国先秦时期诸子蜂起、百家争鸣内部而言，儒家哲学的道德属性和伦理特质都显得极为突出。但是，这并不意味儒家哲学仅仅指向当下的伦理世界。天道构成了儒家的意义背景与价值归宿。故而，儒家道德实践活动的实质是"道中庸"以"极高明"，追求"同天体道"的精神境界。

　　作为儒家最重要的"十三经"之一，《春秋穀梁传》（以下简称《穀梁传》）继承了儒家重视"天道"的传统。"天"是《穀梁传》整个思想体系的最高范畴。对于《穀梁传》的作者而言，"天"是一切神圣性的源头；人间秩序的合法性和神圣性的根源都应追溯到"天"①。

　　在《穀梁传》的思想体系里，"天"是一个统一的、和谐的整体。为了便于把握《穀梁传》"天论"的内涵，本文将《穀梁传》所涉及的"天"细化为四个层次，即："天象"、"天秩"、"天意"和"法天"。这四个层次既相互区别，又彼此联系，共同构成了《穀梁传》的"天论"思想。

一、天象

　　"天象"是《穀梁传》之"天"的第一个层次，也是最基础的层次。所谓"天象"，指的是宽泛意义上的天文现象，主要包括苍穹中日月星辰的运行以及天空下风雨云雷等等现象。《穀梁传》对《春秋》中大量充斥的天文现象的观察、记录表现出浓厚的兴趣。例如：

---

　　①　作者按：这里的"天"不是在与"地"相对意义上的"天"，而是指囊括一切的宇宙天地之总体。

隐公九年（经）三月癸酉，大雨，震电。

（传）震，雷也。电，霆也。

（经）庚辰，大雨雪。

（传）志疏数也。八日之间，再有大变，阴阳错行，故谨而日之也。雨月，志正也。①

庄公七年（经）夏，四月辛卯，昔，恒星不见。

（传）恒星者，经星也。日入至于星出谓之昔。不见者，可以见也。

（经）夜中星陨如雨。

（传）其陨也如雨，是夜中与？《春秋》著以传著，疑以传疑。中之，几也；而曰夜中，著焉尔。何用见其中也？失变而录其时，则夜中矣！其不曰恒星之陨何也？我知恒星之不见，而不知其陨也。我见其陨而接于地者，则是雨说也。著于上，见于下，谓之雨；著于下，不见于上，谓之陨。岂雨说哉！②

僖公十六年（经）十有六年春，王正月戊申朔，陨石于宋，五。

（传）先陨而后石，何也？陨而后石也。于宋，四竟之内曰宋。后数，散辞也，耳治也。

（经）是月，六鹢退飞，过宋都。

（传）是月者，决不日而月也。六鹢退飞过宋都，先数，聚辞也，目治也。子曰："石，无知之物；鹢，微有知之物。石无知，故日之；鹢，微有知之物，故月之。君子之于物，无所苟而已。石、鹢且犹尽其辞，而况于人乎！故五石六鹢之辞不设，则王道不亢矣！"民所聚曰都。③

文公十四年（经）秋，七月，有星孛入于北斗。

（传）孛之为言犹茀也。其曰入北斗，斗有环域也。④

①　[晋]范宁集解、[唐]杨士勋疏：《春秋穀梁传注疏》，《十三经注疏》，上海：上海古籍出版社，1997年第1版，第2371页。

②　[晋]范宁集解、[唐]杨士勋疏：《春秋穀梁传注疏》，《十三经注疏》，第2382页。

③　[晋]范宁集解、[唐]杨士勋疏：《春秋穀梁传注疏》，《十三经注疏》，第2398页。

④　[晋]范宁集解、[唐]杨士勋疏：《春秋穀梁传注疏》，《十三经注疏》，第2409页。

　　　　昭公十七年(经)冬,有星孛于大辰。

　　　　(传)一有一亡曰有。于大辰者,滥于大辰也。①

　　从上述的引文来看,隐公九年的经传主要关注的是天气的异常剧烈变化,庄公七年和僖公十六年的经传则记载了"天陨石"及"鸟退飞"的异常现象,最后两条引文针对的是星辰的异常运行。此外,《穀梁传》还有大量关于水旱灾害和日月食现象的解释。从这些事例中,不难发现《穀梁传》对于天象(特别是异常的天象)十分关注。而先秦时期的其他文献也可以证明观察天象已经成为古代早期社会的一项重要活动。

　　当我们从"天象"的角度回过头来重新审视"日、月、时、年、岁"的时间单位与结构时,会发现这些对于今天的人们而言很清晰、很客观的时间概念,在古人的眼中或许正呈现出完全不同的意义。

　　从字面来看,"日"作为时间概念显然源于人们对于太阳视运动的观察——人们意识到太阳东升西落的过程是稳定的、重复的、必然的,它甚至不受阴晴雨雪的具体天气的影响! 于是,太阳的每一轮东升西落的循环就成了标志时间的基本单位———一"日"。类似的,月亮的一轮盈缺循环就成了一"月"。"时"的确定要稍稍复杂一点:在人类对身边自然现象进行长期观察的过程中,发现每隔一段时间都会发生一些明显的变化,例如气温、降雨、植物的生长以及动物的活动等等,会表现出巨大的差异;而这样的情形共有四种类型,并且这四种类型是按照固定的顺序不断循环往复的。为了便于把握,也为了方便人类顺应大自然的变化而活动,早期的人们就将这四种物候变化类型分别称为"春"、"夏"、"秋"、"冬",这就是"四时"、"四季"的来历。

　　至于"年"和"岁"的来历,则存在多种说法:一种理解认为一"年"就是"春"、"夏"、"秋"、"冬"这四季的一次循环过程;而"岁"也是"年",只不过称谓不同罢了,例如《尔雅·释天》就指出:"夏曰岁,商

---

　　① [晋]范宁集解、[唐]杨士勋疏:《春秋穀梁传注疏》,《十三经注疏》,第2438页。

曰祀,周曰年,唐虞曰载。岁名。"①宋代学者邢昺疏云:"年者,禾熟之
名,每岁一熟,故以为岁名。"②"年"字来源于"稔",取"庄稼成熟"之
意。由于庄稼每岁成熟一次,故以"年"名"岁"。"岁"的概念可能源
于古老的观测天象活动:"古人很早就认识到木星在恒星背景下大致
每12年运动一周,甚至发展成一套利用木星的运动来纪年的体系,木
星因而也被称做岁星,以岁在黄道上十二次的某次来表示年份。"③换
言之,木星运行周期的十二分之一就是一"岁"。

从《穀梁传》对天象的重视,不难看出其背后有古人"仰观俯察"
的影子。正如《周易·系辞》所启示的,古人乃是通过"仰以观于天
文,俯以察于地理"④的感性形式来直观地感知和触摸自然的。按照
不少学者的理解,"仰以观于天文"正是古代的"占星术"。"占星术"
是早期人类对于天象的观察、记录、预测和理解。尽管不同文明的"占
星术"在形式与主题上会有这样或那样的不同,但是几乎所有的人类
早期文明都共同地表达了对天象的关注,这显然不是偶然的巧合,它
直观地说明了早期人类对于自身生存背景的关心和理解。

二、天秩

对日月星辰运行长期观察的一个结果,就是人们产生了秩序的观
念。其实,天象"正常"或"异常"的说法本身就已经蕴涵了秩序观念
的萌芽。在古人"仰观俯察"的活动中,逐渐意识到某些天象的出现是
次序的、循环的、稳定的;换言之,它们遵循一定的秩序。可以说,"天"
正是通过这种天象的秩序性来展示自身。所谓"秩",可解为"次"与
"常",其具体内涵很接近今天所说的"规律"一词,都有恒常、稳定、次
第、秩序的涵义。对于人类而言,作为"宇宙之大全"的"天"正是通过
天象运行和变化的秩序表现出来,这就是"天秩"的观念。张载《正

---

① ［晋］郭璞注、［宋］邢昺疏:《尔雅注疏》,《十三经注疏》,第2608页。
② ［晋］郭璞注、［宋］邢昺疏:《尔雅注疏》,《十三经注疏》,第2608页。
③ 江晓原、钮卫星:《回天——武王伐纣与天文历史年代学》,上海:上海人民出版社,
2000年第1版,第84页。
④ ［魏］王弼、［晋］韩康伯注、［唐］孔颖达正义:《周易正义》,《十三经注疏》,第77页。

蒙·动物》篇云："生有先后,所以为天序;小大、高下相并而相形焉,是谓天秩。天之生物也有序,物之既形也有秩。知序然后经正,知秩然后礼行。"①张载将天地间万物产生的时间上的先后顺序理解为"天序",将万物形体和次序上的空间关系理解为"天秩"。其实,"天序"与"天秩"在更广泛的意义上是融贯一致的。

因此,日月星辰出现的时机与运行的方位都遵循着某种秩序。而且,"日"、"月"、"时"、"年"、"岁"等时间概念其实正是人类对于天地自然的秩序与节奏的模拟与归纳。例如《尔雅·释天》就明确地把"天"理解为春、夏、秋、冬四季:"春为苍天,夏为昊天,秋为旻天,冬为上天。"②而所谓"天道"的实质正是自然的秩序和节奏,这一点可以从孔子下述论断看出:"天何言哉? 四时行焉,百物生焉。天何言哉?"(《论语·阳货》)

所以,《穀梁传》所遵循的年、时、月、日的书写方式并不仅仅是出于满足记事的需要,它还应该具有独立的时间秩序的色彩。年、时、月、日的时间单位成了一个预先设置好的秩序结构,具体的历史事件只需要一个一个填进这个秩序结构中就可以了。而"合时"的观念更是天的秩序性的具体显现——所谓"合时",其实就是合于某种"天"的秩序!

古代典籍的相关记载也印证了这一点。当我们在阅读《穀梁传》以及其他先秦古典文献的过程中,可以隐约感受到有一种"自然秩序"的观念存在于当时思想世界的最深层。"天"正是以"自然秩序"的形式被人们所理解和接受。这种"天秩"以大自然的客观世界为基础,但它又不完全等同于客观的自然秩序,而是从其中抽绎出来的一种带有超越性力量和神秘色彩的秩序观念。

三、天意

古人"仰观俯察"的活动所观察的正是天地的秩序与节奏。这种

① [宋]张载:《张载集》,北京:中华书局,1978 年第 1 版,第 19 页。
② [晋]郭璞注、[宋]邢昺疏:《尔雅注疏》,《十三经注疏》,第 2607 页。

"仰观俯察"活动与其说是客观的、科学化的,不如说是精神的、宗教化的,——因为一直有一种神秘的氛围笼罩着古人观察天地的活动。

列维·布留尔在其名著《原始思维》中的精彩论述有助于我们更全面地理解古人的这种"仰观俯察"的行为。列维·布留尔指出,与现代人生活在一个预先理性化了的世界不同,原始人所生活于其中的自然世界是被神秘的互渗与排除的系统包围着。在这样的世界中,"没有也不可能有任何偶然的东西"。也正是在这样的思维作用下,原始人对于所谓的客观自然原因并不关心,而是赋予任何使他们惊奇的事件以超自然的神秘原因,"由于神秘力量永远被感到无处不有,所以,我们越觉得偶然的事件,在原始人看来则越重要。这里不需要对事件的解释;事件自己解释了自己,它是启示"①。

中国早期人类对于天地的观察当然已经超出了原始人的阶段。但是不可否认的是,古人的这种"仰观俯察"的行为及其背后的观念都或多或少地保留了原始思维的某些痕迹。因此,我们无法想象古人费尽心思对日月星辰等天象所做的观察仅仅是出于知识的兴趣;而传统的"观测天象有利于农业生产"的说法似乎也不能给出完全的答案。江晓原认为:"古代中国历法中对月运动、行星运动的大量研究与农业完全无关;对太阳运动的研究,与农业生产的关系也极其有限。"对此,他得出结论:"古人对日运动之深入研讨,目的在于精确推算和预报交食——这是古代中国大多数历法中最受重视的部分。"②当然,对于江晓原的具体结论还可以做进一步的商讨;但有一点是可以肯定,那就是古人"观天察地"行为的主要目的不是服务于某种具体的现实需要,而是出于神秘甚至是神圣的动机。

如此一来,作为"仰观俯察"活动最重要成果之一的"日、月、时、年、岁"的时间秩序结构,也就相应地具有了某种神秘的色彩。其实,不仅仅时间结构具有了神秘性,上下四方这"六合"的空间结构也同样

---

① (法)列维·布留尔著、丁由译:《原始思维》,北京:商务印书馆,1981年第1版,第350、359页。

② 江晓原:《天学真原》,沈阳:辽宁教育出版社,1991年第1版,第144—145页。

具备了超自然的意义。这样，"上下四方"、"往古来今"的宇宙①就成了神性的宇宙、神性的天地。因此，完整意义上的"天"不仅包括了人类所需要面对的一切自然之物，还包括了其背后的神秘力量。"在古代中国人心目中，'天'通常可以指整个自然界。但是这个自然界并非近代科学'客观性假定'中那样的自然界——那是无意志、无情感，不会因人的主观意愿而改变，但可以被人类认识并通过实际行动进行改造和征服的世界。古代中国人的'天'，是一个有意志、有情感，无法彻底认识，只能顺应其'道'与之和睦共处的庞大而神秘的活物。"②

具体以"日"、"月"为例。我们可以把自己假想为远古时期的人类，设身处地理解古人眼中的"天"。这时我们发现摆在人们面前的最大、最直观也是最重要的"天"，也许就是头顶上横行无忌的"日"和"月"了！太阳的东升西落、昼夜的循环更替，成为人们不得不直面的最大的生存背景。因为，"日"不仅仅意味着光明，还意味着安全、温暖；而与此相反，"月"所代表的除了黑暗，还有寒冷与恐惧。可以说，几乎所有的生产、生活的主题都必须围绕着"日"与"月"的运行来安排。不仅如此，"日"、"月"等等还代表了一种凌驾于人类之上的神秘而伟大的力量。因此，观天察地的结果是人们更加深切地感受到了"天"的神奇与伟大：日月星辰的起伏升落、春夏秋冬的循环往复、上下四方的井然分明、动植万物的生灭变幻、风雨云雷的迅疾轻飘……这一切的一切，都似乎有无穷的伟力蕴蓄于其间。

因此，"对自然神灵的信仰和崇拜，是人类早期社会生活的重要方面，表现为一种以自然神灵的指引和关照而获得有秩序、有保障的生活的意识"③。从思维发展的历程来看，人类早期普遍存在着自然崇拜。在中国古代，这一自然崇拜的形式逐渐由崇拜自然界万物过渡到对自然秩序的崇拜。也就是说，人们对于超自然的神秘力量的崇拜乃是通过对于自然秩序的遵从体现出来。而"在古人的意识中，自然秩

---

① 《淮南子·原道训》高诱注云："四方上下曰宇，古往今来曰宙"，见刘文典：《淮南鸿烈集解》，北京：中华书局，1989年第1版，第1页。相似提法亦见于《尸子》、《文子》等典籍。

② 江晓原、钮卫星：《回天——武王伐纣与天文历史年代学》，第12页。

③ 王启发：《礼学思想体系探源》，郑州：中州古籍出版社，2005年第1版，第145页。

序首先表现为时间的有序,以及自然事物随之所产生的各种有序的变化。他们认为,这种有序必有其主宰才能维持和延续,这就是至上神的存在,或者说,是皇天上帝意志的体现。时间上年月的划分正是古人以经验体会到的神(皇天上帝)的意志与安排。于是,以每一年为周期,以每一月为顺序,将人们体会和感受到的神灵的存在,全部纳入到有序的神事系统中,每一月各有其当祭之神。通过祭祀活动直接听命于神明的召唤,感应神的意旨,就成为古人最首要的生活内容"①。

很显然,在《榖梁传》作者的眼中,"天"已经不仅仅是秩序之"天",它还有了"帝"的含义,也就是说,《榖梁传》的"天"成了有意志、有力量的宗教之"天"。这可以从传文中清晰地看出:《榖梁传》哀公元年传文明确提出"上帝"的观念:"礼,与其亡也,宁有。尝置之上帝矣,故卜而后免之,不敢专也。"②郊祀之礼是人类对上天表达崇敬之情并祈求保护的神圣礼仪。因此,郊祀时是否用牲牛不应该由人来决定,而应卜问上天的意愿。而在《榖梁传》定公元年传文提及的"通乎阴阳"的古之神人"应上公",则是上帝意志的具体执行者之一③。

由此,作为宇宙天地具体表现的自然秩序与节奏,显然具有了一种神秘甚至神圣的内涵。"日、月、时、年、岁"的时间秩序结构本身就成了天之神秘意志的具体展示,正如《淮南子·天文训》所言:"四时者天之吏也,日月者天之使也。"④

从这样的角度反观古代文献,我们发现在殷商甲骨文中经常出现的"帝令雨"、"帝令风"等卜辞记载似乎有了不同于以往的含义:甲骨文中的"帝令雨"、"帝令风"实际表明"帝"希望风、雨这些自然的现象在它们合适的时候出现,也就是要合于统一的自然秩序。于是,天帝的意志正是通过自然的秩序性展示出来。换言之,在中国古代的思想世界里,"上帝"以及它所代表的"天道"更像是一种自然的秩序,一种具有神圣性与合理性的自然秩序。因此,《礼记·曲礼》的"卜筮者,

①　王启发:《礼学思想体系探源》,第 147 页。

②　[晋]范宁集解、[唐]杨士勋疏:《春秋榖梁传注疏》,《十三经注疏》,第 2448 页。

③　[晋]范宁集解、[唐]杨士勋疏:《春秋榖梁传注疏》,《十三经注疏》,第 2443 页。

④　刘文典:《淮南鸿烈集解》,北京:中华书局,1989 年第 1 版,第 84 页。

先王之所以使民信时日、敬鬼神、畏法令也"①的说法,《中庸》的"致中和,天地位焉,万物育焉"②的观念,甚至包括孔子的"天何言哉?四时行焉,百物生焉"(《论语·阳货》)的思想,都共同地体现了天地秩序的神圣性和对于这种神圣自然秩序的敬畏感。在神圣自然秩序观念的作用下,人们理所当然地认为:天、地、日、月以及一切自然之物、一切自然现象,都有其存在和发生的秩序;而在这种现实的自然秩序背后,所蕴藏的正是上天的神圣意志。这,就是"天意"的观念。

于是,神圣的天与自然的秩序紧密地结合在一起:自然秩序之所以能够建立,乃是因为背后蕴涵有天意;而上天的意志又反过来通过自然的秩序性以显现自身,这才是孔子讲"天何言哉?四时行焉,百物生焉"(《论语·阳货》)的真实涵义。

在天意的贯注下,自然秩序具有了神圣性与合法性,并因此成为价值评判的根本标准。当日月星辰、天地万物的存在、变化与这一自然秩序相符合时,就是好的、善的;否则,就是坏的、恶的。这也是《春秋》所说的"正"的原始意义。

四、法天

《穀梁传》"天论"的第四个层次表现为"法天"的观念。所谓"法天",就字面来看,是人类模仿和效法上天。传统的儒家有"圣人则天"的说法,意思是说儒家的"圣人"乃是那些能够以天为则、效法天道的杰出之士。如《论语·泰伯》篇记载了孔子赞颂尧的言辞:"大哉尧之为君也!巍巍乎!唯天为大,唯尧则之。荡荡乎!民无能名焉。巍巍乎!其有成功也;焕乎,其有文章!"在孔子看来,尧之所以伟大,一个很重要的原因就在于他以"天"为"则",效法了崇高而伟大的天。与此相类似,《礼记·郊特牲》有"天垂象,圣人则之"③的思想。这里的"则"就是"法",它包含了两层意义:一是做动词使用的"效法",二

①　[汉]郑玄注、[唐]孔颖达疏:《礼记正义》,《十三经注疏》,第1252页。
②　[宋]朱熹:《四书章句集注》,北京:中华书局,1983年第1版,第17页。
③　[汉]郑玄注、[唐]孔颖达疏:《礼记正义》,《十三经注疏》,第1453页。

是做名词使用的被效法的对象,即"天之则"①。

那么,圣人所努力模仿和效法的"天之则"究竟指什么?答案是:"天之则"正是天的秩序与节奏,也就是所谓的"神圣的自然秩序"!所以,"法天"的具体意思是:人间秩序的建立,乃是以上天的神圣自然秩序为效法对象;自然秩序成为人间秩序的源头。对此,张载的论述十分精彩:"礼不必皆出于人,至如无人,天地之礼自然而有,何假于人?天之生物便有尊卑大小之象,人顺之而已,此所以为礼也。学者有专以礼出于人,而不知礼本天之自然。"②人类社会的秩序("礼")并不是人为编造出来的,而是从天地自然的等级秩序中效仿和提炼得到;天地自然的"尊卑大小之象"正是人类社会的贵贱等级秩序的源头。类似的观点在《礼记》的《乐记》等篇目中也可以找到③。

"法天"的目的和意义大体上可以分为表层和深层两个层次。

从表层来看,"法天"的目的在于更加合理有效地安排人类的活动,尤其是更好地安排与人们生活息息相关的农业生产活动。《尚书·尧典》说:"历象日月星辰,敬授人时。"④这里的"人时",指的就是农业生产各个环节的时机。通过观察日月星辰等天象的运行,人们把握了天地自然的秩序,并进而形成了历法。所谓"历法",其实就是人们对于自然秩序的规律化总结;有了历法,人们就可以据此来安排农业生产的具体时机。因此,中国古人之所以观察天象、总结四时规律、形成历法,一个很现实的目的就在于为合理安排农业活动提供指导。

"法天"的这种"重农"倾向与中国长期处于农业社会的客观情况分不开。中国古代社会一直是以农业为本,而这种农业社会的一个显著特点(也可以称为"局限性")就是"靠天吃饭",农作物的收成与自然气候的关系密切,"农业乃古代中国的立国之基础。农业生产的进

---

① 《诗·大雅·烝民》云:"天生烝民,有物有则;民之秉彝,好是懿德",见[汉]毛亨传、[汉]郑玄笺 、[唐]孔颖达疏:《毛诗正义》,《十三经注疏》,第568页。这里的"则",正是做名词使用的天道法则。

② [宋]张载:《经学理窟》,见《张载集》,北京:中华书局,1978年第1版,第264页。

③ [汉]郑玄注、[唐]孔颖达疏:《礼记正义》,《十三经注疏》,第1529页。

④ [汉]孔安国传、[唐]孔颖达疏:《尚书正义》,《十三经注疏》,第119页。

行、年成的好坏,都直接地与天时的掌握、对于日月星辰运行规律及春夏秋冬四时更替规律的把握分不开"①,从而导致整个社会都必须按照自然的秩序和节拍来安排活动。

王启发以《礼记·月令》篇为对象,就自然秩序对人类社会生活的影响做了卓有成效的研究。王氏的研究可以很好地帮助我们理解《穀梁传》的"法天"思想。他说:"在古代世界,作为自然法思想的表现形式之一,是将自然秩序与人类的社会生活紧密地联系在一起,以其规律性来规范人们的社会生产和生活,它反映了古代人对自然界的认识和理解。在中国,这一思维方式特别集中地反映在如《礼记·月令》篇的记录之中。"②从王启发的论述可以看出,以四时为中心的自然秩序,不仅影响到农业活动的安排和进行,而且还进一步影响到统治者的衣食住行和政令政事的各个方面。

这也可以从《穀梁传》的相关评述中得到印证。《穀梁传》继承了周初统治者"保民"的思想,主张国家事务的安排应该以"不误农时"为前提。

例如,《春秋》庄公二十九年经文记载:"二十有九年春,新延厩。"《穀梁传》传文对鲁庄公的行为进行了批评:"延厩者,法厩也。其言新,有故也。有故则何为书也? 古之君人者,必时视民之所勤。民勤于力,则功筑罕;民勤于财,则贡赋少;民勤于食,则百事废矣。冬筑微,春新延厩,以其用民力为已悉矣!"③鲁庄公的错误在于他的行为严重地"违时"了:他在冬季发动民众筑微以垄断山林薮泽之利,已经是与民争利了;紧接着,又在来年春季要求老百姓为他修新马厩,严重地干扰了必须于春季进行的农业生产活动。从自然秩序来说,四时应该春生、夏长、秋收、冬藏,那么,农事活动的安排也必须严格遵循自然的秩序来进行。换句话说,一年之中的春、夏、秋三个季节都有繁重的农事活动,只有冬季才是所谓"农闲"时节,无论是征伐徭役,还是兴修

---

① 李向平:《王权与神权——周代政治与宗教研究》,沈阳:辽宁教育出版社,1991年第1版,第59页。

② 王启发:《礼学思想体系探源》,第143—145页。

③ [晋]范宁集解、[唐]杨士勋疏:《春秋穀梁传注疏》,《十三经注疏》,第2388页。

水利,都应该尽量集中在冬季进行。如此,才能下合农事,上应天道。
另外,《穀梁传》中作为自然秩序的一个重要体现的"合时"观念,也常
常以是否对农业生产有利来作为标准。

《穀梁传》"法天"思想的深层目的在于为现实的人间统治秩序寻
找合法性的根源。自然秩序由于蕴涵有天意和天道而具有了神圣性,
因此得以成为人间秩序的合法性的终极保障。只有当人间的统治者
努力使人类社会也纳于自然秩序之中时,才是有德的、合于天道的。

这首先体现在周代统治者的祭祀活动中。周代最重要的祭祀仪
式是郊祀,而郊祀的目的就在于"承天",即继承上天的神圣秩序,以作
为人间秩序的依据。《汉书·郊祀志》称:"帝王之事莫大于承天之
序,承天之序莫重于郊祀,故圣王尽心极虑以建其制。"①《后汉书·祭
祀志》建武元年注引《黄图》说:"帝王之义,莫大承天;承天之序,莫重
于郊祀。"②统治者最重要的任务就是要"承天之序"、"承天之道",这
正是其统治的根基。"自然秩序成为了以王权为中心的社会政治秩序
神权化的基础。"③

《穀梁传》宣公十五年的一段传文值得特别关注:"为天下主者,
天也;继天者,君也;君之所存者,命也。"④根据对"为"字的不同理解,
"为天下主者,天也"一句可以有两种解释:第一种解释是把"为"解作
"是",这时句子的意思就是"天是天下真正的主人"。第二种解释则
把"为"解作"造就",句子的含义就成了"造就天下之主的力量乃是
天";换言之,"天下的主人是由天决定的"。结合下文"继天者,君
也",此处应该取第一种意思。传文合起来的含义就是:天乃是天下的
真正主人;君王从天那里继承和获得治理天下的权力,从而实现其治
理天下的目的。这也符合《礼记·礼运》篇引述的孔子之语:"夫礼,

---

① 　[汉]班固:《汉书》,北京:中华书局,1962年第1版,第1253—1254页。
② 　[宋]范晔:《后汉书》,北京:中华书局,1965年第1版,第3158页。(说明:《后汉
书》"八志"出自司马彪所著《续汉书》,后为范晔《后汉书》所采。)
③ 　李向平:《王权与神权——周代政治与宗教研究》,第60页。
④ 　[晋]范宁集解、[唐]杨士勋疏:《春秋穀梁传注疏》,《十三经注疏》,第2415页。

先王以承天之道,以治人之情。"① "承天之道"构成"治人之情"的前提和根据,"治人之情"则体现为"承天之道"的展开与落实。如何"治人之情"? 答案就是人伦纲纪。《礼记·乐记》篇子夏在回答魏文侯的询问时指出:"夫古者天地顺而四时当,民有德而五谷昌,疾疢不作,而无妖祥,此之谓大当。然后圣人作,为父子君臣,以为纪纲;纪纲既正,天下大定。"② "天地顺"、"四时当"正是自然之秩序性的体现;圣人以天地为则,据自然之秩序而成就君臣父子的人伦纲纪。这也是"人道"效法"天道"的最重要的成果。而宗庙祭祀活动既是对于"天之道"的追思,又可以通过这一仪式不断地强化"人之道"的合法性和神圣性基础。所以,《穀梁传》对于宗庙祭祀仪式表现出浓厚的兴趣。

"天道"(自然秩序)对于"人道"(人间秩序)的决定还表现为在政治生活中,人们往往让"天"来担任人间行为的至高无上的裁判者。《穀梁传》有很多这样的例子:

> 僖公十年(经)晋杀其大夫里克。
>
> (传)……丽姬下堂而啼呼曰:"天乎! 天乎! 国子之国也,子何迟于为君?"③
>
> 宣公二年:(经)秋,九月乙丑,晋赵盾弑其君夷皋。
>
> (传)……史狐书贼曰:"赵盾弑公。"盾曰:"天乎! 天乎! 予无罪。孰为盾而忍弑其君者乎?"④
>
> 昭公二十九年:(经)夏,四月庚子,叔倪卒。
>
> (传)季孙意如曰:"叔倪无病而死,此皆无公也。是天命也,非我罪也。"⑤

无论是季孙意如和赵盾为推卸自己的罪责所做的辩解,还是丽姬为了诬陷世子申生而发出的假意悲叹,他(她)们都不约而同地搬出"天"来作为其行为的裁判者和公证人。

---

① [汉]郑玄注、[唐]孔颖达疏:《礼记正义》,《十三经注疏》,第 1414 页。
② [汉]郑玄注、[唐]孔颖达疏:《礼记正义》,《十三经注疏》,第 1540 页。
③ [晋]范宁集解、[唐]杨士勋疏:《春秋穀梁传注疏》,《十三经注疏》,第 2396 页。
④ [晋]范宁集解、[唐]杨士勋疏:《春秋穀梁传注疏》,《十三经注疏》,第 2412 页。
⑤ [晋]范宁集解、[唐]杨士勋疏:《春秋穀梁传注疏》,《十三经注疏》,第 2441 页。

"人道"效法"天道"的又一典型表现,是将"君"与"日"对应起来。《穀梁传》传文呈现出"贵日"的倾向。从对于天象的观察来看,太阳("日")对人类无疑具有特殊的意义。所以,从远古时期起,中国的古人就有了对"日"的崇拜。"我国对日、月的崇拜在原始社会中就存在,夏商对日、月进一步神化,殷墟卜辞中有'宾日'、'出日'、'入日'等早晚祭祀日神的仪式记载,也有日食、月食的占卜记录,当时将太阳看作万物的主宰,所以对日神特别崇拜,但对月神的崇仰尚不占重要地位。西周时据说对日、月的祭祀都很重视,认为它们是上帝下面的神灵,日神叫羲和,月神叫常羲,每年都有重大的祭日、月的活动。"①尤其是太阳,更是成为自然诸神中的最尊贵者,"日者,太阳之精,至尊之物"②。

太阳在自然秩序中的至尊无上的地位,很容易让人们(尤其是统治者)联想到君王在人间秩序中的至尊地位。所以,孔子说:"天无二日,土无二王。"③而《穀梁传》传文更是有"天子朝日"的详细规定:

> 庄公十八年:"不言日,不言朔,夜食也。何以知其夜食也?曰:王者朝日,故虽为天子,必有尊也;贵为诸侯,必有长也。故天子朝日,诸侯朝朔。"④

> 庄公二十五年:"天子救日,置五麾,陈五兵、五鼓;诸侯置三麾,陈三鼓、三兵;大夫击门,士击柝,言充其阳也。"⑤

> 文公十六年:"天子告朔于诸侯,诸侯受乎祢庙,礼也。"⑥

经过《穀梁传》作者的解读与发挥,"君"与"日"之间便形成了某种神秘的对应关系。具体地说,"日尊月卑"成为"君尊臣卑"的源头,人间的等级秩序便这样"天经地义"地建立起来。

---

① 顾德融、朱顺龙:《春秋史》,上海:上海人民出版社,2001年第1版,第447页。
② 《诗·小雅·十月之交》"日有食之"孔颖达疏,见[汉]毛亨传、[汉]郑玄笺、[唐]孔颖达疏:《毛诗正义》,《十三经注疏》,第446页。
③ 《礼记·曾子问》,见[汉]郑玄注、[唐]孔颖达疏:《礼记正义》,《十三经注疏》,第1392页。
④ [晋]范宁集解、[唐]杨士勋疏:《春秋穀梁传注疏》,《十三经注疏》,第2384页。
⑤ [晋]范宁集解、[唐]杨士勋疏:《春秋穀梁传注疏》,《十三经注疏》,第2387页。
⑥ [晋]范宁集解、[唐]杨士勋疏:《春秋穀梁传注疏》,《十三经注疏》,第2410页。

祖先崇拜与天命信仰

——以《春秋穀梁传》为视角的古史观察

在人类社会的早期,统治人们精神世界的除了有对大自然神秘力量与秩序的敬畏感之外,还有一些残留有原始氏族社会阶段痕迹的神秘信仰。李向平指出:"对于中国古史的研究,有一个众所周知并为人们公认的结论,那就是:中国历史在迈入文明社会的门槛时,曾经附带着大量的氏族制度的东西,遗存有十分浓厚的氏族关系。由于自然地理环境和社会经济基础等等条件的规定和制约,先秦时代里中国社会的基本结构大都是由那没受充分破坏的氏族制度所组合形成的,甚至可以说,一个国家,直接地就是一个部落、一个氏族或宗族的人为扩大。"[①]在这些自原始氏族社会遗留而来的神秘信仰中,最重要的要算是人类对于自身祖先的崇拜。

《论语·学而》篇记载了曾子的话:"慎终追远,民德归厚矣。"所谓"慎终",就是慎其所终,敬慎地对待父辈生命的终结;而"追远",就是追思其远,追溯祖辈乃至自己生命的源头。"慎终追远"的情感往往直观外化为隆盛的丧葬仪式以及以祭祖为中心的祖先崇拜;在这繁杂的丧葬仪式与庄严肃穆的祖先崇拜背后,我们可以隐约窥见天命信仰的身影。

---

① 李向平:《王权与神权——周代政治与宗教研究》,沈阳:辽宁教育出版社,1991年第1版,第10—11页。

一、三代时期的祖先崇拜

祖先崇拜源自于人类对于自身来源的思考。《礼记·礼器》篇说："礼也者,反本修古,不忘其初者也。"①"初",意为"源头时期"、"初始阶段"。礼的一个基本精神,就是要通过一定的仪式,提醒人们不要因为时隔久远而遗忘了自身的源头,不要忘了祖先。追溯自己的祖先,正是人类自我意识觉醒的一个重要标志。而祖先的"发现",经历了一个漫长的过程。三代始祖神话传说从某个角度反映了人类祖先的发现历程。

在远古时期,人们受智识与经验的局限,不能将自身与外界的自然之物区分开来。在他们的眼中,人类与草木土石以及飞禽走兽之间并没有本质的差异。于是,草木和鸟兽都有可能成为人类的祖先。

《论衡·奇怪》篇记载了夏族的始祖神话:"禹母吞薏苡而生禹,故夏姓曰姒。"②禹是夏族的始祖;而禹的出生,其实源于某个偶然的事件——其母修己吞食薏苡。"薏苡",又称薏米、药王米,是一种可以食用的植物;但是食用薏苡有禁忌,即孕妇忌食,原因是它可能导致流产。《论衡·奇怪》篇记载的这句话,按照我们今人的理解,就是:孕妇修己误食了薏苡,虽不至于流产,但也造成胎儿早产出世;换言之,婴儿禹不足月便出生了。但是,在神话的思维中,整个事件具有一种神秘色彩:夏祖的始祖禹之所以被孕育而生,完全是其母修己吞食薏苡的结果! 也就是说,没有薏苡,就不会有禹;薏苡就是禹的父亲!

《淮南子·修务训》篇记载了夏族始祖神话的另一个版本:"禹生于石",高诱注云:"禹母感石而生。"③"感"字非常关键,在不少古史传说中,都有某位女士"感"于神灵、受孕生子的说法。因此,"感"意为"受到某种神秘事物的感应而受孕"。具体来说,禹的母亲乃是受到某块神奇石头的"感应",受孕并生下了禹。这一说法很容易让人联想到

---

① ［汉］郑玄注、［唐］孔颖达疏:《礼记正义》,《十三经注疏》,上海:上海古籍出版社,第 1439 页。

② 黄晖:《论衡校释》,北京:中华书局,1990 年第 1 版,第 156 页。

③ 刘文典:《淮南鸿烈集解》,北京:中华书局,1989 年第 1 版,第 642 页。

禹的真正父亲鲧的命运：其时洪水肆虐，鲧奉尧之命治理洪水，九年而
未成，于是，在羽山被处死。另有神话传说补充丰富了"鲧之死"事件：
奉命杀死鲧的执刑者是祝融；祝融乃是火神，他杀人的方式恐怕就是
将人烧成一块焦炭。鲧死后遗体三年不腐；三年后，禹从鲧的遗体中
诞生而出。我们试着将这些神话传说综合在一起看，便得出了一个大
胆的推论：鲧在羽山被火神祝融杀死，其遗体成了类似石头的焦炭，当
然也不会腐坏；三年后，鲧的妻子来到羽山，见到丈夫鲧的遗体，受孕
生下儿子禹。不过，"禹生于石"的神话则将此事件简化为：禹的母亲
受到石头的感应，受孕生禹；因此，这块石头就是禹的父亲。《汉书·
武帝纪》颜师古注引应劭语云："启生而母化为石"，并自注言"石破北
方而启生"①。这一说法恐怕是将鲧和禹这对父子的故事敷衍到禹和
启父子身上了。

　　综合以上的夏族始祖神话，我们发现夏族始祖禹的诞生，似乎与
某个自然之物（植物"薏苡"或某块石头）有密切关系；禹的父亲或者
是"薏苡"，或者是石头，唯独不是人类。倘若《论衡》、《淮南子》的说
法并非凭空捏造而是各有其渊源的话，那么，夏代的始祖神话似乎可
以对应于人类早期"万物有灵"的自然崇拜。

　　在商族的始祖神话中，商族的始祖契与玄鸟有着不解之缘。《诗
经·商颂·玄鸟》云："天命玄鸟，降而生商。"②《史记·殷本纪》继承
了这一说法，并补充了细节："殷契，母曰简狄，有娀氏之女，为帝喾次
妃。三人行浴，见玄鸟堕其卵，简狄取吞之，因孕生契。"③根据此神
话，商族的立族之祖契的诞生，乃是由其母吞食玄鸟之卵的缘故。换
言之，契的父亲可以追溯至玄鸟；玄鸟成为商族的祖先源头。这种以
动物为部族祖先的观念，可以对应于早期氏族社会典型的图腾崇拜。
而《山海经》等其他典籍也证实了商代的确存在以鸟为图腾的情况。

　　但是，夏、商二族的始祖神话所分别代表的万物有灵崇拜和图腾

---

　　① ［汉］班固：《汉书》，北京：中华书局，1962 年第 1 版，第 190 页。

　　② ［汉］毛亨传、［汉］郑玄笺、［唐］孔颖达疏：《毛诗正义》，《十三经注疏》，第 622
页。

　　③ ［汉］司马迁：《史记》，北京：中华书局，1959 年第 1 版，第 91 页。

崇拜都不能算作严格意义上的"祖先崇拜"。所谓"祖先崇拜",只能是在人类有了"人"、"物"之别的观念,意识到祖先是"人"之后才有可能产生。随着人类思维的发展,人们能够更加理性地(相对于之前而言)看待生命与死亡现象,于是"祖灵"和"鬼魂"攫取了原本附着在草木土石和飞禽走兽上的神秘力量。情感和信仰上的需要,使人们相信那些生命已经远逝的祖先们并没有真正远离我们,而是以另一种形式——"祖灵"——生活在我们的周围,仍然与我们发生密切联系。所以,祖先崇拜是一种从原始的万物有灵崇拜和图腾崇拜发展而来的较高级的信仰形式。

　　周族的始祖神话是祖先崇拜的最早体现。在周民族的早期史诗——《诗经·大雅·生民》篇中,生动地描绘了一个始祖诞生的故事:

　　　　厥初生民,时维姜嫄。生民如何?克禋克祀,以弗无子。履帝武敏歆,攸介攸止,载震载夙。载生载育,时维后稷。诞弥厥月,先生如达。不坼不副,无菑无害。以赫厥灵。上帝不宁,不康禋祀,居然生子。诞置之隘巷,牛羊腓字之。诞置之平林,会伐平林。诞置之寒冰,鸟覆翼之。鸟乃去矣,后稷呱矣。①

　　《史记·周本纪》沿用了《诗经》的说法,只不过描述得更通俗一些:

　　　　周后稷,名弃。其母有邰氏女,曰姜原。姜原为帝喾元妃。姜原出野,见巨人迹,心忻然说,欲践之,践之而身动如孕者。居期而生子,以为不祥,弃之隘巷,马牛过者皆辟不践;徙置之林中,适会山林多人,迁之;而弃渠中冰上,飞鸟以其翼覆荐之。姜原以为神,遂收养长之。初欲弃之,因名曰弃。②

　　当我们把商、周二族的始祖神话放在一起比较时,发现商族的简狄误吞玄鸟之卵怀孕而生契的故事,与周族的姜嫄践巨人之迹怀孕而

---

① [汉]毛亨传、[汉]郑玄笺、[唐]孔颖达疏:《毛诗正义》,《十三经注疏》,第528—530页。

② [汉]司马迁:《史记》,第111页。

生后稷的故事在形式上非常接近,只不过一个是吞食鸟卵、一个是踩巨人脚印。但是,正是这一点点的细微之别,却反映了完全不同的思维发展阶段。

简狄吞食鸟卵而生商族之祖的神话仍然停留在图腾崇拜阶段,实质上是将商族的祖先追溯到鸟;也就是说,商人的祖先仍是某种具体的动物。姜嫄践巨人之迹而生周族祖先的神话则不同,此时周人的祖先已经不再是某种具体的植物或动物。很显然,周人的祖先也不可能是"巨人之迹",而应该是"迹"的主人——巨人。那么,巨人又是谁呢?答案只能是"天"。也就是说,周人的始祖后稷诞生的缘起,是其母踩了巨人的脚印、"感于天"而受孕。因此,在周人的宗教观念里,其始祖的生命乃是源自于天,而非源自他物。这表明周族始祖神话的思维水平已经突破了图腾崇拜阶段,而真正确立起祖先崇拜的信仰。

需要补充的是,本文只依据传说资料判定商族的始祖神话仍停留在图腾崇拜的原始信仰阶段,但并不因此而得出"整个商代的信仰均属图腾崇拜"的结论。从逻辑上看,一个民族的始祖神话要比这个民族的成熟信仰早得多。所以,殷商时期可能已经发展出成熟的祖先崇拜信仰形式。从殷墟出土的大量甲骨文卜辞来看,卜问天帝之意往往是通过祖先为中介来进行的;过世的祖先仍然以祖灵的形式存在着,并侍候在上帝左右。这当然是一种典型的祖先崇拜了。

二、血缘、血统与宗法制度

周族的始祖神话正式确立起祖先崇拜信仰。而祖先之所以值得被崇拜,不仅在于其诞生过程的神异性,更在于其来源(亦即其父亲)所具备的神圣性。具体的讲,祖先在来源上的神圣性使祖先的灵魂具有了某种神秘的力量;通过崇拜仪式,这种神秘力量可以被传导和延续,恒久地发生作用。也正因为如此,祖先崇拜的一个重要功能表现为后人祈求祖先神灵的保佑以获得幸福生活。

祖先源头上的神圣性和祖灵的巨大力量只是祖先崇拜的一个部分;血缘的联系和权力的继承才是祖先崇拜的真正核心。

从血缘联系的角度看,"祖先"一词本身就是一种血缘观念的产物——只有在血缘上开启了后世子孙的先人才可以被尊奉为某个氏族、宗族或家族的祖先。换言之,祖先与后人之间一定要存在血缘上的承继关系。因而,祖先崇拜乃是在血缘关系的支配下的一种信仰,崇拜者与被崇拜的对象之间有着亲密的血缘联系。

血缘当然是一种自然的现象,但是血缘的观念却不是天生就有的。在人物无别的万物有灵时期和人兽不分的图腾崇拜时期,显然不存在血缘的观念①。即便进入到人类早期的群婚阶段,人们"生而不知有其父",血缘关系也无从谈起。只有当人类社会进入到父系氏族阶段以后,以父系为中心的一对多、一对一的婚姻形态大致确立,血缘的观念才可能得以产生。所以,血缘关系的起点应该是人们已经明确地知道了自己的父母是谁(尤其是知道了父亲是谁)。于是,源自于人类繁衍活动的血缘继承关系,逐渐成为父子、兄弟等等亲属情感的自然基石;而儒家所极力推崇的孝、悌的情感正是以血缘关系为基础而展开。

祖先崇拜是建立在血缘关系之上的先人崇拜;因此,在这个意义上,祖先崇拜也可以被称作"血族崇拜"。祖先与后世子孙之间存在的生理性血缘联系,使得子孙们在远眺本族祖先的时候,会有一种亲近的情感;同时他们相信,正是由于这种血缘联系的存在,具备了神秘力量的祖先们才会不遗余力地庇佑自己这些后世子孙。

伴随着血缘观念出现的是嫡庶的观念。从嫡庶的源头来看,它很可能源于父系社会"一夫一妻多个妾媵"的婚姻制度。在这种婚姻制度下,妻与妾媵所生的孩子(尤其是男孩)尽管在血缘上是平等的——他们都继承了同一个父亲的血缘;但是,嫡庶观念却对妻之子和妾媵之子进行了人为区分。区分的结果是:妻所生的儿子被称为"嫡子",妾媵所生的儿子被称为"庶子";并且"嫡子"要比"庶子"更亲近于他们的父亲,因而更为尊贵。

━━━━━━━━━━

① 作者按:需要说明的是,这里所界定的"血缘观念"专指人与人之间的血缘关系,即家族、家庭内的血缘联系。至于万物有灵论或图腾崇拜中所说的人与物体、动物之间的血缘关系并不符合严格的血缘关系界定,所以不在此列。

　　从历史的角度来考察，我们发现：很多时候嫡庶之别，考验的其实是孩子们的外公。以周代诸侯国君的嫡子、庶子为例：倘若孩子的外公是另一个强大诸侯国的国君，则孩子的母亲（其身份为该诸侯国的公室之女）将有更大的机会成为本国国君的正夫人，而她所生的男孩便顺理成章地成为嫡子；反之，若孩子的外公权势、地位逊色许多，则孩子的母亲做妾媵的可能性要更大一些，而她所生的男孩便只能成为庶子。所以，对于贵族家族而言，男孩的外公就是他们最大的依靠，甚至是决定他们当嫡子或是当庶子的关键。

　　很明显，与血缘关系建立在生理性的基础上不同，嫡庶之分则是一种典型的文化观念。或者我们引入另一个词——"血统"——会有利于把问题说清楚："庶子"与他们的父亲的联系是一种血缘的继承关系，而"嫡子"与父亲的联系则是一种血统的继承关系。"血统"一词不仅包括了自然的生理传承，还包括了精神与文化的继承。

　　需要特别声明地是，"血统"一词在本文中被赋予了全新的涵义。"血"显示了这一概念的血缘性基础，"统"则有统绪的意思。"血统"与"正统"之间存在着密切的联系。饶宗颐先生对正统问题做过深入研究，他敏锐地指出："《春秋》言'统'之义，原本于时间，即继承以前之系绪之谓。"①但是，饶先生将正统论的源头仅仅追溯到邹衍的五德运转说和《公羊传》的大一统论，认为正统论是与历法、统纪等密切相关的文化观念。因此，"正统"具体表现为尧、舜、禹、汤之统治的次第相传，或者是三统五德的循环轮替，又或者是后世空间上的统一分合。饶先生的正统理论以史料为线索，对于"正统"的历史沿革做了全面、详尽的阐释，而且他对历代有关正统思想之资料的搜集也颇有益于后学，这都体现了饶先生作为一位史学家的严谨与渊博。但是，倘若从思想史的角度来说，饶先生的"正统说"尚有可商榷的地方，特别是他并未从"正统说"的源头上注意到正统思想与祖先崇拜及宗法制度之间的关系，因而并没有真正解答正统思想的来源问题。

　　其实，正统思想并不是凭空构想出来的，正统的观念与祖先崇拜

---

　　① 饶宗颐：《中国史学上之正统论》，上海：上海远东出版社，1996 年第 1 版，第 76 页。

的信仰之间应该存在着极为亲密的关系。而"血统"观念可能正是"正统"观念的先导,换言之,正统思想是从古老的祖先崇拜和宗法观念中脱胎而来。

作为"正统"思想的前身,"血统"观念乃是将祖先崇拜的血缘性生理基础与统绪传递的文化精神过程相结合的产物。"统"的文化观念是祖先崇拜的精髓。所谓"统",一方面表明一种时间性的前后相承,另一方面则显示出合法性的精神烙印。站在"统"的角度看,我们发现原来祖先崇拜信仰中的"祖先"并不是僵化的、固定的,而是流动的、活生生的。也就是说,除了始祖以外,历代的先人也次第地被尊奉为祖先而接受后人的祭祀崇拜。但是,并非所有逝去的先人都有资格成为列祖列宗。祖宗系列显然有它自己的"统",只有传承其"统"的子孙才有资格加入祖先的行列。而"嫡"、"庶"之分正是能否传承祖先之"统"的关键之一。

从现实的角度讲,之所以要在血缘关系的基础之上进一步提出"血统"的观念,主要目的是为了解决权力的继承问题。无论氏族、宗族还是家族,其核心权力总是一定的;但是,潜在的有资格继承权力的儿子却可能数目众多。很显然,不可能让每一个儿子都来继承权力和财富。这就有必要形成一种制度,以对继承人的资格做出限定。而"嫡"、"庶"之分就是一个很不错的选择方案。在嫡庶观念下,嫡子得以超越血缘的关系而在血统的意义上继承祖先传承下来的权力;同时,也意味着嫡子有资格进入祖宗的"统绪"而成为祖先崇拜的一部分。

血缘观念与血统观念共同作用的另一个结果是促成了宗法制度的诞生。嫡系血统成为氏族、宗族或家族的主干,某一代的嫡子(尤其是嫡长子)必然地成为下一代的权力核心;其他的人则依据其与权力核心在血缘关系上远近的程度而分别享有不同等级的权力与财富。血统与血缘成为社会结构的基石,权力继承和分配赖此而实现。这就是周代盛行的宗法制度。而且,周代宗法制度中用以确立统治权力秩序的昭穆制度,与"血统"观念之间可能也存在着某种关系。因此,宗法的秩序与祖先崇拜之间有着密切的关系。换言之,现实的宗法秩序其实可以从神秘的祖先崇拜信仰中找到部分的根据。

三、"祖由天生"与"天子"的观念

上文介绍周族始祖神话时,讲到周人的祖先已经不再是某种具体的植物或动物,而是神秘的"巨人之迹"的主人——"天"。在周人看来,他们民族始祖的生命乃是源自于天。从祖先的血统角度来审视周族始祖神话,或许周人相信他们的始祖后稷与"天"之间存在着实质上的血统联系。此种联系,使周族的祖先通过继承或分享的方式拥有了"天"的神圣性。而源自于上天的神圣性,又经过周族的列祖列宗传承下来,成为周王朝统治的正统性根基。

《春秋穀梁传》(以下简称《穀梁传》)在解读《春秋》之"微言大义"的过程中,对于经文中大量充斥的祭祀祖先现象表现出浓厚兴趣。《穀梁传》的有关论说为我们理解古代社会的祖先崇拜以及与之相关的更深层次信仰提供了一个新的视角。

《穀梁传》传文提出了"祖由天生"的观念。例如:

> 文公二年:(经)八月丁卯,大事于太庙,跻僖公。
>
> (传)大事者何?大是事也,著祫尝。祫祭者,毁庙之主。陈于太祖,未毁庙之主,皆升合祭于太祖。跻,升也,先亲而后祖也,逆祀也。逆祀,则是无昭穆也。无昭穆,则是无祖也。无祖,则无天也。故曰:文无天。无天者,是无天而行也。君子不以亲亲害尊尊,此《春秋》之义也。①

鲁文公在举行群祭鲁国先君的祫祭仪式时,出于对父亲僖公的情感,破坏了庙次的顺序,将原本位居闵公之后的僖公神主安放到闵公神主之前来祭祀②。《穀梁传》从昭穆制度的角度对文公的"逆祀"行为进行了批评,指出颠倒庙次的顺序会破坏左昭右穆的宗法秩序,这实际上是不尊祖的表现;而不尊重祖先,在根子上就是不尊重"天"。

---

① 　[晋]范宁集解、[唐]杨士勋疏:《春秋穀梁传注疏》,《十三经注疏》,第 2405 页。

② 　作者按:鲁国闵公与僖公的情况较为特殊:二人均非嫡子,他们的父亲、上一代鲁国国君庄公在齐国意外身故,未指定世子。闵公要比僖公年幼,却被鲁国贵族们推为国君。闵公即位不到两年,被刺身亡;僖公接任国君。所以,论君臣,闵公先为国君,他与僖公是君与臣的关系;论手足,闵公年幼,僖公年长,他与僖公是弟与兄的关系。

这是反向逆推祖先的根源。从正向来看,就是"天"——"祖"——"昭穆",即:"天"是"祖"的根源,"祖"由"天"所生。《穀梁传》的这一看法与《诗经》和《史记·周本纪》的周始祖神话是相互契合的。

稍后的汉代学者董仲舒继承并发展了这一思想。董仲舒指出:"天"与包括人在内的宇宙万物之间都存在血缘伦理的关系,如"天者万物之祖。万物非天不生"①,"天地者,万物之本,先祖之所出也"②,"天亦人之曾祖父也"③。

因此,作为自然崇拜之最高代表的"天",与作为祖先崇拜之起点的"始祖",最终以血统的方式联系在一起!自然崇拜与祖先崇拜就这样巧妙地融合了!这两大信仰融合的一个最重要的后果,就是"天子"观念的出现。所谓"天子",一方面是祖先崇拜意义上的列祖列宗的正统传承者,另一方面则是自然崇拜意义上的"天"的血统继承人。拥有了这种奇特双重性的"天子",顺理成章地成为人间宗法统治秩序的起点和顶点。这也可以从《穀梁传》的有关资料得到印证:

庄公三年:(经)五月,葬桓王。

(传)传曰:改葬也。改葬之礼缌,举下,缅也。或曰却尸以求诸侯。天子志崩不志葬,必其时也。何必焉?举天下而葬一人,其义不疑也。志葬,故也,危不得葬也。曰:近不失崩。不志崩,失天下也。独阴不生,独阳不生,独天不生,三合然后生。故曰:母之子也可,天之子也可。尊者取尊称焉,卑者取卑称焉。其曰王者,民之所归往也。④

周王朝的统治者之所以具有神圣的权威,与他在来源上的神圣性

---

①　《春秋繁露·顺命》,见[清]苏舆:《春秋繁露义证》,北京:中华书局,1992 年第 1版,第 410 页。

②　《春秋繁露·观德》,见[清]苏舆:《春秋繁露义证》,第 269 页。

③　《春秋繁露·为人者天》,见[清]苏舆:《春秋繁露义证》,第 318 页。

④　[晋]范宁集解、[唐]杨士勋疏:《春秋穀梁传注疏》,《十三经注疏》,第 2380—2381页。

分不开。不同于一般人,周王乃是由阴、阳与"天"三者相合而诞生①,"天"才是周王终极意义上的父亲。从世俗的角度看,可以称他为"母之子";但从神圣的角度看,则应该称他为"天之子"。正如《尚书·召诰》说:"皇天上帝,改厥元子"②,统治者为了体现其统治的神圣性和正当性,有意地将自己称为"天子"。"天子"的称呼本身,以及"天子"用以"承天之序"的"郊祀"活动,主要目的都在于向人民昭示君权神授,宣扬其统治的合理性。王朝的统治在"天子"旗号下发展到了极致。而"天子"也仰赖其天王老子的神奇力量成为人间秩序结构中最尊贵、最崇高的部分。所以,《仪礼·丧服》引《传》曰:"天子至尊也。"③《礼记·曲礼》则称:"君天下曰天子。"④

四、"天命"与"受命"

在《穀梁传》作者看来,"天子"与"天"的联系不仅仅体现在血缘上,还体现在精神上。具体地说,"祖由天生"标志着君王在血缘上对"天"的继承;而"受命"则标志了君王在精神和意志上对"天"的继承。

"命"是中国古代政治的核心观念之一。《穀梁传》认为,"命"具有两重性质:一方面,"命"乃是天意的体现;另一方面,"命"又是上天将自己的意志传递给天子的动态过程。上天正是通过"命"的形式将自己的精神情感和神圣意志传递给它的人间代表。

《穀梁传》宣公十五年传文说:"为天下主者,天也;继天者,君也;君之所存者,命也。"⑤君王从天那里继承和获得治理天下的权力;君王继天的实质在于从天那里获得了"命"。对于统治者来说,"受命于天"成为维护现实统治的最好的理论支柱。从这个意义上讲,"天命"

---

① 这与董仲舒的观点几乎一致,《春秋繁露·顺命》:"独阴不生,独阳不生,阴阳与天地参然后生。"见[清]苏舆:《春秋繁露义证》,第410页。徐复观认为,董仲舒曾经学习过《穀梁传》,董氏所建立的"天的哲学系统"实受到《穀梁传》的影响。详见徐复观:《两汉思想史》第三卷,上海:三联书店,2001年第1版,第153—154页。

② [汉]孔安国传、[唐]孔颖达疏:《尚书正义》,《十三经注疏》,第212页。

③ [汉]郑玄注、[唐]贾公彦疏:《仪礼注疏》,《十三经注疏》,第1100页。

④ [汉]郑玄注、[唐]孔颖达疏:《礼记正义》,第1260页。

⑤ [晋]范宁集解、[唐]杨士勋疏:《春秋穀梁传注疏》,《十三经注疏》,第2415页。

具有了政治信仰的色彩。"就中国古代而言,政治信仰的重要内容之一是'天命'、'天理',其重要功能之一是为王权服务,使整个社会认同于王权。……在王权政治下,政治信仰首先反映为天命信仰。人们认为,在人类社会之上有一个绝对意志和至上理性主宰着社会,它决定着社会的基本道德和善恶观,并决定着他在人间的代理人——帝王。虽然从理论上说帝王未必是理性的代表,但历代帝王无一不把自己打扮成天命的拥有者,是所谓'生身有命'的'真龙天子'。"①

"天命"的观念可能出现得很早。据《史记·殷本纪》记载,当商纣王在面临内忧外患的窘境时,仍然不以为意地说道:"我生不有命在天乎!"②从商纣王这句自信的话里,我们可以读出几重含义:第一,商朝已经有了天命观念,并且,上天之命还成为王朝统治合法性的终极依据。换言之,商朝之所以能行使并保有统治天下的权力,是因为商王享有天命的保护;只要天命仍然在保佑商王朝,那些现实的威胁(如周西伯的崛起和扩张)对商王朝的统治就产生不了致命的影响。第二,对于纣王而言,"天命"恐怕不仅仅是他欺骗民众、巩固统治的工具,他也不是刻意地要把自己打扮成天命的拥有者。可以说,"天命"对他而言是真实存在的,是其信心的源泉。第三,商纣王并不认为自己的所作所为("德")会影响到天命对商王朝的保佑,这表明商纣王并没有天命依德而变革的观念。因此,商代的"天命"观可能还处于比较初级的阶段。当然,商纣王无法解答一个问题,即:如果"天命"不会变革,保佑商王朝的"天命"又是从何而来?!

成熟意义上的"天命"思想是在殷周之际产生的,关键人物应该是周文王。这可以从传世文献中得到大量印证:

《诗经·大明》:"有命自天,命此文王。于周于京。"③

《诗经·文王》:"穆穆文王,于缉熙敬止。假哉天命!……

---

① 刘泽华主编:《中国传统政治哲学与社会整合》,北京:中国社会科学出版社,2000年第1版,第1—3页。

② [汉]司马迁:《史记》,第107页。

③ [汉]毛亨传、[汉]郑玄笺、[唐]孔颖达疏:《毛诗正义》,《十三经注疏》,第508页。

侯服于周,天命靡常。"①

　　《尚书·康诰》:"我西土惟时怙冒,闻于上帝,帝休。天乃大命文王,殪戎殷,诞受厥命。"②

　　《尚书·多方》:"我周王享天之命。"③

　　《尚书·文侯之命》:"丕显文武,克慎明德,昭升于上。……惟时上帝,集厥命于文王。"④

　　而文王之所以能够获得"天命"的关键有两个:一是从技术手段看,文王占有了通天的能力;二是从具体操作看,文王利用了"德"作为武器。

　　首先来看文王对通天手段的占有。从逻辑上讲,获得"天命"的一个必要前提是先应该能知晓"天意"。而"了解天意最主要、最直接的方法,当然就是观测天象。通过持续不断地观天象以预测吉凶,为政治军事决策提供依据,这一传统在中国文明早期就已确立,而且保持了数千年"⑤。鉴于"天"对于古代政治的特殊意义,现实的王权统治者们为了维护自己至高无上的统治地位,确保统治的神圣性不遭受挑战,就必须在源头上垄断观测天象的权力,从而独享"天意"。可能正是因为这个原因,在中国古代的传说中,只有"圣人"(实际上也就是王朝统治者)才有资格"仰观俯察"、了解天意。

　　殷商的君王自然也知道这个道理,所以一直将"观天"作为一项特权牢牢地抓在手里。周文王(西伯)决心从这里先打破一个缺口。根据天文史学者江晓原的颇具开拓性的研究,《诗经·大雅·灵台》篇正反映了文王出奇制胜的战略性举措:"经始灵台,经之营之,庶民攻之,

---

① 〔汉〕毛亨传、〔汉〕郑玄笺、〔唐〕孔颖达疏:《毛诗正义》,《十三经注疏》,第504—505页。

② 〔汉〕孔安国传、〔唐〕孔颖达疏:《尚书正义》,《十三经注疏》,第203页。

③ 〔汉〕孔安国传、〔唐〕孔颖达疏:《尚书正义》,《十三经注疏》,第229页。

④ 〔汉〕孔安国传、〔唐〕孔颖达疏:《尚书正义》,《十三经注疏》,第253页。

⑤ 江晓原、钮卫星:《回天——武王伐纣与天文历史年代学》,上海:上海人民出版社,2000年第1版,第22页。

不日成之。"①灵台,是古人(尤其指统治者及其属下的神职人员)观天象的高台。孔颖达认为:"天子有灵台,以观天文……诸侯卑,不得观天文,无灵台。……非天子不得作灵台。"②换言之,建灵台观天以晓天意乃是天子所独享的特权,也是天子维护其统治神圣性的重要保障。江晓原认为,周文王以诸侯身份僭越天子之礼,偷偷营造灵台,目的是为了染指本来被商王所垄断的通天手段,为谋取超乎诸侯之上的政治权威,并进一步获取天命准备了关键的条件。因而,灵台可以看作是他留给周武王的最重要的政治遗产之一③。

如此一来,周文王通过营造灵台,从技术手段上突破了殷商统治者对通天权力的垄断,为下一步观测天象、知晓天意并最终获取天命奠定了坚实的基础。至于天命是否会降给周,文王并未强求。他所做的,是给上天多提供一个选项。用一个形象的说法,过去"天命"赐给商王朝,就好比选举中的等额选举,有一个名额,而候选人也只有一个;自从文王建灵台之后,等额选举就变成了差额选举,有一个名额,但候选人却有了两个:商和周。

将"德"的观念引入"天命"思想,是周文王的又一大创举。这也是其具有划时代意义的"革命"思想的核心。

殷商王朝对天命的现实占有是任何人都不能抹杀的事实。那么,怎样才能做到既取代殷商王朝的政治统治又不伤害"天命"的神圣权威呢?以文王为代表的周初统治者找到了一个聪明的答案,那就是——"德"!据李向平依照甲骨文字形对"德"字所作的研究,"'德'字的原义并非今人所言之道德,极有可能的乃是由一种人的具体行为,代指那种源自于父系家长制氏族中的传习、风俗、法规"④。也就是说,"德"原本不带有善恶色彩,故既有"善德",也有"恶德"。但周文王却巧妙地将"德"转化为具有道德性质的概念,并且将"德"作为王权统治者的行为规范。这样做的最大后果是,"德"成为天子获得并

---

① [汉]毛亨传、[汉]郑玄笺、[唐]孔颖达疏:《毛诗正义》,《十三经注疏》,第524页。
② [汉]毛亨传、[汉]郑玄笺、[唐]孔颖达疏:《毛诗正义》,《十三经注疏》,第524页。
③ 详见江晓原、钮卫星:《回天——武王伐纣与天文历史年代学》,第16页。
④ 李向平:《王权与神权——周代政治与宗教研究》,第51—52页。

享有天命的必要条件。

所以,周初统治者对"小邦周"剪灭"大国殷"的时代巨变做了全新的解释:殷商之灭亡在根本的意义上并不是由周人造成的,而是殷人自上而下的悖德乱政行为咎由自取:"我用沉酗于酒,用乱败厥德于下",故"天毒降灾荒殷邦"①,上天对殷商感到绝望而收回了天命;武王伐纣的行动,实质上是有"德"的周人知晓了天意,"今予发惟恭行天之罚"②,周武王执行上天的意志,兴兵讨伐殷商。因而,周人灭商的行为不仅没有损害天命的权威,反而丰富和完善了天命的内涵,那就是以"德"受"命"的思想。

结合《诗经》所记载的周族始祖后稷感天而生的神话,我们有理由相信文王营建灵台及以"德"受"命"的观念背后,其实还潜藏着对于祖先的神圣信仰。换言之,周之所以能取代商而受有天命,除了历代周族领袖励精图治奋斗的原因之外,还与周族祖先所具有的神圣性分不开。正是由于后稷感天而生、与"天"存在血缘(甚至血统)上的联系,使得周族具备了享有天命的潜在资格。这也许才是文王建灵台、宣德政的信心之源吧!

周初统治者在以"德"为武器革了殷商的"命"之后,进一步按照宗法分封的模式,将受自于上天的"命"又一层层地"赐"了下去。于是,"受命"再次与"血统"观念相结合。上至周王室,下到诸侯、大夫,正是由于他们血统上的特殊地位使他们获得了"受命"的权力。因此,对于某一级的权力继承人来说,他所具有的血统(而非血缘)关系使得他能够获得"受命"的资格,而"受命"这一权力传递形式又反过来进一步加强了"血统"观念。可以说,"受命"不仅仅是周代统治合法性的源泉,还是周代宗法制度和政治秩序的脊髓。

从总体上看来,以血缘和血统为核心、由祖先崇拜发展而来的宗法秩序观念,以"天命"的形式落实于"天子"身上,构成了《穀梁传》思

①　《尚书·微子》,见〔汉〕孔安国传、〔唐〕孔颖达疏:《尚书正义》,《十三经注疏》,第177页。

②　《尚书·牧誓》,见〔汉〕孔安国传、〔唐〕孔颖达疏:《尚书正义》,《十三经注疏》,第183页。

想体系的信仰背景和观念基础。以拨乱反正、重建秩序为最高诉求的《穀梁传》，一方面通过回溯自己的源头，重新寻找回天命的信心；另一方面又努力将这一融汇有自然秩序的神圣性和宗法秩序的血缘性的"天命"秩序，下贯于政治与伦理的各个方面，从而成就了《穀梁传》独特的政治思想和伦理思想。

试论春秋的世子制度

统治权力的传承一直是古代中国社会政治的核心,这在春秋时代表现得尤为典型。从春秋时期的相关记录中,可以发现大量的维护正常统治权力传承秩序的努力。但是,春秋时代又是一个统治权力继承出现重大混乱的时代,"《春秋》之中,弑君三十六,亡国五十二,诸侯奔走不得保其社稷者不可胜数"①。而正常的统治权力传承秩序的破坏必然会对春秋社会政治产生深远影响。自民国以来,学者们纷纷从社会组织的破坏与宗法制度的解体、社会经济的发展与礼乐文明遭遇挑战等等宏大视角对这一现象展开研究,成就斐然。本文则注意到在春秋宗法制度中,存在着一种特殊的世子制度,它与春秋时期统治权力的传承秩序之间关系极其紧密。甚至可以这样认为:世子的确立、维护与变更,正是春秋社会统治权力传承秩序的关键所在;世子制度的变化直接影响着春秋社会政治的走向。所以,本文试图以世子制度为研究视角,分析春秋时期大量存在的统治权力传承秩序的维护与破坏现象,并力图通过这一缩影反观春秋社会政治的内在发展脉络。

一、"世子"的产生

何谓"世子"?"王世子云者,唯王之贰也。……天子世子,世天下也。"②可见,"世"是世袭、继承的意思;"王世子"和"世子"分别是

---

① 〔汉〕司马迁:《史记》,北京:中华书局,1959 年第 1 版,第 3297 页。
② 〔晋〕范宁集解、〔唐〕杨士勋疏:《春秋穀梁传注疏》,《十三经注疏》,上海:上海古籍出版社,1997 年第 1 版,第 2393 页。

周天子和各诸侯国君的儿子。但"王世子"、"世子"不同于天子、诸侯的其他儿子；他们通常是所谓的"嫡长子"，是天子、国君世系君统的合法继承人。

春秋时期社会政治的一个特点是政治权力的中心已经由周王室下移到各个诸侯国。因此，诸侯国的统治权力继承问题更能反映整个社会的政治权力转移状况；而且，"世子"继承诸侯国君的统治权，正是"王世子"继承周天子统治权的宗法继承模式的一种下贯和延伸。所以，我们选择诸侯国的"世子"作为讨论春秋时期统治权力继承问题的具体对象。

《公羊传》隐公元年传文在评论"隐让桓弑"事件时，提出了中国古代统治权力继承的一个重要原则："立嫡以长不以贤，立子以贵不以长。"①这一原则牵涉到中国古代宗法制中最重要的制度之一的嫡长子继承制。嫡长子继承制，就是王国维在其《殷周制度论》中所介绍的周人三大制度中的"立子立嫡之制"②；其在诸侯国的表现，就是国君将会把自己的统治权力完整地传承给他的一个儿子——他的嫡长子。

作为嫡长子继承制的重要原则，"立子以贵不以长"与"立嫡以长不以贤"二句的关系并不是平列的，而是有递进层次。

"立子以贵不以长"是宗法继承制的第一关，也是第一次淘汰选择，即：将国君所有的儿子按照出身分为"嫡子"和"庶子"，正夫人所生的为"嫡子"，妾、媵等所生的为"庶子"。天子、诸侯国君在选择统治权力继承人时，首先只会在出身地位尊贵的众嫡子中挑选；至于庶子，无论其是否年长于嫡子，都会因为出身相对低贱而被排除在候选人的行列之外。"立嫡以长不以贤"则是在第一关基础上的第二次淘汰选择。国君会在众嫡子中，选择其中最年长者(嫡长子)作为自己政治权力和财富的合法继承人，这就是"世子"。而其他的嫡子也被排除出候选人的行列。

---

① ［汉］何休解诂、［唐］徐彦疏：《春秋公羊传注疏》，《十三经注疏》，第2197页。
② 王国维：《殷周制度论》，《观堂集林》，北京：中华书局，1959年第1版，第453—454页。

可见,嫡、庶之分是古代统治权力继承的一个关键。而它的具体操作可以用"子以母贵,母以子贵"①来概括:"子以母贵"所说的是在正常情况下,国君的正夫人和妾、媵等都生有子,则正夫人所生子因其母地位尊贵,得以成为嫡子。嫡子的地位要高于妾、媵等所生的庶子。因此,这句话的完整表达应该是"嫡子以母贵而贵"。而"母以子贵"似乎指的是一种非常的情况,即国君的正夫人无子或其子早殇,国君没有嫡子,只能从妾、媵等所生的庶子中选择权力继承人。而一旦某位庶子最终成为"世子",其生母就可以反过来依靠其子的尊贵地位,享有较其他妾、媵更加尊贵的地位身份。所以,"母以子贵"可以表述为"庶母以其子贵而贵"。

二、"世子"的保障

嫡长子的身份仅仅是成为世子的一个关键因素。除此之外,当时的宗法制度围绕着世子的确立和培养制定了一系列的保障措施。

首先,是生理上的保障,即:成为世子的公子必须是生理上健全的人。

《春秋》昭公二十年经文记载:"秋,盗杀卫侯之兄絷。""絷"是卫侯的同父同母的兄长。倘若卫侯是嫡子,絷就是嫡长子,应该更有资格被立为"世子"并继位成为新的卫侯。而实际上却是他的同母之弟被立为"世子"并最后成为卫国国君。这是什么原因呢?《穀梁传》对此的解释是:"有天疾者,不得入乎宗庙。'絷'者何也?曰:两足不能相过。"②原来絷天生就是瘸子(两足不能相过),而宗法制度规定天生残疾的后代没有资格进入宗庙祭祀并最终被列入宗庙。"世子"作为日后的国君,一项很重要的使命正是入宗庙主祀;所以,"天疾者"不仅被剥夺了成为"世子"的机会,甚至连名字都必须起带侮辱性的"絷"。

古代宗法制的这一特殊规定,体现了古人在选择继承人时的一种

---

① ［汉］何休解诂、［唐］徐彦疏:《春秋公羊传注疏》,《十三经注疏》,第 2197 页。

② ［晋］范宁集解、［唐］杨士勋疏:《春秋穀梁传注疏》,《十三经注疏》,第 2439 页。

现实的理性精神。"嫡长子"固然是成为"世子"的一个关键条件,但这位嫡长子还必须是一个生理健全的人;"天残"、"天疾"的嫡长子是没有资格被立为"世子"的。原因很简单:一方面,"天残"、"天疾"者由于生理上的先天不足,或者容易夭折,或者即使成年也健康不佳,这对于一个国家所必需的相对持久的稳定来说是致命的;另一方面,"天残"、"天疾"者因生理上的不便,很多国家大事都很难承担,例如指挥战争、参与外交等等。所以,"天疾者"不得成为"世子",是古代统治者保障继承人素质的一项重要的特殊规定。

其次,是从教育上来保障世子。古代的统治者十分看重教育对于培养继承人的作用。

《大戴礼记·保傅》篇详细记载了周代对太子的教育:从太子尚在孕育之中的胎教,到太子出生后的三公三少之教,再到小学、太学,直至既冠成人后接受的"司过之史"、"亏膳之宰"的规劝、监督,已经形成了一整套规范的培养教育体系①。

与周王朝对太子的特殊教育相呼应,《国语·楚语》中的一段话显示了当时的各个诸侯国对世子们也同样采取了特殊的教育措施。楚庄王请士亹做太子箴的老师,并向申叔时请教教育太子的方法,申叔时详细描述了当时各诸侯国对世子的特殊教育,从教育所使用的教材,到教育的方式、教育的内容,乃至教育的效果,都有明确的规定②。从中不难看出周、孔以来德养教育的影子,敬德保民、修己安人、忠孝节义等具有浓厚的德性、伦理色彩的内容已经成为此类教育的共同主题。

这些材料表明,无论是周王朝还是各诸侯国,对于其选定的合法继承人("王世子"或"世子"),都采取了特殊的、不同于一般贵族、公子的教育形式。这种特殊的教育有两个特点:第一是针对性强,即教育的目的就是要向未来的天子、国君传授治国、平天下的政治技巧,培养与之相配的道德素质。第二是具有垄断性。只有已经被确定的未

---

①　［清］王聘珍:《大戴礼记解诂》,北京:中华书局,1983年第1版,第49—52页。

②　徐元诰:《国语集解》,北京:中华书局,2002年第1版,第483—487页。

来的统治者,才有资格接受这样的教育;其他的王孙贵族都被排除在此类教育的范围之外。这一措施确保了未来统治者享有垄断的特殊教育,是维护世子地位的一个重要手段。

在国家的政治事务中锻炼世子,是对世子特殊教育的又一种重要形式。在不少诸侯国的政治实践中,世子们都参与国政的治理。如晋献公的世子申生就被任命为晋国二军之一的下军的统帅,曾多次领兵出征,又屡屡代表晋国参加各种盟会,在治理国家的政治实践中锻炼政治才能,同时树立政治威望。

最后,对世子的保障还表现为在丧服制度和宗庙祭祀中突出世子的尊贵地位。

根据《仪礼·丧服》的有关规定:嫡长子"正体于上,又乃将所传重也"①,只有嫡长子才是宗法之"体"的唯一传承者。所以,倘若嫡长子意外身亡(不包括未成年即夭折的情形),父亲反过来要为嫡长子服最重的三年斩衰之服。而世子身兼国之储君和家之嫡长子的双重身份,他的夭亡对于国与家都是非常严重的事件。所以,在丧服制度中,世子与国君的其他儿子所享受的待遇也应该有很大的不同,国君为世子所服的丧服要远重于为其他众子所服的丧服。

世子地位的特殊性在宗庙祭祀中表现得更加明显。根据周代的宗法礼制规定,国君的所有儿子中,只有世子才有主祭宗庙的权力。而宗子与别子的区分也使得世子的宗法特权进一步加强。通过宗子与别子的划分,国君的众子之中,只有身为嫡长子的世子才能以未来的"宗子"身份在国家宗庙中主祭;至于其他的公子们,则只能作为"别子"、"支子",是没有资格列入宗庙的。所以,"别子"、"支子"们只能"尊祖",只能敬"宗子",也就是敬诸侯国君和世子。这样一来,就保证了世子对国家宗庙祭祀的垄断权,使世子的地位得到进一步的巩固。

---

① 　[汉]郑玄注、[唐]贾公彦疏:《仪礼注疏》,《十三经注疏》,第1100页。

三、世子制度的特点

从以上的介绍中,我们发现周代世子制度具有两个显著特点。

第一,世子的身份在形式上表现出某种先天性和神圣性,但在实质上则具有很强的现实性和功利性。

从宗法制度的有关规定来看,世子所具有的合法继承权在形式上体现出某种先天性。因为不论他是贤明还是不肖,也不论他在国君的所有儿子中排行第几,只要他是生理上健全的嫡长子,就能名正言顺地成为世子。换言之,国君正夫人的第一个生理上健康的儿子先天地具有了某种特权,使他一出生将必然会被立为世子,成为国君之位的合法继承人。

这种先天性的背后体现着一种神圣性的观念。《仪礼·丧服》斩衰章云:"父为长子。"传曰:"何以三年也？正体于上,又乃将所传重也。庶子不得为长子三年,不继祖也。"①古人认为,只有嫡长子才是宗族血统的最纯正、最正宗的合法传承者;同样,"世子与国君一体",只有身为国君之嫡长子的世子,才是诸侯国君君统和宗统的具有神圣性的合法继承人。

然而,世子身份的先天性和神圣性的形式之下,其实还潜含了一种现实的、功利性的考虑。世子制度确立的目的之一是为了避免因统治继承权的不确定所可能带来的纷争与内耗。正如丁鼎所说,"宗法制度的社会意义就在于既将宗统内部的血缘关系等级化,又将宗统与君统分离,从而避免了宗人对王(或诸侯)之嫡长子(世子)的王位(或君位)继承权可能发生的侵犯。也就是《礼记·大传》所谓的'族人不得以其戚戚君位也'与《左传·文公二年》所谓的'不以亲亲害尊尊'"②。

因此,世子制度试图通过在形式上赋予世子身份以某种先天性和

---

① 　[汉]郑玄注、[唐]贾公彦疏:《仪礼注疏》,《十三经注疏》,第1100页。
② 　丁鼎:《〈仪礼·丧服〉考论》,北京:社会科学文献出版社,2003年第1版,第262页。

神圣性,以确保嫡长子对世子身份的垄断状态。换言之,国君的嫡长子是诸侯国君世系君统的唯一的、神圣的合法继承人,从而断绝了国君的其他儿子觊觎世子之位的一切可能性,从而在很大程度上消除了因争夺储君之位而带来的灾难。

第二,世子享有崇高的地位,国君立黜世子的行为受到宗法制度的制约。

与国君的其他公子不同,世子在诸侯国享有十分尊贵的地位。世子出访他国,被访国应按照上卿的标准给予接待。《穀梁传》更是明确指出"臣莫尊于世子"①,世子是国君所有臣民中最为尊贵的,可谓是"一人之下,万人之上"。

与此同时,国君立黜世子的行为也受到制约。在齐桓公所主持的葵丘之会上,颁布了以天子的名义制定的各诸侯国行为准则:"毋雍泉,毋讫籴,毋易树子,毋以妾为妻,毋使妇人与国事。"②在全部的五条禁令中,"毋以妾为妻"和"毋使妇人与国事"的共同目的都是为了从根源上切断废立世子的祸根。

从春秋时期的史实来看,当时的人们对于破坏世子继承法、以次代长、以庶替嫡的行为是坚决反对的。例如,晋献公因宠幸骊姬,引发动乱,世子申生被逼自杀,公子重耳、夷吾出逃。针对此事,《春秋》书"晋侯杀其世子申生"来斥责晋献公杀嫡立庶的糊涂行为。《穀梁传》为此专门归纳出一条义例:"杀世子母弟,目君。"③凡是国君杀害世子或者同母之弟的事件,都要直称国君以贬斥之。

周代宗法制度的种种保证世子享有崇高地位。并限制国君立黜储君、妄杀世子的规定,实质上体现了宗法制对于诸侯国最高统治者行为的约束机制。这也是通过一种制度的力量对最高权力进行的制约。从这个意义上讲,一个诸侯国家确立世子,不再只是国君个人的事情,更不能因国君私人的喜好任意立黜。尽管国君有宠幸或者疏远某个妻妾的

---

① [晋]范宁集解、[唐]杨士勋疏:《春秋穀梁传注疏》,《十三经注疏》,第2396页。
② [晋]范宁集解、[唐]杨士勋疏:《春秋穀梁传注疏》,《十三经注疏》,第2396页。
③ [晋]范宁集解、[唐]杨士勋疏:《春秋穀梁传注疏》,《十三经注疏》,第2365页。

自由,但是,一旦这种喜好危及到国家统治权力的继承时,国君的个人行为同样会受到来自宗法制度内部的约束。由此可以看到,周代宗法制度中也隐含着对诸侯国最高权力进行制约的现实力量。

四、世子制度的破坏及其对春秋社会的影响

尽管周代宗法礼制为了维护正常的统治权力继承秩序,对世子的合法继承权做了很多具体的规定,但世子制度还是在历史的演进中不断受到挑战,并逐渐遭到破坏。

世子制度的破坏是一个自上而下的过程。

首先是周王室内部的王世子继承出现了危机。西周中期懿王时代,周王室呈现衰落趋势。周懿王死后,王位并没有根据周代宗法制度传给懿王的儿子,而是传给了懿王的叔叔孝王。孝王死后,继承问题再次出现。最后,在诸侯的拥立下,懿王之子即位为夷王。夷王借助诸侯的力量成为周王,反过来又受制于诸侯,于是,"下堂而见诸侯,天子之失礼也,由夷王以下"①。从此,废立事件层出不穷,最严重的要算周幽王。据《史记》记载,周幽王以申侯之女申后为王后,立申后子宜臼为王世子。后来,幽王宠幸褒姒,欲废申后与太子宜臼,改立褒姒为后、褒姒之子伯服为太子。由于幽王的倒行逆施,申后之父申侯引缯、西夷犬戎攻杀幽王,迫使周都东迁,西周灭亡②。

破坏世子制度的现象逐渐波及诸侯国。鲁武公带着长子括和次子戏朝见周宣王。宣王喜爱次子戏,要求鲁国废嫡长子继承制而立戏为鲁国世子。结果,导致鲁国内乱,"自是后,诸侯多畔王命"③。这是诸侯国家的世子继承制遭到破坏的开始。自此,诸侯国君上行下效,春秋时代世子被废、被杀现象屡见不绝,整个社会的统治权力继承出现了混乱局面。

从根本上看,世子制度遭到破坏的原因是它无法适应西周晚期以

---

① [汉]郑玄注、[唐]孔颖达等正义:《礼记正义》,《十三经注疏》,第 1447 页。
② [汉]司马迁:《史记》,第 147—149 页。
③ [汉]司马迁:《史记》,第 1527—1528 页。

来出现的社会关系的重大变化。西周晚期至春秋时期,社会关系出现重大调整,其中一个显著变化就是宗法制度的衰落。周天子权力地位的下降直接削弱了维系宗法制度的现实力量,而各个分封国与其宗法源头在时空上的隔膜也使得宗法情谊日渐淡漠,这势必严重损坏宗法制度的精神凝聚力。与此同时,竞争的加剧也使宗亲与尚贤的分歧变得愈发明显,尚贤日益成为大势所趋。世子制度所规定的尊嫡重长越来越难以发挥统治效能,因为在原有的世子制度的框架内,未来统治者的素质并不能得到真正的保证。

世子制度受到挑战的另一个原因是这一制度与国君的私人情感之间存在潜在的冲突。世子制度制约了国君任意立黜世子的行为。然而,这一制度的约束与国君个人的喜好之间经常会出现矛盾。随着宗法制度的衰落,相对于国君任性的立黜行为,世子制度的制约力量显得越来越苍白。

所以,作为周代正常的统治权力传承秩序的世子制度遭到破坏是西周晚期至春秋社会历史发展的一个必然结果。而这又反过来进一步影响了春秋社会政治的走向。

首先,世子制度遭到破坏,世子本人被废、被杀,进一步动摇了嫡长子继承制的神圣性基础。而嫡长制的神圣性正是周代宗法制背后的精神支柱之一。世子身份一旦不再具有神圣性,则任何王孙公子都可以利用自己的力量争立为储君,宗法制度赖以生存的上下尊卑的等级秩序被破坏殆尽,整个宗法社会必然面临崩溃的命运,其后果即是"礼崩乐坏"。

其次,在诸公子争立储君的过程中,很可能会出现社会权力的下移。以上文引述过的周夷王争立为例:孝王死后,懿王之子借助诸侯的力量即位为夷王,反过来又受制于辅助过他的诸侯,甚至"下堂而见诸侯"。鹬蚌相争,渔翁得利,周天子之争的结果是不少诸侯国地位趁机上升。同样,当诸侯国的内部出现储君之争时,争立的各方必然会千方百计争取国内公卿贵族的支持;而一旦获胜,这些新任的诸侯国君自然会回报支持他们的公卿贵族。久而久之,在各个诸侯国,公卿贵族的力量逐渐强大,并成为可以左右国家命运的决定力量,这就是礼乐征伐"自大夫出"、"陪臣执国命"(《论语·季氏》),社会政治的重心不断下移。

第三,世子制度的破坏所引发的储君之争,常常会带来激烈的社会和政治的动荡。如上文提到的晋世子申生事件,引发了晋国内乱,不仅出现了一系列的篡逆、弑君行为,还使得晋国失去霸主地位长达二十余年。又例如昭公八年发生在陈国的弑世子偃师的事件,也导致了陈国国内的政治危机,并招来了楚国的干涉。所以,世子继承制的破坏成为春秋内乱和战争的一条重要导火索。

通过以上的分析,我们发现:以嫡长子继承制为核心的世子制度作为春秋时代统治权力继承的典型模式,体现了周代宗法制度在解决储君问题上的良苦用心。在这一制度中,世子身份的先天性和神圣性是一个关键,它确保了嫡长子对世子身份的垄断状态,在现实中起到了断绝国君其他儿子觊觎世子之位的作用。可以说,这一制度在其产生后相当长的一个时期内是行之有效的,是具有历史合理性的,它体现了一种政治的智慧和制度的力量。然而,西周晚期直至春秋以来的社会关系的重大调整给世子制度带来严重冲击,而世子教育及保障体系内在的局限性使得它面对冲击无能为力。于是,世子制度解决统治权力继承问题的效能逐渐丧失,并由此引发了春秋时代一系列的社会、政治动荡。因此,世子制度遭到冲击、破坏是西周末年以来社会关系变化的一个必然后果和典型反映;由此而出现的自上而下的王位、君位继承之乱象,又在很大程度上加剧了这一时期社会的动荡无序和"礼崩乐坏",并导致社会政治重心不断下移。

尊周:《春秋穀梁传》政治秩序重建的起点

中国台湾地区青年学者吴智雄借鉴社会学的"脱序社会"("失范社会")理论,将春秋时期的社会状况定性为"脱序社会":"脱序社会的特征是社会规范的约束力量丧失,社会成员不愿意遵守既定的规范",而这样的情形在春秋时代呈现得尤为突出,集中体现为僭越礼制行为层出不穷、弑君弑父现象产生、诚信观念薄弱、会盟外交盛行、战争频繁、霸主与尊王攘夷思想出现等六个方面①。简而言之,春秋时代的主要特征是礼崩乐坏、"皆失其本已"②。

而《春秋穀梁传》(以下简称《穀梁传》)所面临的最大的时代使命,正是对春秋以来"礼乐征伐自诸侯出"、"陪臣执国命"的礼崩乐坏之社会变局做出解释并提供解决方案。礼乐结构崩坏最重要也是最显著的表现集中在政治秩序上。所以,对于《穀梁传》来说,当务之急是清理周代政治的精神资源,以重建"礼乐征伐自天子出"的合理、有效的政治秩序。

正如孔子所指出的,乱世为政之先在于"正名"(《论语·子路》)。面对礼崩乐坏、上下皆失其位的乱世,《穀梁传》继承了孔子的思想,将"正名"作为重建和谐、有效的政治伦理秩序结构的起点。《穀梁传》僖公十六年传文在花费不少笔墨解释"是月,六鹢退飞,过宋都"的经文之后,指出:"君子之于物,无所苟而已。石、鹢且犹尽其辞,而况于

---

①　详见吴智雄:《穀梁传思想析论》,台北:文津出版社,2000 年第 1 版,第 26—32 页。
②　[汉]司马迁:《史记》,北京:中华书局,1959 年第 1 版,第 3297 页。

人乎！故五石六鹢之辞不设，则王道不亢矣。"①传文认为，《春秋》在记录自然现象、"无知"之物时，仍然采取"著以传著，疑以传疑"而"无所苟"的严谨态度，那么在记录人事时的慎重就可想而知了。又如《穀梁传》僖公十九年传文在评论梁亡时，明确说道："我无加损焉，正名而已矣。"②在《穀梁传》看来，《春秋》经文的褒贬进退、扬善黜恶，其实都体现着圣人的"正名"理想。所谓"正名"，就是要使"名"正，即首先要维护"名"的准确性，并重新确立起等级化的"名"的尊严与权威。进而在"名"的规范下，人们各安其位、各司其职，做到"君君，臣臣，父父，子子"（《论语·颜渊》）。如此，就可以由"名"而"实"改变礼崩乐坏、上下失序的混乱局面，重新建构起以礼乐为核心的等级化的政治秩序与伦理秩序。

具体到政治秩序的重建，"正名"的关键在于从上而下地恢复君臣上下、尊卑贵贱的等级结构。为此，《穀梁传》提出了一整套以"尊周"为核心的政治思想。

《穀梁传》的政治理想是实现王道政治。桓公元年传文在批评桓公弑兄而立时，针对桓公时期经文大多数年份不书"王"的情况发表议论："其曰无王，何也？桓弟弑兄、臣弑君，天子不能定，诸侯不能救，百姓不能去，以为无王之道，遂可以至焉尔。"③黜恶的目的乃是为了扬善，《穀梁传》贬斥桓公时期天子、诸侯、百姓皆失王道，恰恰表明《穀梁传》的作者以实现王道为最高政治追求。而且，王道也是"正名"主张所要达到的目标。

在《穀梁传》看来，王道的实现只能是由周王室来完成，而其中的关键又落在周天子身上。"天子"是由自然崇拜发展而来的神圣自然秩序观念与由祖先崇拜发展而来的宗法秩序观念相交汇的枢纽，是"天命"之所在。因此，"天子"成为《穀梁传》所努力建构之政治体系的逻辑起点和关键环节。以周天子为顶点，《穀梁传》提出了一个"天

①　［晋］范宁集解、［唐］杨士勋疏：《春秋穀梁传注疏》，《十三经注疏》，第2398页。
②　［晋］范宁集解、［唐］杨士勋疏：《春秋穀梁传注疏》，《十三经注疏》，第2399页。
③　［晋］范宁集解、［唐］杨士勋疏：《春秋穀梁传注疏》，《十三经注疏》，第2372页。

子——诸侯——卿大夫——庶民"的等级森严的金字塔式层级结构，"周代采行金字塔式的分封体制，天子位于金字塔的最上层，是当时地位最尊崇的人。虽然春秋时代，天子的地位下陵，权威低落，'天子之在者，惟祭与号'（《穀梁传·昭公三十二年》），然而《穀梁传》仍坚持'天子最尊'的观点，而在传文中多所发挥"①。

但是，对于这个身处政治结构金字塔最顶端的"天子"，学者们却有不同的理解。例如浦卫忠认为，"《穀梁传》中的天子头上，并没有神圣的光环。……《穀梁传》中的天子是立于人间，而不是超脱于人世的神。其所说的天子，并不是要指示天子受有天命的神圣性，天子在《穀梁传》里，没有天命神授的意味，仅是一个上下尊卑的表示"。浦卫忠还举了《穀梁传》庄公三年的一段话作为例证："独阴不生，独阳不生，独天不生，三合然后生。故曰：母之子也可，天之子也可。尊者取尊称焉，卑者取卑称焉。其曰王者，民之所归往也。"在浦卫忠看来，这段话所指的对象包括了天下所有的人，它表明每个人都是阴、阳、天三者相合而后产生的；之所以有的人被称作"母之子"，有的人被称作"天之子"，只是因为他们在现实政治结构中的尊卑地位不同，故而"尊者取尊称焉，卑者取卑称焉"罢了②。

浦卫忠的理解代表了传统的看法，自有其道理。不过，需要注意的是，《穀梁传》的思想与中国古代原始的自然崇拜和祖先崇拜的信仰形式之间，存在某种精神上的承继关系。因此，在《穀梁传》的"天子"的头上，恐怕还是存在上天神圣的影子。同样是庄公三年的这段话，其实也可以有完全不同的理解：这段话所指的对象并非所有的人，而是仅仅特指"天子"。由上天所生并接受了天命的，不可能是所有的人，只可能是个别的部族领袖（即传说中的"圣人"或者像后稷之类的部族始祖）。所以，更合理的传承关系可能是：部族、王朝的始祖乃是由阴、阳、天三者相合而后产生的，只有他才是原初意义上的"天子"；

---

① 吴智雄：《穀梁传思想析论》，第 207 页。

② 详见浦卫忠：《春秋三传综合研究》，台北：文津出版社，1995 年第 1 版，第 159—160 页。

尔后,他的嫡系血亲(尤其指他的嫡长子)真正地、完全地从"血统"上继承了源自于天的"命",而成为历代的"天之子"。至于其他民众,则只是在"血缘"上继承了始祖;所以,这些人不能算作由天所生的,而只能算作由祖所生。因此,传文中的"尊者取尊称焉,卑者取卑称焉"只是针对少数统治者而言:从神圣的角度看,统治者继承了"上天"的血统与命,故应该被称为"天之子";从世俗的角度看,统治者也是由其母所生,故应该被称为"母之子"。再从语法的角度看,下文紧接着讲到"其曰王者,民之所归往也",这里的"王"应该与前文所讲的由阴、阳、天三者相合而生的"尊者"和"卑者"属同一对象。

进一步推论,为什么不称统治者为"父之子"呢?因为对于统治者而言,他在血缘上与父亲的联系,远远不及他在血统上与天的联系重要。在正常情况下,统治者是以嫡长子的合法身份从他的父亲——上一代的"天子"——那里继承统治的权力,他所继承的血缘关系与血统关系是一致的。此时,其父并不仅仅是以"父亲"的血缘身份出现,更是以"上天之子"的血统身份存在,这从"君父"的称呼中可以看出(先"君"后"父")。而在非正常的情况下,统治者并不是以嫡长子的身份从上任"天子"那里继承统治权力;于是他所继承的血缘关系与血统关系出现了分离——在血缘上,他与上任天子不再是嫡子与父的关系,而可能是庶子与父亲的关系、兄弟关系甚或某种其他关系;但在血统上,他却是从上任天子那里承继了上天之"命"! 对这种特殊情形,《穀梁传》认为后君继先君之位应当像继承君父之位一样,因为"亲之非父也,尊之非君也,继之如君父也者,受国焉尔"①。

由此可以看出,对于王朝的统治者而言,《穀梁传》最为看重的是其作为"天之子"的一面;换言之,统治者乃是由于他在血统的意义上承继了上天之"命",才获得了维护其统治的神圣权力。因此,《穀梁传》中"天子"形象所具有的神圣意味是不容抹杀的。可以说,《穀梁传》正是以这种源于上天的神圣性作为其建构合理政治秩序的精神源泉和终极保证。

---

① [晋]范宁集解、[唐]杨士勋疏:《春秋穀梁传注疏》,《十三经注疏》,第2389页。

一、王者朝日

周天子身份所具有的神圣性，首先可以从"王者朝日"的观念中体现出来。《穀梁传》对天子的祭祀活动十分重视。尤其是在春秋时期，天子王权衰微，其在政治、经济和军事上的现实影响力已经变得越来越无足轻重；因而，出现了"天子之在者，惟祭与号"①的无可奈何局面。这一方面显示了周王室力量的急剧衰落，另一方面也更加表明"祭"与"号"对于天子的特殊意义。在周天子所拥有的诸多祭祀权力中，"祭日"、"朝日"无疑具有至关重要的地位。这从《穀梁传》的大量表述可以看出：

> 王者朝日，故虽为天子，必有尊也；贵为诸侯，必有长也。故天子朝日，诸侯朝朔。②
>
> 天子告朔于诸侯，诸侯受乎祢庙，礼也。③
>
> 天子救日，置五麾，陈五兵、五鼓；诸侯置三麾，陈三鼓、三兵；大夫击门，士击柝。言充其阳也。④

关于"朝日"之礼，《礼记·郊特牲》称："郊之祭也，迎长日之至也，大报天而主日也。"⑤《史记·封禅书》也说："周官曰：冬日至，祀天于南郊，迎长日之至；夏日至，祭地祇。"⑥按照上述说法，"朝日"是天子于一年中白昼最长的夏至这一天在郊外所举行的郊祀之礼。从表面上看，"朝日"之礼是为了"迎长日之至"，但实质上却是"大报天而主日也"，是为了表达对上天的敬畏。由此可见，"日"在中国古代政治生活中的地位极其重要。也正因为如此，《春秋》中有大量日食和月食的记录，并且天子要在日食发生时举行"救日"的仪式。

从上面的材料不难看出，"日"实际上成了"天"的象征。的确，从

---

① ［晋］范宁集解、［唐］杨士勋疏：《春秋穀梁传注疏》，《十三经注疏》，第 2441 页。

② ［晋］范宁集解、［唐］杨士勋疏：《春秋穀梁传注疏》，《十三经注疏》，第 2384 页。

③ ［晋］范宁集解、［唐］杨士勋疏：《春秋穀梁传注疏》，《十三经注疏》，第 2410 页。

④ ［晋］范宁集解、［唐］杨士勋疏：《春秋穀梁传注疏》，《十三经注疏》，第 2387 页。

⑤ 《礼记·郊特牲》，见［汉］郑玄注、［唐］孔颖达等正义：《礼记正义》，《十三经注疏》，第 1452 页。

⑥ ［汉］司马迁：《史记》，北京：中华书局，1959 年第 1 版，第 1357 页。

天象的意义上看,"日"可以算得上是最大的"天",它在天的秩序中具有至尊无上的地位。所以,用"日"来指代"天"也是合情合理的。《榖梁传》在建构完整的政治秩序时,根据"法天"的思路,顺理成章地以神圣的自然秩序为效法的模范。于是,在人间政治秩序中居于最高位置的"王"与在自然秩序中居于至尊地位的"日"对应在一起。不仅如此,"日"还成为天意和天命的具体代表,天子受天命的过程正是通过"日"为中介来实现的。"由诸侯朝朔是受命于天子类推,则天子朝日应该也是受命于天的意思。"①"观日"、"祭日"、"朝日"成为天子的特权及其统治的神性保障。

因此,我们不完全同意浦卫忠对于"王者朝日"现象的理解。浦卫忠认为:"在至尊的天子之上,再加上一个尊长的日或天,这意味着天子的地位、权力并不是不可约束的,于是这个社会秩序的最上层是天,而不是天子。"②事实上,对于《榖梁传》来说,"天"与"日"或许并不仅仅意味着一种超越于王权的约束力量,而更是一种政治的信仰,是现实政治秩序的合法性根据。浦氏的观点实际上是运用董仲舒的公羊学理论来解释《榖梁传》的一种尝试;但本文认为在政权的神性依据上,《榖梁传》与《公羊传》之间实质上存在着巨大的差异。

由于垄断了"朝日"和"受天命"的权力,披上神性外衣的周天子获得了在政治秩序中的独尊地位。而"天子尊天的深层意义,在于秩序建立的要求。大夫尊诸侯,诸侯尊天子,天子尊天,形成一套由上而下的尊尊体制,这样阶级分明的统治体制,是建立秩序的唯一凭借"③。正如孔子所说:"天无二日,土无二王。"④在《榖梁传》看来,独享了"朝日"权力的天子在现实政治秩序中的尊贵地位也是独一无二、不容挑战的。这从传文中"为尊者讳敌"的规定可以清楚地看出。成公元年经文记载:"秋,王师败绩于贸戎。"《榖梁传》解释道:"不言战,莫之敢敌也。为尊

---

① 吴智雄:《榖梁传思想析论》,第 234 页。
② 浦卫忠:《春秋三传综合研究》,第 162 页。
③ 吴智雄:《榖梁传思想析论》,第 235 页。
④ 《礼记·曾子问》,见[汉]郑玄注、[唐]孔颖达等正义:《礼记正义》,《十三经注疏》,第 1392 页。

者讳敌不讳败,为亲者讳败不讳敌。尊尊亲亲之义也。然则孰败之? 晋也。"①周天子的军队实际上是被晋国打败的。经文只书王师之败而不言"晋师",目的是为了避免以晋师为王师之"敌"的说法。因为在《穀梁传》看来,"敌"字有匹敌、对等的含义。而天子乃是至尊无二的,怎么能有与他相匹敌的事物存在呢! 为了顾全天子的尊严,同时又不掩盖事件的真相,并对"敌"天子的晋国表示斥责,经文采取了"为尊者讳敌不讳败"的曲笔来记录。再如《穀梁传》僖公八年传文宣扬:"王人之先诸侯,何也? 贵王命也。朝服虽敝,必加于上;弁冕虽旧,必加于首;周室虽衰,必先诸侯。兵车之会也。"②"王人"指天子使者,爵位低下,但在会盟时却列于诸侯之前。原来王人身负王命,诸侯为了表示对天子之命的尊重,故将王人列在最前面。这也表明,尽管在当时的社会现实中,天子地位已经日渐衰微,诸侯欺凌天子的现象屡见不鲜,即所谓"朝服"已"敝";但是,《穀梁传》坚信重建合理的政治秩序只能够采取自上而下的方式进行;而重新树立周天子不容侵犯的至尊地位、确立政治秩序的神圣基础,正是其中的关键所在。

二、天子无外

在重新确立起天子地位的至上性和神圣性之后,《穀梁传》接下来要做的就是维护周天子对于全天下的所有权。尽管春秋时代各诸侯国已经实质上拥有了自己的疆域、人口以及很大的独立性,但是《穀梁传》仍坚持"溥天之下,莫非王土;率土之滨,莫非王臣"③的说法,主张周天子对于包括各分封诸侯国在内的整个天下的土地和人民拥有无可置疑的所有权。

为此,《穀梁传》提出了"天子无外"的观点,指出:由于全天下都是属于周天子的,所以对于天子而言,不存在"外"于他的土地和人民。例如:《穀梁传》桓公八年传文在解释经文"祭公来,遂逆王后于纪"时

---

① [晋]范宁集解、[唐]杨士勋疏:《春秋穀梁传注疏》,《十三经注疏》,第2417页。

② [晋]范宁集解、[唐]杨士勋疏:《春秋穀梁传注疏》,《十三经注疏》,第2395页。

③ 《诗经·小雅·北山》,见[汉]毛亨传、[汉]郑玄笺、[唐]孔颖达疏:《毛诗正义》,《十三经注疏》,第463页。

所补充的第二个理由就是:"或曰天子无外,王命之则成矣。"范宁注云:"四海之滨,莫非王臣,王命纪女为后,则已成王后,不如诸侯入国乃称夫人。"①也就是说,对于诸侯而言,天下是有"内"有"外"的;娶妻尚未入其国,则仍为在外而不得称为夫人。但对于周天子而言,天下皆为其所有,无所谓"外";故天子娶王后,只需"命"之即可称后,而无须入王畿方可称后。

《穀梁传》"天子无外"的观点在周天子遭遇政治危机而被迫出逃时表现得更为典型。与《礼记·曲礼》的"天子不言出"②的说法相似,《穀梁传》提出"天子无出"。例如:

> 天子无出。出,失天下也。居者,居其所也。虽失天下,莫敢有也。③

> 周有入无出,其曰出,上下一见之也。言其上下之道,无以存也。上虽失之,下孰敢有之? 今上下皆失之矣!④

即便天子因故被迫离开周王畿,经文也不能像称诸侯出逃一样书"出"。因为既然全天下都为天子所有,那么他离开王畿之地不过是从他的一块领土进入到另一块领土。正是在这个意义上,周天子是"有入无出"的。换言之,无论天子身处何地,他对天下名义上的所有权都无法被夺走。而且,对于其他人而言,天子是至尊无二的;即使天子失掉天下,又有谁敢代替天子拥有天下呢! 至于成公十二年的传文看似承认天子之"出",其实乃是对上下皆失其道的现象表示深恶痛绝,是拨乱之辞。

此外,周天子对于天下的所有权还表现为一条特殊的规定,即:诸侯不得任意处置土地。针对隐公和桓公时期郑、鲁两国私下交换土地的行为,《穀梁传》归纳出"礼,天子在上,诸侯不得以地相与也"⑤的义例。在《穀梁传》看来,郑、鲁两国所拥有的土地在根本意义上都归周

---

① 〔晋〕范宁集解、〔唐〕杨士勋疏:《春秋穀梁传注疏》,《十三经注疏》,第 2376 页。
② 〔汉〕郑玄注、〔唐〕孔颖达等正义:《礼记正义》,《十三经注疏》,第 1267 页。
③ 〔晋〕范宁集解、〔唐〕杨士勋疏:《春秋穀梁传注疏》,《十三经注疏》,第 2401 页。
④ 〔晋〕范宁集解、〔唐〕杨士勋疏:《春秋穀梁传注疏》,《十三经注疏》,第 2421 页。
⑤ 〔晋〕范宁集解、〔唐〕杨士勋疏:《春秋穀梁传注疏》,《十三经注疏》,第 2372 页。

天子所有,只是分封给各诸侯使用;现在郑、鲁之君私下交换土地,实质上侵害了天子对全天下土地的所有权。不仅这种私下交换土地的行为被禁止,甚至连齐侯为了尊王攘夷、存亡续绝的正当目的而私下分封卫国城邑的行为,也遭到《穀梁传》的批评。《穀梁传》的理由是"非天子不得专封诸侯,诸侯不得专封诸侯"①。齐侯为了保护诸夏之国而分封卫邑的行为虽然具有一定的正义性,但是这一举动同时也挑战了周天子所独享的分封土地的特权,会动摇天子对天下名义上的拥有权。所以,《穀梁传》以"仁不胜道"批评之:存亡续绝为"仁",尊尊敬周为"道";当两者发生冲突时,应捍卫"道"的权威。这一评价的背后原因,在于"尊周"之"道"乃是整个周代政治秩序赖以确立的基础,同时也是政权之神圣性与合法性的源泉。

三、大天子之命

"命"在《穀梁传》的思想体系中占据着十分重要的地位。正如宣公十五年的传文所说:"为天下主者,天也;继天者,君也;君之所存者,命也。"②"命"既是上天所以传于天子的天意所在,又是天子用以传达给诸侯、大夫的王权所在。也就是说,"命"乃是上承于天、下传于臣的王者之利器,是《穀梁传》政治体系的灵魂。

因此,《穀梁传》很重视"天子之命"的象征意义和实质作用,提出了"大天子之命"的思想。庄公元年传文说:"人之于天也,以道受命;于人也,以言受命。不若于道者,天绝之也;不若于言者,人绝之也。臣子大受命。"③"大",是重视、敬重的意思。杨士勋疏云:"天之道,臣事君,子事父,妻事夫也。"④吴智雄认为,"'命'指'诏命'。天子以诏命传达旨意,诸侯尊诏命以尊天子,所以'诏命'是维系君臣关系、建立政治秩序的纽带,因此《穀梁传》有'大天子之命'的观点"⑤。"命"贯

---

① [晋]范宁集解、[唐]杨士勋疏:《春秋穀梁传注疏》,《十三经注疏》,第2392页。
② [晋]范宁集解、[唐]杨士勋疏:《春秋穀梁传注疏》,《十三经注疏》,第2415页。
③ [晋]范宁集解、[唐]杨士勋疏:《春秋穀梁传注疏》,《十三经注疏》,第2379页。
④ [晋]范宁集解、[唐]杨士勋疏:《春秋穀梁传注疏》,《十三经注疏》,第2379页。
⑤ 吴智雄:《穀梁传思想析论》,第215页。

穿于天道、人道之间,是天子行使其统治权的主要形式之一。诸侯、大夫尊天子,就必须首先要"大天子之命"。

(一)天子爵命诸侯、大夫

《穀梁传》认为,按照礼制的规定,各个受封诸侯国的新君在即位时,必须要得到周天子赐予的爵命。以鲁国新君即位为例,经文只记载了庄公元年天子遣使来追赐桓公命,和文公元年天子使毛伯来赐文公命。但《穀梁传》主张各诸侯大国的每一位新君即位都必须获得天子赏赐的爵与命。这实质上与《周礼》和《礼记》的有关记载是相符合的:

> 以九仪之命正邦国之位:壹命受职,再命受服,三命受位,四命受器,五命赐则,六命赐官,七命赐国,八命作牧,九命作伯。①

> 典命掌诸侯之五仪、诸臣之五等之命。上公九命为伯,其国家、官室、车旗、衣服、礼仪,皆以九为节。侯伯七命,……子男之卿再命,其大夫壹命,其士不命,其官室、车旗、衣服、礼仪,各视其命之数。②

> 制:三公一命卷。若有加,则赐也,不过九命;次国之君,不过七命;小国之君,不过五命;大国之卿,不过三命;下卿再命;小国之卿与下大夫一命。③

结合《周礼》、《礼记》和《穀梁传》来看,天子对于牧伯、诸侯拥有名义上的任命权;各国的诸侯以及州牧、方伯从天子那里接受相应的爵命,从而获得其管理封地的合法权力。周代的宗法封建制就这样以爵命封赐的方式建立起上下有序、等级分明的统治结构。可以说,"在周代的政治形态中,爵命是权力的象征,天子靠着爵命的权力形式,与

---

①　《周礼·春官宗伯·大宗伯》,见[汉]郑玄注、[唐]贾公彦疏:《周礼注疏》,《十三经注疏》,第761页。

②　《周礼·春官宗伯·典命》,见[汉]郑玄注、[唐]贾公彦疏:《周礼注疏》,《十三经注疏》,第780—781页。

③　《礼记·王制》,见[汉]郑玄注、[唐]孔颖达疏:《礼记正义》,《十三经注疏》,第1326—1327页。

诸侯建立起上尊下卑的政治纽带"①。尽管春秋时期天子的王权已经衰落,原本应该由诸侯朝觐天子而受享爵命的神圣仪式,也逐渐退化成天子遣使来赐命的近乎讨好的举动;但"诸侯向周天子'请命'和周天子向诸侯'赐命',仍是诸侯国新君即位后取得合法地位的必经程序"②。不过,《穀梁传》多次提到"微国之君,未爵命者也"③,似乎表明礼制对中原诸侯大国和对微国、卑国的具体规定有所不同;这一现象也可以解读为周王室对天下的控制力有所下降。

不仅各诸侯国君需要接受天子赐予的爵命,这些诸侯国的部分卿大夫也需要获得天子的赐命。以桓公、庄公时期的两处记载为例:

> 桓公十一年:(经)柔会宋公、陈侯、蔡叔,盟于折。
>
> (传)柔者何? 吾大夫之未命者也。④
>
> 庄公元年:(经)夏,单伯逆王姬。
>
> (传)单伯者何? 吾大夫之命乎天子者也。命大夫,故不名也。⑤

很显然,同样是鲁国的大夫,"柔"并未接受过天子的赐命,而"单伯"则接受了天子的赐命。这种或赐命或不赐命的现象,可以由《礼记·王制》篇得到解释。《王制》云:"天子三公,九卿,二十七大夫,八十一元士。大国三卿,皆命于天子。……次国三卿,二卿命于天子,一卿命于其君。……小国二卿,皆命于其君。"⑥根据《王制》的记载,天子不仅爵命册封自己王畿之内的公卿大夫(即所谓"内大夫"),而且还可以直接爵命册封各个诸侯国的部分卿大夫。这种特别的礼制规定,从形式上看,维护了天子对全天下的名义上的所有权;从实质上讲,则可以起到加强天子对分封诸侯国家直接监督管理的作用。

---

① 吴智雄:《穀梁传思想析论》,第 216 页。

② 徐杰令:《春秋邦交研究》,北京:中国社会科学出版社,2004 年第 1 版,前言。

③ 分别见于《穀梁传》庄公五年、庄公二十三年、僖公二十九年传文,详见[晋]范宁集解、[唐]杨士勋疏:《春秋穀梁传注疏》,《十三经注疏》,第 2381、2386、2402 页。

④ [晋]范宁集解、[唐]杨士勋疏:《春秋穀梁传注疏》,《十三经注疏》,第 2377 页。

⑤ [晋]范宁集解、[唐]杨士勋疏:《春秋穀梁传注疏》,《十三经注疏》,第 2379 页。

⑥ [汉]郑玄注、[唐]孔颖达疏:《礼记正义》,《十三经注疏》,第 1325 页。

(二)天子赐命方伯

春秋时期,伴随天子实力的下降,出现了越来越多诸侯僭越礼制、戎夷侵凌诸夏的现象。于是,以"尊王攘夷"为口号的霸主从诸侯大国中脱颖而出,成为春秋乱世的新的共主。但是,"春秋霸主地位的取得虽然是以其所具有的政治、经济和军事实力的强弱为基础的,但其合法性必须由周天子'赐胙'的仪式予以承认,如齐桓公、晋文公等都是在接受周天子的'赐胙'、'赐弓矢'后才成为霸主的"①。

其实,"霸"字乃是"伯"字的通假;"霸主"是由周代的"方伯"转化而来。周初为了加强对各个地区的管理,天子特别加命给一些德高望重的大国诸侯,任命他们为州牧和方伯,监管几个诸侯国家,这就是"伯"的来历。但是"霸"不同于"伯"的地方在于:西周时期的"伯"是先由天子加命,然后获得辖制地方的特权;春秋时期的"霸"则是先占据了政治、经济、军事的优势地位,拥有了实际的领导权后,再在形式上接受天子的加命。换言之,"伯"的决定权仍在天子,而"霸"的决定权则在霸主本人。

(三)遵从王命,不敢违逆

王命是天子权威的象征。因而,无论是天子的内臣,还是诸侯国家,都应该以王命为重,遵从天子之命而不得违逆。正如前文所引述,僖公八年鲁公与各方力量会盟以商讨解决王室危机,经文将"王人"(王室使者)列于诸侯之前,《穀梁传》解释说:"王人之先诸侯,何也?贵王命也。朝服虽敝,必加于上;弁冕虽旧,必加于首;周室虽衰,必先诸侯。兵车之会也。"②"王人"地位虽然低微,但是由于他身负王命,故得以位列诸侯之前。又例如鲁隐公七年,发生了凡伯被房事件。《穀梁传》认为,尽管事实上被进攻的仅仅为凡伯一人,但经文却按照攻打一个国家的书例书"伐"。原因是凡伯身负天子之命,故经文"大天子之命"而书"伐"以示重要③。

---

① 徐杰令:《春秋邦交研究》,前言。
② [晋]范宁集解、[唐]杨士勋疏:《春秋穀梁传注疏》,《十三经注疏》,第 2395 页。
③ [晋]范宁集解、[唐]杨士勋疏:《春秋穀梁传注疏》,《十三经注疏》,第 2370 页。

为了杜绝天子之内臣与外界力量勾结而对王室造成不利,《穀梁传》规定:天子之大夫须奉王命方可出行。如庄公二十三年周王室的大夫祭叔来鲁国朝聘,《穀梁传》评价道:"其不言使,何也?天子之内臣也。不正其外交,故不与使也。"①经文不称祭叔为天子之使,表明他并非怀王命而来。传文对这种天子内臣以私人名义进行的外交活动提出了批评,原因是"有至尊者,不贰之也"②,寰内诸侯无王命而私自外交的行为是对天子至尊地位的挑战,更是对周王室统治权力的现实威胁。

《穀梁传》还对春秋时期大量存在的"矫天王之命"、"逆天王之命"的非礼行为进行了严厉的贬斥,体现了《穀梁传》作为一部"黜恶"之书拨乱反正的良苦用心。

四、尊周、重天子的特殊礼制规定

"礼以别异",礼制的一个关键作用在于区分尊卑、贵贱、长幼,使社会上的每一个人都按照自己的身份与地位来立身行事。为了维护天子的权威、保障王室的地位,《穀梁传》发挥了其擅长礼制的特点,恢复并保留了古代礼制中大量的尊周、重天子的特殊礼制规定,试图通过在礼仪上对天子与诸侯、大夫做出严格区分,来保护宗法政治结构的等级性。

《礼记·礼器》篇指出,礼仪根据不同的情形会有不同的贵贱标准:"礼有以多为贵者","有以少为贵者","有以大为贵者","有以小为贵者","有以高为贵者","有以下为贵者","有以文为贵者","有以素为贵者"③。《礼器》篇的这一总结是我们理解古代礼制规定的一个重要原则。

以《穀梁传》的论述为例。隐公五年经文云:"初献六羽",《穀梁传》引穀梁子的话称:"舞《夏》,天子八佾,诸公六佾,诸侯四佾。初献

---

① [晋]范宁集解、[唐]杨士勋疏:《春秋穀梁传注疏》,《十三经注疏》,第 2386 页。
② [晋]范宁集解、[唐]杨士勋疏:《春秋穀梁传注疏》,《十三经注疏》,第 2366 页。
③ [汉]郑玄注、[唐]孔颖达疏:《礼记正义》,《十三经注疏》,第 1431—1433 页。

六羽,始僭乐矣。"①这可以与孔子的"八佾舞于庭,是可忍也,孰不可忍也"(《论语·八佾》)之语相印证。庄公二十五年传文记载"救日"之礼,规定"天子救日,置五麾,陈五兵、五鼓;诸侯置三麾,陈三鼓、三兵;大夫击门,士击柝,言充其阳也"②;又如僖公十五年传文云:"天子七庙,诸侯五,大夫三,士二。故德厚者流光,德薄者流卑。是以贵始德之本也。始封必为祖"③,都表明天子之礼在数目上均多于诸侯、大夫。

此外,《穀梁传》还强调天子与诸侯、大夫在婚礼、葬礼等等方面的差异。在《穀梁传》看来,这些在数量、程度或性质上的礼仪差异,所代表的正是处于政治秩序结构不同层级的人们在地位、权力和身份上的严格等级差别。维护以周天子为核心的等级化的礼制规定,使整个社会形成一种重礼、遵礼的价值指向,就可以促使人们各守其礼、各安其位,从根本上扭转僭礼犯上的混乱政治局面,重建西周时期结构井然、和谐有效的政治秩序。也正是出于这个原因,《穀梁传》对僖公二十八年晋侯以诸侯的身份召天子来会盟的非礼行为表示了强烈的愤慨④,而对隐公十一年"天子无事,诸侯相朝"的尊王行为表示了嘉许⑤。

五、对天子行为的规范

《穀梁传》的作者意识到春秋政治结构的崩坏并不仅仅是下位者僭上所造成的。正所谓"上下皆失之"⑥、"君不君,臣不臣,此天下所以倾也"⑦,居于上位的天子也应对此负有重要的责任。所以,重建王室和天子的政治权威不仅需要对诸侯、大夫等"在下位者"的行为进行规整,还必须对"在上位"的天子之言行做出适当约束和限制。只有这样,才能做到"君君"、"臣臣",上下皆得其位,为政治秩序的建立提供

① 　[晋]范宁集解、[唐]杨士勋疏:《春秋穀梁传注疏》,《十三经注疏》,第2369页。
② 　[晋]范宁集解、[唐]杨士勋疏:《春秋穀梁传注疏》,《十三经注疏》,第2387页。
③ 　[晋]范宁集解、[唐]杨士勋疏:《春秋穀梁传注疏》,《十三经注疏》,第2397页。
④ 　[晋]范宁集解、[唐]杨士勋疏:《春秋穀梁传注疏》,《十三经注疏》,第2402页。
⑤ 　[晋]范宁集解、[唐]杨士勋疏:《春秋穀梁传注疏》,《十三经注疏》,第2371页。
⑥ 　[晋]范宁集解、[唐]杨士勋疏:《春秋穀梁传注疏》,《十三经注疏》,第2421页。
⑦ 　[晋]范宁集解、[唐]杨士勋疏:《春秋穀梁传注疏》,《十三经注疏》,第2415页。

全面保障。

为此,《穀梁传》对天子的失礼行为进行了揭露和批评。

一方面,天子的失礼行为表现为在举行葬礼时向诸侯国"求赙"、"求金"、"求车"。例如隐公三年,周天子驾崩;同年秋,王室派遣大夫武氏前来鲁国"求赙"。所谓"赙",指的是办理天子丧葬活动所需的钱财物品。《穀梁传》对这一行为提出了批评:"曰归之者,正也;求之者,非正也。周虽不求,鲁不可以不归;鲁虽不归,周不可以求之。"①普天之下的财富都属于周天子;因此,鲁国有为天子助丧的义务。鲁国上交的助丧财物名义上乃是"归还"给天子,而非天子向鲁国求得。有学者指出,"随着春秋进入铁器时代,生产工具的进步,促使各国农业和手工业日益发展,各诸侯国不断扩大自己的势力和领土,周王的统治范围日趋缩小。平王初迁洛邑时,尚有方六百里的土地,比列国大得多,后来有的送人,有的被诸侯吞没,有的被戎狄侵占,有的封给公卿大夫作采邑,'王畿'紧缩,最后仅剩下一二百里的土地。国境北、西、南三面被晋、秦、楚包围,国内又有扬拒、泉皋、伊雒之戎和大夫采邑分割,天子自有的土地和人民实已无几。诸侯定期朝聘贡献本是王室的重要收入,但东周时诸侯不常来。朝聘日益废弛,天子失却了这个重要收入,因此周王非常贫穷"②。这或许反映了当时的实际情形。然而,尽管天子在经济上出现困厄,但《穀梁传》认为天子并不能以此为借口向诸侯索要财物,因为这实质上等于承认了天子并不能拥有整个天下。在《穀梁传》作者的眼中,最适宜的方式应该是天子不待求而已得,诸侯不待索而已献,也就是天子、诸侯各尽其职。

另一方面,《穀梁传》对天子派使者聘问诸侯国和赐予诸侯爵命的做法也表示了反对。因为在理想的政治结构中,各诸侯国新君即位后,需及时赴周王畿朝拜周天子,并从天子那里获得赐命。然而春秋时期,天子的权威几乎荡然无存。各诸侯国新君即位,很少再主动去朝拜天子。天子只得反过来派遣使者聘问诸侯国并予以赐命。周天

---

① ［晋］范宁集解、［唐］杨士勋疏:《春秋穀梁传注疏》,《十三经注疏》,第2368页。
② 顾德融、朱顺龙:《春秋史》,上海:上海人民出版社,2001年第1版,第53页。

子的这种尴尬行为,尽管可以在某种程度上显示王权的存在,但正所谓"欲盖弥彰",其中曲意讨好的意味已无法掩饰。

总之,在《穀梁传》作者看来,只要天子能够修养德性、端正行为、依礼而行,就可以赢得诸侯、大夫的尊敬,并最终恢复自己的权威。

六、尊周与"变之正"

无论《穀梁传》的作者如何努力恢复周代的种种礼制规定,春秋以来社会关系各方面所发生的深刻变化,都不以人的意志为转移,真实而又残酷地存在着。尽管《穀梁传》渴望重建西周的宗法礼乐文明,但它仍不得不在潜移默化中承认并接受一些现实的状况。因此,《穀梁传》在提出尊崇周天子和周王室的同时,也被迫承认了一些权宜措施的价值。这集中体现在《穀梁传》的"变之正"思想中。

所谓"变",是与合理的常态相对的特殊状况。《穀梁传》认为《春秋》所记载的"变"可以分为"正"与"不正"两类。

"变之不正"是那些形式和精神都严重违背等级礼制的现象,如"初献六羽"和"往而赐命"等等。

而"变之正"则指在形式上存在违礼的现象,但在精神上仍有可取之处的行为。例如:僖公五年诸侯盟于首戴,齐侯对天子之王世子表达了尊崇之意。《穀梁传》认为最理想的情况当然是齐侯率诸侯入王畿朝觐天子;但是就春秋的实际来看,"天子微,诸侯不享觐。桓控大国,扶小国,统诸侯不能以朝天子,亦不敢致天王"①。由于周天子式微,以齐国为代表的诸侯势力大,原本的诸侯朝觐之礼仪变得十分微妙:天子对齐侯心存忌惮,担心齐侯率众前往周王畿可能会不利于自己;齐侯同样担心自己亲赴周王畿,会被周天子所软禁甚至除掉。在这样的情形下,让齐侯入王畿朝觐天子显然不现实。于是,齐侯通过尊崇王世子的行为,既可以表达对周王室的尊重,又可以避免双方的猜忌,不失为一种灵活变通的权宜措施。又如襄公二十九年诸侯之大夫为杞国筑城和昭公三十二年诸侯之大夫城成周两次事件,《穀梁传》

---

① ［晋］范宁集解、［唐］杨士勋疏:《春秋穀梁传注疏》,《十三经注疏》,第2394页。

均许以为"变之正"①。在天子式微、无能为力的情况下，诸侯甚至诸侯之大夫代行天子之责筑城护民，也是没有办法的办法。

　　由此可以看出，《穀梁传》一方面努力从西周以来的传统中汲取思想资源，以图自上而下地重新确立起周王室和周天子的神圣权威，作为整个政治秩序的坚实基础；另一方面，它也注意到春秋时代社会关系所发生的一些不可逆转的变化，并采取了现实可行的态度以应对这种变化。这既体现了《穀梁传》"劝善"主张的宽容性，也反映了作者灵活、务实的变通精神。

---

① 　[晋]范宁集解、[唐]杨士勋疏：《春秋穀梁传注疏》，《十三经注疏》，第2432、2441页。

浅析《春秋穀梁传》的“内鲁”思想

《春秋》相传为孔子据鲁国旧史修订而来①,而作为“三传”之一的《春秋穀梁传》(以下简称《穀梁传》)的主要作者穀梁赤据信亦为鲁人②,所以“鲁国”在《春秋》和《穀梁传》的思想体系和政治秩序中均占有不同于其他诸侯国的特殊地位。这反映到《穀梁传》的政治思想里,就集中表现为所谓的“内鲁”观念。

其实《穀梁传》并未明确提出过“内鲁”的说法,明确提出这一说法的是《公羊传》。成公十五年《春秋》经云:“冬,十有一月,叔孙侨如会晋士燮、齐高无咎、宋华元、卫孙林父、郑公子鳅、邾娄人,会吴于钟离。”《公羊传》解释道:“曷为殊会吴?外吴也。曷为外也?《春秋》内其国而外诸夏,内诸夏而外夷狄。”③这里“国”指的就是“鲁国”;因此“内其国”就是“内鲁”,以鲁国为内。考察《春秋》和《穀梁传》的文本,的确可以发现其中有很浓厚的“内鲁”情结。但是《穀梁传》的“内鲁”观念与《公羊传》存在着很大的不同,更不像后世如董仲舒之类的公羊

---

① 如《孟子·离娄下》云:“孟子曰:‘王者之迹熄而《诗》亡,《诗》亡然后《春秋》作。晋之《乘》,楚之《梼杌》,鲁之《春秋》,一也。其事则齐桓、晋文,其文则史。孔子曰:“其义则丘窃取之矣。”’”

② 如《汉书·艺文志》在著录“《穀梁传》十一卷”后称“穀梁子,鲁人”,见[汉]班固:《汉书》,北京:中华书局,1962年第1版,第1713页。范宁《春秋穀梁传序》之杨士勋疏云:“穀梁子名淑,字元始,鲁人,一名赤。”见[晋]范宁集解、[唐]杨士勋疏:《春秋穀梁传注疏》,《十三经注疏》,上海:上海古籍出版社,1997年第1版,第2358页。

③ [汉]何休解诂、[唐]徐彦疏:《春秋公羊传注疏》,《十三经注疏》,第2297页。

学者所称的有所谓"王鲁"、"当新王"的微言大义①。

《穀梁传》的"内鲁"观念首先是对《春秋》书写记录的技术性方式的客观反映;其次,"内鲁"也体现了宗法秩序下血缘性的亲疏情感;最后,"内鲁"还与鲁国始封君周公及周礼之间存在着密切的联系,因此"内鲁"的观念包含了一种政治秩序的意味。

一、"内鲁"是客观记录的需要

纵观《春秋》,不难发现其中所记载的历史事件有相当大的比例都是与鲁国有关的。无论是朝聘、战争、会盟、娶妇、嫁女等各国交往事件,还是祭祀、天灾、民事等一国之内的事件,与鲁国存在直接或者间接关系的不在少数。

《穀梁传》对《春秋》记事的这一特点进行了分析。在《穀梁传》作者看来,这首先是由《春秋》的性质和来源决定的。与其他的经典不同,《春秋》原本就是由鲁国旧史修订而来。从它所获得的史料来源看,当时周王室和各国发生的重大事件可能是以册书的形式通报给他国的。以鲁国史书来说,只有当鲁国史官在接到他国的册书通报后才能据以记入鲁史。也就是说,如果某国发生一事件但并未通报鲁国,那么鲁国史书对于该事件的记载就可能出现语焉不详甚至暂付阙如的情况。而对于鲁国国内发生的事情则不存在这种局限。因此,《春秋》中充斥着大量与鲁国有关的史实,一个基本的原因就是鲁国史官所获得的国内信息要远比他国信息更加丰富和详尽。

但说到根子上,"以鲁史为主"的现象牵涉到《春秋》在记录史料时对于记事支点的选择。任何史书都不可能是乱糟糟的、毫无章法的,而必须要有取舍,有自己的主线、结构和条理。如孟子所提到的"晋之《乘》,楚之《梼杌》,鲁之《春秋》"(《孟子·离娄下》)等史书,正是晋、楚、鲁等国的史官站在各自国家的观察视角和记事支点上对于

---

① 董仲舒:《春秋繁露·三代改制质文》篇云:"故《春秋》应天作新王之事,时正黑统。王鲁,尚黑。"《奉本》篇云:"今《春秋》缘鲁以言王义。"分别参见苏舆:《春秋繁露义证》,北京:中华书局,1992年第1版,第187、279页。其后的公羊学者何休亦承"王鲁"之说。

所知历史的记载。因此,《春秋》所依据的鲁国旧史乃是以鲁国作为观察视角和记事支点所完成的史书。《穀梁传》指出,由于《春秋》继承了这种记事的支点,所以倾向于记载与鲁国有关的事件。例如:

> 尹氏者,何也? 天子之大夫也。外大夫不卒,此何以卒之也?
> 于天子之崩为鲁主,故隐而卒之。①
>
> 外相如不书,此其书,何也? 过我也。②
>
> 莒无大夫,其曰莒挐,何也? 以吾获之目之也。③
>
> 外不言如,而言如,为我事往也。④

根据《春秋》的书例,天子的大夫去世、他国的诸侯或大夫相互朝聘之类的事件原本是不需要记载的。但是,由于它们与鲁国发生了某种间接的联系,不再是与鲁国无关的了。因此,站在鲁国的观察角度上,按照鲁史的记事支点,这些事情就有了记录的必要。所以,在这个意义上,"内鲁"的记事方式其实是一种客观的技术性的需要,是鲁国史官选择"与鲁国相关的事件"为记事的支点所决定的。

二、"内鲁"是亲亲的宗法情谊的体现

尽管用"客观的技术性记事方式"为理由可以解释《春秋》中一部分"内鲁"的情况,但是《春秋》与《穀梁传》中仍然有相当多的"内鲁"现象并不能由此得到很好解释。换言之,"内"与"外"的划分不仅仅是由记事的支点决定,它还蕴涵有价值的差别。"因此,'内外'有两层含义,一是事实上之内外,二是有价值因素介入之内外。"⑤

具体地讲,"内鲁而外诸夏"的观念首先是源自于一种血缘上的亲近感。周代分封建国的政治制度是由其宗法伦理的宗族结构发展、推广而来的。鲁、齐、卫、宋等诸侯国家的区分既是政治上的,也是宗法

---

① 〔晋〕范宁集解、〔唐〕杨士勋疏:《春秋穀梁传注疏》,《十三经注疏》,第 2368 页。
② 〔晋〕范宁集解、〔唐〕杨士勋疏:《春秋穀梁传注疏》,《十三经注疏》,第 2374 页。
③ 〔晋〕范宁集解、〔唐〕杨士勋疏:《春秋穀梁传注疏》,《十三经注疏》,第 2391 页。
④ 〔晋〕范宁集解、〔唐〕杨士勋疏:《春秋穀梁传注疏》,《十三经注疏》,第 2426 页。
⑤ 许雪涛:《从〈公羊传〉看〈春秋〉之"隐微"》,载于"孔子 2000 网",2004 年 2 月 22 日。

上的。因此,对于鲁国的人民来说,除了共同地尊崇以周文王为象征的周王室之外,鲁国的国君成为他们在血缘上、在情感上最亲近的人。因而《穀梁传》认为,《春秋》的"内鲁"观念实际上体现了宗法秩序下亲疏远近的血缘性关系。也就是说,"内鲁"观念显示了宗法的"亲亲"之情;"内鲁"正是"以鲁为亲"。

这种"内鲁"的亲亲之情的第一个显著表现,是《穀梁传》所揭示的"为内讳"的观念。仅以鲁桓公时期的三处传文为例:

> 来战者,前定之战也。内不言战,言战则败也。不言其人,以吾败也。不言及者,为内讳也。①

> 非与所与伐战也。不言与郑战,耻不和也。于伐与战,败也。内讳败,举其可道者也。②

> 内讳败,举其可道者也。不言其人,以吾败也。不言及之者,为内讳也。③

"内不言战"当然有《穀梁传》作者反对以战争的方式解决纠纷的含义;但是从"亲亲"的角度看,"内不言战"实际上是不希望"内"(鲁国、鲁君)与战争联系在一起,更何况《穀梁传》认为这里所言的"战"均指鲁国被打败的战争。这种"讳战"、"讳败"的"内鲁"书写方式,显然不能用虚荣、爱面子的简单理由来做解释。其中的真实原因,《穀梁传》成公元年的一段话讲得很清楚:"为尊者讳敌不讳败,为亲者讳败不讳敌,尊尊亲亲之义也。"④"为尊者讳敌"的理由,是为了避免有与至尊无二的天子相匹敌的力量存在。那么为什么要"为亲者讳败不讳敌"呢? 此处的"亲者"显然指鲁君和鲁国。鲁国与其他诸侯国地位对等,故有与鲁国匹敌者存在是毋庸讳言的。但为什么要为鲁君讳败呢? 因为一旦战败,伤亡总是难免的;为人臣子,当然不希望伤亡之类的不祥事件与自己的君父联系在一起,所以要在记载此类事件时"为亲者

---

① 〔晋〕范宁集解、〔唐〕杨士勋疏:《春秋穀梁传注疏》,《十三经注疏》,第 2376 页。
② 〔晋〕范宁集解、〔唐〕杨士勋疏:《春秋穀梁传注疏》,《十三经注疏》,第 2377 页。
③ 〔晋〕范宁集解、〔唐〕杨士勋疏:《春秋穀梁传注疏》,《十三经注疏》,第 2378 页。
④ 〔晋〕范宁集解、〔唐〕杨士勋疏:《春秋穀梁传注疏》,《十三经注疏》,第 2714 页。

讳败"。成公九年传文所讲到的"为亲者讳疾"①，也是出于类似的目的，不希望疾病与君父联系在一起。

此外，《穀梁传》"内鲁"观念的亲亲之情还表现为"不使危难近鲁国"。《穀梁传》认为，无论是戎狄侵扰边疆，还是其他诸侯国武力来犯，《春秋》在记录这些威胁时总是会采用一些委婉的方式，以示"不使戎迩于我也"②、"不以难迩我国也"③。又如庄公二十八年鲁国发生严重粮食短缺，被迫派人去齐国借粮。《春秋》不言鲁国借粮，却说"臧孙辰告籴于齐"④。《穀梁传》认为这是以大臣个人的名义来承担国家的不幸，体现了一种典型的"不使饥谨近鲁国"的观念。

对鲁国已经嫁出的女儿的格外关注是"内鲁"的又一表现。庄公四年鲁国嫁到纪国的女儿伯姬去世，《春秋》对此做了记载。《穀梁传》认为："外夫人不卒，此其言卒，何也？吾女也。适诸侯则尊同，以吾为之变，卒之也。"⑤按照惯例，鲁国以外的诸侯国君的夫人去世是不用记录的。现在经文记录了纪国国君夫人伯姬的去世，是"以吾为之变"，是因为她是鲁国之女的特殊身份而变通了常例，这也鲜明地体现了儒家仁爱思想的"爱有差等"观念。

值得注意的是，这种源于宗法血缘的亲疏远近而形成的"内外"观念，在伦理与政治相融合的周代社会里，必然会从自然的亲亲情感推广到政治秩序的高下尊卑与道德的是非善恶上。庄公三十一年齐桓公打败山戎，派使者来鲁国献戎捷。《穀梁传》认为经文采用了描述鲁国自己人的书例来记载此事，表明了《春秋》对齐桓公涉险千里讨伐山戎的"尊王攘夷"义行的嘉许，故而"内齐侯也"⑥，以齐侯为"内"，像对待鲁国自己人一样对待齐侯。又例如闵公元年鲁公子庆父杀害鲁君

---

① ［晋］范宁集解、［唐］杨士勋疏：《春秋穀梁传注疏》，《十三经注疏》，第 2421 页。

② 《穀梁传·庄公十八年》传文，见［晋］范宁集解、［唐］杨士勋疏：《春秋穀梁传注疏》，《十三经注疏》，第 2384 页。

③ 《穀梁传·庄公十九年》传文，见［晋］范宁集解、［唐］杨士勋疏：《春秋穀梁传注疏》，《十三经注疏》，第 2385 页。

④ ［晋］范宁集解、［唐］杨士勋疏：《春秋穀梁传注疏》，《十三经注疏》，第 2388 页。

⑤ ［晋］范宁集解、［唐］杨士勋疏：《春秋穀梁传注疏》，《十三经注疏》，第 2381 页。

⑥ ［晋］范宁集解、［唐］杨士勋疏：《春秋穀梁传注疏》，《十三经注疏》，第 2389 页。

子般,《春秋》称庆父为"齐仲孙"。《穀梁传》认为这是"外之也"①,是按称呼鲁国以外之人的方式来称呼他,以体现对庆父弑君恶行的贬斥;而冠之以"齐",则表示对齐桓公接纳庆父的非礼行为一并批判。由此不难发现,《穀梁传》实质上已经将这种源于宗法血缘的"内外"观念作为具有尊卑秩序感和道德善恶感的价值评判标准来使用。

三、"内鲁"是一种文化的认同

当我们在理解《春秋》和《穀梁传》"内鲁"观念的深层根源时,还有必要对鲁国的政治和文化源头进行一下回溯。鲁国的始封君为周公,周公在周初的历史中有着特殊重要的地位。据《史记·周本纪》记载:"成王少,周初定天下,周公恐诸侯畔周,公乃摄行政当国。"②武王在灭商两年后就病逝,其时武王之子成王尚年幼,而天下形势仍然险峻复杂。于是周公毅然承担起重任,履天子之籍,听断天下之事。正如《史记·鲁周公世家》所说"周公乃践阼代成王摄行政当国"③,周公实际上已经正式登上了天子之位。其实这也很容易理解:所谓"名正"方能"言顺","在其位"才能"谋其政"。因而周公的做法在道义上原本是无可厚非的,而且在七年后他也将一个稳定而强大的国家交还给长大的成王。然而,这些都不能改变周公曾经"践阼"当过天子的事实。也正是因为这个原因,周公去世后,成王并未依从周公的遗愿将其葬于成周以表示周公对成王的效忠,而是将其葬在文王墓所在的毕之地,以示周公乃是效忠于文王的。《史记·鲁周公世家》记载成王所说的"予小子不敢臣周公"④并不是一句客套话,而是有着实实在在的含义,即:因为周公事实上已经做过天子,所以从周公手中接过天子之位的成王是不能以周公为臣的;而且由于周公曾经"践阼",所以他应以天子身份被迎入周王室的太庙,并依昭穆之制从祀文王⑤。因此,成

---

① ［晋］范宁集解、［唐］杨士勋疏:《春秋穀梁传注疏》,《十三经注疏》,第2389页。

② ［汉］司马迁:《史记》,北京:中华书局,1959年第1版,第132页。

③ ［汉］司马迁:《史记》,第1518页。

④ ［汉］司马迁:《史记》,第1522页。

⑤ 作者按:从昭穆的秩序看,文王与周公同昭穆,武王与成王同昭穆。

王特许鲁国可以举行天子才能享有的郊祭文王的权力，以及允许鲁国拥有天子的礼乐规格，可能并不完全如司马迁所说的是"以褒周公之德"①，而是因为鲁国始封君周公曾经践阼为天子的特殊身份地位。

只有承认这一点，才能够解释为什么成王会给予周公和鲁国如此多的特权——要知道这些特权原本都是只有周天子才有权享受的！并且，这也可以从一个方面解释鲁国在保存周礼方面的特殊地位。《礼记·明堂位》称："成王以周公为有勋劳于天下，是以封周公于曲阜，地方七百里，革车千乘。命鲁公世世祀周公以天子之礼乐。是以鲁君孟春乘大路，……言广鲁于天下也。"②只是后世学者担心承认周公践阼会有损圣人的形象并造成不良影响，所以尽量淡化甚至讳言此事。

鲁国享有天子之礼乐的特权，其直接的后果就是鲁国拥有了较齐、晋等其他诸侯国多得多的周礼资源。加之周公本人就是那个时代最有远见、最杰出的政治家和制礼作乐者（在上古时代这两者是不可分的），使他成为周代礼乐文化最重要的奠基人。因此，周公对周礼的精熟程度可能无人能出其右。这些都被以周公为骄傲的鲁国后人所继承。

从史料的记载来看，鲁国的历代国君都以秉承周代的礼乐制度和宗法秩序为职志，并将此视为鲁国的文化优越性所在。《淮南子·齐俗训》云周公治鲁以"尊尊亲亲"③，《史记·鲁周公世家》称鲁公之子伯禽以"变其俗"、"革其礼"（尊崇周礼以变革当地的礼俗）为立政之基④。而西周灭亡、平王东迁的事件，对周王室所掌控的礼乐资源造成了致命的伤害。于是，在春秋王室疲敝、天子衰微的时代背景下，由周天子所代表的周礼已经无以为继。此时，鲁国所拥有的周礼就越发显示出其重要的地位。《左传·昭公二年》云："二年春，晋侯使韩宣子来聘，……观书于太史氏，见《易象》与鲁《春秋》，曰：'周礼尽在鲁矣。

① 《史记·鲁周公世家》，见［汉］司马迁：《史记》，第 1523 页。
② ［汉］郑玄注、［唐］孔颖达疏：《礼记正义》，《十三经注疏》，第 1488—1489 页。
③ 刘文典：《淮南鸿烈集解》，北京：中华书局，1989 年第 1 版，第 346 页。
④ ［汉］司马迁：《史记》，第 1524 页。

吾乃今知周公之德与周之所以王也。'"①鲁国甚至成为周代礼乐制度仅存的完整活化石,这就奠定了鲁国超越其他诸侯国的优势文化地位。孔子说:"齐一变,至于鲁;鲁一变,至于道。"(《论语·雍也》)"道"指王道、天子之道;"齐"指齐国等诸夏之国。鲁国凭借其独特的礼乐资源,获得了仅次于周王室而高于诸夏之国的文化地位。

所以,"内鲁"的现象在文化意义上是对周礼精神和内容的抢救与尊重,体现了人们对于周代礼乐文化的认同。换言之,鲁国之所以值得"内",甚至孔子之所以选择鲁国旧史作为原本来修订《春秋》,都与鲁国所享有的周礼是分不开的。而前文提及的鲁国对于亲亲之谊的重视,正是鲁国重视礼乐制度和宗法情谊的一个表现。

鲁国所特有的周礼的资源不仅仅具有文化的意义,还蕴涵着重要的政治价值,因为周礼的实质就是一种秩序。本杰明·史华兹在他著名的《古代中国的思想世界》一书中说道:"使得礼成为整个规范性社会秩序之粘合剂的原因在于:'礼'的主要内容涉及到人们的行为,在一个结构化的社会之内,人们依据角色、身份、等级以及地位而相互联系在一起。"②由周公为代表的周初统治者们所确立起的礼乐文明绝不是宴乐的点缀、风雅的附庸,而是具有实实在在的规范约束效能的人们社会行为的基本准则,"依靠礼而把它们凝聚到一起的秩序并不只是一种仪式性的秩序,还是地地道道的社会政治秩序,它包括等级制、权威与权力在内"③。正是由于礼乐本身蕴涵着神圣的意义与现实的力量,所以,通过这样一整套繁琐细致的礼乐规范,周人得以建构起一种糅合了宗法结构的尊卑贵贱分明的等级秩序。从这个意义上讲,如果说"天命"的观念是周代宗法政治秩序的灵魂,那么周代的礼乐制度就是宗法政治秩序的骨骼和血液。

因此,倘若要重构周代合理的政治秩序,除了要在王权的意义上重新确立起天子因享有"天命"而具有的政治的神圣性之外,还要努力

---

①　[晋]杜预注、[唐]孔颖达疏:《春秋左传正义》,《十三经注疏》,第 2029 页。

②　(美)本杰明·史华兹著、程钢译:《古代中国的思想世界》,南京:江苏人民出版社,2004 年第 1 版,第 68 页。

③　(美)本杰明·史华兹著、程钢译:《古代中国的思想世界》,第 69 页。

从西周的宗法礼乐资源中获取养料。时势所趋,鲁国顺理成章地成为关注的焦点。这才是《穀梁传》"内鲁"观念的深刻根源!

于是我们发现,与《公羊传》以"王鲁"来解释"内鲁",并将"内鲁"与"尊周"实质上对立起来不同①,在《穀梁传》的政治思想体系中,"内鲁"与"尊周"是统一的、一致的。"内鲁"的根源在于周公的特殊地位和鲁国所享有的天子之礼,"内鲁"的目的在于建构以周天子为顶点与核心的有序的政治结构。因此,"内鲁"可以统摄到"尊周"的观念之下。

---

① 也有许雪涛等学者指出,《公羊传》本身并没有明确的"王鲁"观念,将"王鲁"与"尊周"对立乃是后世董仲舒、何休等公羊学者的发挥。详见许雪涛:《从〈公羊传〉看〈春秋〉之"隐微"》,载于"孔子 2000 网",2004 年 2 月 22 日。

《春秋穀梁传》华夷思想初探

华夏与夷狄的区分与融合是中国文化的核心主题之一,也是中华民族确立和发展的内在机制。《春秋穀梁传》(以下简称《穀梁传》)蕴涵着丰富的华夷思想,既全面展示了春秋时代民族冲突与融合的历史画卷,又体现出一种独特而开放的文化视角。所以,《穀梁传》的华夷思想既构成《穀梁传》政治思想体系的一个重要组成部分,同时也成为中华民族夷夏观念发展的重要一环。

一、华夷之辨源于自然差异

从源头上看,华夏与夷狄的区分首先应该来自于双方的自然差异。"夷狄"是一个泛称,泛指与华夏族在种族、地域和风俗习惯等方面存在明显不同的族类。可以说,在这个意义上讲的"夷狄"称谓并不带有歧视的色彩,而只是一种近乎客观的描述。

例如,《礼记·王制》篇云:

> 中国戎夷,五方之民,皆有性也,不可推移。东方曰夷,被发文身,有不火食者矣;南方曰蛮,雕题交趾,有不火食者矣;西方曰戎,被发衣皮,有不粒食者矣;北方曰狄,衣羽毛穴居,有不粒食者矣。中国、夷、蛮、戎、狄,皆有安居、和味、宜服、利用、备器。五方之民,言语不通,嗜欲不同。达其志、通其欲,东方曰寄,南方曰象,西方曰狄鞮,北方曰译。①

---

① [汉]郑玄注、[唐]孔颖达等正义:《礼记正义》,《十三经注疏》,上海:上海古籍出版社,1997 年第 1 版,第 1328 页。

从《王制》的这段话可以看出,中原之国与四方夷狄确实存在明显的差异,但差异主要体现为在生活方位、服饰居所、饮食习惯及言语嗜欲的不同上。同时,《王制》承认夷、蛮、戎、狄与中原诸国一样,也有着自己的衣食住行用等方面的制度规定。当然,《王制》篇对夷、蛮、戎、狄生活习惯的描述不一定完全客观,但大体上它对中原之国与四方夷狄差异的论述是不带有明显的褒贬色彩的。至于"中原"、"中国",与"东夷"、"西戎"、"北狄"、"南蛮"等称呼在方位上的差别,是华夏之人从自己的视角对不同族群生活地域的简单化概括。

在《穀梁传》的传文中,也有不少对华夏与夷狄之间自然差异的描述。传文多次提到中原与夷狄对某一事物的称谓不同,如"中国曰大原,夷狄曰大卤"①、"戊辰,叔弓帅师败莒师于贲泉;狄人谓贲泉失台"②,表明华夷之间存在语言习惯上的客观差异。此外,《穀梁传》还常常用"内外"的观念来形容"华夷"。《穀梁传》所使用的"内外"观念几乎都具有血缘宗法的背景;换言之,"内"与"外"往往是由血缘关系的亲疏远近决定的。因此,"以华夏为内,以夷狄为外"思想最早的源头可以追溯到它们各自的宗法血缘上③。无论是饮食服饰、语言居所上的不同,还是种族血缘上的差别,都可以看作是一种自然的、客观的差异。这说明华夏与夷狄之别最初是由它们各自的自然特征决定的。

二、华夏为尊,夷狄为卑

但是华夷的区分终究不会仅仅停留在自然差异的程度上。华夏与四方之民在文化、经济、生活方式和社会发展上的差异不可避免地会带来文明优劣和情感认同上的差别,并最终形成"华夏为尊,夷狄为卑"的文化等级观念。

(一)华夏文明守礼、温文尔雅,夷狄野蛮无礼、近于禽兽

《穀梁传》认为华夏与夷狄之间除了存在自然的差异外,还存在着

---

① ［晋］范宁集解、［唐］杨士勋疏:《春秋穀梁传注疏》,《十三经注疏》,第2433页。
② ［晋］范宁集解、［唐］杨士勋疏:《春秋穀梁传注疏》,《十三经注疏》,第2434页。
③ 《公羊传·成公十五年》传文"内诸夏而外夷狄"所反映的观念也是源于宗法血缘上的亲疏远近,详见［汉］何休解诂、［唐］徐彦疏:《春秋公羊传注疏》,《十三经注疏》,第2297页。

礼法和文明程度的不同。简单说来,就是诸夏之国文明守礼、温文尔雅,夷狄之邦野蛮无礼、近于禽兽。如北宋理学家程颐曾经说过:"礼一失则为夷狄,再失则为禽兽。圣人初恐人入于禽兽也,故于《春秋》之法极谨严。"①于是,人们认为华夏与夷狄在生活习惯、伦理关系、社会制度等方面的差别恰恰体现了"礼"的差异。在诸夏各国看来,周礼乃是他们立身行事之本。因此,"断发文身"、"茹毛饮血"不再只是一种自然生活状态的描述,而成了野蛮的代名词,是近乎禽兽的象征。如此一来,华夷之辨转化为人禽之别。正如刘泽华所指出的,"华夷之辨发端于华夏族的自我意识,它最初的意义是依据血缘亲疏辨析族类。……这种观点认为,华夷属于不同族类,有先天注定的优劣之别。以禽兽之名称谓其他民族是这种种族观念的具体体现"②。因而,"中原"之国口中的"东夷"、"西戎"、"北狄"、"南蛮"的称谓也就顺理成章地显露出华夏族的优越感。

华夷之间的这种礼法文明上的差异,不仅是诸夏之国的普遍认识,甚至连一些所谓蛮夷之邦也承认。据《史记·楚世家》记载,楚君熊渠就曾经自称"我蛮夷也"③,以为周礼管不到楚国,索性自称为王并立其子为王;而楚武王也曾自称"我蛮夷也"④,遂讨伐随国,并要求周王室尊楚。他们毫不掩饰地以"蛮夷"自诩,并以之作为不遵周礼、为所欲为的借口。因此,华夷的优劣之别首先体现为礼法上的差异。《春秋》在讲到楚国的时候往往称楚为"荆",《穀梁传》认为这是对楚国的贬称,因为楚国自称为"王",而且"圣人立,必后至;天子弱,必先叛"⑤,是不守周礼的野蛮禽兽之邦。孔子所说的"夷狄之有君,不如诸夏之亡也"(《论语·八佾》),也可以在这个意义上来理解。

---

① 〔宋〕程颢、程颐:《河南程氏遗书》,《二程集》,北京:中华书局,1981 年第 1 版,第 43 页。

② 刘泽华主编:《中国传统政治哲学与社会整合》,北京:中国社会科学出版社,2000 年第 1 版,第 129 页。

③ 〔汉〕司马迁:《史记》,北京:中华书局,1959 年第 1 版,第 1692 页。

④ 〔汉〕司马迁:《史记》,第 1695 页。

⑤ 〔晋〕范宁集解、〔唐〕杨士勋疏:《春秋穀梁传注疏》,《十三经注疏》,第 2383 页。

（二）华夏亲近，夷狄疏远

华夏与夷狄在血缘上客观的亲疏远近很容易转化成一种情感上的亲近与疏远。对于诸夏各国来说，建立在血缘基础上的宗法分封制度加强了彼此间的亲密关系，而"长期的交往和联姻，使春秋诸侯在文化和民族观念等方面形成了'诸夏'的认同感。而这种社会心理方面的认同感，导致了'凡今之人，莫如兄弟'、'兄弟阋于墙，外御其务'（《诗经·小雅·常棣》）和'非我族类，其心必异'（《左传·成公四年》）的思想"①。

于是，"内诸夏而外夷狄"的观念不再仅仅是客观的描述，它已经成了蕴涵强烈情感色彩的等级秩序。宣公十一年晋侯与狄会于攒函，《穀梁传》认为经文言"会"不言"及"②，是为了表现对夷狄之邦的疏远。这在襄公十年的记载中表现得更加明显：

> （经）十年春，公会晋侯、宋公、卫侯、曹伯、莒子、邾子、滕子、薛伯、杞伯、小邾子、齐世子光，会吴于柤。
>
> （传）会又会，外之也。③

经文先书鲁公"会"诸夏各国诸侯、世子，再书"会"吴国。《穀梁传》认为两个"会"其实是在同一次会盟中进行的，但《春秋》却分两次书写，目的是为了将诸夏各国与属于夷狄之邦的吴国区别对待。这正是"内诸夏而外夷狄"的鲜明写照。从这个意义上来看哀公十四年的"西狩获麟"，我们发现《穀梁传》所言的"不外麟于中国也"④同样有"内诸夏而外夷狄"的情感考虑。

（三）华夏尊贵，夷狄卑贱

华夷在礼法和情感上的差异，促使中原各国的人们形成了一种"华夏为尊、夷狄为卑"的观念。《穀梁传》对于华夷之间的尊卑贵贱的秩序十分重视，并从多个方面进行阐释。

---

① 徐杰令：《春秋邦交研究》，北京：中国社会科学出版社，2004 年第 1 版，前言。
② ［晋］范宁集解、［唐］杨士勋疏：《春秋穀梁传注疏》，《十三经注疏》，第 2414 页。
③ ［晋］范宁集解、［唐］杨士勋疏：《春秋穀梁传注疏》，《十三经注疏》，第 2427 页。
④ ［晋］范宁集解、［唐］杨士勋疏：《春秋穀梁传注疏》，《十三经注疏》，第 2451 页。

从僖公二十二年宋、楚两国泓之战来看，《穀梁传》认为经文书"宋师败绩"是对《春秋》"未有以尊败乎卑、以师败乎人者也"①的一贯书例的违背，传文进而解释了其中的原因。由此可以发现，《穀梁传》实质上承认宋、楚二国地位并非平等，宋国要尊贵于楚国，原因就在于宋为诸夏、楚为夷狄。正是由于华夏与夷狄存在着尊卑的不同，所以《穀梁传》多次说道"中国不言败"，"中国与夷狄不言战，皆曰败之"，"不使夷狄之民加乎中国之君也"，"不以中国从夷狄也"，等等②，都从各个角度强调了华夏相对于夷狄的尊贵地位和不容侵犯的权威。

三、尊王攘夷

然而具有讽刺意味的是，正是这些为华夏所鄙视的夷狄之邦却给周王室和诸夏各国带来了严重的威胁。先是犬戎在申侯的指引下攻陷周都、杀害幽王，迫使周都东迁，西周灭亡③；尔后，四方戎夷不断侵略扩张，进犯王畿及诸侯之地，燕、卫、陈、郑等国屡屡告急。因此，原本趾高气扬的"华夏为尊，夷狄为卑"观念，很快地变成了团结诸夏、共御夷狄的忧患意识，这就是《穀梁传》所一再强调的"尊王攘夷"。所以，"作为一种民族的自我意识，华夷之别的观念可能很早就产生了，而作为一种政治理论，华夷之辨却是适应'尊王攘夷'的需要创造的"④。

在《穀梁传》看来，完整意义上的"尊王攘夷"表现在以下几个方面：

（一）不正夷狄侵伐华夏

春秋中期以后，对中原国家造成最大威胁的是号称"南蛮"的楚国。据清人顾栋高统计，楚国在春秋时期吞并的诸侯国"凡四十有二"⑤。因此，《穀梁传》集中对楚国侵犯中原的行为提出批评。例如：

---

① 　[晋]范宁集解、[唐]杨士勋疏:《春秋穀梁传注疏》，《十三经注疏》，第2400页。
② 　分别见[晋]范宁集解、[唐]杨士勋疏:《春秋穀梁传注疏》，《十三经注疏》，第2383、2421、2426、2427页。
③ 　详见[汉]司马迁:《史记》，第149页。
④ 　刘泽华主编:《中国传统政治哲学与社会整合》，第128页。
⑤ 　[清]顾栋高:《春秋大事表》，北京:中华书局，1993年第1版，第524页。

庄公二十八年秋楚国攻打郑国,《穀梁传》认为《春秋》以"荆"称"楚",是采用贬称。正所谓"州不如国,国不如名,名不如字"①,用"荆州"之名来称呼楚国,乃是对它侵伐华夏之国的严厉贬斥。又如昭公八年楚国灭陈,抓获陈公子招,并将他流放到越地。《穀梁传》对楚国的暴行十分不满,对陈国的不幸表示了深切的同情和怜悯②。此外,传文中还多处评论道"不与楚杀也"③、"不与楚灭"④,均表明对以楚国为代表的夷狄之邦侵略华夏诸国之行为的抗议和批判。

不仅如此,《穀梁传》还反对诸夏之国与夷狄相勾结来侵略中原国家的行为。僖公二十七年陈、蔡、郑、许四国会同楚国围攻宋国。《穀梁传》认为经文将"楚子"贬称为"楚人",是为了贬斥与楚国一同的陈、蔡、郑、许等国之君,因为他们"信夷狄而伐中国"的举动是不正当的⑤。与此相类似,昭公十二年晋国伐中原之国鲜虞,《穀梁传》认为晋国"与夷狄交伐中国"(即与夷狄之邦交替侵伐诸夏之国鲜虞),故经文按照描述"狄"的方式来描述"晋",以示对晋国的讥讽⑥。

(二)褒奖尊王攘夷

既然夷狄侵伐华夏为"不正",那么尊王攘夷、存亡续绝就理所当然地成为正义之举。因此,《穀梁传》对诸侯相救、共抗夷狄的义举十分嘉许。

例如庄公二十八年楚国伐郑,鲁、齐、宋三国联合出兵伐楚救郑,《穀梁传》评价"善救郑也"⑦。而对于当时尊王攘夷的主力齐桓公,《穀梁传》更是浓墨重彩地加以表彰。诸夏之一的燕国地处北方,长期受到山戎的侵犯,甚至连朝觐王室、纳贡述职也无法保障。于是庄公三十年,齐桓公率孤军越千里之险拯救燕国、讨伐山戎。《穀梁传》对

---

① 〔晋〕范宁集解、〔唐〕杨士勋疏:《春秋穀梁传注疏》,《十三经注疏》,第2383页。
② 〔晋〕范宁集解、〔唐〕杨士勋疏:《春秋穀梁传注疏》,《十三经注疏》,第2435页。
③ 〔晋〕范宁集解、〔唐〕杨士勋疏:《春秋穀梁传注疏》,《十三经注疏》,第2436页。
④ 〔晋〕范宁集解、〔唐〕杨士勋疏:《春秋穀梁传注疏》,《十三经注疏》,第2437页。
⑤ 〔晋〕范宁集解、〔唐〕杨士勋疏:《春秋穀梁传注疏》,《十三经注疏》,第2401页。
⑥ 〔晋〕范宁集解、〔唐〕杨士勋疏:《春秋穀梁传注疏》,《十三经注疏》,第2436页。
⑦ 〔晋〕范宁集解、〔唐〕杨士勋疏:《春秋穀梁传注疏》,《十三经注疏》,第2388页。

此大加赞赏,甚至在第二年齐侯派人来鲁国献戎捷时,干脆称齐侯为"自己人"("内"),以显示对齐侯的亲热与尊敬①。正因为齐桓公有尊王攘夷、存亡续绝之功,《穀梁传》特地将他视作"贤者"。于是,僖公元年在记载齐桓公杀死由鲁国逃往齐国的同姓之女哀姜时,经文只称"夫人氏"而不言"姜"②;僖公十七年在记载齐桓公灭诸夏之国项时,经文只书"夏,灭项"而不言"桓公"③。《穀梁传》认为这都是《春秋》按照"为贤者讳过"④的讳例对经文所做的修饰:"君子恶恶疾其始,善善乐其终。桓公尝有存亡继绝之功,故君子为之讳也。"⑤

为了保护华夏各国的利益免遭夷狄侵害,《穀梁传》还主张各诸侯国应该团结一致、共御外敌。昭公十三年诸侯同盟于平丘,《穀梁传》对此次会盟表示赞许,因为同盟的目的是"同外楚也"⑥,即诸侯国团结起来共同对付日渐强大、侵略成性的楚国。到后来,原本属于蛮夷之国的吴国以"尊王"旗号来讨伐楚国,《穀梁传》赞扬了吴国"信中国而攘夷狄"的行为⑦。

(三)崇尚华夷和平

倘若仅仅从上面所介绍的夷狄侵夏、诸夏攘夷的材料看,华夷之间似乎是你死我活、针锋相对的敌对关系,似乎战争就是华夷关系的永恒主题。其实不然。当我们仔细分析"尊王攘夷"的主张时,发现这个"攘"字很值得咀嚼。"攘"字从本义上讲应该是"却"、"排斥";所以,"攘夷"并不等于"灭夷"、"亡夷",而只是一种防御性的应对措施。我们认为包括《穀梁传》在内的典籍在讨论华夷关系时选用"攘夷"而非"灭夷"、"亡夷",并不能用诸夏已弱、无力灭夷的所谓现实力量对比来解释。因为即使是在华夏十分强大的时候也没有想到过去征服

① [晋]范宁集解、[唐]杨士勋疏:《春秋穀梁传注疏》,《十三经注疏》,第2388页。
② [晋]范宁集解、[唐]杨士勋疏:《春秋穀梁传注疏》,《十三经注疏》,第2391页。
③ [晋]范宁集解、[唐]杨士勋疏:《春秋穀梁传注疏》,《十三经注疏》,第2398页。
④ [晋]范宁集解、[唐]杨士勋疏:《春秋穀梁传注疏》,《十三经注疏》,第2421页。
⑤ [晋]范宁集解、[唐]杨士勋疏:《春秋穀梁传注疏》,《十三经注疏》,第2398页。
⑥ [晋]范宁集解、[唐]杨士勋疏:《春秋穀梁传注疏》,《十三经注疏》,第2436页。
⑦ [晋]范宁集解、[唐]杨士勋疏:《春秋穀梁传注疏》,《十三经注疏》,第2444页。

戎狄、消灭蛮夷,而最多是主张"修政以服人"、"敬德以来人"。因此,
华夏各国提出"攘夷"的主张,其目的并不在于削弱和改变夷狄,而在
于不使夷狄伤害和改变"中国"。同样的,"尊王"也不是让夷狄都来
尊王(虽然人们也鼓励夷狄这样做),而是不能让夷狄的侵犯破坏诸夏
国家"尊王"的基础。

于是,我们发现"尊王攘夷"的主张本身就已经逻辑地包含了华夷
双方在底限上的平等,——华夏不能凭武力征服夷狄,夷狄也不能以
暴力侵犯华夏。可以说,这一底限的平等肯定了彼此存在的权力,也
进而成为双方和平相处的基础。在此,我们可以引用《穀梁传》襄公三
十年的一段话:"澶渊之会,中国不侵伐夷狄,夷狄不入中国,无侵伐八
年,善之也。晋赵武、楚屈建之力也"①,通过澶渊之会,在华夷双方的
共同努力下,彼此不相侵伐,和平共处长达八年之久。这对于国家和
老百姓来说,无疑都是一件好事,所以《穀梁传》"善之也"。很显然这
里的"善"不仅仅是就华夏各国来说的,同样也是对夷狄之国而言的。
因此,华夷之间的和平相处应该是"尊王攘夷"思想的应有之义;这也
体现了《穀梁传》作者所一贯主张的"贵仁义,而贱勇力"②的崇尚和平
的宗旨。

四、华夷之辨是一种文化差异

正如钱穆先生所指出的,"在古代观念上,四夷与诸夏实在另有一
个分别的标准,这个标准,不是'血统'而是'文化'。所谓'诸侯用夷
礼则夷之,夷狄进于中国则中国之',此即是以文化为'华'、'夷'分别
之明证"③。这与《论语·子罕》篇所记载的"子欲居九夷。或曰:'陋,
如之何!'子曰:'君子居之,何陋之有?'"也可以相互发明。可见,华
夷的差别主要不再是种族、血缘或者居处方位的不同,而是双方在文
化上的相对差异。如此一来,《穀梁传》的华夷之辨就从种族的观念上

---

① [晋]范宁集解、[唐]杨士勋疏:《春秋穀梁传注疏》,《十三经注疏》,第 2432 页。
② [晋]范宁集解、[唐]杨士勋疏:《春秋穀梁传注疏》,《十三经注疏》,第 2435 页。
③ 钱穆:《中国文化史导论》(修订版),北京:商务印书馆,1994 年版,第 41 页。

升为文化的观念。在这个意义上，华夏和夷狄的身份不再是稳定不变的了，而是依据各国的文化表现而有所进退改变。《穀梁传》从两个方面对此作了论述。

（一）诸夏若为夷狄之行则退而贬之为夷狄

隐公七年《春秋》经文记载："冬，天王使凡伯来聘，戎伐凡伯于楚丘以归。"对于经文中的"戎"的理解成为《穀梁传》与《左》、《公》二传争论的一个焦点：《左传》和《公羊传》都主张应该依字面将"戎"解释为"戎狄"[①]；但《穀梁传》却提出了一个完全不同的看法，认为此处的"戎"其实指的是诸夏之一的卫国[②]。在这里我们不讨论双方理解的对与错，仅就《穀梁传》的理解本身看，其中体现了一种非常重要的文化观念，即：诸夏之国若为夷狄之行则退而贬之为夷狄。

在《穀梁传》看来，"华夏"或"夷狄"的称谓不仅仅是对中原诸国和四方之民的客观描述，有些时候它还是一种行之有效的褒贬的武器。就像"凡伯被抓"的事件，攻打、抓获凡伯的卫国真实身份是华夏之国，但是由于它违背礼仪、公然侵伐身负周天子之命的王室使臣，其行为简直与不懂礼法的夷、蛮、戎、狄之民一样。所以，为了显示对卫国失礼行为的贬责，《春秋》故意以"戎"代"卫"。又如僖公三十三年秦、晋发生殽之战。《穀梁传》认为经文以书"狄"的方式书"秦"之"败"，就是为了"狄秦也"。秦国本为华夏之邦，但它"越千里之险，入虚国，进不能守，退败其师徒，乱人子女之教，无男女之别"，其行为与夷狄无二，所以《穀梁传》认为秦国又退回到夷狄的程度了[③]。

从此，"华夏"的身份不再是天生铁定的招牌，而随时有了失去的危险。这种"贬夏为夷"的开放的华夷思想显示出一种文化的忧患意识，正如苏轼所说，"《春秋》之疾戎狄者，非疾纯戎狄者，疾夫以中国

①　见［晋］杜预注、［唐］孔颖达疏：《春秋左传正义》，《十三经注疏》，上海：上海古籍出版社，1997年第1版，第1732页；又见［汉］何休解诂、［唐］徐彦疏：《春秋公羊传注疏》，《十三经注疏》，第2209页。

②　［晋］范宁集解、［唐］杨士勋疏：《春秋穀梁传注疏》，《十三经注疏》，第2370页。

③　［晋］范宁集解、［唐］杨士勋疏：《春秋穀梁传注疏》，《十三经注疏》，第2403页。

而流入于戎狄者也"①。《春秋》和《穀梁传》所担心的正是一些华夏国家自甘堕落、沦为夷狄的现象。同时,它也表明华夏诸国只有"尊天王"、"重周礼"、贵德慕义,才能真正永久地保有"华夏"的文化身份。

(二)夷狄若为诸夏之行则进而褒之为华夏

与"贬夏为夷"相对应,《穀梁传》还主张"进夷为夏",即:夷狄之国若行诸夏之礼则进而褒之为华夏。"进夷为夏"的规定是对"华夷文化观"的补充和完善;它与"贬夏为夷"一起共同组成了《穀梁传》"华夷文化观"的有机整体,并赋予《穀梁传》华夷之辨以无限的活力。

从"进夷为夏"的具体规定来看,它鼓励夷、蛮、戎、狄之邦学习周礼、遵行王化,如庄公二十三年传文称赞楚国派人来鲁国朝聘为"善"②,哀公十三年传文表彰吴子学鲁礼而冠袭、藉成周以尊天王以"进"③。此外,《穀梁传》还褒奖了夷狄国家"信中国而攘夷狄"的尊王攘夷义举,如:僖公十八年传文评价狄人伐卫救齐为"功近而德远",定公四年传文又因吴君救蔡伐楚而进之为"子"④。《穀梁传》同时肯定了夷狄的成绩与进步,如宣公十五年传文以潞子婴儿为"贤",襄公二十九年传文因吴国延陵季子之贤而进吴君为"子"⑤。

《穀梁传》"进夷为夏"的相关规定当然是以华夏的文化和价值观念为标准的。但是在这种"进夷为夏"的观念中,我们却几乎看不到对夷狄之民的任何生理上的蔑视;相反,从中却可以体会出"举道不待再"(意为不计前嫌,不过分苛责,劝人为善)⑥的宽容劝善的精神。

所以,"以中华文化作为判定华夷的主要标准,显然是文化优越感的产物,却又颇有一点礼义面前人人平等、文化相通则一视同仁的意味。这种思路既可能由于过分张扬文化的、民族的优越感,而鄙视其

① [宋]苏轼:《苏轼文集》,北京:中华书局,1986年第1版,第44页。
② [晋]范宁集解、[唐]杨士勋疏:《春秋穀梁传注疏》,《十三经注疏》,第2386页。
③ [晋]范宁集解、[唐]杨士勋疏:《春秋穀梁传注疏》,《十三经注疏》,第2451页。
④ 见[晋]范宁集解、[唐]杨士勋疏:《春秋穀梁传注疏》,《十三经注疏》,第2399、2444页。
⑤ 见[晋]范宁集解、[唐]杨士勋疏:《春秋穀梁传注疏》,《十三经注疏》,第2415、2432页。
⑥ [晋]范宁集解、[唐]杨士勋疏:《春秋穀梁传注疏》,《十三经注疏》,第2386页。

他民族与文化,进而导向绝对排斥一切非华夏的族类和文化,又有可能由于对民族文化的自信,导向主张兼容并包、遐迩一体"①。这种由自然生活习惯和血缘亲疏的不同所形成的华夷之辨,尽管不可避免地带有尊卑贵贱的优劣等级意识和种族歧视倾向,并容易导向彼此的对立;但是,《穀梁传》巧妙地赋予"华"、"夷"概念以文化的内涵,并进而通过"贬夏为夷"和"进夷为夏"的双向流动,从根源上消解了华夷对立的基础,为华、夷在更广阔意义上的融合提供了契机。于是,"尊王攘夷"的主张被赋予了全新的含义:"尊王"所尊显、崇尚的乃是周代的礼乐文化,"攘夷"所抵御、排斥的则是夷狄的野蛮落后的文化。"尊王攘夷"的目的正是要在更高的文化层次中融合华夷、变夷为夏。所以,"到春秋后期华夏和夷狄之间的界限已很难区分,大国争霸最初以'攘夷'为口号,但到中后期属于'夷'的楚、吴、越却成了中原诸夏的霸主国"②。从这个意义上可以说,《穀梁传》对华夷之辨层层分析的结果,恰恰是消解了华、夷之间的差异。这不仅深化了《穀梁传》政治思想的内涵,并且为中华民族的形成与发展输送了丰沛的血液。

---

①　刘泽华主编:《中国传统政治哲学与社会整合》,第 137 页。

②　顾德融、朱顺龙:《春秋史》,上海:上海人民出版社,2001 年第 1 版,第 270 页。

《春秋穀梁传》时间观念探析

　　"时"的观念在中国古代思想中占据了十分重要的位置。如孟子就曾经称颂孔子为"圣之时者"①,《礼记·礼器》也指出:"礼,时为大。"②近二十年来,学术界围绕中国古代时间观念的研究成果颇多,如:陈智勇发表的夏商至战国时期时间意识研究的系列论文③,高宏对西周时期时间观念的论述④,萧放从民族与民俗学角度对古代时岁问题所作的独到研究⑤,以及尤炜、陈玲等以"六经"为文本对先民时间意识所做的探讨等⑥。

　　"六经"之一的《春秋》,更与"时"有着极为密切的联系。人们在评价《春秋》时,往往会说:《春秋》是中国古代的第一部编年体的史书。暂且不去讨论《春秋》是"史"还是"经",有一点是大家都共同承认的,即:《春秋》在体裁上采用了编年的形式,按照年、时、月、日的结

　　① ［清］焦循:《孟子正义》(下册),北京:中华书局,1987 年第 1 版,第 672 页。
　　② ［汉］郑玄注、［唐］孔颖达等正义:《礼记正义》,《十三经注疏》,上海:上海古籍出版社,1997 年第 1 版,第 1431 页。
　　③ 陈智勇:《论夏商时期的时间意识》,《殷都学刊》,2008 年第 3 期,第 33—36 页;《论西周时期的时间意识》,《三峡大学学报》(人文社会科学版),2006 年第 1 期,第 81—83 页;《论春秋战国时期的时间意识》,《商丘师范学院学报》,2007 年第 8 期,第 48—51 页。
　　④ 高宏:《西周时期时间观念论》,《文史博览》(理论),2008 年第 10 期,第 21—22 页。
　　⑤ 萧放:《中国上古岁时观念论考》,《西北民族研究》,2001 年第 2 期,第 85—96 页;《天时与人时——民众时间意识探源》,《湖北大学学报》(哲学社会科学版),2004 年第 5 期,第 582—586 页;《岁时———传统中国人的时间体验》,《史学理论研究》,2001 年第 2 期,第 57—66 页。
　　⑥ 尤炜、赵山奎:《从〈尚书〉论先秦人的时间意识》,《人文杂志》,2003 年第 2 期,第 118—123 页;陈玲:《〈诗经〉中周代先民时间意识的循环性》,《宜宾学院学报》,2010 年第 4 期,第 49—51 页。

构记载了鲁国 242 年的一些史实。然而,《春秋》为什么会采用这种编年形式? 难道像某些学者所说的仅仅是出于方便记录的史学技巧考虑? 还是其中另有深意?

位列"十三经"之一的《春秋穀梁传》(以下简称《穀梁传》)在解读《春秋》的过程中,极为关注其中所蕴含的"时"的观念。与《公羊传》和《左传》相比,《穀梁传》对《春秋》的时间性概念作了更为系统的解析,其成果对于我们全面理解中国古代时间观念具有重要意义。而这一点尚未受到学术界的足够重视。《穀梁传》作者显然不认为《春秋》的年、时、月、日的编年形式纯粹是出于史学记录的需要;在他看来,《春秋》特有的时间结构还应该有其背后的寓意。换言之,在这种时间结构上负载有圣人的"微言大义"。因此,《穀梁传》对《春秋》中的时间性概念进行了深入剖析,提出了系统的"重时"①思想。

一、《春秋》"不遗时也"

首先,《穀梁传》揭示了《春秋》在形式上的一个显著的特点,那就是在其按照年、时、月、日的时间结构展开的记事过程中,无论有无事件发生,一年中的"春正月"、"夏四月"、"秋七月"、"冬十月"这四个月——作为"时"的标志总是不会遗漏的。于是就出现了这样的现象:有时经文仅仅记载"夏,四月"、"秋,七月"或"冬,十月",后面就再也没有下文了。《穀梁传》不认为这是由史料缺佚造成的。客观地讲,那种将一切疑问统统归结于"史料缺佚"的态度并不能真正解决问题,反而更像是逃避问题和推卸责任。如此一来,《春秋》仅具"时月"而空缺史实的做法就成了有意为之,这显然是"《春秋》史书论"所无法解释的。

《穀梁传》对《春秋》的这种"无事焉,不遗时也"的独特现象进行了归纳:

隐公九年(经)秋,七月。

---

① 作者按:本文所讲的"年、时、月、日"的结构中的"时"指四时季节;而"重时"的"时"则泛指时间。

（传）无事焉,何以书? 不遗时也。①

桓公元年（经）冬,十月。

（传）无事焉,何以书? 不遗时也。《春秋》编年,四时具而后为年。②

在《穀梁传》看来,"春"、"夏"、"秋"、"冬"四时并举,乃是由年、时、月、日的时间结构所决定的。所谓"四时具而后为年",无事而不遗时正是为了成全"一年含四时"的固定的时间结构。因此,年、时、月、日的书写并不仅仅是为了满足记事的需要,其本身还具有独立的时间秩序的色彩。年、时、月、日的时间单位成了一个事先预备好的框架结构,历史上发生的具体事件只需要一个一个填进这个框架中就可以了。换言之,原本依附于历史事件的时间单位竟然可以脱离具体的事件载体,而具有了独立的形态。

二、"合时"

《穀梁传》对"时间"的重视使它顺理成章地提出了"合时"的观念。所谓"合时",就是各类自然现象和宗庙祭祀行为都应该有其发生的时间。《穀梁传》的作者认为:只有当这些自然现象出现在它们应该出现的时间上,才是正常的,也才因此是有利的。同样,那些宗庙祭祀活动也必须在规定好的时间段里进行才是合法而有效的。

首先就自然现象的发生来看,《穀梁传》比较关注与农业生产关系密切的寒暑与雨旱等现象发生的时节。例如:

桓公十四年（经）无冰。

（传）无冰,时燠也。③

成公元年（经）无冰。

（传）终时无冰则志,此未终时而言无冰,何也? 终无冰矣。

---

① ［晋］范宁集解、［唐］杨士勋疏:《春秋穀梁传注疏》,《十三经注疏》,上海:上海古籍出版社,1997 年第 1 版,第 2371 页。

② ［晋］范宁集解、［唐］杨士勋疏:《春秋穀梁传注疏》,《十三经注疏》,第 2372 页。

③ ［晋］范宁集解、［唐］杨士勋疏:《春秋穀梁传注疏》,《十三经注疏》,第 2377 页。

加之寒之辞也。①

　　冬季本应天气寒冷结冰,然而由于气候异常,桓公十四年和成公元年这两年的冬季均未结冰。对于这种本应出现但届时未曾出现的自然现象异常,《穀梁传》认为是"不合时"的,所以经文才专门记载下来。同样的道理,《穀梁传》认为《春秋》中几乎所有的"志异",都是表示这些现象在应该发生的时候未曾出现,或者在不应该出现的时候却出现了,又或者是其延续的时段和发生的程度异乎寻常。当然,《穀梁传》在评定某一自然现象(特别是天气现象)是否"正常合时"时,往往倾向于采用对农业生产是否有利作为标准。这与后世常说的"风调雨顺"一样,都反映了农业对于古代价值观念的深刻影响。

　　再如,《穀梁传》的作者特别注意到分别发生在僖公和文公时期的两次长达半年以上的旱灾。《穀梁传》对这两次长期"不雨"的评价不同:对于发生在僖公二年至三年的"不雨",《穀梁传》持褒扬的立场,称赞了僖公忧戚旱灾、怜悯民生疾苦的爱民之心②;而对于发生在文公十年的"不雨",《穀梁传》则持贬斥立场,批评了文公无视旱灾、不以民为志的态度③。但有一点是共同的,那就是:《穀梁传》认为从冬季到来年夏季的长时期的"不雨"显然属于严重"不合时"的情况。反过来说,头年的冬季到来年的夏季之间应该下雨才"合时"、正常。推而广之,《穀梁传》相信任何自然现象都应该有其适宜的出现时机。

　　其次,与宗庙祭祀相关的活动安排也严格体现了《穀梁传》所强调的"合时"观念。以桓公四年传文的一段十分典型的论述来看:"四时之田,皆为宗庙之事也。春曰田,夏曰苗,秋曰搜,冬曰狩。"④四时之田,指的是为服务于宗庙祭祀(提供祭品)所展开的田猎活动。《穀梁传》认为不同季节的田猎活动,其主题和强度都应该有所区别。根据晋代范宁的注释,春季的"田"指"取兽于田",夏季的"苗"指"为苗除

---

① 　[晋]范宁集解、[唐]杨士勋疏:《春秋穀梁传注疏》,《十三经注疏》,第 2417 页。
② 　[晋]范宁集解、[唐]杨士勋疏:《春秋穀梁传注疏》,《十三经注疏》,第 2392 页。
③ 　[晋]范宁集解、[唐]杨士勋疏:《春秋穀梁传注疏》,《十三经注疏》,第 2408 页。
④ 　[晋]范宁集解、[唐]杨士勋疏:《春秋穀梁传注疏》,《十三经注疏》,第 2374 页。

害",秋季的"搜"指"舍小取大",冬季的"狩"指"围狩"①。可以看出,为宗庙祭祀提供祭品的四时田猎,必须顺应野兽在四季的不同生长情况而做出不同的安排。并且,只有四时的田猎各依秩序时,其行为才是正当的,其田猎所得也才可以名正言顺地用于宗庙祭祀。而鲁桓公却在春季的正月举行了本应在冬季举行的"狩",其行为丧失了正当性。《穀梁传》对此提出了批评。

如果说田猎还只是为宗庙祭祀做准备的工作,那么"郊"、"雩"与"烝"则分别代表了"祭天"和"祀祖"这两大类宗庙祭祀活动。《穀梁传》认为"郊"、"雩"和"烝"的活动同样必须合乎其时。

以"郊"为例。郊祀是极为隆重的祭天之礼。根据规定:举行郊祀的时间是每年的春季,也就是正月到三月之间;举行郊祀通常要向上天贡献牲牛,此前要三次卜问上天之意以决定是否免除牲牛。但是,《春秋》多次提到"夏,四月,四卜郊"、"夏,四月,五卜郊"等非礼的情况,《穀梁传》对此的评论是"夏,四月,不时也;四卜,非礼也"②、"五卜,强也"③。在夏季的四月举行郊祀是不合时的,这很容易理解,——正常的郊祀时间应该在每年春季的正月到三月之间。而"四卜"、"五卜"之所以"非礼"("强"为更严重的"非礼"),据范宁的解释,不仅在于它的过度,还在于它"不合时",——因为每卜一次都需要花费一段时间,四卜、五卜之后就进入到夏季,无法再完成必须在春季举行的郊祀④。

再举《穀梁传》很看重的"大雩"之祭为例。从《穀梁传》定公元年的传文来看,告天求雨的"大雩"之祭应该举行的时间是每年的九月;秋七月和冬十月举行此祭都是不合时的。因为"冬,禾稼既成,犹雩,则非礼可知",求雨是为了庄稼的生长,冬季庄稼已收获完毕,此时再来求雨显然是多此一举。至于秋七月"大雩"的"不时",则是因为"毛

---

① ［晋］范宁集解、［唐］杨士勋疏:《春秋穀梁传注疏》,《十三经注疏》,第2374页。
② ［晋］范宁集解、［唐］杨士勋疏:《春秋穀梁传注疏》,《十三经注疏》,第2403页。
③ ［晋］范宁集解、［唐］杨士勋疏:《春秋穀梁传注疏》,《十三经注疏》,第2421页。
④ 详见［晋］范宁集解、［唐］杨士勋疏:《春秋穀梁传注疏》,《十三经注疏》,第2403页。

泽未尽,人力未竭,未可以雩也",秋季七月,庄稼之干旱未到绝境,人力之施行尚或有功,情况还没有到山穷水尽、无计可施的地步。所以,此时还不能举行求雨的"大雩"之祭。按照《穀梁传》的理解,秋七月举行雩祭,不仅不能解燃眉之急,反而有违于"请道"。所谓"请道",就是古人祈求神明赐福之道。"古之人重请",所以不能轻易祈求神明。正如现在常说的"好钢要用在刀刃上",神明珍贵的赐福当然也应该用在人们真正需要的时候。什么是真正需要的时候呢?《穀梁传》认为那就是处于秋七月和冬十月之间的"九月":"月之为雩之正,何也?其时穷,人力尽,然后雩,雩之正也。何谓其时穷、人力尽?是月不雨,则无及矣;是年不艾,则无食矣,是谓其时穷、人力尽也。"时至九月,庄稼已经干旱得奄奄一息,人力也已经快耗尽了,这可以真正算得上是"最危险的时候",——倘若上天仍然不下雨,很可能就会颗粒无收了。身处这样的绝境,然后恭敬地举行雩祭以求雨,才合于"请道"。从《穀梁传》对雩祭时节的详细规定中,可以明确地感受到作者对于祭祀之"时"与"度"的微妙把握①。

以祭祖为目的的"烝"也是如此。《穀梁传》桓公八年传文在评论春季正月和夏季五月的两次烝祀时说"烝,冬事也,春兴之,志不时也"、"烝,冬事也,春、夏兴之,黩祀也。志不敬也"②,正常的烝祀应该举行于冬季,若"春、夏兴之"就是对烝祀的亵渎。可见,合时与否又与行为的虔敬态度联系在一起,——只有合于时的祭祀行为才有可能是虔敬的;不合于时的祭祀无论形式多么隆重,都不可能虔敬。毕竟,"祭者,荐其时也,荐其敬也,荐其美也"③;《礼记·礼器》也说:"礼,时为大,顺次之,体次之,宜次之,称次之"④,方悫解释道:"天之运谓之时。"⑤"时"对于祭祀活动而言至关重要。

① 详见[晋]范宁集解、[唐]杨士勋疏:《春秋穀梁传注疏》,《十三经注疏》,第2443页。

② [晋]范宁集解、[唐]杨士勋疏:《春秋穀梁传注疏》,《十三经注疏》,第2376页。

③ [晋]范宁集解、[唐]杨士勋疏:《春秋穀梁传注疏》,《十三经注疏》,第2423页。

④ [汉]郑玄注、[唐]孔颖达等正义:《礼记正义》,《十三经注疏》,第1431页。

⑤ [清]孙希旦:《礼记集解》(下册),北京:中华书局,1989年第1版,第627页。

　　由此可见,在《穀梁传》看来,无论是与农事密切相关的风、雨等自然天象,还是以敬天祀祖为目的的宗庙祭祀活动,都应该在它们合适的时候出现。"合于时"成了此类行为的正当性和有效性的根本保障之一。从这种"合时"的观念背后,我们也可以隐隐约约地感受到春、夏、秋、冬这四时似乎代表了一种神秘的自然秩序;天象与人事只有合于此种自然之秩序才是正常、合法的。

三、"日月"之例

　　《穀梁传》时间观念的最显著也是最重要的表现反映在它对于《春秋》的"日月"之例的提炼和总结上。这也是《穀梁传》最受学者非议的内容之一。吕大圭就曾经明确地将"以日月为褒贬"列为《春秋》穿凿的两大弊端之一,指出:"《春秋》以事系日,以日系月,以月系时。事成于日者书日,事成于月者书月,事成于时者书时。其或宜月而不月,宜日而不日者,皆史失之也。"[1]朱子亦有言:"或有解《春秋》者,专以日月为褒贬:书时月,则以为贬;书日,则以为褒。穿凿得全无义理。"[2]

　　但《穀梁传》的作者却坚信《春秋》经文在记录某一事件时书"日"、书"月"、书"时",都不是随机的、偶然的,而是有褒贬之深意蕴藏在其间。对于《穀梁传》的这一看法,可以从两个层次来理解:倘若从对《春秋》原义的发掘来说,也就是《穀梁传》作为"解经"之书来说,它认定《春秋》的每一个时间单位几乎都蕴藏有圣人褒贬善恶的"微言大义",这种观点无疑是冒险的,甚至有"过度诠释"的嫌疑。但是倘若就《穀梁传》思想本身,也就是它借助诠释《春秋》的形式而阐发的自己的独立思想体系来说,认定存在"日月"之例并且"以日月为褒贬",就构成了《穀梁传》自身的思想特色,并因而具有了独立的思想价值。

---

　　① 宋元人注:《春秋三传》,四书五经本(下册),天津:天津古籍书店,1988 年第 1 版,第 5 页。

　　② 宋元人注:《春秋三传》,四书五经本(下册),第 7 页。

当然,《穀梁传》所归纳的"日月"之例系统而复杂,并不能简单地用"以日月为褒贬"来代表,并且也不像朱子所说的"书时月,则以为贬;书日,则以为褒"。总体地看,可以将其凝练为三条规定:

第一,每一事件都有其对应的"日"、"月"、"时"之书写常例;

第二,"日"、"月"、"时"的记时区分存在等级差别,"日重于月,月重于时";

第三,可以通过改变"日"、"月"、"时"之书例来表达对历史事件的价值评判。

就第一点来看,《穀梁传》相信每一个历史事件都有其对应的"日"、"月"、"时"的记时书写常例,这也是"合时"观念的又一体现。仅举"卒"、"葬"的书例为证:

古人重死,所以会不惜大费周章对不同爵位、等级的人的死亡做出不同表述,如《礼记·曲礼》云:"天子死曰崩,诸侯曰薨,大夫曰卒,士曰不禄,庶人曰死。"①《穀梁传》进而认为,记录不同等级之人的去世,其差别不仅仅表现在称谓上,还表现在"卒"与"葬"的时间记录上。对天子来说,"天子志崩不志葬",经文只是具书"时月日"以记录天子去世的时间而不记载其下葬的时间。因为天子为天下至尊,举全天下葬其一人,丧葬的时间都是礼制规定好的,全天下的人都知道,所以没有必要再记载了②。而对于鲁国以外的诸侯之死来说,"日卒时葬,正也"③,也就是应该用日期注明其去世的时间,用季节注明其下葬的时间。如:

　　　　隐公三年(经)八月庚辰,宋公和卒。

　　　　(传)诸侯日卒,正也。④

　　　　成公十三年(经)冬,葬曹宣公。

　　　　(传)葬时,正也。⑤

①　[汉]郑玄注、[唐]孔颖达等正义:《礼记正义》,《十三经注疏》,第 1269 页。
②　[晋]范宁集解、[唐]杨士勋疏:《春秋穀梁传注疏》,《十三经注疏》,第 2381 页。
③　[晋]范宁集解、[唐]杨士勋疏:《春秋穀梁传注疏》,《十三经注疏》,第 2426 页。
④　[晋]范宁集解、[唐]杨士勋疏:《春秋穀梁传注疏》,《十三经注疏》,第 2368 页。
⑤　[晋]范宁集解、[唐]杨士勋疏:《春秋穀梁传注疏》,《十三经注疏》,第 2422 页。

襄公七年(经)十有二月,公会晋侯、宋公、陈侯、卫侯、曹伯、莒子、邾子于鄬。郑伯髡原如会。未见诸侯。丙戌,卒于操。

(传)……其地,于外也;其日,未逾竟也。日卒时葬,正也。①

《穀梁传》认为,《春秋》对于鲁国以外的诸夏之国国君去世采用记录具体日期的方式,这是"正"的。所谓"正",范宁认为"正,谓承嫡"②,表明该诸侯在继承身份上的合法性(为先君的嫡长子)。综合《穀梁传》前后的传文来看,"正"还包含有诸侯死亡方式正常的含义。只有当诸侯因自然衰老或疾病等正常原因死亡,并且新君即位无异常情况时,才能按照正常的方式以"日"书其"卒",以"时"书其"葬"。《穀梁传》认为,诸侯去世书"日"、下葬书"时"乃是正常、合理的情况,它表明了诸侯身份的合法性以及死亡方式的正常性。这一点,可以从昭公十九年许悼公"卒"、"葬"的例子中得到很好的印证:

昭公十九年(经)夏,五月戊辰,许世子止弑其君买。

(传)日弑,正卒也。正卒,则止不弑也。不弑而日弑,责止也。③

昭公十九年(经)冬,葬许悼公。

(传)日卒时葬,不使止为弑父也。④

许悼公因病中误服世子进献的药而意外身亡。对于许君之死,经文既书卒日,又书"弑"。《穀梁传》认为只有当国君正常死亡时才会书"日",所以这种"日"、"弑"并书的现象实质表明许悼公并非死于许世子的篡逆谋杀,而是死于意外;至于书"弑"则是为了表示对许世子献药而不知先尝药的错误行为的批评⑤。而且,后文书"时"以葬许悼公也再次表明许世子并非弑父的凶手。如此,《穀梁传》仅凭"卒"、"葬"的"日"、"时"之例就为许世子洗脱了弑父的恶名,这恐怕是其

---

① [晋]范宁集解、[唐]杨士勋疏:《春秋穀梁传注疏》,《十三经注疏》,第 2426 页。

② [晋]范宁集解、[唐]杨士勋疏:《春秋穀梁传注疏》,《十三经注疏》,第 2368 页。

③ [晋]范宁集解、[唐]杨士勋疏:《春秋穀梁传注疏》,《十三经注疏》,第 2438 页。

④ [晋]范宁集解、[唐]杨士勋疏:《春秋穀梁传注疏》,《十三经注疏》,第 2439 页。

⑤ 《礼记·曲礼》规定:"亲有疾,饮药,子先尝之。医不三世,不服其药",可作参考,见[汉]郑玄注、[唐]孔颖达等正义:《礼记正义》,《十三经注疏》,第 1268 页。

"日月"之例的一个意外收获吧！

　　其次，《穀梁传》认为作为时间之单位的"日"、"月"、"时"存在着轻重贵贱的等级区别。具体地说，"日"要重于"月"，"月"又重于"时"。这也可以从《春秋》对中原诸夏、小国及夷狄之国的不同书例反观出来：

　　　　宣公十五年（经）六月，癸卯，晋师灭赤狄潞氏，以潞子婴儿归。

　　　　（传）灭国有三术：中国谨日，卑国月，夷狄不日。其日潞子婴儿，贤也。①

　　　　襄公六年（经）秋，……莒人灭缯。

　　　　（传）非灭也。中国日，卑国月，夷狄时。缯，中国也，而时，非灭也。②

　　《穀梁传》很重视国家灭亡的重大事件。但是在记载此类事件时，《穀梁传》认为《春秋》针对不同的对象采用了不同的日月书例。其中，对于中原诸夏之国的灭亡，经文书"日"；对于中原的一些小国的灭亡，经文书"月"；对于那些夷狄之国的灭亡，经文则书"时"。结合《春秋》以及《穀梁传》的"外夷狄而内诸夏"的尊卑观念，很容易看出：书"日"最尊，书"月"次之，书"时"最卑。从这里，我们还可以发现《穀梁传》似乎有一种"重细微、重具体"的价值倾向，表现为：越是细微、具体的东西就越是尊贵。例如，《穀梁传》庄公十四年对"荆楚"称谓进行了评论："荆者，楚也，其曰荆，何也？州举之也。州不如国，国不如名，名不如字。"③从大小的秩序来看，州大于国，国大于名，名大于字；但是，从尊卑的秩序看，却是称字尊于称名，称名尊于称国，称国尊于称州。换言之，称谓越具体就表示越尊贵，这与书时越具体就越慎重有异曲同工之妙。

　　第三点，也是最重要的，是《穀梁传》认为通过改变"日"、"月"、

---

　　① ［晋］范宁集解、［唐］杨士勋疏：《春秋穀梁传注疏》，《十三经注疏》，第 2415 页。
　　② ［晋］范宁集解、［唐］杨士勋疏：《春秋穀梁传注疏》，《十三经注疏》，第 2426 页。
　　③ ［晋］范宁集解、［唐］杨士勋疏：《春秋穀梁传注疏》，《十三经注疏》，第 2383 页。

"时"的书例可以表达对历史事件的价值评判。春秋是一个旧有的社会秩序结构逐渐被破坏、被取代的动荡时代,原本用来维系整个社会运转的礼乐制度渐次崩坏,上至天子、诸侯,下至大夫、士,僭越礼制、背弃人伦的行为比比皆是。面对礼乐崩坏的困境,心怀匡扶秩序的宏志,《穀梁传》坚信《春秋》为圣人拨乱反正之书,于是"日"、"月"、"时"的书例也就成为圣人进退褒贬的有力武器。

例如,正常情况下对于诸侯之死应该书"日"以记之,但是襄公三十年经文却书"夏,四月,蔡世子般弑其君固"。《穀梁传》认为这里变"日"为"月",实际上是采用了描述夷狄之君卒亡的记载方式,目的是为了贬斥蔡国世子弑君夺政的行为近乎夷狄[1]。

再如桓公二年,纪侯来到鲁国朝聘。依礼制,诸侯之间朝聘应书"时"以记录;但是经文却说:"秋,七月,纪侯来朝。"《穀梁传》道出了其中的缘由:鲁桓公弑兄篡政,受人之赂而成宋之乱,正当罪深责大之时,纪君却来朝聘;故经文变化书例,以"月"代"时",一则抨击鲁桓公的恶行,二则批评纪侯"不择其不肖而就朝之"(范宁注)的糊涂行为[2]。

所以,《穀梁传》认为《春秋》经文在记载逾礼、篡弑和种种危葬的现象时,往往会采用变化正常的"日"、"月"、"时"之书例的方式。这样做的目的,从表面上讲可以对事件的异常作出简单而有效的标志;从深层讲则蕴涵了作者对于这些非礼现象的忧惧、愤慨的情感和维护正常秩序的良苦用心。

四、谨而书"日"

既然《穀梁传》的作者认定作为时间单位的"日"、"月"、"时"存在轻重贵贱之等级,即"日"要重于"月","月"又重于"时",那么《穀梁传》通过书"日"的形式,对于一些很重要的事情表示郑重,也就很容

---

① ［晋］范宁集解、［唐］杨士勋疏:《春秋穀梁传注疏》,《十三经注疏》,第2432页。
② 详见［晋］范宁集解、［唐］杨士勋疏:《春秋穀梁传注疏》,《十三经注疏》,第2373页。

易理解了。这就是《穀梁传》的"谨而日之"的观念。所谓"谨",有严肃、谨慎、郑重等等含义。对于某些异常事件,由于其性质严重或者意义重大,《春秋》在记录时会特别地书"日"以"谨"之。

第一类"谨而日之"的事件主要是大自然的异常现象。例如:

隐公九年(经)三月癸酉,大雨,震电。

(传)震,雷也。电,霆也。

(经)庚辰,大雨雪。

(传)志疏数也。八日之间,再有大变,阴阳错行,故谨而日之也。雨月,志正也。①

三月的癸酉日到庚辰日仅隔八天,但天气却发生了急剧的变化:先是下雨、打雷,后来气温又急转直下,下起大雪。对于这种三月份发生的异常天气变化(类似于今天所说的"倒春寒"),《穀梁传》的作者认为这是阴阳驳乱所造成。因为雷电为阳,雨雪为阴;雷既已出,雪不当复降。现在先雷而后雪,阴迫于阳,阴阳皆失其序,故经文书"日"以示关切与郑重。

第二类书"日"以谨之的事件多是那些失礼、失德的行为举止,《穀梁传》认为书"日"的目的在于表示对这类行为的厌恶,并进而警以戒之。例如对于侵占他国城池的行为进行批评的"日入,恶入者也"②和对于夷狄乱诸夏行为进行贬斥的"恶之,故谨而日之"③等,都属于此列。

第三类"谨而日之"的情况比较少见,主要是借书"日"以表示对于某些现象的嘉许。如昭公十三年楚平王帮助被楚国灭掉的蔡、陈二国复国,有存亡续绝之功。所以,《春秋》对达成此事的平丘之盟书"日"以示褒扬④。

追溯"年"、"时"、"月"、"日"等时间性概念的源头,不难发现它们

---

① [晋]范宁集解、[唐]杨士勋疏:《春秋穀梁传注疏》,《十三经注疏》,第 2371 页。
② [晋]范宁集解、[唐]杨士勋疏:《春秋穀梁传注疏》,《十三经注疏》,第 2370 页。
③ [晋]范宁集解、[唐]杨士勋疏:《春秋穀梁传注疏》,《十三经注疏》,第 2421 页。
④ 详见[晋]范宁集解、[唐]杨士勋疏:《春秋穀梁传注疏》,《十三经注疏》,第 2437 页。

其实都源自于人们对日月星辰等天象和四季寒暑等现象的长期观察。在古人"仰观俯察"的活动中,逐渐意识到某些自然现象的出现是次序的、循环的、稳定的,遵循一定的秩序。"天"正是通过这种自然的秩序性来展示自身。因此,"年"、"时"、"月"、"日"等时间概念其实正是人类对于天地自然的秩序和节奏的模拟与归纳。

　　总体而言,《穀梁传》的作者通过细致入微地剖析《春秋》的时间性概念,提出了系统的时间观念。《穀梁传》所呈现的时间观念在中国古代哲学时位观的发展历程中闪烁着独特的光芒。无论是对《春秋》"不遗时"规律的总结,还是对自然人事"合时"观念的抉发,又或是对"日月"之例的归纳与对谨而书"日"书法的提炼,《穀梁传》都表达了共同的思想旨趣,那就是:将时间理解为一种有等级、有贵贱、有轻重的秩序结构,任何自然现象与人事活动都是在此时间秩序结构中展开的,而中国传统的"合乎时宜"、"因时制宜"的观念正是在这一时间秩序结构中得以确立。于是,人类活动的正当性与时间结构的秩序感紧密地联系在一起,而人类社会的秩序也顺理成章地从天地自然的时间秩序结构中效仿和提炼得来。

《春秋穀梁传》重民思想探析

　　"重民"思想是中国古典政治哲学的一大特色。早在周族崛起之际，以周文王为代表的有识之士以"德"作为变革殷商天命的武器，"民"已成为"德"的最重要指标。在周人看来，殷商的失德正表现在对人民的暴虐上，所谓"咨女殷商，如蜩如螗，如沸如羹"①，"纣有臣亿万人，亦有亿万之心"②。而"天视自我民视，天听自我民听"（《尚书·泰誓》佚文，见《孟子·万章上》），上天赐命所依据的"德"正是民众的疾苦。周族之所以能够以"小邦"的身份灭"大国"，根本上就在于它能"顺乎天而应乎人"③，以"保民"为务、以"敬德"为志，并取代殷商而享有了天命。周王朝建立后，"殷鉴不远"④，以周公为代表的统治集团明智地将"敬德保民"作为基本的政治纲领。这可以从《尚书》和《诗经》的众多篇目里得到充分的反映。

　　春秋时期政衰道微，上至周天子，下至诸侯、大夫，均以竞争为务，崇尚霸道力行。不过，为了在乱世中站稳脚跟、扩充实力，各方力量或出自真心、或源于假意，都不得不将"重民"、"保民"作为施政的纲领之一。

------

① 《诗经·大雅·荡》，见〔汉〕毛亨传、〔汉〕郑玄笺、〔唐〕孔颖达疏：《毛诗正义》，《十三经注疏》，上海：上海古籍出版社，1997年第1版，第553页。

② 《尚书·泰誓》佚文，见于《管子·法禁》，详见黎翔凤：《管子校注》，北京：中华书局，2004年第1版，第275页。

③ 《周易》革卦象辞，见〔魏〕王弼、〔晋〕韩康伯注、〔唐〕孔颖达正义：《周易正义》，《十三经注疏》，第60页。

④ 《诗经·大雅·荡》，见〔汉〕毛亨传、〔汉〕郑玄笺、〔唐〕孔颖达疏：《毛诗正义》，《十三经注疏》，第554页。

　　《春秋穀梁传》(以下简称《穀梁传》)作者以补救时弊、匡正天下为理想,试图依据周礼与宗法原则,重建一套合理有效的政治伦理秩序。很显然,周初"敬德保民"的观念成为可资借鉴的重要资源。在梳理《春秋》经文的过程中,《穀梁传》根据经文中较为丰富的与民有关的资料,提炼出系统的重民、恤民思想。《穀梁传》的重民思想是对西周以来"敬德保民"传统的继承,并且从一个侧面体现和发展了孔孟儒家的仁政学说。

一、"民者,君之本"

　　《穀梁传》"重民"思想的第一个表现,就是它提出了"民者,君之本也"的重要观念。这实际上继承了西周以来"敬德保民"的传统,发展了孔子的"民以君为心,君以民为体"①的思想。所谓"本",可以解作"根"、"基"。"民者,君之本也"的意思是:民众乃是君主统治的根基;换言之,如果失去了民众,国家的政治就没有了根基,君主也就不再成其为君主。这与孟子的"民为贵,社稷次之,君为轻"(《孟子·尽心下》)的思想有相近之处,都表明"民"在国家政治体系中的基础地位。

　　在《穀梁传》看来,"君以民为本"首先应该珍惜人民的生命,不能将自己的国民任意借给他国用作战争工具。例如:

　　　　桓公十四年:(经)宋人以齐人、蔡人、卫人、陈人伐郑。

　　　　(传)以者,不以者也。民者,君之本也。使人以其死,非正也。②

　　　　僖公二十六年:(经)公以楚师伐齐,取穀。

　　　　(传)以者,不以者也。民者,君之本也。使民以其死,非其正也。③

　　身为一国之君,应该保护国人的安全;而齐、蔡、卫、陈等国君却让

---

　　① 《礼记·缁衣》,见〔汉〕郑玄注、〔唐〕孔颖达疏:《礼记正义》,《十三经注疏》,第1650页。

　　② 〔晋〕范宁集解、〔唐〕杨士勋疏:《春秋穀梁传注疏》,《十三经注疏》,第2378页。

　　③ 〔晋〕范宁集解、〔唐〕杨士勋疏:《春秋穀梁传注疏》,《十三经注疏》,第2401页。

自己的人民听命于他国的操纵,充当他国发动战争的牺牲品,这与"驱民而之死地"又有什么区别呢?! 所以,《穀梁传》对这种荒唐的行为提出批评。

不仅让民众为他国打仗是不道义的,就连为自己的国家作战时,也不能随意驱使未接受过军事训练的民众上前线打仗,这就是"不以不教之民战"①。僖公二十三年宋襄公兹父去世,《春秋》经文以不书"葬"的方式来表示对他的斥责。《穀梁传》解释说,这是因为宋襄公在上一年与楚国的泓之战中,"以其不教民战,则是弃其师也。为人君而弃其师,其民孰以为君哉"②。当然,泓之战的具体情况并不是宋襄公带领未经训练的军队作战,而是他拘执古礼、不明形势、轻率用师。郑玄的理解比较合理:"教民习战而不用,是亦不教也。"③宋襄公为报私怨,率宋师以寡敌众;又拘于古礼,不用平日训练的战争方法,结果师溃君伤,徒为天下耻笑。这不正是一种"以不教民战"的"弃师"之道吗!

民众对于君王的意义,还表现为民心在一定程度上可以决定君王的命运。《穀梁传》庄公三年传文对"王"有一个经典的定义:"其曰王者,民之所归往也。"④"王"乃是民心之所归向,也就是说,"得民心与否"乃是天子是否有资格为"王"的关键之一。与此相类似,僖公十五年秦、晋之战,晋师尚未溃败而晋侯已被秦军抓获,原因就在于"晋侯失民矣",军队不愿为晋侯卖命⑤。再如鲁昭公悖德失民,当他被大臣季氏驱逐时,人民不仅不起来保卫他,反而"如释重负"⑥。

可见,春秋时期社会结构的大调整所带来的一个直接后果就是"民"的实际地位上升。与西周初期"敬德保民"观念倾向于将"民"的作用做抽象化、形式化的理解不同,在《穀梁传》所描绘的政治世界里,

---

① 《春秋穀梁传》的这一思想明显受到孔子的影响,如《论语·子路》篇云:"子曰:'善人教民七年,亦可以即戎矣'。子曰:'以不教民战,是谓弃之'。"
② [晋]范宁集解、[唐]杨士勋疏:《春秋穀梁传注疏》,《十三经注疏》,第2400页。
③ [晋]范宁集解、[唐]杨士勋疏:《春秋穀梁传注疏》,《十三经注疏》,第2400页。
④ [晋]范宁集解、[唐]杨士勋疏:《春秋穀梁传注疏》,《十三经注疏》,第2381页。
⑤ [晋]范宁集解、[唐]杨士勋疏:《春秋穀梁传注疏》,《十三经注疏》,第2398页。
⑥ [晋]范宁集解、[唐]杨士勋疏:《春秋穀梁传注疏》,《十三经注疏》,第2441页。

"民众"的作用已经变得更加具体、更加直接,也更加具有决定性了。

应该说,从根本上讲,《穀梁传》的"民"仍然是在与君相对应的意义上发挥作用的,"民为君本"的目的和重心都不在于"民"而在于"君"。因而《穀梁传》并未提出所谓"民主"的观念。但是,正如章学诚《文德篇》主张的"论古必恕"①,后人在理解古代时必须以同情、宽和的态度,设身处地体会古人思想的合理性与局限性,而切不可以今天的标准厚诬或鄙薄古人。所以,我们不能以今天的民主观来苛求《穀梁传》。

就《穀梁传》"民为君本"的观念本身来说,它在当时其实具有人性与人道的意义和价值。以珍惜民生、重视民意为特征的"民为君本"思想,对于保障民众的基本权利、维护社会的底限正义仍然具有重要的价值。任何形式的社会公正都不可能是抽象的,对于古代的中国社会而言,正义与公正就是通过像《穀梁传》的"民为君本"主张一类的具体观念和规范一步步确立和完善起来的。从这个意义上看,《穀梁传》的"重民"思想正是中国社会在逐步走向公正过程中的一个重要阶段。这从《穀梁传》"重民"思想的其他表现也可以看出。

二、使民以时,取用有度

既然"民为君之本",那么国君在治理国家、安排政务时就必须要考虑到广大民众的利益。孔子曾经指出:"道千乘之国,敬事而信,节用而爱人,使民以时"(《论语·学而》),这段话实际上揭示了统治者处理民众问题的重要原则。《穀梁传》继承了孔子的这一主张,提出国君"重民"的两条具体规定,即"使民以时"和"取用有度"。

(一)使民以时

对于"使民以时"中的"时",可以有广义和狭义两种理解。

从狭义来看,"时"指的是农业生产活动的时节。中国古代社会一直以农业为本,而农业生产的一个特点是它的时节性,即:农事活动的

---

① 《文史通义》内篇卷二《文德》,见[清]章学诚:《章学诚遗书》,北京:中华书局,1985年第 1 版,第 17 页。

各个环节都严格地受季节与气候限制。直到今天,人们在形容农业劳动时,还常常会用到一个词——"抢",如"双抢"("抢收抢种")。从"抢"字的急迫性可以直观地反映出"时"对于农业生产的重要。因此,在农业社会中,人们的生活节奏必须严格地按照自然的秩序和农作物生长的节拍来安排。换言之,必须保证农事活动的时间不被冲占。因而,在这个意义上讲,"使民以时"就是"不误农时",任何大型活动的安排都不能贻误农事活动的时间。例如桓公八年《穀梁传》传文对鲁国在五月份举行祭祀先王的烝祀仪式提出批评,因为"烝,冬事也,春、夏兴之,黩祀也。志不敬也"①。《穀梁传》的潜台词是:正常情况下的烝祀应该在冬季农闲时举行;在春、夏之交的农忙时节举行大规模烝祀之礼,无疑会占用民力、妨碍农事活动。这种误农而又不合"时"的祭祀活动违背了自然的秩序和农业的规律,当然不可能收到祈祖降福的效果。所以,在中国古代许多需要耗用大量人力的活动,如敬天祭祖、修建宫室、兴办水利、训练军队等等,都明智地放在冬季的农闲期举行。

再从广义上看,"使民以时"的"时"还可以指百姓服徭役的时段长短。庄公三十一年《穀梁传》传文对鲁庄公好大喜功、"一年疲民三时"的行为提出严厉批评②。鲁庄公在一年之内,役使国民春筑台于郎、夏筑台于薛、秋筑台于秦,对正常的农业生产活动造成极大的不良影响。不仅如此,钟文烝认为"一年疲民三时"的"疲"字可以解作疲劳③,意谓庄公劳民太甚,以致人民疲敝不堪。因此,"使民以时"还表示民力有限,统治者不能让老百姓服过长时间的徭役。为此,《穀梁传》庄公二十九年传文借批评鲁公兴修新马厩之事,提出:"古之君人者,必时视民之所勤。民勤于力,则功筑罕;民勤于财,则贡赋少;民勤于食,则百事废矣"④,国君应该根据老百姓的具体情况来安排各项工

---

① ［晋］范宁集解、［唐］杨士勋疏:《春秋穀梁传注疏》,《十三经注疏》,第2376页。

② ［晋］范宁集解、［唐］杨士勋疏:《春秋穀梁传注疏》,《十三经注疏》,第2389页。

③ 《春秋穀梁传》庄公三十一年"一年罢民三时"句钟文烝补注云:"罢、疲通劳也",见［清］钟文烝:《春秋穀梁经传补注》,北京:中华书局,1996年第1版,第228页。

④ ［晋］范宁集解、［唐］杨士勋疏:《春秋穀梁传注疏》,《十三经注疏》,第2388页。

作;当人民困苦于某一方面时,国君须相应地减免他们在这方面的人力、物力和财力的负担。

"使民以时"的观念表明:统治者应该爱惜民力、顾念民生,应该以谨慎的态度对待劳民之事,防止公共权力的滥用。孔子和《穀梁传》的作者所提倡的以符合自然秩序和农业规律为宗旨的"使民以时"思想,乃是中国古代政治智慧的结晶,它在今天仍然具有重要的警示意义。可以直言不讳地说,现今的某些地方仍然存在滥用权力、好大喜功、劳民伤财的现象,说到根本上,就在于一些地方的领导人不懂得"使民以时",不懂得按自然的规律、按民众的意愿来办事。

(二)取用有度

"取用有度"与"使民以时"密切相关,主要指国君不能横征暴敛、与民争利。在《论语·颜渊》篇里,有若对君民的贫富关系给出了一个极有价值的说明:"百姓足,君孰与不足?百姓不足,君孰与足?"这一观点认为:国君与民众之间并不是你死我活的财富竞争关系;从根本上讲,君与民乃是利益的共同体。换言之,统治者的财富在真正意义上应该体现为他的国民所拥有的财富上。《穀梁传》也赞同这种看法,并对统治者与民争利的行为表示了反感。这主要体现在传文对国君围山圈泽和破坏井田制这两种现象的谴责上。

春秋时期各国君主为了满足自己的挥霍以及战争扩张的需要,纷纷将敛财的目光投放到民众身上。如庄公二十八年鲁君筑微邑圈占山林薮泽,又设虞官来守护。这实际上是将原本由国人共同享有的山林薮泽变成了国君的私产,《穀梁传》评价道:"山林薮泽之利,所以与民共也。虞之,非正也"①,鲁君围山圈泽的自私行为是对民众基本财产权的侵害,因而是不正当的,会妨害社会公正。

与围山圈泽相比,更为严重的与民争利行为应该要算对井田制的破坏了。井田制是中国古代的田制,与人民生活关系极其密切,因此一直受到古代思想家的关注。例如孟子就曾经对井田之制有过详细

---

① 　[晋]范宁集解、[唐]杨士勋疏:《春秋穀梁传注疏》,《十三经注疏》,第2388页。

的描绘(详见《孟子·滕文公上》);此外,《周礼·地官·小司徒》①、《礼记·王制》②亦有所论及。总体说来,"藉而不税"、"什而取一"是井田制的最基本特征。也就是说,人们只用在公田上付出劳动而不需要另外交税,而且人们对君王的付出只占他们全部收获的十分之一。很显然,在这种井田制下,民众所承受的赋税压力是较小的,这可以使他们在生产力水平低下的时代满足尊老爱幼、蓄妻养子的基本生活所需。

　　然而,进入春秋时代后,井田制不断受到冲击。宣公十五年,鲁国率先废除井田制,提出"初税亩"的新田税方案。这一方案"一承认土地的现实占有情况;二以新占土地量按亩征收土地税"③。因此,初税亩制度的出现,一方面挑战了周天子对全天下土地的名义上的占有权;另一方面以田赋代替藉田之制,明显超出了原有的"什而取一"的赋税比例,加重了人们的经济压力。所以,《穀梁传》对宣公十五年"初税亩"和哀公十二年"用田赋"均表示反对,斥之为"非正"④。

　　包括孟子、《穀梁传》作者在内的历代儒家知识分子,都不约而同地对井田制、经田界(正经界)表现出高度的关注,这给了我们一个启发:过去那种用历史进化论的模式来评价井田制与初税亩之间关系的做法,是不是有失于简单与浮面?初税亩取代井田制当然是社会经济发展的重要成果,但是伴随而来的无节制的盘剥和奴役却使得"仰足以事父母,俯足以畜妻子,乐岁终身饱,凶年免于死亡"(《孟子·梁惠王上》)的基本需求竟然成为老百姓的奢望。此时再回过头来看儒家所维护的貌似"保守"、"落后"的井田之制,我们发现井田制、经田界等等实质上维护的是小民赖以生存的一点点"恒产";而保护小民的田

---

① 《周礼·地官·小司徒》,见[汉]郑玄注、[唐]贾公彦疏:《周礼注疏》,《十三经注疏》,第711页。

② [汉]郑玄注、[唐]孔颖达疏:《礼记正义》,《十三经注疏》,第1322页。

③ 白钢主编:《中国政治制度史》(上卷),天津:天津人民出版社,2002年第1版,第171页。

④ 见[晋]范宁集解、[唐]杨士勋疏:《春秋穀梁传注疏》,《十三经注疏》,第2415、2450页。

产已不再仅仅是经济民生的问题,还是实现社会正义的要求。因此,井田制、经田界其实已经成为传统儒家知识人不断与政权相交涉、谋求社会正义的武器;毕竟,社会的公正与正义不是靠抽象的大道理鼓吹出来的,而是通过像井田制这样的具体制度、规定一点一点地实现得来。

三、重视灾害,备灾养民

在当时的生产力条件下,民生的基础还十分脆弱,承受灾害打击的能力极为有限。为此,《穀梁传》提出:作为"重民"、"恤民"的又一个表现,国家应该重视各种自然灾害的情况,并采用多项措施备灾以养民。

从思想渊源来说,《穀梁传》"重灾养民"的观念是继承《春秋》而来的。《春秋》经以区区一万六千五百余字记录了二百四十二年的史事,可谓惜墨如金。但它却抽出了不少篇幅来描绘当时发生在各国的水、旱、虫、火等自然灾害,如"秋,大水"[1]、"螽"[2]、"不雨"[3]等等,充分显示出《春秋》作者对农事民生的关注。《穀梁传》保留了《春秋》的这一特色,并对一些灾害现象做了进一步分析。

例如水灾,《穀梁传》庄公七年传文认为水灾就是高地和低谷都充满了水,淹没了小麦和水稻,导致粮食减产甚至颗粒无收[4]。又如虫灾,它发生的规模大,持续时间长,造成"茅茨尽矣"[5]的严重危害,所以经文会特别地记载下来。

在种种自然灾害中,最严重、与人民关系最密切的是"久旱不雨"。《穀梁传》对此极为重视,并以僖公及文公时期所发生的两次均长达半

---

① 见[晋]范宁集解、[唐]杨士勋疏:《春秋穀梁传注疏》,《十三经注疏》,第2372、2382页。

② 见[晋]范宁集解、[唐]杨士勋疏:《春秋穀梁传注疏》,《十三经注疏》,第2374、2397页。

③ 见[晋]范宁集解、[唐]杨士勋疏:《春秋穀梁传注疏》,《十三经注疏》,第2392、2405页。

④ [晋]范宁集解、[唐]杨士勋疏:《春秋穀梁传注疏》,《十三经注疏》,第2382页。

⑤ [晋]范宁集解、[唐]杨士勋疏:《春秋穀梁传注疏》,《十三经注疏》,第2405页。

年以上的旱灾为例,作了详细的说明。僖公二年十月起,鲁国开始干旱不雨,旱情严重,一直持续到第二年的六月才重新降雨。《穀梁传》认为经文在这一期间多次提到"不雨",一方面是对旱情的客观描述,另一方面也反映了鲁僖公忧戚旱灾、期盼下雨的心情。因此,《穀梁传》对僖公关心农事、怜悯民生疾苦的爱民之心进行了褒奖,称他"有志乎民者也"①。

而对于鲁国发生在文公元年十二月至次年七月的旱灾,经文在此期间均未提及,只是在二年七月书"自十有二月不雨,至于秋七月"。《穀梁传》认为这表明鲁文公并没有对长期干旱表示担心和忧虑,由此说明他"无志乎民也"。所以,《穀梁传》贬斥了文公无视旱灾、不以民为志的态度②。

从以上的事例可以看出《穀梁传》对自然灾害的关注。但是,与《公羊传》及后世公羊学者好将自然灾害与人世兴衰相联系、大谈天人感应的"非常异义可怪之论"③不同,《穀梁传》尽管也主张君王应重视灾害,但更多地是从保护农业生产、关注国计民生的角度出发。因此,在《穀梁传》的"重灾"观念里,重农保民才是关键所在。这也似乎表明:与《公羊传》相比,《穀梁传》对《春秋》中圣人"微言大义"的解释要更加平实、中正一些,这也是郑玄称《公羊》善于谶,《穀梁》善于经④的原因。另外,从《穀梁传》对于其他一些异常天象的解释来看,它更倾向于以自然、客观的原因去理解这些现象。如隐公三年传文对日食的观察、庄公七年传文对"星陨如雨"的分析、僖公十六年传文对"陨石于宋五"及"六鹢退飞过宋都"异象的理解,等等⑤,都体现了《穀梁传》作者"著以传著,疑以传疑"⑥的客观、谨慎的认知态度和自然、平

---

① 〔晋〕范宁集解、〔唐〕杨士勋疏:《春秋穀梁传注疏》,《十三经注疏》,第2392页。
② 〔晋〕范宁集解、〔唐〕杨士勋疏:《春秋穀梁传注疏》,《十三经注疏》,第2404页。
③ 〔汉〕何休解诂、〔唐〕徐彦疏:《春秋公羊传注疏》序,《十三经注疏》,第2190页。
④ 〔汉〕郑玄:《六艺论》,见于范宁《春秋穀梁传序》杨士勋疏所引,《十三经注疏》,第2358页。
⑤ 见〔晋〕范宁集解、〔唐〕杨士勋疏:《春秋穀梁传注疏》,《十三经注疏》,第2376、2382、2398页。
⑥ 〔晋〕范宁集解、〔唐〕杨士勋疏:《春秋穀梁传注疏》,《十三经注疏》,第2382页。

实的思维特色。

在强调对自然灾害的重视后,《穀梁传》主张统治者应该积极储备物资以备灾,并且在灾害发生后应与人民站在一起共同抗灾。例如庄公二十八年鲁国发生饥荒,《穀梁传》借论述鲁大夫臧孙辰入齐借贷粮食之事,提出了国家应进行粮食储备的原则:"国无九年之畜,曰不足;无六年之畜,曰急;无三年之畜,曰国非其国也。"①这段话又见于《礼记·王制》篇②,表明当时人们已经意识到储粮以备灾对于国家和民众的重要意义。一旦当国家陷入灾害,统治者就应该与民同戚,减少日常用度,降低礼乐规格,停止一些工程建设,从而挤出财物以供人民度过灾害。襄公二十四年《穀梁传》传文提出:"五谷不升为大饥。一谷不升谓之嗛,二谷不升谓之饥,三谷不升谓之馑,四谷不升谓之康,五谷不升谓之大侵。大侵之礼,君食不兼味,台榭不涂,弛侯,廷道不除,百官布而不制,鬼神祷而不祀。此大侵之礼也。"③从《穀梁传》的这段论述,并结合《礼记》的《曲礼》篇④和《玉藻》篇⑤的相关规定,可以看出君民同心、共同抗灾乃是当时社会的共识;从中也可以反映出统治者应以民生为重的重民、恤民观念。

四、谴责战争对民生的破坏

在当时的社会,除了统治者的横征暴敛外,对人民生活威胁最大的就是战争。孟子曾经对战争的残酷性做出形象的描绘:"争城以战,杀人盈城;争地以战,杀人盈野。"(《孟子·离娄上》)战争的巨大危害在于它摧残生命、破坏农业,使人民家破人亡、妻离子散,造成田地荒芜、粮食绝收。因此,反对不正义的战争成为古代有识之士的共同心声。

---

① 　[晋]范宁集解、[唐]杨士勋疏:《春秋穀梁传注疏》,《十三经注疏》,第 2388 页。
② 　[汉]郑玄注、[唐]孔颖达疏:《礼记正义》,《十三经注疏》,第 1334 页。
③ 　[晋]范宁集解、[唐]杨士勋疏:《春秋穀梁传注疏》,《十三经注疏》,第 2430 页。
④ 　《礼记·曲礼》云:"岁凶,年谷不登,君膳不祭肺,马不食谷,驰道不除,祭事不悬,大夫不食粱,士饮酒不乐",见 [汉]郑玄注、[唐]孔颖达疏:《礼记正义》,《十三经注疏》,第 1259 页。
⑤ 　《礼记·玉藻》云:"年不顺成,则天子素服,乘素车,食无乐",见[汉]郑玄注、[唐]孔颖达疏:《礼记正义》,《十三经注疏》,第 1474 页。

　　《穀梁传》也注意到战争的种种危害，并积极主张反对战争；当战争实在无法避免时，也应控制其规模和程度，减少它对农事民生的影响。因此，《穀梁传》高度赞扬了齐桓公所主持的诸侯会盟，认为齐桓之盟不仅将"尊周"作为同盟的前提，而且建立起一种公正、和谐的新的国际秩序①，极大地减少了战争的发生，即所谓"衣裳之会十有一，未尝有歃血之盟也，信厚也。兵车之会四，未尝有大战也，爱民也"②。正是齐桓之盟在抑制战争上所发挥的作用，使齐桓公获得"爱民"的赞誉，并被《穀梁传》称作"贤者"。也是由于同样的原因，孔子称管仲"如其仁"③！此外，在介绍隐公五年宋、郑长葛之战时，《穀梁传》提出战争实在无法避免时，也必须遵循"伐不逾时，战不逐奔，诛不填服"的限度，并对"侵"与"伐"做了细微的区分④。

　　与战争相关的另一种行为也受到了《穀梁传》的特别关注，那就是"城"。《穀梁传》认为，"城，为保民为之也"⑤、"民所聚曰都"⑥，君主筑城的目的应该是保护自己的国民免遭敌人侵犯；只有当国民太多，原有的城池容纳不下时，才可以组织人民在农闲时节筑城。因此，《穀梁传》对春秋时期屡屡发生的农忙时节筑城的现象提出尖锐批评。而尤其让《穀梁传》作者反感的是诸侯"城中城"的行为。例如：

　　　　成公九年：（经）城中城。
　　　　（传）城中城者，非外民也。⑦

---

　　①　作者按：此处的"国际秩序"，指的是当时华夏诸侯各国之间交往、相处的规则以及应对夷狄挑战的原则，不同于今天意义上的"国际秩序"。
　　②　[晋]范宁集解、[唐]杨士勋疏：《春秋穀梁传注疏》，《十三经注疏》，第2387页。
　　③　《论语·宪问》篇记载："子路曰：'桓公杀公子纠，召忽死之，管仲不死。曰：未仁乎？'子曰：'桓公九合诸侯，不以兵车，管仲之力也。如其仁！如其仁！'"又"子贡曰：'管仲非仁者与？桓公杀公子纠，不能死，又相之。'子曰：'管仲相桓公，霸诸侯，一匡天下，民到于今受其赐。微管仲，吾其被发左衽矣。岂若匹夫匹妇之为谅也，自经于沟渎而莫之知也。'"
　　④　[晋]范宁集解、[唐]杨士勋疏：《春秋穀梁传注疏》，《十三经注疏》，第2370页。
　　⑤　[晋]范宁集解、[唐]杨士勋疏：《春秋穀梁传注疏》，《十三经注疏》，第2370页。
　　⑥　[晋]范宁集解、[唐]杨士勋疏：《春秋穀梁传注疏》，《十三经注疏》，第2398页。
　　⑦　[晋]范宁集解、[唐]杨士勋疏：《春秋穀梁传注疏》，《十三经注疏》，第2421页。

定公六年：（经）冬，城中城。

（传）城中城者，三家张也。或曰非外民也。①

对于什么是"城中城"，范宁解释："讥公不务德政，恃城以自固，不复能卫其人民"②，"三家侈张，故公惧而修内城，讥公不务德政，恃城以自固"③。具体地说，"城中城"指国君在城邑之中又圈地筑城。正如定公六年所形容的，这种城内筑城的做法，是国君面对公室、大夫势力日益强大的局面所采取的不得已的防范措施。《穀梁传》认为，国君"城中城"实际上是将内城之外的民众当作防备的对象；这不仅与"筑城以保民"的原始宗旨相抵触，而且还会导致君民离心离德的恶果。参照范宁的观点，国君的正确做法应该是：修德政以安民，筑城池以保民，将自己的政治利益与广大民众的现实利益结合在一起。

综上所述，在"民者，君之本也"的观念指导下，《穀梁传》主张统治者应在施政时努力做到"使民以时"而不劳民、"取用有度"而不苦民，同时应重灾以养民、备灾以救民、止战以保民、筑城以卫民。只有当君主能够"以民为本"、"以民为志"，妥善处理好国家与民众的关系时，才能为"国君—卿大夫—人民"的金字塔状政治结构提供稳定而坚实的基础。

---

① ［晋］范宁集解、［唐］杨士勋疏：《春秋穀梁传注疏》，《十三经注疏》，第2444—2445页。

② ［晋］范宁集解、［唐］杨士勋疏：《春秋穀梁传注疏》，《十三经注疏》，第2421页。

③ ［晋］范宁集解、［唐］杨士勋疏：《春秋穀梁传注疏》，《十三经注疏》，第2444—2445页。

《春秋穀梁传》夫妇伦理刍议

夫妇关系属于儒家最重要的"五伦"之一。先秦儒家典籍对夫妇之间的伦理关系多有论述。《周易·序卦》说:"有天地,然后有万物;有万物,然后有男女;有男女,然后有夫妇;有夫妇,然后有父子;有父子,然后有君臣;有君臣,然后有上下;有上下,然后礼义有所错。"①《中庸》将夫妇关系视为"天下五达道"之一②,并指出"君子之道,造端乎夫妇,及其至也,察乎天地"③。这与《礼记·内则》篇所主张的"礼始于谨夫妇"④相互呼应。《礼记·昏义》进一步发挥:"男女有别,而后夫妇有义;夫妇有义,而后父子有亲;父子有亲,而后君臣有正。故曰,婚礼者,礼之本也。"⑤

夫妇关系由男女关系而来。何怀宏指出,夫妇关系是儒家"五伦"之中最特殊的关系之一:从血缘性来说,它不同于父子关系和兄弟关系,没有血源性的基础;从作用范围来说,它又不同于君臣关系和朋友关系,作用于家庭内部而非社会领域。不仅如此,夫妇关系还是其他伦理关系确立的基础,父与子之间的关系、兄与弟之间的关系都需要仰赖夫妇关系方可形成。因此,夫妇关系虽然本身不具有血源性,但它却成为一种开创血缘关系的关系。夫妇关系起到实现家族上下联

---

① [魏]王弼、[晋]韩康伯注、[唐]孔颖达正义:《周易正义》,《十三经注疏》,上海:上海古籍出版社,1997 年第 1 版,第 96 页。

② [汉]郑玄注、[唐]孔颖达疏:《礼记正义》,《十三经注疏》,第 1629 页。

③ [汉]郑玄注、[唐]孔颖达疏:《礼记正义》,《十三经注疏》,第 1626 页。

④ [汉]郑玄注、[唐]孔颖达疏:《礼记正义》,《十三经注疏》,第 1468 页。

⑤ [汉]郑玄注、[唐]孔颖达疏:《礼记正义》,《十三经注疏》,第 1681 页。

系、维系家族世系传递的作用，在宗法血缘关系网络中扮演了一个中心环节的角色。在家族谱系的每一个环节上，在父子、祖孙的每一个上下联系的环节上，都伴随着夫妇关系①。嫡长子继承制是周代宗法制度最重要的规定之一，"嫡子"的身份确立显然也离不开夫妇关系。

因此，夫妇之间的伦理关系以及与此相关的婚姻之事，对于儒家而言，具有异乎寻常的意义。《礼记·昏义》记载了"六礼"之说：纳采、问名、纳吉、纳征、请期和亲迎②，表明古人高度重视标志夫妇关系之结成的婚礼仪式。

春秋时期，建立于西周初期的宗法礼乐制度逐渐失效，违背礼乐与宗法道德的行为层出不穷，整个社会呈现出"礼崩乐坏"的失序状态。其中，由夫妇关系的混乱而演成的伦理危机，虽不如臣弑君、子杀父等现象触目惊心，但它也构成了春秋社会变局的一个不容忽视的方面，如鲁桓公之死的起因就是他的夫人与齐国国君私通③。

《春秋》经传对于夫妇之间的伦理关系颇为重视；其中，又尤以《春秋穀梁传》（以下简称《穀梁传》）的论述最为全面和系统。夫妇伦理涵括了家庭、婚姻及妇女地位等众多方面。《穀梁传》的作者希望改变"礼崩乐坏"的乱局，重建一套自上而下的政治伦理体系。因此，围绕夫妇之间伦理关系的思考与论述构成了《穀梁传》政治伦理思想体系的一个重要内容。受当时社会结构的影响，《穀梁传》所讨论的夫妇关系主要集中在统治阶层内部，以王室与公室的夫妇为主要研究对象。

一、"合二姓之好，以继万世之后"

《穀梁传》桓公三年的传文中，《穀梁传》作者借引用孔子的话，道出了婚姻的实质意义——"合二姓之好，以继万世之后。"④类似的思想又见于《礼记·昏义》："昏礼者，将合二姓之好，上以事宗庙，而下

① 参见何怀宏：《良心论》，北京：北京大学出版社，2009 年第 1 版，第 97 页。
② ［汉］郑玄注、［唐］孔颖达疏《礼记正义》，《十三经注疏》，第 1680 页。
③ ［晋］范宁集解、［唐］杨士勋疏《春秋穀梁传注疏》，《十三经注疏》，第 2378 页。
④ ［晋］范宁集解、［唐］杨士勋疏《春秋穀梁传注疏》，《十三经注疏》，第 2374 页。

以继后世也,故君子重之。"①在《穀梁传》看来,加深婚姻双方国家之间的友好情感、为夫家之国繁衍后代,这两者正是婚姻的意义和本质所在,因而也是夫妇伦理关系的基础。

首先看"合二姓之好"。此处的"二姓"可以追溯到周代的"同姓不婚"制度。王国维在深入分析周代社会思想资料后,提出了周代异于殷代的三大制度,其中的第三条就是"同姓不婚之制"②。《礼记·曲礼》篇记载:"取妻不取同姓,故买妾不知其姓则卜之。"③无论是出于生理上的优生学考虑,还是出于加强联系、扩大交往的政治目的,周代已经"实行'同姓不婚'的族外婚制,同等级的贵族在相当的等级内迎娶异姓女子"④。而且从《穀梁传》的史料来看,当时已经形成了较为固定的国与国之间的嫁娶关系,如周王室与齐国互为婚姻、鲁国与齐国互为婚姻等。"同姓不婚"作为一条基本原则被严格地奉行。所以,鲁哀公十二年昭公夫人孟子卒,经文不称之为"夫人"而称之为"妾",正是委婉地批评了昭公当年娶同姓之女为妻的失礼行为⑤。

可见,婚姻已经成为当时各个国家之间联系感情、整合利益、延续世代友好的重要手段。在整个春秋时代,国与国之间的婚姻往往带有浓厚的政治色彩。国君从他国迎娶夫人,"使大夫,非正也",而必须"冕而亲迎"⑥。因为所迎娶的夫人不仅是本国国君的妻子,同时还是姻国的和平使者,身负促进两国友好的重要政治使命,所以万万怠慢不得,需要国君亲自出面迎接。这也体现了婚姻双方对于婚姻所承载的政治作用的重视。

① ［汉］郑玄注、［唐］孔颖达疏:《礼记正义》,《十三经注疏》,第1680页。
② 王国维:《殷周制度论》,《观堂集林》,北京:中华书局,1959年第1版,第453—454页。
③ ［汉］郑玄注、［唐］孔颖达疏:《礼记正义》,《十三经注疏》,第1241页。
④ 郭齐勇:《中国周代的礼仪与王权》中文本与日文本,笠谷和比古编:《公家与武家——关于比较文明史的研究》(第22回国际学术会议论文集),京都:国际日本文化研究所,2004年1月,第95—108页。
⑤ 详见［晋］范宁集解、［唐］杨士勋疏:《春秋穀梁传注疏》,《十三经注疏》,第2446、2450页。
⑥ ［晋］范宁集解、［唐］杨士勋疏:《春秋穀梁传注疏》,《十三经注疏》,第2373—2374页。

其次看"继万世之后"。《穀梁传》虽然没有明确提出"不孝有三，无后为大"的观点，但从传文的描述中，不难发现它实际上把婚姻与繁衍后代、延续宗庙紧密地联系在一起。并且，婚姻所产生的后代的身份地位也是由婚姻的合法性程度来决定。

例如君夫人被迎娶回来的第一个重要仪式就是"荐于舍前"①。"荐"，进也。"舍"，应当与宗庙相关。"荐于舍前"就是"临宗庙"，看新夫人是否能为宗庙所接受；换言之，就是以接受祖先神灵之检验的方式肯定这桩婚姻具有合法性。僖公八年《春秋》经文称"禘于大庙"，"用致夫人"。《穀梁传》解释说此处在太庙行禘祭之礼的其实并不是鲁僖公的正夫人，而是他的妾。证据之一就是倘若正夫人临于太庙，按礼制应该书夫人的姓氏；此处没有书行禘祭之人的姓氏，表明实际情况是以妾临太庙，不合礼制，故"以宗庙临之而后贬焉"，《春秋》有意不书姓氏来贬斥之②。这也从反面表明：只有国君的正夫人才有资格"临宗庙"而行禘祭。又如庄公二十四年鲁君从齐国迎娶夫人，夫人姜氏按常例进入鲁国的宗庙举行祭礼。但经文却书"日"以恶之，理由是"以宗庙弗受"。原来，鲁国上一代国君桓公因识破夫人与齐侯的奸情而惨死于齐国，鲁、齐为此结下仇怨。身为人子，鲁庄公不能为君父复仇，是迫于齐强鲁弱的客观情势的无奈之举；但现在公然"娶仇人子弟以荐于舍前"，则是鲁庄公背亲忘仇的失礼行为。在这种情况下迎娶的齐国之女当然是鲁国宗庙所无法接受的③。这也说明婚姻虽然是"合二姓之好"的重要手段，但倘若两国之间有深仇大恨，则不宜结为婚姻；即便勉强结为婚姻，新夫人也没有资格被"荐于舍前"。

因此，新迎娶的夫人只有通过了"荐舍"、"临宗庙"的仪式，才能正式成为国君的夫人，并享有特权。如《穀梁传》庄公二十四年传文

---

① ［晋］范宁集解、［唐］杨士勋疏：《春秋穀梁传注疏》，《十三经注疏》，第2386页。

② 详见［晋］范宁集解、［唐］杨士勋疏：《春秋穀梁传注疏》，《十三经注疏》，第2395页。

③ 详见［晋］范宁集解、［唐］杨士勋疏：《春秋穀梁传注疏》，《十三经注疏》，第2386页。

云："夫人所以崇宗庙也。"①言外之意,国君的妾、媵是没有资格进入宗庙的。而夫人最重要的特权就是:只有夫人所生的儿子才可以被称为嫡子。嫡子较妾、媵所生的庶子要尊贵得多,嫡长子更能成为世子。而世子作为国君的唯一合法继承人,主要使命之一就是要继国君之后入宗庙主祭。换言之,国家的宗庙正是通过一代代世子而不断延续下去的。因此,只有正夫人所生的嫡长子,才真正负有传宗接代的宗族使命。反过来说,正是因为世子具有这种特殊的使命,世子之母——国君的正夫人——才有资格入宗庙行祭。可见,夫人"临宗庙"的特权在很大程度上与她为延续宗庙祭祀提供了合法继承人紧密联系在一起。

最后,《穀梁传》还规定了婚姻的年龄:"男子二十而冠,冠而列丈夫,三十而娶。女子十五而许嫁,二十而嫁。"②《穀梁传》对于婚姻年龄的规定与《周礼》及《尚书大传》中有关记载颇多相似之处,如《周礼·地官司徒·媒氏》云:"令男三十而娶,女二十而嫁。"③而《尚书大传》更是以孔子的名义对该规定作了解释:"孔子曰:男三十而娶,女二十而嫁,通于织纴纺绩之事、黼黻文章之美,不若是,则上无以孝于舅姑,而下无以事夫养子。"④浦卫忠认为"这表明了时人已开始认识到了婚姻与人的生理状况以及所能胜任的养老育子的职责之间的联系,并以之作为他们所拟构的婚龄的理论基础"⑤。但浦卫忠又指出,《穀梁传》及《周礼》、《尚书大传》对婚姻年龄的规定与先秦时期的其他文献多不符合,特别是与当时的实际婚龄不一致;因此,"《穀梁传》所提出的'男三十而娶,女二十而嫁',只能是秦汉时期理论家们的产物,而不会早于战国以前"⑥。

浦卫忠的观点虽然很有启发性,但却存在一个认识上的局限,即:

---

① ［晋］范宁集解、［唐］杨士勋疏:《春秋穀梁传注疏》,《十三经注疏》,第2386页。
② ［晋］范宁集解、［唐］杨士勋疏:《春秋穀梁传注疏》,《十三经注疏》,第2408页。
③ ［汉］郑玄注、［唐］贾公彦疏:《周礼注疏》,《十三经注疏》,第733页。
④ 《周礼·地官司徒·媒氏》疏引《尚书大传》佚文,见［汉］郑玄注、［唐］贾公彦疏:《周礼注疏》,《十三经注疏》,第733页。
⑤ 浦卫忠:《春秋三传综合研究》,台北:文津出版社,1995年第1版,第177页。
⑥ 浦卫忠:《春秋三传综合研究》,第178页。

他将古代男女娶嫁的时间凝固化了。其实，从《穀梁传》的传文来看，"男子二十而冠，冠而列丈夫，三十而娶。女子十五而许嫁，二十而嫁"，这其中的"列丈夫"与"而娶"特别是"许嫁"与"而嫁"之间的关系，都清楚地表明《穀梁传》所规定的并不是一个固定的始婚年龄，而是一个适宜结婚的年龄段。范宁注引谯周的解释称："是故男自二十以及三十、女自十五以及二十皆得以嫁娶，先是则速，后是则晚。……则三十而娶，二十而嫁，说嫁娶之限，盖不得复过此尔。"①因此，《穀梁传》所提倡的婚姻年龄是男子为二十到三十岁之间，女子为十五到二十岁之间；早于此者，则男女的身心尚未发育健全；晚于此者，则于家于国不利。

二、夫妇一体，同尊同卑

在《穀梁传》作者看来，居于婚姻双方的夫妇是紧密联系在一起的，表现出夫人与丈夫一体同尊、一体同卑的特点。

《穀梁传》庄公二十二年传文在解释经文称国君夫人为"小君"的原因时，指出："'小君'，非君也。其曰'君'，何也？以其为公配，可以言'小君'也。"②由于夫人在婚姻上与国君相匹配的特殊地位，使得她也获得了尊贵的身份，这就是"适诸侯，则尊同"③。

夫人与国君"一体同尊"突出体现为两点：

其一，从祭祀活动的准备来看，《穀梁传》桓公十四年传文说："天子亲耕，以共粢盛；王后亲蚕，以共祭服。国非无良农工女也，以为人之所尽，事其祖祢，不若以己所自亲者也。"④为了表达对天、祖的虔敬，祭祀所需的物品必须由最尊贵的人亲自动手准备。这时不仅天子、诸侯要亲自耕作、亲自收割，他们的夫人也要亲自纺织、亲自舂米。

---

① ［晋］范宁集解、［唐］杨士勋疏：《春秋穀梁传注疏》，《十三经注疏》，第2408页。

② ［晋］范宁集解、［唐］杨士勋疏：《春秋穀梁传注疏》，《十三经注疏》，第2385页。《穀梁传》的这一观点继承了孔子的看法，如《论语·季氏》："邦君之妻，君称之曰夫人，夫人自称曰小童；邦人称之曰君夫人，称诸异邦曰寡小君；异邦人称之亦曰君夫人。"

③ ［晋］范宁集解、［唐］杨士勋疏：《春秋穀梁传注疏》，《十三经注疏》，第2381页。

④ ［晋］范宁集解、［唐］杨士勋疏：《春秋穀梁传注疏》，《十三经注疏》，第2377—2378页。

文公十三年的传文也指出："礼,宗庙之事。君亲割,夫人亲舂,敬之至也。"①作为天子或者诸侯的夫人,妇女有资格与丈夫一起共同准备祭祀宗庙所需的物品。在这一过程中,天子或国君的夫人显然也享有尊贵的身份。

其二,从宗庙祭祀活动本身看,夫人也有资格陪同天子或诸侯进入宗庙主祭。《穀梁传》庄公二十四年传文明确规定:"夫人所以崇宗庙也。"②当然,正如上文指出的,这种特权只有国君的正夫人才拥有;而这与她为延续宗庙祭祀提供合法继承人("延嗣")的作用分不开。

夫人与诸侯国君"一体",还表现在他们"一体同卑"上。文公四年鲁君娶妻于齐国,依礼制鲁君亲自到齐国迎娶夫人妇姜。但是鲁文公没有遵循携新夫人回国成亲的礼制,而是迫不及待地就在齐国与夫人完礼成婚。《穀梁传》为此批评了鲁文公的失礼,而同时对夫人妇姜也有所贬抑,"何为贬之也? 夫人与有贬也"③。

三、夫人依附于夫君

由上文可以看到在婚姻关系中夫人与夫君的一体性,夫尊妇亦尊,夫贬妇亦贬。但是,"夫妇一体同尊"并不表明婚姻中夫妻双方的地位是平等的,而只是说明夫人的一切身份地位都由其夫君决定和给予。换言之,夫人对于她的夫君存在着一种依附关系。

(一)以夫家为家

在《穀梁传》中,作者多次用"归"来描述夫人出嫁:"礼,妇人谓嫁曰'归',反曰'来归',从人者也"④,"妇人之义,嫁曰'归',反曰'来归'"⑤。这表明在《穀梁传》看来,妇女真正的家不是她出生、成长的父母之家,而是她出嫁后所嫁到的夫家。所以,妇女出嫁并不是离开家的过程,而是回到了自己真正的家。正因为如此,《穀梁传》规定:女

---

① [晋]范宁集解、[唐]杨士勋疏:《春秋穀梁传注疏》,《十三经注疏》,第2409页。
② [晋]范宁集解、[唐]杨士勋疏:《春秋穀梁传注疏》,《十三经注疏》,第2386页。
③ [晋]范宁集解、[唐]杨士勋疏:《春秋穀梁传注疏》,《十三经注疏》,第2405页。
④ [晋]范宁集解、[唐]杨士勋疏:《春秋穀梁传注疏》,《十三经注疏》,第2367页。
⑤ [晋]范宁集解、[唐]杨士勋疏:《春秋穀梁传注疏》,《十三经注疏》,第2418页。

儿出嫁时,父母或不下堂,或不出祭门,但都是千叮咛、万嘱咐,教女儿要听从公婆、丈夫的话,体现出对女儿夫家的尊重①。这就是一种以夫家为家的观念,它形象直观地反映了在婚姻关系中妇女对于丈夫的从属地位。

不仅如此,《穀梁传》还有"妇人既嫁,不逾竟;逾竟,非礼也"②的重要规定。妇女既然已经出嫁,丈夫的家也就成了她真正的甚至是唯一的家。没有特别重大的正当理由,夫人不能够离开夫家之国而回到父母之邦。这一规定也充分显示了婚姻中以夫家为主的观念以及夫家对妇人的行为约束。

(二)夫尊妇卑

男尊女卑是中国古代父权社会的一个共同特点。《尚书·牧誓》称:"古人有言曰:'牝鸡无晨。牝鸡司晨,唯家之索。'"③言外之意,女性不能成为家国天下的中心。《穀梁传》继承了父权社会的这一观念。

在论及妇女地位时,《穀梁传》特别强调的一点是妇人"从人"、"制于人"。隐公二年传文明确规定:"妇人在家,制于父;出嫁,制于夫;夫死,从长子。"④这段话描述了妇女在一生的各个阶段受他人所控制的状况,并在思想上开启了后来的"三从"之说。而在妇女一生的三个阶段中,《穀梁传》最为看重的是妇人"既嫁,制于夫"的阶段。

所谓"制于夫",首先指夫人应顺从于丈夫,这就是孟子所说的"以顺为正者,妾妇之道也"(《孟子·滕文公下》),夫人必须恭顺地听从丈夫的安排,而不能有所违逆。此外,妇人"制于夫"还指夫人在礼制规定上应追随并低于丈夫而不能逾礼。隐公二年传文称:"夫人薨,不地。夫人者,隐之妻也。卒而不书葬,夫人之义,从君者也。"⑤按照《穀梁传》的解释,君夫人去世没有自己独立的安葬之地;她的葬地应该跟随国君。倘若国君健在,君夫人先去世,则夫人应该殡而不葬,一

---

① 〔晋〕范宁集解、〔唐〕杨士勋疏:《春秋穀梁传注疏》,《十三经注疏》,第 2373 页。
② 〔晋〕范宁集解、〔唐〕杨士勋疏:《春秋穀梁传注疏》,《十三经注疏》,第 2380 页。
③ 〔汉〕孔安国传、〔唐〕孔颖达疏:《尚书正义》,《十三经注疏》,第 183 页。
④ 〔晋〕范宁集解、〔唐〕杨士勋疏:《春秋穀梁传注疏》,《十三经注疏》,第 2367 页。
⑤ 〔晋〕范宁集解、〔唐〕杨士勋疏:《春秋穀梁传注疏》,《十三经注疏》,第 2367 页。

直要等到国君去世并安葬之后，才能被正式安葬于国君墓地之侧。又如《穀梁传》成公十五年传文记载宋共公之葬，说道："月卒日葬，非葬者也，此其言葬，何也？以其葬共姬，不可不葬共公也。葬共姬则其不可不葬共公，何也？夫人之义，不逾君也，为贤者崇也。"①宋共公无道失德，按照礼法死后应该没有资格书"葬"，但经文却破例书其"葬"。原来，宋共公的夫人伯姬素有贤德，逝世后经文书"葬"以褒扬她。但共公先逝，如果共公之薨不书"葬"，则伯姬之薨也不可以书"葬"。因为依据礼制规定，"夫人之义，不逾君也"：纵使夫人再有贤德，国君再失德悖理，夫人的礼制规格都不可以超过国君。所以，经文为了表达对宋伯姬贤德的褒奖而书其"葬"；宋共公也就沾了夫人的光，得以破例书"葬"，只不过经文以"日卒月葬"的形式对其表示讥刺罢了。

考察这种"既嫁，制于夫"、"夫人之义，不逾君"的规定，我们发现其中蕴涵着"夫尊妇卑"的观念。这可以从对庄公元年一段经传的分析看出：

（经）三月，夫人孙于齐。

（传）孙之为言犹逊也。讳奔也。接练时，录母之变，始人之也。不言氏姓，贬之也。人之于天也，以道受命；于人也，以言受命。不若于道者，天绝之也；不若于言者，人绝之也。臣子大受命。②

传文的前半段很容易理解：上一年（桓公十八年）桓公夫人文姜"伉"礼与桓公出会齐国，与齐襄公私通并导致了鲁桓公的惨死。文姜怀杀夫之罪逃到齐国，经文去其姓氏以表示对她的贬斥。但是，传文紧接着发表了一大段十分重要的"受命"之说，从形式上看似乎有些突兀。但范宁并不认为其中存在矛盾，他说："臣子则受君父之命，妇受夫之命。"杨士勋疏更是以后世的"夫者妻之天"来解释传文③。

结合《穀梁传》传文对于"夫道"、"妇道"的众多描述和规定，本文

---

① ［晋］范宁集解、［唐］杨士勋疏：《春秋穀梁传注疏》，《十三经注疏》，第2422页。
② ［晋］范宁集解、［唐］杨士勋疏：《春秋穀梁传注疏》，《十三经注疏》，第2379页。
③ ［晋］范宁集解、［唐］杨士勋疏：《春秋穀梁传注疏》，《十三经注疏》，第2379页。

认为范注杨疏的理解大致是可以成立的。因为从根本上讲，"天命"乃是《穀梁传》思想的共同源头。不仅"天子—诸侯—大夫"的纵向统治结构是由天命贯注而建构，而且"父子"、"夫妇"、"兄弟"的人伦关系的背后也有天命的影子。所以，夫妇关系在这个意义上正体现出一种"妇受夫命"、"夫尊妇卑"的等级性。这也是《穀梁传》夫妇伦理关系的实质。

四、对妇人的行为限制

除了在礼制上突出"夫尊妇卑"、"妇从于夫"外，为了"防嫌"，《穀梁传》还针对春秋时代的具体情况，对妇女的活动范围与行为方式提出了严格的限制。防嫌，是从女性、女权进入到男性、男权社会之后，特别是男性、男权中心成熟之后尤为关注的事情。这体现在《穀梁传》中，主要表现为禁止妇人干政和防范妇人淫乱两个方面。

（一）禁止妇人干政

商王朝的末代帝王纣王以妲己亡国，以及周幽王因宠幸褒姒、废后废嫡而招致灭顶之灾等前车之鉴，使得《穀梁传》在论述妇女与国家政治生活的关系时格外小心，努力防止因妇女干预国家政治而引发的灾难。

僖公九年由齐桓公主持的葵丘之盟，首次以周天子的名义颁布了各会盟国必须共同遵循的五条禁令："毋雍泉，毋讫籴，毋易树子，毋以妾为妻，毋使妇人与国事。"[1]其中的第五条明确规定：各个诸侯国都必须禁止国君夫人参与国家政治事务。《穀梁传》还规定："妇人不言会。言会，非正也。"[2]国君夫人不得参与各国之间的政治性盟会，以限制妇人对正常政治活动的干扰。《穀梁传》这一规定的原因之一是担心夫人参与国际盟会时，会偏向于其父母之国的利益而影响本国利益。

在妇人干政的诸多情形中，最常见、危害最大的，是利用自身的特

① ［晋］范宁集解、［唐］杨士勋疏：《春秋穀梁传注疏》，《十三经注疏》，第2396页。
② ［晋］范宁集解、［唐］杨士勋疏：《春秋穀梁传注疏》，《十三经注疏》，第2380页。

殊地位破坏继承法,帮助自己的儿子取原世子而代之。从春秋时期的历史教训来看,郑庄公与其弟共叔段的手足相残,兄弟二人当然应该负主要责任,但庄公母亲的偏心溺爱与干预国政,很显然也起到了不好的作用①。而发生在僖公十年的晋国丽姬之乱,则更是妇人干政的典型恶果:晋献公之宠妾丽姬为使其子奚齐取原世子申生而代之,阴谋陷害申生,导致申生被迫自杀,公子重耳、夷吾出逃②。《穀梁传》花费大量篇幅详细记录此事,其中的一个重要目的就是要抨击丽姬干政祸国的劣行。

(二)防范妇人淫乱

因混乱的男女关系而引发的政治、军事危机在整个春秋时代比比皆是。例如本文一再提到的鲁桓公的夫人文姜,借与桓公一起出席会盟的机会,与关系原本就很暧昧的齐襄公私通,结果导致了鲁桓公的死亡和鲁、齐两国长达几十年的敌对。又例如宣公九年至十一年,陈国国君灵公与大夫公孙宁、仪行父一起上演了君臣共同与夏姬私通的丑剧,直接导致了夏姬之子夏征舒弑陈灵公的事件,并招致了楚国的武装干涉③。还有襄公二十五年齐庄公与大夫崔杼之妻崔氏私通,结果奸情败露,齐庄公为崔杼所弑④。

《穀梁传》作者对这些淫乱现象提出了严厉的贬责。但是,《穀梁传》无法从根本上禁绝这类现象,只好对妇女的行为进行严格控制,希望通过限制妇人的活动来防范淫乱现象的发生,减少此类现象对国家造成的危害。如上文引述过的隐公二年传文规定:"妇人在家,制于父;出嫁,制于夫;夫死,从长子",表明了妇女一生各个阶段都要依附于人、受人监督;又如传文屡次提及的"既嫁,不逾竟"、"妇人不会,会非正也"等观点,实际上限定了妇女的活动范围。至于"妇人不专行,

---

① ［晋］范宁集解、［唐］杨士勋疏:《春秋穀梁传注疏》,《十三经注疏》,第 2365 页。

② 详见［晋］范宁集解、［唐］杨士勋疏:《春秋穀梁传注疏》,《十三经注疏》,第 2396 页。

③ ［晋］范宁集解、［唐］杨士勋疏:《春秋穀梁传注疏》,《十三经注疏》,第 2414 页。

④ ［晋］范宁集解、［唐］杨士勋疏:《春秋穀梁传注疏》,《十三经注疏》,第 2430 页。

必有从也"①的行为规范,更是赤裸裸地显示了对妇女的不信任感。

与此同时,《穀梁传》襄公三十年还花费大量笔墨、倾注丰富情感,从正面颂扬了宋伯姬的贞洁行为:

> 取卒之日,加之灾上者,见以灾卒也。其见以灾卒奈何? 伯姬之舍失火,左右曰:"夫人少辟火乎?"伯姬曰:"妇人之义,傅母不在,宵不下堂。"左右又曰:"夫人少辟火乎?"伯姬曰:"妇人之义,保母不在,宵不下堂。"遂逮乎火而死。妇人以贞为行者也,伯姬之妇道尽矣! 详其事,贤伯姬也。②

宋国宫殿发生严重火灾,威胁到孀居的宋君夫人伯姬的生命安全。当下人劝伯姬转移避祸时,伯姬均以不符合"傅母不在,宵不下堂"、"保母不在,宵不下堂"的妇人之礼而加以拒绝,最后被大火烧死。对于宋伯姬的行为,《穀梁传》给予了充分肯定,认为她是贞洁的典范,称赞她于妇道"尽"矣。这里的"尽",一如"尽善尽美"的"尽",表明宋伯姬遵守妇道已经到了极致。

总体来看,《穀梁传》较为系统地梳理了春秋时期夫妇伦理关系的各个方面,对夫妇伦理关系的实质、夫妻双方的地位及行为规范均做出了详细说明。由于《穀梁传》的作者对于古代的礼制非常熟悉,因而,《穀梁传》对于夫妇伦理的评述较之《左传》和《公羊传》要更加平实与详尽。

《穀梁传》关于夫妇伦理的论述不仅完善了《穀梁传》自身的政治伦理体系建构,而且对于人们更加全面地了解中国古代社会夫妇关系的演进历程不无裨益。《穀梁传》的夫妇伦理思想继承了儒家的"夫义妇顺"观念,并开启了后世的"三从"之说。《穀梁传》的夫妇伦理带有鲜明的时代局限性,其中包含了很多压制与歧视妇女的规定。这些规定都是在男权社会背景下提出的糟粕,客观上压制了女性的权利,摧残了女性的身心,今天应该予以深刻的检讨和批评。

---

① ［晋］范宁集解、［唐］杨士勋疏:《春秋穀梁传注疏》,《十三经注疏》,第 2367 页。
② ［晋］范宁集解、［唐］杨士勋疏:《春秋穀梁传注疏》,《十三经注疏》,第 2432 页。

析论《春秋穀梁传》兄弟伦理

宗法礼乐制度的建立及其崩溃,是整个先秦时期政治与伦理的主轴。面对礼崩乐坏的乱局,《春秋穀梁传》(以下简称《穀梁传》)的作者希望通过解读《春秋》,发掘或者重建一整套合理有效的政治伦理秩序。而作为传统"五伦"之一的兄弟关系,成为《穀梁传》所建构的人伦秩序的重要组成部分。

由于宗法社会具备"家国一体"的特点,《春秋》所反映的兄弟关系仍然集中在王室和公室内部,表现为天子、诸侯与他们的弟兄之间的关系。在处理此类兄弟关系时,《穀梁传》遵循的首要原则是"尊尊";同时,在不违背"尊尊"原则的前提下,"亲亲"原则也被放在重要的位置。

一、嫡庶之分成为兄弟关系的前提

西周时期,兄弟关系的嫡庶之分成为全社会共同遵循的继承原则。进入到春秋以后,嫡与庶的差别仍然是决定兄弟之间身份地位的关键。对于《穀梁传》的作者来说,出身上的嫡庶之分成为讨论兄弟关系的前提。

所谓"嫡",指嫡子,是正夫人所生的儿子;"庶",指庶子,是妾、媵等所生的儿子。嫡子与庶子虽然在血缘上共同继承了他们的父亲(也就是天子、诸侯等)的血缘,但是由于他们各自母亲的地位差异,还由于他们在宗法统序上的差异,使得嫡子享有了较庶子高得多的尊贵地位。尤其是嫡子中的长子,更是被立为"王世子"或"世子",成为"一人之下,万人之上"的法定权力继承人。

因此,在《穀梁传》所反映的伦理世界中,兄弟关系并不平等,而是存在高低贵贱的显著差别。决定兄弟之间身份地位的关键要素有两个：其一是"嫡"与"庶"的区分，其二是长幼的排行。其中的后者又由前者决定。

《穀梁传》隐公四年传文在解读"卫人立晋"的事件时，批评了卫国人共同拥立公子晋的举动，并提出了一条重要的继承原则："《春秋》之义，诸侯与正而不与贤也。"①这里的"贤"指有贤德，也就是传文讲的"得众"。既然公子晋是一个贤能的人，为什么《穀梁传》还要反对众人拥立他为君呢？原来是因为晋"不正"，他不具有正统的、合于宗法的继承人资格。此处的"正"针对的是嫡长的身份。嫡长子之所以为"正"，是因为他继承了先君的"统"，因而在宗法上拥有正当、合法的地位。对此，范宁注引雍曰："正，谓嫡长也。夫多贤不可以多君，无贤不可以无君。立君非以尚贤，所以明有统也；建储非以私亲，所以定名分。名分定则贤无乱长之阶，而自贤之祸塞矣；君无嬖幸之由，而私爱之道灭矣。"②钟文烝则参照《左传》的记载，进一步将众兄弟成为储君的可能性做了一个排序："正者，谓世子、嫡子、长庶子也。贤，谓庶子之贤者也。无太子、嫡子则立长庶子，长幼均则立贤，贤均则卜。"③也就是说，在众多的兄弟中，天子或国君的嫡长子无疑拥有最崇高的地位，也最有机会成为储君；倘若嫡长子不幸夭折，就应该按照嫡子的排行顺序改立嫡次子为储君，并依次进行；倘若天子或国君无嫡子，则应该依排行立长庶子为储君；如果众庶子年龄相当，则选择其中有贤德者；如果连贤能的程度也差不多，那就只有举行占卜、"听天由命"了。

可见，决定诸兄弟地位贵贱的，首先是他们出身的嫡庶之别；但在区分嫡庶之后，年龄的大小、排行的先后也起着很关键的作用。

关于兄弟关系的嫡庶之别，我们可以举郑国的公子忽与公子突兄弟二人争立的事件为例：桓公十一年郑庄公去世，按宗法继承原则应立庄公的嫡子忽为新君；但由于宋国的无理干涉和郑大夫祭仲的软

---

① ［晋］范宁集解、［唐］杨士勋疏：《春秋穀梁传注疏》，《十三经注疏》，上海：上海古籍出版社，1997年第1版，第2369页。

② ［晋］范宁集解、［唐］杨士勋疏：《春秋穀梁传注疏》，《十三经注疏》，第2369页。

③ ［清］钟文烝：《春秋穀梁经传补注》，北京：中华书局，1996年第1版，第39页。

弱,改立郑庄公与宋国之女所生的庶子突为君,原世子忽出逃卫国。桓公十五年,郑伯突出奔蔡国,郑世子忽重返郑国即位为君。对此,《穀梁传》的评价是讥讽郑伯突当年以庶夺嫡的行为,同时褒扬郑世子忽以嫡子的合法身份重新获得君位①。由此,嫡庶之分是兄弟继承先君之位"正"与"不正"的关键,因而也是决定兄弟关系的基石。

至于兄弟关系的长幼之分,则可以从《穀梁传》对"兄弟,天伦也"的理解中清晰地反映出来。隐公元年《穀梁传》传文在评论"隐让桓弑"的重大事件时,提出"兄弟,天伦也"的观念:鲁国先君惠公的夫人早逝无子,故惠公无嫡子;鲁惠公改立声子为继室,后又复娶宋国之女仲子为新夫人。《穀梁传》认为"公无复娶之义",因而惠公再娶的仲子之"夫人"身份是不合于礼法的。换言之,声子与仲子都不能算是惠公的夫人,而只是妾、媵;因此,声子所生的息姑(即后来的隐公)和仲子所生的允(即后来的桓公)都是惠公的"庶子"。尽管息姑和允兄弟二人不存在出身身份上的嫡庶之别,但是却仍然有出生时间上的先后之分,即存在长幼之分——息姑为庶兄,允为庶弟。鲁惠公去世前依宗法继承制立庶长子息姑为君(隐公)。但隐公探知先君惠公更喜欢弟弟允,于是决定成全父亲的心愿,不正式即位而暂时摄政,以待允长大后将君位交给他。对于鲁隐公不爱千乘之国、成全先父之志而欲让位于弟的行为,《穀梁传》一方面从隐公"成父之恶"的角度对其提出批评,另一方面则指出"兄弟,天伦也",从兄弟伦次的角度驳斥了隐公②。

何谓"兄弟,天伦也"? 从表层意思看,它表明兄与弟的关系是一种天生的伦常秩序,即:它是按照众子出生先后的自然时间顺序来确定排行、论定"兄""弟"的。因而,"兄弟"概念本身就合于天的自然秩序,"兄弟"关系具有一种天然的合理性与合法性。从具体含义看,《穀梁传》在此所强调的"天伦"更多地表现在继承权的先后顺序上,因而实质上体现为一种政治上的尊卑关系。

---

① [晋]范宁集解、[唐]杨士勋疏:《春秋穀梁传注疏》,《十三经注疏》,第 2378 页。
② [晋]范宁集解、[唐]杨士勋疏:《春秋穀梁传注疏》,《十三经注疏》,第 2365 页。

不过,作为兄弟长幼关系的补充,《穀梁传》还提出了一个特殊的规定:被立为储君的"兄"(嫡长子或庶长子)必须是生理健全、没有重大残疾缺陷的。《穀梁传》昭公二十年在解释"盗杀卫侯之兄辄"时指出:"辄"是卫侯的同父同母的兄长,是卫国先君的嫡长子,依宗法继承原则本应被立为"世子"并继位成为新的卫侯。然而,由于"辄"天生就有足疾("两足不能相过"),而当时的宗法制度规定了"有天疾者,不得入乎宗庙"。所以"辄"因其"天疾"而被剥夺了成为"世子"并即位为君的机会,其健康的同母之弟得以被立为"世子"并最后成为卫国国君①。这体现了宗法制度在以嫡庶、长幼标准规范兄弟关系、选择权力继承人时所具有的一种现实、变通的理性精神。

二、尊卑贵贱是兄弟关系的本质

嫡庶之别和长幼之分不仅影响到兄弟继承先君之位的先后顺序,而且还从根本上决定了他们的尊卑贵贱差异。天子或诸侯与他们的兄弟之间的关系是一种"君"与"臣"的关系。因此,尊卑贵贱之别是《穀梁传》兄弟关系的本质。这突出地表现在《穀梁传》多次提到的"诸侯之尊,弟兄不得以属通"的说法上。如隐公七年《穀梁传》在解释经文"齐侯使其弟年来聘"时,首次提出"诸侯之尊,弟兄不得以属通"的兄弟关系原则②。此后,传文又分别在桓公十四年、襄公二十年、昭公元年和昭公八年四次提到这一规定③,可见《穀梁传》作者对这一原则的重视,同时也从反面揭示了当时各国兄弟关系遭破坏的严重程度。

所谓"诸侯之尊,弟兄不得以属通",据范宁注云:"礼非始封之君则臣,诸父、昆弟匹敌之称,人臣不可以敌君,故不得以属通,所以远别贵贱、尊君卑臣之义。"④伯父、叔父及兄弟的称呼只能是在身份地位

　　① 〔晋〕范宁集解、〔唐〕杨士勋疏:《春秋穀梁传注疏》,《十三经注疏》,第2439页。
　　② 〔晋〕范宁集解、〔唐〕杨士勋疏:《春秋穀梁传注疏》,《十三经注疏》,第2370页。
　　③ 见〔晋〕范宁集解、〔唐〕杨士勋疏:《春秋穀梁传注疏》,《十三经注疏》,第2377、2430、2433、2435页。
　　④ 〔晋〕范宁集解、〔唐〕杨士勋疏:《春秋穀梁传注疏》,《十三经注疏》,第2370页。

匹敌、相当的情况下才能采用。但是对于天子、诸侯来说,他和自己的伯父、叔父及兄弟之间的最重要、最根本的关系乃是君臣关系。因而,作为臣子,即使他的身份是国君的亲伯父、亲叔父或者一母同胞的亲兄弟,也必须遵照"臣不可以敌君"的礼法规定,不能以"国君亲属"的身份在正式外交场合公开亮相。所以,对于齐国的公子年来说,尽管他贵为齐侯之弟,但与其兄长齐侯之间仍然是"臣"与"君"的关系,因此不能以"齐侯之弟"的名义出访他国。

《穀梁传》对于兄弟关系所做的这一特殊规定,根本的目的是要将天子、诸侯与其兄弟之间的政治关系与伦理关系剥离开来。正如传文一再强调"不以亲亲害尊尊",当人们按照"亲亲"原则处理亲属伦理关系时,一定不能混淆甚至破坏"尊尊"的政治尊卑秩序。这表明《穀梁传》的伦理关系并不是独立的,而是与其政治关系紧紧地联系在一起,受其政治关系操纵。

三、重视兄弟的亲亲之谊

不过,在大多数情况下,伦理关系与政治关系并不是矛盾的,而是存在一致性。这也是宗法社会的一个特点:宗法社会的很多政治原则都是从宗法伦理原则发展演化而来。为此,《穀梁传》主张在不妨害"尊尊"原则的前提下,应该高度重视兄弟关系中的亲亲之谊。

手足相残无疑是兄弟关系中最严重、最残酷的人伦惨剧。因此,《穀梁传》认为保护兄弟之间的"亲亲"之情,首先就应该杜绝手足自相残杀的事件。庄公九年齐国发生内乱,公子小白(即后来的齐桓公)与公子纠兄弟二人争立为君。结果小白施计抢先返国,并杀害了自己的兄弟公子纠。对小白残杀手足的劣行,《穀梁传》作者表示了强烈的厌恶①。

在《穀梁传》的全部传文中,将"兄弟相亲,不得相残"之义阐释得最完整也最精彩的,要算对"郑伯克段于鄢"一节的评论了:

---

①　[晋]范宁集解、[唐]杨士勋疏:《春秋穀梁传注疏》,《十三经注疏》,第2382—2383页。

（经）夏，五月，郑伯克段于鄢。

（传）克者何？能也。何能也？能杀也。何以不言杀？见段之有徒众也。段，郑伯弟也。何以知其为弟也？杀世子母弟，目君。以其目君，知其为弟也。段，弟也而弗谓弟，公子也而弗谓公子，贬之也。段失子弟之道矣，贱段而甚郑伯也。何甚乎郑伯？甚郑伯之处心积虑，成于杀也。于鄢，远也，犹曰取之其母之怀中而杀之云尔，甚之也。然则为郑伯者宜奈何？缓追逸贼，亲亲之道也。①

隐公元年郑庄公与他的同父同母的弟弟共叔段发生战争，手足相残。《穀梁传》对兄弟二人"兄不兄"、"弟不弟"的失道行为都进行了严厉的抨击。尤其是郑庄公在打败弟弟共叔段后，还命令军队一直追讨到境外的"鄢"之地，直至将共叔段杀死为止。《穀梁传》认为郑庄公的行为非常过分，并将之形容为"取之其母之怀中而杀之"。那么，对于郑庄公来说，应采取怎样的行动才是合适的呢？《穀梁传》作者在评论的最后，为郑庄公提供了一个自认为合乎道义的行动方案——"缓追逸贼"，值得我们用心体会。

所谓"缓追逸贼"，实际上包括"缓追"和"逸贼"这两个相互关联的部分。

先就"缓追"来看。"缓"与"追"本身是矛盾的："追"的目的当然是为了追上反叛者并加以惩罚。作为平叛的军事行动，理所当然应该是兵贵神速、分秒必争了。而"缓追"则给人走走停停、行动迟缓的印象。按照这样的速度，无论有多少反叛者都可以逃之夭夭。因此，《穀梁传》所提出的这个"缓追"的办法的确让人费解。所谓"缓追"，不是急追，也不是不追，而是缓慢地追，实质上就是用一种不可能追上的方法去追。"不可能追上地追"，这才是其中的关键所在。因为既然已经发生了国君之弟聚众谋反的叛国行为，作为一国之君的郑庄公倘若不命令军队平叛、追击，那就是对叛国行为的忽视与纵容，是对国家安危与国君尊严的损害，这显然违背了"君尊臣卑"的尊尊原则。但问题是反叛之人乃是自己一母同胞的亲弟弟，并且叛军已经被打败，不能对

---

① ［晋］范宁集解、［唐］杨士勋疏：《春秋穀梁传注疏》，《十三经注疏》，第2366页。

国家继续造成威胁了;倘若这时还下令军队穷追猛打,则表明身为兄长的国君一心一意地要将亲弟弟置于死地、赶尽杀绝,这显然会严重伤害宗法制度赖以建立的亲亲原则。而"缓追"的方案则可以使当事人巧妙地摆脱这种左右为难的尴尬处境,——说它是"追",它又慢慢吞吞、不紧不慢,眼睁睁地看着弟弟逃脱,保全了兄弟的亲亲之义;说它不追,它又拉开架势、整装齐发,显示了赶跑敌人、平息叛乱的姿态,维护了君臣尊卑和国家威严。

"逸贼"的含义也是如此:既然是国之"贼",当然应该尽力抓住并坚决加以处罚;但问题是国之"贼"居然是国君自己的亲弟弟! 如果依法严办,为人兄长怎么下得了手? 如果睁一只眼、闭一只眼,不把弟弟视为国贼,则共叔段恃宠而骄、谋逆反叛的罪行得不到惩罚,郑庄公的行为就成了姑息养奸、枉顾国法,是"以亲亲害尊尊"。而"逸贼"则很好地解决了这个难题,——一方面,认定共叔段是国之贼而不姑息纵容;另一方面,又要"逸",要实质上放掉他,以全兄弟之义。

正是这种看似荒谬的主张,恰恰很好地体现了《穀梁传》作者对于尊尊、亲亲之道的深刻理解,体现了作者在处理复杂事件时对"度"的微妙把握。这也反映了《穀梁传》的一大特点,那就是:在一些左右为难的情形下,反而可以体现《穀梁传》作者的微妙见解。

天子、诸侯在以"亲亲"原则处理兄弟关系时,并不是一视同仁地对待自己的所有兄弟,而是对"母弟"表现出特别的优待。如襄公三十年周景王杀其弟佞夫,《穀梁传》评论道:

> 传曰:诸侯且不首恶,况于天子乎! 君无忍亲之义,天子、诸侯所亲者,唯长子母弟耳。天王杀其弟佞夫,甚之也![1]

《春秋》为了维护君尊臣卑的等级秩序,在记录事件时通常不会将天子或诸侯书为罪魁祸首("首恶")。然而此处的经文却直书"天王杀其弟佞夫",以天子为"首恶",这是什么原因呢? 原来,依礼制规定"君无忍亲之义",君王没有狠心杀害自己亲人的道理。而"天子、诸侯所亲者,唯长子母弟耳",对于天子、诸侯来说,他所不忍心杀害的亲

---

[1]　[晋]范宁集解、[唐]杨士勋疏:《春秋穀梁传注疏》,《十三经注疏》,第2432页。

人究竟包括哪些人呢？那就是他的"长子"和"母弟"。所谓"长子"，主要指的是天子、诸侯的嫡长子，也就是"王世子"和"世子"。"王世子"和"世子"是王位、君位的最合法的继承者，他们的身份地位受到宗法制度的保护，君王不得任意废黜和杀害世子。所以无论从宗法秩序的继承还是从个人的情感来说，天子、诸侯不忍杀害嫡长子，都是合情合理的。至于"母弟"，即天子或诸侯的同母之弟，为什么也受到天子、诸侯的特别关照和重视呢？首先，这是由"母弟"的特殊身份决定的。从继承权来看，当天子、诸侯尚未即位时，也就是当他们还是王世子或世子的时候，他们的同母之弟在所有兄弟中地位是仅次于王世子和世子的。因为正常情况下，王世子和世子是天子、诸侯的嫡长子，那么其"母弟"就是嫡次子，地位要高于其他庶兄弟。一旦出现王世子、世子意外死亡、无法即位的情况，他们的"母弟"，也就是嫡次子就可以依照宗法制度的规定顺理成章地成为新的王世子和世子，并日后即位为天子和诸侯。而从另一个方面看，天子、诸侯对"母弟"的重视，似乎也保留有商代（乃至西周初期）盛行的"兄终弟及"继承制的影子。不过，商代的"兄终弟及"之制往往是兄长先为商王，待兄长死后再由其弟继位；在《穀梁传》所揭示的重"母弟"的观念中，则往往是兄长无法即位，而改由其"母弟"即位。如许世子止误杀其父后，悲伤自责，将君位让给了自己的弟弟[①]；甚至是鲁隐公让位于其弟桓公，也是居摄而"让"，不是即位而"传"[②]。这表明"母弟"（当然也包括不同母之弟）并非是从其兄长那里获得君位，而是继君父而即位。

　　可见，"长子"和"母弟"之所以成为天子、诸侯之所亲者，并不单单因为他们在血缘上与天子、诸侯更加亲近，更是因为他们在政治秩序中的特殊地位。就"母弟"而言，他在"血统"的意义上较天子、诸侯的其他兄弟更加高贵，距离君王之位也更加接近。正如吴智雄所指出的，《穀梁传》之所以特别强调天子诸侯与其"长子母弟"的关系，"应是就政权继承的方面考量的。在当时继承制度中，国君的长子与同母弟，都有成为

① ［晋］范宁集解、［唐］杨士勋疏：《春秋穀梁传注疏》，《十三经注疏》，第2439页。
② ［晋］范宁集解、［唐］杨士勋疏：《春秋穀梁传注疏》，《十三经注疏》，第2365页。

君位继承者的可能,现在天子与诸侯杀其母弟或逐奔其母弟,乃减少了未来君位继承者的人数,在当时礼崩乐坏的时代里,有可能造成未来无继承者的危机,所以《穀梁传》特别强调这个观点,用意在保护君位的继承者。因此我们也可以说,《穀梁传》的'君无忍亲之义',乃是就尊尊层面而言,即以政治目的来说亲亲之义"①。此时,我们再来看周景王忍心杀害同母之弟以及郑庄公追杀同母之弟共叔段直至鄢地这两起事件,会发现《穀梁传》对周景王和郑庄公的批评不仅仅是出于亲亲之道的考虑,同时还应该有维护尊尊的政治秩序的意思。

　　兄弟之间的亲亲之情还体现为新君在继承兄弟的君位而即位时,应对先君的意外去世表示出哀痛的情感。以桓公、宣公和闵公、僖公四人的即位为例,他们都是从意外亡故的兄弟那里继承了国君之位:桓公是通过杀害庶兄隐公获得君位②;宣公也是通过杀害兄长公子恶而即位③;闵公是继承庶兄子般而即位④;僖公则是继其弟闵公而即位⑤。但《穀梁传》将桓公、宣公的即位与闵公、僖公区分开来,原因是桓公、宣公有弑君(兄)的嫌疑,而闵公、僖公则与先君之死没有牵连。这可以从《穀梁传》专门归纳的一条义例看出:"先君不以其道终,则子弟不忍即位也。"⑥就其中的"弟"而言,兄长身为国君而遭意外去世,其弟即位为新君时,应该不书"公即位"以表示对于先君(兄长)之死的哀悼和悲痛。这正是兄弟关系中的亲亲之情的体现。而桓公、宣公乃是弑兄而立,所以经文在记载他们即位时,特意书"公即位"以显示他们对兄长的死毫无哀痛之情。这也是在抨击他们破坏尊尊之道、亲亲之情的弑兄行为。

　　不过,《穀梁传》闵公元年传文在评论闵公继庶兄子般而即位时说

　　①　吴智雄:《穀梁传思想析论》,台北:文津出版社,2000 年第 1 版,第 88 页。
　　②　[晋]范宁集解、[唐]杨士勋疏:《春秋穀梁传注疏》,《十三经注疏》,第 2372 页。
　　③　[晋]范宁集解、[唐]杨士勋疏:《春秋穀梁传注疏》,《十三经注疏》,第 2411 页。
　　④　[晋]范宁集解、[唐]杨士勋疏:《春秋穀梁传注疏》,《十三经注疏》,第 2389 页。因公子恶和子般立未满一年就被弑,所以不得称君。
　　⑤　[晋]范宁集解、[唐]杨士勋疏:《春秋穀梁传注疏》,《十三经注疏》,第 2391 页。
　　⑥　[晋]范宁集解、[唐]杨士勋疏:《春秋穀梁传注疏》,《十三经注疏》,第 2372 页。

道："亲之非父也,尊之非君也,继之如君父也者,受国焉尔。"①由此可见,"弟"继弑君("兄")立不言即位的规定,除了顾及兄弟手足的情谊外,同样有"受命"的政治因素的考虑。

四、兄弟关系中的恩与义

如何处理亲情与道义之间的矛盾,一直是中国哲学所特别关注的一个敏感话题。如 2002 年以来我国哲学界所展开的以"亲亲互隐"和"孟子论舜"为焦点的儒家伦理大讨论,主要议题之一就是辨析儒家的血缘亲情与社会公正之间的关系。以儒家为代表的中国古代哲学思想中其实蕴涵有大量的关于社会公正的资源。这也可以从《穀梁传》兄弟关系对"恩"与"义"的分疏看出。

《穀梁传》的作者在讨论兄弟伦理时,分别提出了"恩"与"义"的原则。所谓兄弟之"恩",主要是就宗法亲情考虑的,如桓公元年传文就指出"先君不以其道终,已正即位之道而即位,是无恩于先君也"②。上文所介绍的手足不得相残、重"母弟"及"继弑兄不言即位"等规定,都是从亲亲的手足情感和尊尊的政治秩序出发,对兄弟关系做出的重要规定。但除此之外,《穀梁传》认为兄弟之间还存在一种"义"的关系。襄公二十七年卫侯之弟专出奔晋国,《穀梁传》认为专的出奔是合于《春秋》大义的。原来襄公十四年卫献公被大夫孙林父、宁喜驱逐出国;后来卫献公通过弟弟专与宁喜谈判,许诺一旦宁喜帮助自己复国,卫献公将重重地给予回报。然而,当卫献公在宁喜的帮助下复国后,却背信弃义杀害了宁喜。于是献公之弟专认为兄长让自己成为"失信"之人,遂出奔晋国,过着自食其力的艰苦生活而"终身不言卫"③。从卫献公之弟专的行为中,我们可以看出"信义"的原则在某些时候甚至要压倒兄弟亲情:出于手足之情,作为弟弟的专当然希望兄长早日复国;但是当兄长违背信义时,专还是毅然抛弃手足之情,永远离开兄

---

① ［晋］范宁集解、［唐］杨士勋疏:《春秋穀梁传注疏》,《十三经注疏》,第 2389 页。
② ［晋］范宁集解、［唐］杨士勋疏:《春秋穀梁传注疏》,《十三经注疏》,第 2372 页。
③ ［晋］范宁集解、［唐］杨士勋疏:《春秋穀梁传注疏》,《十三经注疏》,第 2431 页。

长。专的重信义并不只是个人的道德标签,同时还是对宁喜之死的负责。所以专出奔晋国的行为,实质上是通过一种消极的方式维护社会的良知和信义公正。

兄弟关系的这种"恩"、"义"纠缠在鲁宣公与其弟叔肸的关系中显示得更加典型:鲁宣公参与了杀害兄长公子恶的阴谋,宣公之弟叔肸不满宣公弑兄夺位的行为,但是又放不下手足之情离开宣公,所以选择了留在鲁国但是不食宣公之禄的变通之举。《穀梁传》宣公十七年传文曰:"君子以是为通恩也,以取贵乎《春秋》",范宁注引泰曰:"宣公弑逆,故其禄不可受;兄弟无绝道,故虽非而不去。论情可以明亲亲,言义足以厉不轨,书曰'公弟',不亦宜乎?"①兄长宣公不义,其弟叔肸不食宣公之禄,乃是对道义和公正的尊重;手足无相绝之道,叔肸留在宣公身边,则是对兄弟亲情的顾念。《穀梁传》认为叔肸将兄弟的亲亲之"恩"与社会公正良知之"义"兼顾,所以他才是真正通达兄弟亲亲之道("通恩")的人。因此,在《穀梁传》看来,能够在兄弟关系中区分亲情与道义并且不以亲情废道义的人,其行为符合《春秋》的精神;至于那些能够将亲情与道义兼顾,既维护手足情感又持守社会良知和公正道义的人,则是《春秋》之所"贵"者②。

《穀梁传》对兄弟伦理中"恩"与"义"原则的分疏与融合,从一个角度反映了中国古代哲学在思考和处理血缘伦理关系时,试图将亲属情感与社会公正相协调与融通的独特伦理价值观。而这对于我们今天思索和建构新型伦理关系,无疑具有极大的启发意义。

---

① [晋]范宁集解、[唐]杨士勋疏:《春秋穀梁传注疏》,《十三经注疏》,第2415页。
② [晋]范宁集解、[唐]杨士勋疏:《春秋穀梁传注疏》,《十三经注疏》,第2415页。

范宁《春秋穀梁传集解》的解释学意义

汉魏之交的风云际会沉重打击了传统经学。魏晋时期,玄风方炽,儒门衰微,传统经学不绝如缕。但饶有趣味的是,正当此玄风席卷之际,范宁(339—401)《春秋穀梁传集解》却逆风而起,为一时翘楚。

或许正是因为与两汉之正统经学存在时间上的距离,范宁得以更加冷静、更加客观地审视此前的经学研究。也唯其如此,范氏的《春秋穀梁传集解》不仅具有了传统意义上的注疏的价值,更成为中国古代经典解释学的一个颇具典型意义的例证,从而蕴涵着一种一般意义上的经典解释学方法的价值。

一、解释的前提:对《春秋》性质的理解

《春秋》的性质问题在很大程度上可以用另一个问题来替代,即:孔子与《春秋》之间存在着何种关系? 对此问题的理解,直接影响到人们对《春秋》的历史定位、意义解读和价值评判,是"春秋学"首先碰到的、不可不解决的关键性前提。

在《春秋穀梁传序》中,范宁明确表示自己之所以沉思积年而为《集解》的原因是:"释《穀梁传》者虽近十家,皆肤浅末学,不经师匠。辞理典据既无可观,又引《左氏》、《公羊》以解此传,文义违反,斯害也已。"①文字凿凿,似无可疑。但若细细品味,则不难发现这只是表层

---

① [晋]范宁集解、[唐]杨士勋疏:《春秋穀梁传注疏》,《十三经注疏》,上海:上海古籍出版社,1997年第1版,第2361页。

的原因,真正的原因乃在于范宁对于《春秋》性质的理解:

> 天垂象,见吉凶。圣作训,纪成败。欲人君戒慎厥行,增修德
> 政。……四夷交侵,华戎同贯,幽王以暴虐见祸,平王以微弱东
> 迁。征伐不由天子之命,号令出自权臣之门,故两观表而臣礼亡,
> 朱干设而君权丧。下陵上替,僭逼理极。天下荡荡,王道尽矣。
> 孔子睹沧海之横流,乃喟然而叹曰:"文王既没,文不在兹乎!"言
> 文王之道丧,兴之者在己,于是就大师而正《雅》、《颂》,因鲁史而
> 修《春秋》,……于时则接乎隐公,故因兹以托始,该二仪之化育,
> 赞人道之幽变,举得失以彰黜陟,明成败以著劝诫,拯颓纲以继三
> 五,鼓芳风以扇游尘。一字之褒,宠逾华衮之赠;片言之贬,辱过
> 市朝之挞。德之所助,虽贱必申;义之所抑,虽贵必屈。故附势匿
> 非者无所逃其罪,潜德独运者无所隐其名,信不易之宏轨,百王之
> 通典也。先王之道既弘,麟感而来应。因事备而终篇,故绝笔于
> 斯年。成天下之事业,定天下之邪正,莫善于《春秋》。①

在范宁看来,《春秋》乃孔子所作,这是毫无疑问的。孔子身处夷
狄陵夏之危局、礼崩乐坏之乱世,天子失职,王道黯隐,下陵上替,暴虐
篡弑者比比皆是。孔子忧惧,于是代行天子之事,借取鲁史旧文并申
以己意而作《春秋》,以图彰王道以复其礼、拨乱世而反诸正。因此,
《春秋》绝非一般的史书。孔子以区区一万六千余字历数鲁隐至鲁哀
二百四十余年,或笔或削,以褒贬进退为轨仪。其事或时有遗略,其义
则未尝稍有偏失。换言之,《春秋》虽是应时而作,实为一部蕴含有圣
人之微言大义的治世大典。

可见,在孔子与《春秋》的关系问题上,范宁取当时的主流看法②。
既然《春秋》负载有圣人的苦心孤诣、微言大义,那么,阐发解释《春

---

① 　[晋]范宁集解、[唐]杨士勋疏:《春秋穀梁传注疏》,《十三经注疏》,第2358—2360
页。

② 　有学者指出首先提出这一观点的是孟子。孟子认为,故"孔子成《春秋》而乱臣贼子
惧"(《孟子·滕文公下》)。但关于孟子在汉晋时期的影响仍有很多争论。司马迁著《史记》
也采用此说。在《史记》的《孔子世家》、《三代世表》、《儒林列传》和《太史公自序》等篇,均
可见"孔子作《春秋》"的观点。汉代今文学派亦取此说。

秋》的"传"自然也就跟着水涨船高,备受重视。尽管据《汉书·艺文志》记载,当时《春秋》之"传"共有五种,但到范宁生活的东晋时期,《邹氏传》、《夹氏传》俱已不存。故范宁只言"三传":"《春秋》之传有三,而为经之旨一,臧否不同,褒贬殊致。盖九流分而微言隐,异端作而大义乖。"①显然,此处的"为经之旨"正是孔子寄寓在《春秋》字里行间的微言大义。范宁认为,这个"为经之旨"不仅是存在的,而且是唯一的、清晰的。然而,去圣日远,九流剖分,异端并作,《春秋》的"为经之旨"也因此隐微而不得彰显。《公羊》、《穀梁》、《左氏》虽然都以解释《春秋》为职志,但均囿于一己之见,不仅多有偏失而未能把握此"为经之一旨",反而相互攻讦,自是而非它。"三传"在解读《春秋》之旨的过程中都存在着局限。然而,或许是一种无奈,后人却往往只能够借助"三传"以求窥探《春秋》之玄奥。

因此,范宁注《穀梁》,在很大程度上并不是因为他相信《穀梁》较之其他"二传"更加贴合《春秋》之旨,而是由当时"三传"的研究状况决定的。其时,"《左氏》则有服、杜之注,《公羊》则有何、严之训。释《穀梁传》者虽近十家,皆肤浅末学,不经师匠。辞理典据既无可观,又引《左氏》、《公羊》以解此传,文义违反,斯害也已"②。理越辩越明,"三传"之研究倘若能齐头并进,则后人可以更好地对比"三传",克服褊狭,从而体会《春秋》的"为经之旨"。这是范宁集解《穀梁》的一个原因。此外,范宁还试图通过此书,向人们传达一个讯息,传达一种关于经传关系和经典解释的理解。而这才是范宁完成此书的真正目的。

二、"事"、"例"与"义"——解释学的循环

通览范宁《春秋穀梁传集解》,人们首先容易得到的印象是《集解》中大量的"凡例"。发凡起例并不是范宁的首创,而是中国传统经学古已有之的独特解释方法。稍早于范氏的杜预(222—284)指出:

① [晋]范宁集解、[唐]杨士勋疏:《春秋穀梁传注疏》,《十三经注疏》,第2360页。
② [晋]范宁集解、[唐]杨士勋疏:《春秋穀梁传注疏》,《十三经注疏》,第2361页。

"其发凡以言例,皆经国之常制,周公之垂法,史书之旧章"①,后人更是从《左传》中归纳出所谓的"五十凡"。

范宁解《穀梁》,亦注意透过《穀梁传》提炼《春秋》之"凡例"。这可以通过"凡例"与"书法"的关系看出一二:

"凡例"指的是经文记录时间、地点、人物以及某类事件时相对一致的记述风格与体例;"书法"则是指圣人在记述中寄寓微言大义的技巧与方法。因此,"凡例"与"书法"的关系可以这样理解:一方面,不少"凡例"本身已经表现为"书法",如《穀梁传》宣公十五年传文云:"灭国有三术:中国谨日,卑国月,夷狄不日"②,对于中原诸夏之国的灭亡,经文书"日";对于中原的一些卑微小国的灭亡,经文书"月";对于那些夷狄之国的灭亡,经文或书"时"或不书时间,体现了《春秋》"外夷狄而内诸夏"的尊卑观念。另一方面,当"凡例"已确定时,不合"凡例"的地方往往存有进退褒贬之义,此即为"书法",如正常情况下对于诸侯之死应该书"日"以记之,但是襄公三十年经文却书"夏,四月,蔡世子般弑其君固"③。经文变"日"为"月",实际上是采用描述夷狄之君卒亡的记载方式,来记载华夏之国蔡国国君的去世,目的是为了贬斥蔡国世子弑君夺政的行为近乎夷狄。

严格地说,"凡例"之法其实应该包括两个层次:其一是根据经文内容总结出凡例,其二是依据凡例推知经传中省略或缺漏的部分。

首先看第一个层次。范宁注意到《穀梁传》在解释《春秋》时非常注意提炼经文的凡例;《集解》中时常出现的"传例曰",指的正是《穀梁传》所归纳的《春秋》之凡例。可以说,《穀梁传》乃是通过对《春秋》凡例的梳理和归纳来展开其诠释体系的。以新君即位的记录方式为例:

《穀梁传》对《春秋》记录十二位鲁国国君即位的书写方式进行了分析,归纳出新君继位的三种情形:第一种情况:"继正即位,正也。"这是说当先君正常死亡时,新君继位应书"公即位"以显示其即位的正当

---

① [晋]杜预注、[唐]孔颖达疏:《春秋左传正义》,《十三经注疏》,第 1705 页。
② [晋]范宁集解、[唐]杨士勋疏:《春秋穀梁传注疏》,《十三经注疏》,第 2415 页。
③ [晋]范宁集解、[唐]杨士勋疏:《春秋穀梁传注疏》,《十三经注疏》,第 2432 页。

性。第二种情况："继弑君不言即位，正也。"这是说当先君意外死亡（主要指被杀或被弑）时，新君继位应不书"公即位"以示对先君意外亡故的哀痛之情。这也是正常的情形。第三种情况："继故而言即位，则是与闻乎弑也。"这是说先君由于意外死亡（被杀或被弑），倘若新君继位时书了"公即位"，则表明新君对先君的意外死亡根本没有哀戚之情，这又反过来证明新君与先君的被弑之间存在某种关系，新君可能事先知晓甚至参与了弑先君的篡逆行为。

《穀梁传》共提到九位后君即位之事，分别是：桓公、庄公、闵公、僖公、文公、宣公、襄公、昭公和定公。其中，文公、襄公、昭公的即位属于第一种情况，此外《穀梁传》未明确说到的成公和哀公也属此列；庄公、闵公、僖公三位国君的即位属于第二种情况；桓公、宣公两位国君的即位则属于"与闻乎弑"的第三种情况①。这三种后君即位的书例是《穀梁传》对《春秋》记事规律归纳的结果。这也是"凡例"运用的第一个层次。

除此之外，"凡例"的运用还有第二个层次，即：根据凡例反推经传缺漏甚至错误的地方。在范宁看来，《穀梁传》归纳、总结《春秋》的凡例，作用不仅仅在于更有条理地把握经文，还在于要由凡例而反推经典的文字与涵义。这一点是与《春秋》的文本特征紧密相关的。《春秋》全文仅一万六千五百余字，而记录的时间竟然长达二百四十二年；平均下来，每年不足七十字，其简略遗漏可想而知。而通过"凡例"反推经文中被省略或遗漏的内容，使经文经义能够完整通达，就成为经文注疏的一个重要方面。如隐公二年：

> 经文：夏，五月，……无侅帅师入极。
>
> 传文：入者，内弗受也。极，国也。
>
> 集解：传例曰："灭国有三术，中国日，卑国月，夷狄时。"极，盖卑国也。②

---

① 作者按：定公即位的情况比较特殊：先君昭公被鲁大夫季孙如意驱逐出国，客死齐国；次年六月定公即位。《穀梁传》定公元年传文云："先君无正终，则后君无正始"，即此之谓，详见［晋］范宁集解、［唐］杨士勋疏：《春秋穀梁传注疏》，《十三经注疏》，第 2443 页。

② ［晋］范宁集解、［唐］杨士勋疏：《春秋穀梁传注疏》，《十三经注疏》，第 2366—2367 页。

根据经文中已有的内容，《穀梁传》总结出《春秋》记载不同类型的国家灭亡时所采用的不同时间记录方式，即"中原诸夏之国书日，中原卑微小国书月，四方夷狄之国书时"。现在经文用书"月"的方式记录了"极"这个国家的灭亡。依据凡例可推知"极"应为中原卑微的小国。

由以上的例子可知，"凡例"之法中的"由事以归例"，恰如逻辑中的归纳法；而"凡例"之法中的"依例以推事"，则如逻辑中的演绎法。从严格意义上讲，"凡例"之法将此二者并用，其实存在着循环论证的逻辑危机。但是，范宁认为在经典的解释中，此二者是并行不悖的；因为无论是"事"还是"例"，本质上都在围绕着"义"而展开。

范宁坚信《春秋》寄寓有圣人的微言大义，但圣人之义如何得以呈现？答案就是"因事见义"[①]，——圣人通过记《春秋》之事以彰其义。这也是孔子之所以采用史书形式的深刻原因。但倘若一事显一义，则不免事繁而义乱，徒使圣人之义湮没于物事之中而暗昧难寻。于是，"事"有待"例"而顺，"义"有待"例"而彰。如此一来，"凡例"便成为连接"事"与"义"的纽带；"例"不仅是"事之凡"，更成为"义之蕴"。

因此，中国古典经学对于"凡例"的高度重视，不仅仅是出于对把握事件的方便考虑，更潜含了对"义"、"例"关系的深刻理解。经学家们孜孜以求的并不是那些严整的、精妙的"凡"与"例"，而是存在于这些凡例背后的"意义"。经典的"意义"可以分为两个层次：一者为文本之意，二者为文外之义。而这两者都有赖"凡例"来表现。而且，"义"的介入也打破了"凡例"运用过程中"即事以言例"、"依例而推事"之循环逻辑的怪圈，促使经学解释走向深入。所以，"事"——"例"——"义"的微妙互动构成了一种独特而有创造性的解释学循环，并进而成为中国古代经典解释学的范式。

三、解释的宗旨：传以通经为主，经以必当为理

范宁认为自己的《集解》不是对《穀梁传》做单纯的注解，甚至也

---

① 　[晋]范宁集解、[唐]杨士勋疏：《春秋穀梁传注疏》，《十三经注疏》，第2381页。

不是对《春秋》做形式上的复归,而是对意义的追寻,是对圣人的微言大义(即《春秋》的"为经之旨")的探索。因此,他主张经典解释的宗旨是:"传以通经为主,经以必当为理。"

(一)传以通经为主

针对"传"与"经"的关系,范宁提出"传以通经为主"的解释原则。在这一原则中最值得关注的是"通"字。它隐含的前提是:"经"可通。换言之,经文本身具有内在的统一性和一以贯之之道,也就是范宁所极为重视的"为经之旨一"中的"一"。某种意义上,这也是"凡例"得以产生的原因。

既然经文具有内在的统一性和一以贯之之道,那么以解读经典为职志的"传"理所当然地应该以"通经"为宗旨。具体地讲,"传"通"经"也表现在"事"、"例"、"义"三个层面,即:通晓经书之事,通顺经文之例,通达经说之义。

1. 通晓经书之事

"事"为经之本,对《春秋》而言尤其如此。《穀梁》为解经之书,自是以通晓经事为基础;范氏《集解》为注传之作,同样要把关注的目光投射到经文的事件以及《穀梁传》对这些事件的理解上。这在《集解》对"三传"的态度中得到集中体现。范宁虽然集解《穀梁》,但他在学风上力图跳出汉代师法之藩篱,不自是而非它,不崇《穀》而贬《公》、《左》,而是对"三传"持一种客观平实的态度,公允地评断"三传"之得失,择善而从。如《穀梁》所据之经文昭公四年记载"四年,春,王正月,大雨雪"[①],而《左传》所据之经文则书"大雨雹"[②];史料残缺,无法辨别二说真伪。于是范宁《集解》云"雪,或为雹"[③],并存两家之说。与此类似的还有隐公三年的"尹氏"与"君氏"、隐公四年的"祝吁"与"州吁"、宣公八年的"熊氏"与"嬴氏"等等[④]。

---

① [晋]范宁集解、[唐]杨士勋疏:《春秋穀梁传注疏》,《十三经注疏》,第 2434 页。
② [晋]杜预注、[唐]孔颖达疏:《春秋左传正义》,《十三经注疏》,第 2032 页。
③ [晋]范宁集解、[唐]杨士勋疏:《春秋穀梁传注疏》,《十三经注疏》,第 2434 页。
④ 见[晋]范宁集解、[唐]杨士勋疏:《春秋穀梁传注疏》,《十三经注疏》,第 2368、2369、2413 页。

更进一步讲,范宁采用"集解"的形式并不是偶然的。因为"集解"可以兼采包括阴阳灾异思想在内的众家之说,有助于辨订真伪,裁度是非。而《集解》对于名物、典章、制度的强调同样服务于通晓经事的目的。

2. 通顺经文之例

《集解》的一个显著特征是"整体理解,首尾相顾,事例呼应"。范宁自觉地将《春秋》视作完整的、融贯的有机整体,强调《穀梁传》在解读经文时的联系性。

例如宣公八年经文记录"仲遂卒于垂",《穀梁传》解说:"此公子也,其曰仲,何也?疏之也。"《集解》则进一步补充:"僖十六年传曰:'大夫不言公子、公孙,疏之也。'"①范宁将僖公十六年提到此处的一条相似的传文与宣公八年传文做对比,以图揭示二者之异同和《春秋》书录之凡例。

"例"待"事"而明,"事"待"例"而顺。故《集解》极为重视"事"与"例"的呼应。如哀公四年:

> 经文:四年,春,王二月。庚戌,盗弑蔡侯申。
>
> 传文:……《春秋》有三盗:微杀大夫,谓之盗
>
> 集解:十三年冬,"盗杀陈夏区夫"是。
>
> 传文:非所取而取之,谓之盗;
>
> 集解:定八年,阳货取宝玉大弓是。
>
> 传文:辟中国之正道以袭利,谓之盗。
>
> 集解:即杀蔡侯申者是,非微者也。②

通过排列可以很清楚地看到,《集解》选取典型事件对《穀梁传》所总结的《春秋》盗之例逐条印证,从而使凡例更加清晰、更加有说服力。

3. 通达经说之义

"传"由"经"而来,传文的解说应该尽力符合经文的原意。范宁

① [晋]范宁集解、[唐]杨士勋疏:《春秋穀梁传注疏》,《十三经注疏》,第2413页。

② [晋]范宁集解、[唐]杨士勋疏:《春秋穀梁传注疏》,《十三经注疏》,第2449页。

虽然为注解《穀梁传》花费了大量心血，但他并没有因此曲意回护《穀梁》。对于传文中一些与经文不相符合的地方，他或者婉书"宁所未详"以存其疑，或者直言矛盾而斥其非。

如隐公九年经文记载："九年，春，天王使南季来聘。"传文解说："南氏，姓也。季，字也。聘，问也。聘诸侯，非正也。"范宁认为，根据《周礼》的说法和许慎的解释，天子派遣大臣聘问诸侯并无非礼不当之处，故云"传曰：'聘诸侯，非正'，宁所未详"，委婉地表达了对传文的怀疑①。

又僖公二十四年经文记载："冬，天王出居于郑。"传文解说："天子无出，出，失天下也。"范宁认同江熙的意见，认为天子出行，若巡守而后行，则全天子之行而不言"出"；若出奔而行，则不得全天子之行而应书"出"。经文所书乃周襄王出奔郑国，与"失天下"不类，故"传言失天下，阙然如有未备"，指出《穀梁传》在解说上的不足②。

（二）经以必当为理

"事"——"例"——"义"的解释学循环表明，经典本身并不是解释所探寻的目标；解释行为被引向经典背后的"义"。于是，范宁进一步探讨了"经"与"义"的关系，提出"经以必当为理"的解释原则。

所谓"必当"，既有"适宜"、"合度"的意思，又有"合理"、"合法"的含义③。前者涉及经典的文字表述与意义传达，后者则关注经典本身赖以确立的基础。因此，在范宁看来，"经"之所以为"经"，关键不在于它在语言文字上的优越性，甚至也不在于它是由圣人所作这一事实，而在于圣人创作它的原因与依据。圣人正是按照"必当"的原则创作"经典"的。于是，一方面，"必当"是"经"之所以成为"经"的原因；另一方面，人们必须按照"必当"的原则来解释"经"与"传"。"必当"体现了一种历史理性与价值信仰。

1. 经文合宜

经典的"必当"首先表现为经文文字表述与意义传达的合宜。范

---

① ［晋］范宁集解、［唐］杨士勋疏：《春秋穀梁传注疏》，《十三经注疏》，第2371页。
② ［晋］范宁集解、［唐］杨士勋疏：《春秋穀梁传注疏》，《十三经注疏》，第2401页。
③ 作者按：此处的"合理"、"合法"所参照的背景乃是"天理"。

宁注意到尽管总体上看《春秋》的经文前后融贯、凡例井然,但是仍然有少数地方存在疑问。对此,他采取了两种截然不同的处理方法:

一方面,在解释经文中的某些看似抵牾之处时,范宁努力地找寻理由以消除矛盾,试图给予一个合理的说法。例如,隐公十一年经文记载"十有一年,春,滕侯、薛侯来朝";桓公二年经文又记载"滕子来朝"。时隔仅两年,经文对滕国国君却一称"侯",一称"子"。范宁认为这并不是经文的"笔误",而是据实书写;之所以前后异称,"盖时王所黜",可能是由于在这两年中周天子将滕侯贬黜为滕子的缘故①。

但另一方面,范宁又对经文中的一些不合凡例、无法解释的地方提出质疑。如庄公二十二年经文仅书"夏,五月",传文无解。范宁认为,即使按照"《春秋》不遗时"的凡例来看,经文也应该书"夏,四月",而此处"以五月首时,宁所未详"②。言外之意,这一处经文可能存在错误。相类似的还有桓公四年经文书"夏,天王使宰渠伯纠来聘"之后无"秋冬"二时,便直接记录桓公五年。范宁认为此处可能存在经文的遗漏③。更有代表性的是成公元年的例子。经文仅书"冬,十月",传文却叙述了一大段鲁、晋、卫、曹四国大夫聘齐受辱的故事。范宁《集解》根据《穀梁传》"释经以言义,未有无其文而横发传者"的凡例,反推经文在"冬十月"下很可能遗漏了"季孙行父如齐"六个字④。

从《集解》对待经文中存疑之处所采取的方法可以看出,尽管难免有强为之解的地方,但总体而言,范宁能够既尊重经典之原文,又不屈从其说,显示出一种可贵的学术独立性。

2. 经义合理

经典的"必当"还表现为经义的"合理"。"合理"乃是经典本身赖以确立的基础,即圣人的"为经之旨"所在。

这首先表现为范宁对于"礼"的高度重视。整部《集解》中,引《周礼》、《仪礼》、《礼记》"三礼"之文以及其他礼制资料的内容占了相当

---

① ［晋］范宁集解、［唐］杨士勋疏:《春秋穀梁传注疏》,《十三经注疏》,第 2373 页。
② ［晋］范宁集解、［唐］杨士勋疏:《春秋穀梁传注疏》,《十三经注疏》,第 2385 页。
③ ［晋］范宁集解、［唐］杨士勋疏:《春秋穀梁传注疏》,《十三经注疏》,第 2374 页。
④ ［晋］范宁集解、［唐］杨士勋疏:《春秋穀梁传注疏》,《十三经注疏》,第 2417 页。

大的篇幅。这既与春秋的时代特点有关,也与范宁对"礼"的理解分不开。"礼"不仅仅是现实的行为规范与秩序仪则,还是"天之经也,地之义也,人之行也"①。"礼"与"理"是相通的,"合礼"在某种程度上就等同于"合理",—— 合乎"情理",合乎"天理"。因此,以必当为理的"经"首先在形式上表现为"合礼"。

而《春秋》之"礼"其实是以批判的形式展现的。在范宁看来,《春秋》是"礼乐征伐自诸侯出"、"陪臣执国命"的礼崩乐坏之社会变局的产物;孔子著《春秋》的目的是"赞人道之幽变,举得失以彰黜陟,明成败以著劝诫,拯颓纲以继三五,鼓芳风以扇游尘"②。因此,圣人寄寓于《春秋》之字里行间的"微言大义"、"为经之旨"正是申君臣尊卑之大义,黜乱臣贼子之僭越。于是,《春秋》或笔或削,极尽褒贬进退之能事,正所谓"一字之褒,宠逾华衮之赠;片言之贬,辱过市朝之挞"③。而范宁坚信"成天下之事业,定天下之邪正,莫善于《春秋》"④,原因正在于此。

任何诠释活动都具有双重性,尤其是以"述而不作"为标榜的儒家经典解释学。一方面,由于承认经典中存有圣人之"微言大义",并以揭示与还原此"微言大义"为目标,经典解释因而具有封闭性;另一方面,由于圣人之"义"是以隐晦的、微妙的方式表现的,客观上造成了人们对于"为经之旨"、"必当之理"把握的言人人殊,经典解释又具有了开放性。范宁的《春秋穀梁传集解》作为一部诠释《春秋》、解读《穀梁》的佳作,同样兼具这种双重特性。解读经典是一项枯燥乏味的工作,解读经典又是一项饶有兴味的活动,——正是在封闭性与开放性的矛盾和张力之中,经典解释学于中国思想史中找寻着自己的天地,诠释经典也因而成为一种创造性的活动。所以,作为一个优秀的经学家,范宁既是一位出色的注释者,更是一位独立的思想家。

---

① ［晋］范宁集解、［唐］杨士勋疏:《春秋穀梁传注疏》,《十三经注疏》,第 2107 页。
② ［晋］范宁集解、［唐］杨士勋疏:《春秋穀梁传注疏》,《十三经注疏》,第 2359 页。
③ ［晋］范宁集解、［唐］杨士勋疏:《春秋穀梁传注疏》,《十三经注疏》,第 2359 页。
④ ［晋］范宁集解、［唐］杨士勋疏:《春秋穀梁传注疏》,《十三经注疏》,第 2360 页。

中国哲学史研究

个体的发现与探索

——孔学新探

　　长期以来学术界普遍注意到,孔子在论及个体与社会的关系时,十分强调个体在族类秩序和社会结构中的归属。然而,这是否意味着孔子主张社会伦理本位,以类群的属性来包裹个体,进而使个体淹没在社会和族类的关系网络之中呢?带着这一疑问,我们换一个视角进一步解读孔子思想,却又发现个体在孔子那里占有着极其重要的地位,甚至可以按个体性的线索来构架孔子的主要思想。本文正是从个体性的角度理解孔子思想的一种尝试,通过梳理相关资料,把握孔子对个体的发现及其对个体的两重超越的致思取向,领会孔子智慧中的个体性价值,并进而分析这种个体性的觉悟对后世乃至现代的影响。

一、个体的发现

　　孔子对个体的发现是以人的独立为前提的。之所以强调这一点,是因为在孔子生活的时代,人仍然处在鬼神、宗族、礼乐的重重包围之中。孔子正是在这样的文化背景下开始了人的独立、个体的发现的思想创造。

　　首先,孔子注意到鬼神对人的统治。

　　早在殷商一代,鬼神观念即已广泛盛行,至前周仍方兴未艾。如《左传》中有大量此类记载:"小惠未遍,民弗从也。……小信未孚,神弗福也。"①"鬼神非人实亲,惟德是依。……民不和,神不享矣。神所凭依,将在德矣。"②至于商周的甲骨文资料中,对鬼神的占筮更是占有极其重要的地位。应该说,通过确立鬼神的超然地位,为人世间变幻莫测的灾异祸福找到一个超越的宰制者,这对于处于文明早期的人们来说,无论在精神的慰藉上,还是在现实的活动中,都是有着特殊意义的。而且,鬼神观念与人间治乱的结合,也为人间的君主设置了终极的制约。但是,自从鬼神取代人而成为人间的最高宰制者,人的主动精神和创造性也同时被鬼神榨取了。人们所能做的,只是仰仗神的鼻息,遵从神的意旨。这种软弱、顺从的状态,伴随着人类物质文明的不断发展,已经变得越来越让人无法忍受了。

这时,孔子出现了。客观地讲,孔子并不是起来怀疑鬼神的第一人;而且,他抨击鬼神的态度也远远算不上激进。但是,他对于人疏离鬼神所产生的影响,甚至远胜于后世的王充、范缜诸生。

首先,孔子明智地不在是否有鬼神这个敏感问题上过多纠缠,而是将鬼神从人世间悬置出来,把目光更多地放在人世的生活上。例如当弟子季路询问鬼神和生死问题时,孔子回答:"未能事人,焉能事鬼?""未知生,焉知死?"(《论语·先进》)③这样,就把鬼神之域、幽冥之界悬而不论,突出当下的人的生活价值和意义。这对于以鬼神标准评价一切意义的文化传统是一个极大的反动;甚至可以说,孔子使现实的人的生活首次在鬼神之外具有了独立而重要的地位。这一点,在孔门弟子的追忆中也可看出:"子不语怪、力、乱、神。"(《论语·述而》)孔子对那些脱离日常生活的怪异、鬼神之事采取不置一词的态度,对人之生活的关注由此可见一斑。

即使在孔子为数不多的提及鬼神的言论之中,也不难看出他对鬼

---

① 《左传·庄公十年》传文,详见[晋]杜预注、[唐]孔颖达疏:《春秋左传正义》,《十三经注疏》,上海:上海古籍出版社,1997年第1版,第1767页。

② 《左传·僖公五年》传文,详见[晋]杜预注、[唐]孔颖达疏:《春秋左传正义》,《十三经注疏》,第1795页。

③ 作者按:文中《论语》引文均出自[清]刘宝楠:《论语正义》,北京:中华书局,1990年第1版。

神所取的敬而远之的存疑态度。他指出："务民之义,敬鬼神而远之,可谓知至。"(《论语·雍也》)在"敬而远之"的态度之中,固然保留了对鬼神的"敬",但从根本上看,这种"敬"中无处不透露着一种淡漠和疏离,——鬼神再也不是人间生活的中心和主宰了!

对仍然十分盛行的鬼神祭祀活动,孔子保持慎重的态度,没有公然反对。但是,就算是在这种保留鬼神最后尊严的场合,孔子也依然努力为人争得地位。

首先,在祭祀的对象上,孔子提出:"非其鬼而祭之,谄也。"(《论语·为政》)不再是对任何鬼神都必须去毕恭毕敬地祭祀,而只是针对某一特定的事物祭祀相应的鬼神。如此一来,一方面,在祭祀活动中,极大地消减了非主祭的鬼神的神圣地位,为冲破鬼神的层层封锁准备了突破口;另一方面,突出了祭祀活动中人的目的性,不再是为了敬鬼神而祭祀,而是为了人类的具体需求而祭祀,鬼神也因而从被尊崇者降为被利用者。

更为重要的是,孔子从参祭者的心理入手,强调了参加祭祀的个体——"吾"——的主体精神状态对祭祀鬼神仪式的意义和效果具有决定作用:"祭如在,祭神如神在。子曰:'吾不与祭,如不祭。'"(《论语·八佾》)这里本意是强调祭祀的真诚、虔敬,自己亲身参加,不假他人。同时我们又可以品味出其中的引申意:本来是神所独享的最崇高、最神圣的祭祀仪式,现在也不得不为"吾"的存在预设位置。不仅如此,孔子的人文主义,使鬼神的创造者——人,从自己的创造物的宰制中逐渐走出来,重新获得独立的意义和价值。同时,"吾"的凸现也预示了个体从人群之中觉悟并独立出来的可能性。

伴随鬼神观念统治人间的,还有宗族观念。值得注意的是,在早期文明中,自然鬼神观念与人类祖先神观念往往是杂糅在一起的。上文所提到的祭祀活动,其实已隐含着对祖先神的追慕。而这种对祖先的追慕、对宗族的认同,正是使人们不仅在血缘上,而且在文化、精神的世系传承上构成类群体、社会的关键。然而,宗族观念的盛行反过来又遏制着文明的进一步提升。在殷周的甲骨文资料和先秦的诸多典籍中,充斥着对祖先宗族的祈求和思慕,无论是立君、开战,还是求雨、祛灾，祖先宗族都成了自然神灵之外最可依赖的对象。应该说，祖先和宗族价值的凸现标志着人类认识史的一次重大飞跃，它使人类不再单纯地受自然神灵的摆布，而更多地受更富人性的人类祖先和宗族的支配，这的确是一个了不起的进步。但是，从另一个角度来看，人，特别是作为个体的人，在宗族和祖先的强大力量面前仍然是软弱无力的，个体的全部价值都被祖先和宗族所笼罩。

在孔子看来，个体固然是祖先的后代、族类的一分子，但这并不意味着就能以族类来取代个体。相反，他强调在祭祀宗族、思慕祖先的过程中应突出对现实人生的关注。在此基础上，孔子通过突显祖先宗族的道德意义，提倡以一种道德标准规范个体，从而取代以往的族类门第标准，使个体得以超越宗族。

与对自然鬼神祭祀活动的"敬而远之"态度不同，孔子对宗族的祭祀活动还是相当看重的，这从他的得意门生曾子的言论中便可反映一二。曾子说："慎终追远，民德归厚。"（《论语·学而》）这里的"慎终追远"明显保留了对祖先、宗族的虔诚、思慕之情。但是，我们还应看到的是，曾子的本意不在于使现实个体人生融入祖先的事迹言行之中，而是为现实个体人生寻求一个悠远厚实的宗族性的文化背景。换言之，现实的个体在承继宗族传统的同时，已经隐含着超越宗族的可能性。

孔子通过标举君子道德人格，为个体摆脱宗族束缚提供了条件。在孔子之前，个体的划分主要是依据宗族门第归属为标准，于是就有了贵族与平民的严格对立。孔子一改这种门第标准，转而以个体的道德修养境界为划分人的标准，一个人的身份不再主要由他的宗族、阶级来决定，而是更多地取决于个体后天的道德实践活动，并依这种活动的成果分为君子和小人。标举君子道德人格，体现了一种对人的评价观念的转变：在关注个体的类归属的同时，更看重个体的主体性道德修养。如此一来，每一个道德个体都可能而且应该为自己的一言一行负责，个体在道德上具有了自我实现的多样性和可能性，从而使个体冲破族类的束缚，获得了自由发展的空间。

礼乐制度对个体的覆盖是殷周特别是周代的又一显著特色。自文王、周公制礼作乐以来,以礼仪规范民众,以礼乐教化世俗,就成为治世的象征,也成了孔子深切向往的"郁郁乎文哉"的王道盛世典范。这一点可以理解:孔子所处的时代正是礼崩乐坏之际,对三代盛世的追慕、对现世衰乱的痛惜,使孔子把恢复三代的礼乐之制作为救世复兴的途径,故而他说:"克己复礼为仁。一日克己复礼,天下归仁焉。"(《论语·颜渊》)然而,对礼乐制度的强调,又极易走入另一个误区,即:以礼仪规范个体行为,使个体坠入礼乐制度的网罗之中;甚至,礼乐的规范取代人的本质而成为个体社会行为的最高价值标准。

孔子显然注意到这种危险。因此,他提出"文质并重"思想:"质胜文则野,文胜质则史。文质彬彬,然后君子。"(《论语·雍也》)在《论语》中,"文"有很多种意义,但在与"质"相对时,多指被礼乐化、修饰过了的言行;而"质"则意味着较多地保留了个体的质朴本性。对礼乐教化功能的重视,必然使孔子十分强调"文"的一面,以避免个性中粗鄙不堪的一面过分彰显;但是,他又注意到,"文"应以"质"为基础,否则就会流于表面形式,而缺乏个性和生命力。这一点在他与子夏讨论"绘事后素"时主张"礼后"也可看出(《论语·八佾》)。

对礼乐的这种审慎保留的态度,在孔子关于礼乐与仁的关系讨论中表现得更为明显。他说:"人而不仁,如礼何? 人而不仁,如乐何?"(《论语·八佾》)"仁"既是人的类本质规定,同时也是个体道德实践的最高成就。以"仁"为礼乐之本,突出"仁"对礼乐的实质性的决定作用,既避免了过分地把礼乐夸大化、本体化,以至于将人消失于礼乐之中的危险,同时又突出了个体的道德活动成果对礼乐的重要意义,使个体得以真正跳出礼乐的桎梏,成为礼乐的主体。

这样,孔子通过从鬼神之域寻找人、从宗族之乡超拔人、从礼乐之间凸现人,完成了人从神界、祖界、礼界的独立,并在这一独立过程中不断彰显了个体性,使人首次作为个体具有了独立而重要的地位,从而真正发现了个体。

孔子发现个体的具体过程,可因对象不同而分为两步:"我"的发现和"非我"的发现。

第一步,孔子发现了"我"这一个体。

孔子从自我的经验出发,发现自己这一个体具有不断学习、不断充实的能力。在谈到这一方面时,即使是谦逊如孔子者,亦无法掩饰其锋芒:"十室之邑,必有忠信如丘者焉,不如丘之好学。"(《论语·公冶长》)其求知进学之切由此略见一斑。与这种重学习的态度相对应,《论语》开篇第一句就是:"学而时习之,不亦乐乎?"(《论语·学而》)学习之义彰显至此!

孔子所看重的学习不是简单地接受、继承前人的文化,而是突出求学者的个性,主张思学并重。在教书育人时,他采取因势利导、因材施教的个性化教育;在自己的学习中,重视学思结合,"学而不思则罔,思而不学则殆"(《论语·为政》),从而使学习成为一种主体性的活动。也就是说,学习是"我"自我完善的途径,学习正式成为"我"的学习。这样一来,具有了学习能力的"我"就成了一个开放地吸纳各种文化营养并不断进步的个体。孔子认为,理想的学习形式应该是"为己之学",是以提升自我素养为目的、自做主宰的主动性的学习,而不是以博取他人欢心为目的的"为人之学"。在求学者主动性的作用下,个体甚至可以做到"当仁不让于师"(《论语·卫灵公》)的地步。

正因为"我"是这样一个不断自主学习和自觉完善的个体,"我"拥有着无限的主体精神和能力,孔子才指出:"仁远乎哉?我欲仁,斯仁至矣。"(《论语·述而》)"仁",这一道德个体追求的至上境界,其实早已隐藏在"我"这一个体的禀赋之中,只不过需要后天艰苦的学习实践过程来体现它罢了。由此,学习能力就上升为个体之所以得以确立自我(成己)并由以获得类本质(成仁)的关键要素之一。

"我"这一个体得以确立的另一个重要条件是,"我"天生具有仁之本——孝悌之心。在孔子看来,孝悌是"我"生而有之的本性,"弟子入则孝,出则弟"(《论语·学而》)是个体行为的基本准则。与礼仪的规范不同,孝悌之心是"我"生而有之、不待外求的。倘若一个人连孝悌之心都失却了,他与禽兽也就相去不远了,甚至连禽兽都不如。正是这种人生而有之的本性,成为"我"实现仁的出发点:"君子务本,本立而道生。孝弟也者,其为仁之本与!"(《论语·学而》)而孝悌归根到底,只能是"我"这一个体孝敬"我"的父母、尊敬"我"的兄长。也就是说，孝悌并不是抽象的、超个体的人性；相反，它正是通过"我"这样的一个个具体的、形形色色的个体来实现。极言之，孝悌之心是"我"这一个体所具有的仁之本根。

在谈到学习的天赋能力和孝悌的天生禀赋之后，孔子进一步指出："我"还是一个有着自主意志和志向的个体："三军可夺帅也，匹夫不可夺志也。"（《论语·子罕》）所谓"匹夫"，在此并不具贬义，而是指普普通通的平民。在孔子看来，哪怕是对普通的平民来说，"志"的重要性都要远胜过统帅之于三军，更何况士君子！"志"只能是每一个单独个体的意志与志向。在这里，"志"既可以看作"我"的内在意志力和主体精神意识，也可以看作"我"的外在志向和追求，这两者是融而为一的。"志"正是个体得以确立自我的核心，是"我"的觉醒的标志。有了刚强弘毅的"志"，"我"才能最大限度地发挥自己的学习能力，极大地推扩自己的孝悌禀赋，从而体达仁的境界。可以说，"志"是"我"这一个体得以确立的灵魂。

如此，孔子从自己出发，考察了"我"的学习能力、孝悌禀赋和主体意志，使"我"这一个体的存在得以确立。

孔子的过人之处在于他不仅发现并确立了"我"这一个体，而且还进一步由"我"发现了"非我"的个体的存在。

在谈到自己的"一以贯之"之道时，孔子十分强调忠恕精神。朱子解"忠"为尽己，"恕"为推己。这种由"忠"而"恕"、"忠恕"结合的一贯之道，实际上标志了一种立场的转换：既要完善自我，更要推己及人。为此，孔子明确提出："夫仁者，己欲立而立人，己欲达而达人。"（《论语·雍也》）也就是说，在"我"这一个体实现自我的同时，还要顾念到其他的"非我"个体的实现。后来，他把这一恕道进一步完善为"己所不欲，勿施于人"（《论语·颜渊》）。在恕道精神中，体现着对个体的尊重，特别体现着对"非我"个体的尊重：每一个体都应该而且能够为自己负责，从而为所有个体的生存和发展准备了空间。这种恕道颠覆了以"我"为中心、从"我"的眼光和思想来看待一切的旧有立场，主张将心比心、设身处地，努力站在"非我"个体的视角来考察行为的意义与价值。这是一个伟大的转变，它使"非我"个体冲破"我"的笼罩独立出来。从此,世界不再是原来那个"我"的世界了。

以上,孔子通过与鬼神、宗族、礼乐的疏离独立出人,并在具体的生活实践中发现了"我"和"非我"这两大个体,从而完成了个体的发现这一伟大思想进程。然而,孔子并不满足于个体现有的实然状态,他进一步提出了个体超越的思想。

二、个体的超越

孔子的目的不在于发现个体的实然状态,而在于以这种发现为基础,通过对个体内在潜力的挖掘,并辅之以外在的条件,最终实现个体的超越。所谓"超越个体",就是个体突破自己现有的状态,达到一种更高更新的境界。

孔子在发现个体的过程中所凸现出的个体的学习能力、孝悌禀赋及主体意志等等,已经为个体超越预设了条件。孔子本人的人生经历又为这种超越树立了典范。《论语·为政》篇记载了孔子一生自述:"吾十有五志于学,三十而立,四十而不惑,五十而知天命,六十而耳顺,七十而从心所欲,不逾距。"这段话似乎可以这样解读:孔子从十五岁时开始发挥主体的学习才能,博观经史,通晓礼仪;通过这种学习的积累和体验的加深,在三十岁时确立了"心之所之"——"志";并在这种主体意志的导引下从容行事,年过四十便不再为世事所惑;并进而在五十岁时知晓天命;到六十岁时,听人之言,能体察隐含于言辞背后的微旨;从此逐渐进至天人境界,从心之所欲而为,自由无碍。

具体地说,孔子关于个体超越的思想可以分为两个层次:第一层,是个体从自己所具有的能力、禀赋出发,不断完善自我,从而最终获得人的本质规定——"仁"。第二层,是个体从日用常行中体味天道,并最终实现天人合一,在天人之境实现对短暂、相对的个体人生的超越。

首先,让我们看看孔子从人的本质规定的角度对个体的超越。这集中体现在"克己复礼"上。

所谓"克己",可以解释为"能己",也就是成就理想的自我。"克己"还可以理解为克制、条理自己的欲念。这里,孔子并不主张灭绝人的一切欲望;正相反,他以肯定人的形形色色的正常欲望为"克己"的前提。如他承认"富与贵,是人之所欲也,……贫与贱,是人之所恶也……"(《论语·里仁》),甚至说"富而可求也,虽执鞭之士,吾亦为之"(《论语·述而》)。孔子肯定了人的正常的物情之欲,这与他对个体性的彰显相呼应。因为个体之成为个体,成为与其他人("非我")相区分的"我",一个重要原因就在于个体具有形形色色、纷繁不同的物情之欲。倘若仅有天地之性,而无气质之性,个体的凸现显然是不可能的。所以,孔子对人的正常欲望的肯定,在某种意义上也是对个体性的肯定。在他看来,个体的食色诸欲正如水往下流一样是正常的,可以理解的;但若放之任之,使之如洪水之肆虐,则又万万不可。所以,他把"道"、"义"等道德价值原则拔升提高,使之成为节制个体纷繁欲念的堤坝。例如,他虽然承认趋利避害是人的天性,但如果不以"道"趋利避害,则是君子所不为的,正所谓"不义而富且贵,于我如浮云"(《论语·述而》)。在此,孔子特别彰显了"君子人格"。上文曾提到孔子主张以君子道德人格取代宗族门第标准来规范人。其实,"君子"一词古已有之,但多指社会地位较高的贵族男子。孔子削弱了"君子"社会地位的一面,突出其道德性的一面,使"君子"成为个体道德修养的楷模。因而,他所谓的"君子"就成了那些"克己复礼"做得比较成功的道德个体的专称。正因为高举了"君子人格",才会出现"饭疏食饮水,曲肱而枕之,乐亦在其中矣"(《论语·述而》)的境界,也才会有孔颜乐处。

由此,孔子通过对君子人格的倡导,通过对道德的尊显,很大程度上扭转了以往那种个体竞相逐利的局面,使个体得以在道德的指引下战胜自我。

孔子的"克己"之道与"礼"分不开。他给弟子解释"克己复礼"之义时,提出著名的"四非四勿":"非礼勿视,非礼勿听,非礼勿言,非礼勿动。"(《论语·颜渊》)在这里,孔子把节制个体物情之欲的"道义"道德标准涵化入礼仪规范之中。也正因为如此,"复礼"对孔子才有了如此重要的意义。在整部《论语》中,随处可见孔子对君臣、父子等等关系所做的规范,以及对丧祭乡饮之礼所做的繁复规定。这一切似乎与上文孔子"文质并重"、以"仁"定"礼"并从礼乐中凸现个体的主张相矛盾。其实不然,孔子对礼乐的强调,已经不复具有礼乐至上的意味,礼乐已经更多地作为一种手段而不是目的出现在孔子的思想中。而且,整个"复礼"过程从根本上是以"克己"为前提,并受其制约。应该说,正是在这种繁文缛节之中,在尊尊卑卑、贵贵贱贱的区分之中,在名正言顺的条理之中,道德个体对自我的定位和对自身价值的肯定得以凸显,个体对自我的掌握和对整体和谐的追求得以体现。只有在这种意义上,才能真正理解孔子的"礼"。

在"克己复礼"的具体实现过程中,个体孝悌之心的展开又是其关键。孔子主张从自我的孝悌之心出发,推己及人,见父母之年而知怜人父母之年,闻兄长之疾而知悯人兄长之疾,自内而外,实行有差等的爱,使礼仪制度得以建立在踏实、可信的基础之上。通过这种孝悌之心的推扩,由修身而齐家、而治国、而平天下,个体在实现社会功业的同时,实现了对自我的超越和对"仁"的类本质的复归,——个体不再仅仅是孤立无助的个体,他同时也是社会的个体,是人类的个体,是分享有"仁"这一人类本质的道德的个体。可以说,"仁"的提出、人类道德属性的高扬,为个体超越自我提供了背景和方向。

从"仁"的类本质方面对个体的超越,还只是对个体的人世间的关怀。除此之外,个体还需要超越人世的更高的关怀。为此,孔子又从天道的高度提出了个体的另一重超越取向,那就是"天人合一"。

泛观《论语》,孔子讨论"天"的言论并不多;而且,就在这为数不多的讨论中,他似乎更侧重"天"的自然性的一面,以至于孔门高弟子贡总结道:"夫子之文章,可得而闻也;夫子之言性与天道,不可得而闻也。"(《论语·公冶长》)但是,这并不意味孔子缺乏对天道的关注;恰恰相反,孔子始终把天道作为人的存在和个体自我完善、自我超越的背景。

与其他思想家对天道的关注不同,孔子对天道的向往总是与其对人世生活的关注融而为一,因而孔子的天道观隐而不显。他强调"中庸之为德也,其至矣乎"(《论语·雍也》),主张"下学而上达"(《论语·宪问》),从庸言庸行中着手,在庸常的生活实践和道德修养中保持中道,进而由此体验高明的天道。可以说,孔子的天道超越是与个体的生活紧密相关的,具有即世间即天道的性格。正因为融入了个体的世间生活,吸纳了个体的动态、多样、强毅、进取的道德实践性质,天道在孔子这里才具有了生生不息、动动不已、刚毅日新的特质,宛如一个活泼泼的大生命,不至于坠入僵死、虚妄。而个体也就是在这种日用庸常之间,在即人世即天道的境界中,体验生命、体验超越,突破个体的层层局限,使短暂有限的个体人生在天人合一之境中获得永恒无限的意义。

这样一来,孔子从"仁"的类本质和天道的层面、从世俗的类归属和超越人世的终极归属两个向度论述了个体的自我超越问题,为人的发展和完善提供了极为有益的启示。而孔子关于个体的发现和自我超越的个体性思想一经提出,便对两千多年来的知识分子阶层和平民大众产生了深远的影响,这种影响甚至一直延续到今天。

三、个体性思想的影响

个体的自我完善及个体与社会的关系,是历代文人立身行事所必须关注的问题。孔子的个体性思想,为人们解答这一问题提供了指导;而这种指导,又进而影响了两千多年来中国社会的状况。

首先,这种尊重个体、张扬主体的思想对历代知识分子阶层士大夫人格的培养起到了举足轻重的作用。

后世士人十分强调修身。《大学》中的"八德目"明确地把"修身"放在最中间,使之成为连贯内外、达于天下的基础。而这正是对孔子强调个体,主张"修己以敬"、"修己以安人"、"修己以安百姓"(《论语·宪问》)思想的继承与发展。通过对"修身"的重视,把修齐治平之事落实到道德个体的日常言行举止之中,才真正体现了即世间即天道、极高明而道中庸的智慧。

在修身过程中,孔子所强调的"志"在士人知识分子那里得到极大彰显。诸葛亮在写给外甥的一封信中说道:"夫志当存高远。……若志不强毅,意不慷慨,徒碌碌滞于俗,默默束于情,永窜伏于凡庸,不免于下流矣。"[①]正因为有了高远的志向,历代文人才能"贫贱不能移,富

---

① 《诫外生(甥)书》,见《诸葛亮集》,北京:中华书局,1960 年第 1 版,第 28 页。

贵不能淫,威武不能屈"(《孟子·滕文公下》),才能抛头颅,洒热血,杀身取义,舍身成仁,"留取丹心照汗青"。可以说,正是这种对"志"的高扬,对以"仁"为核心的君子人格的标举,为其后两千多年间成千上万的知识分子乃至平民大众的自我觉醒、自我完善指明了方向。

其次,在君子人格的指引下,历代儒家知识分子纷纷投身社会,在现实的道德实践中创造不朽的社会功业,使个体最大限度地实现了社会价值。

孔子的个体性思想并不排斥对社会的关注;相反,个体正是在融入社会的过程中不断完善和超越自我。这一经世致用倾向为历代儒家知识分子所尊崇。后世文人以"为帝王之师"自任,积极参与朝政,直谏不讳;在地方上主张"为官一任,造福一方",兴水利,除异害,使个体在与社会的激荡中实现自我的价值。

最后,个体对社会的关注又是相对的、有限的,正如孔子所说的"邦有道,毂;邦无道,毂,耻也"(《论语·宪问》),后世文人也多在穷、达、进、退之间调整自我与社会的关系,所谓"穷则独善其身,达则兼善天下"(《孟子·尽心上》)。这种穷、达之变既保持了个体卓然独立,不同流合污;更表明了个体与社会的关系:个体既是在社会中生存的,同时又是超越社会的。这样就保留了个体相对超然的地位,使个体在一种与社会若即若离的关系中凸显自身的价值,而不至于迷失自我。

孔子的个体性智慧不仅影响了历代中国士人和民众,而且已经融入民族的文化精髓之中,对现代人生乃至整个世界的现代处境,都有着难以估量的关照价值。

存在主义思想家萨特认为,现代人生实质上是一个个孤独的个体在充斥着偶然事件的世界中相互冲突、相互战争的行为过程,个体成了行动着的虚无主义者。应该说,萨特的观点很大程度上揭示了现代社会人生的一些本质。然而,这种虚无的个人主义只能使他人成为自己的地狱,从而使自己也陷入无边无际的虚妄之中。这时,当我们再回过头来看孔子的个体性思想:他把个体的意义和价值归还给个体,个体不仅应该而且也能够为自己的行为负责;个体在道德性的修身的基础上,与他人为友而不是为敌,推己及人,构建一个由个体组成的和谐的社会。在这个社会中,个体的价值不但没有被抹杀;相反,个体正是在这个社会中实现自我的不断完善和超越,从而为自我的无限发展提供了契机。由此可见,孔子的个体性思想在很大程度上能适应现代个体人生的处境,同时也能克服存在主义的虚无与消极,使个体在道德之境、天地之域获得充实和自由。

此外,孔子的即世间即天道、极高明而道中庸的思想,把个体的终极超越与当下的日常生活联系在一起,不虚妄,不菲薄,在平凡中见高明,从人世间观天道,使个体在中道的日用常行中体会到生命的无限意义和价值。这一切,对于治疗后现代人生的迷惘、虚无,乃至纵欲、拜金诸症,都是不无裨益的。

至于孔子的个体与天道和谐并在的"天人合一"思想,及其对于现代人与自然关系的启发,已为诸方家所详论,故在此不敷赘言。

庄子生死观刍议

　　"大哉死乎！"孔子的得意门生子贡曾发出过这样的感叹①。的确，死亡之于人意义重大：它是生命全过程的一个必不可少而又至关重要的环节，是生命的最后诠释，是人生无可逃遁的必然归宿。更深一层讲，死亡还构成生命最根本的背景，我们只能在死亡的背景下展开一生；也正是死亡为我们洞彻人生真谛提供了路径。从这一点来看，孔子著名的"未知生，焉知死"之说（详见《论语·先进》），其实也可以倒过来讲，即："未知死，焉知生。"只有坦然地面对死亡，深刻地理解死亡，在生与死的激荡互动中体味人生，我们才可能全面、准确地把握生命的全部意蕴。

　　对于哲学家而言，死亡还有更进一步的意义。柏拉图曾给哲学下过一个奇特的定义："真正的追求哲学，无非是学习死，学习处于死的状态。"②叔本华则把死亡看作是"哲学灵感的守护神"，断言："如果没有死亡的问题，恐怕哲学也就不成其为哲学了。"③事实上，确实有许多哲学家正是通过对生死问题的体认观照，才得以建构和完善自己的哲学体系，因此，"哲学家们对自己死亡的哲学思考和哲学态度常常是他们整个哲学的一面镜子"④。

---

　　① 详见《荀子·大略》，[清]王先谦：《荀子集解》，北京：中华书局，1988 年第 1 版，第 511 页。

　　② （古希腊）柏拉图著、杨绛译：《斐多：柏拉图对话录之一》，沈阳：辽宁人民出版社，2000 年第 1 版，第 12、13 页。

　　③ （德）叔本华著、金铃译：《爱与生的苦恼》，北京：中国和平出版社，1986 年第 1 版，第 149 页。

　　④ 段德智：《死亡哲学》，第 7 页。

而这些,尤为突出地表现在庄子的生死观中。

通过阅读《庄子》,我们不难发现书中充满着大量的关于生死现象及其本质的思考和探索。这些思索涉及生之有限、死之必然,生之困境、死之迷惑,生之喜悦、死之哀惧,生之养护、死之超越等等方面,构成了庄子别具一格的生死观思想,并成为庄子整个哲学的一个重要组成部分。而庄子关于生死问题的大量思考,又反过来为我们窥见庄子哲学的真面目提供了一面镜子。所以,对庄子生死观的考察就成为我们了解庄子整个哲学体系的一条捷径。不仅如此,庄子对生死问题的一些思考,本身已经在很大程度上突破了时代和地域的限制,也不仅仅局限于某个具体问题的解答,而已触及到人类共同生命中的一些根本的内容,对于今天乃至将来的人们,仍然有着不容忽视的意义。

正是基于这种思考,我们有必要重新梳理《庄子》一书中关于生死问题的思想资料,并在此基础上重新建构和理解庄子的生死观。本文拟从庄子对生死问题的提出、养生护生进而超越生死这一视角入手,厘清庄子生死观的形成脉络,并进而体会庄子生死观与其道论之间浑融互辅的密切关系。

一、生死问题的提出:庄子对生的困惑

作为一个极具浪漫气质、向往逍遥无待的精神之游的思想家,庄子所关注的是一个绝对的、无限的、永恒的天地;只有在那里,他思想的精灵才能无拘无束、无牵无挂、自由自在地翱翔升腾。唯其如此,庄子比其他思想家更加敏锐、更加深刻地体会到现实人生的诸种苦难与限制,并由此对生命产生了深深的困惑。

(一)庄子时代人生的困境

任何一个思想家、任何一种思想都是处于历史之中的。这句话可以有两层意思:首先,思想家及其思想是历史的,即便特立独行如庄子者,无论其思想如何超凡脱俗、卓尔不群,我们仍能从他所处的历史时代中发现其思想的种种因子;另一方面,思想家是历史的存在,思想家不仅仅作为一个思想者出现,他首先更应当是在一定的历史中生存并感受人生的"存在者"。思想家与历史的这种密切关系要求我们在研究某一思想家的具体思想时,应尽可能还原到历史的场景中去;更进一步,我们还要设身处地,努力使自己成为在当时的历史中生存并感受人生的那个"存在者"(即该思想家)。

当我们以这种视角考察庄子生死观时,首先出现在我们眼前的便是庄子时代人们所面临的生之困境。

首当其冲的是战争、刑罚对生命的摧残。庄子生活的战国中期,诸侯争霸如火如荼,战争的规模和破坏力空前加剧。与庄子大致同时代的孟子曾形象地描述当时的战争场面:"争地以战,杀人盈野;争城以战,杀人盈城。"(《孟子·离娄上》)战争之血腥残酷可见一斑。庄子对此也颇有同感。在《庄子·人间世》篇,庄子借颜回之口指出卫国国君"轻用民死,死者以国量乎泽若蕉"①,国君轻率地发动战争,置民于死地,战死沙场者多如泽中草芥。同篇的另一处,庄子赞颂支离疏:"上征武士,则支离攘臂而游于其间"②,支离疏可以凭借肢残形伤免于战争的直接屠戮,言外之意,其他那些肢体健全的人就没那么"幸运"了。这种"祸兮福之所倚"的生存智慧在这里更像是一种辛辣的讽刺。而在一则寓言中,庄子把战争的丑恶凶残表现得淋漓尽致:"惠子闻之而见戴晋人。戴晋人曰:'有所谓蜗者,君知之乎?'曰:'然。''有国于蜗之左角者曰触氏,有国于蜗之右角者曰蛮氏,时相与争地而战,伏尸数万,逐北旬有五日而后反。'"③在寓言中,庄子借蜗角两国之争,戏谑地描绘了战争的残酷与愚蠢。虽然庄子看似站在高处洒脱地俯瞰这类人世纷争,但谁又能说这种洒脱背后没有一层深深的无可奈何与悲哀呢?

与战争相似,刑罚的残害在这个时代也十分显著。庄子指出:"今世殊死者相枕也,桁杨者相推也,刑戮者相望也"④,因刑戮之灾伤身残肢者比比皆是。如鲁国的叔山无趾,就是因"不知务而轻用吾身,吾

① 《庄子·人间世》,见[清]郭庆藩:《庄子集释》,北京:中华书局,1961 年第 1 版,第 132 页。

② 《庄子·人间世》,见[清]郭庆藩:《庄子集释》,第 180 页。

③ 《庄子·则阳》,见[清]郭庆藩:《庄子集释》,第 891—892 页。

④ 《庄子·在宥》,见[清]郭庆藩:《庄子集释》,第 377 页。

是以亡足"①。在庄子看来，刑罚的祸患不仅在于伤身残肢，更在于对人的性命之情的袭扰："自三代以下者，匈匈焉终以赏罚为事，彼何暇安其性命之情哉！"②

面对战争的屠戮和刑罚的残害，或许作为思想者的庄子能够超脱；但是，作为一个活生生的历史的存在者，他必须首先面对战争的冲击和刑罚的威胁。在庄子看来，战争、刑罚这类形式极端残酷的人为灾难，一方面给人们的身体带来严重摧残，另一方面更使人们生活在朝不保夕的惶恐与不安之中，不断磨蚀着我们生存的勇气和信心，对人心造成的创伤是无法估量的。

是非争辩是庄子时代人们所面临的又一种生之困境。与战争、刑罚的直接摧残相比，是非争辩似乎算不上什么，但庄子却敏锐地注意到是非争辩对人的内在生命的危害。

庄子指出，各是其所非、非其所是、是非分明、彼此对待的态度，往往会使人彷徨迷乱而与道疏离。在《齐物论》篇，庄子集中揭露了这种"是非之彰"："是非之彰也，道之所以亏也"③，"道恶乎隐而有真伪？言恶乎隐而有是非？道恶乎往而不存？言恶乎存而不可？道隐于小成，言隐于荣华。故有儒墨之是非，以是其所非而非其所是"④。真伪、是非的彰显正是由于大道被小成小知所遮蔽，而言论沉溺于文饰修辞之间，无法彰显道之真义。在庄子看来，这种执著于小知小识等等相对价值的是非争辩，只会使人与大道疏离，使人生变得猥琐而无意义。

接着，庄子更进一步指出，这种是非之彰的根本失误在于，它要求人们以有限人生追寻无限纷繁的具体知识（执著于真伪、是非的小知小识），而无法体味大道真知，即"吾生也有涯，而知也无涯。以有涯随无涯，殆已"⑤。这种执著于是非对待的小知，只能导致人的内在生命

① 《庄子·德充符》，见［清］郭庆藩：《庄子集释》，第 202 页。
② 《庄子·在宥》，见［清］郭庆藩：《庄子集释》，第 365—366 页。
③ 《庄子·齐物论》，见［清］郭庆藩：《庄子集释》，第 74 页。
④ 《庄子·齐物论》，见［清］郭庆藩：《庄子集释》，第 63 页。
⑤ 《庄子·养生主》，见［清］郭庆藩：《庄子集释》，第 115 页。

危殆而不得安宁。

战争与刑罚的残害、是非对待的偏执对生命的伤害固然严重,但在庄子看来,这些还比不上仁义、利禄等对人性残害的可怕。在庄子眼中,仁义、利禄对人性的残害才是人们所面对的最大的人生困境之一。

首先,庄子注意到人生活在世界上,总是被一些仁义善恶的标准规范着,被一些声名利禄的物欲束缚着。可以说,人一来到这个世间,便开始了无休无止的争名逐利:"一受其成形,不忘以待尽。与物相刃相靡,其行尽如驰,而莫之能止,不亦悲乎!终身役役而不见其成功,苶然疲役而不知其所归,可不哀邪!"①人们在世上奔波忙碌,追逐着仁义之名、富贵之利,身心疲惫而不知归息。然而,这些名利却并不能带给人们心灵上的安适和形体上的闲逸;相反,它给人生披上了重重枷锁:"吾未知圣知之不为桁杨接槢也,仁义之不为桎梏凿枘也,焉知曾史之不为桀跖嚆矢也!"②再如:"夫富者,苦身疾作,多积财而不得尽用,其为形也亦外矣。夫贵者,夜以继日,思虑善否,其为形也亦疏矣。人之生也,与忧俱生,寿者惛惛,久忧不死,何苦也!"③在这里,庄子指出仁义之名、富贵之利等种种欲求,并不是人的内在需要。追逐名利,对于我们的生命没有丝毫增益;相反,只能陷生命于忧虑疲役的桎梏之中。

庄子进一步指出,仁义利禄等种种欲求不仅不是人的内在需要,而且也"非道德之正"④,是与人的道德之性相悖离的。特别是仁义,较之争伐刑戮、追富逐贵要隐蔽得多,但危害却有过之而无不及。一方面,仁义对人的形体生命直接带来危害。在庄子眼中,无论是仁义如伯夷者,还是嗜利如盗跖者,他们招致身死的原因虽不同,但"其于残生伤性均也"⑤。也就是说:追逐仁义对世人生命的残伤绝不比杀

---

① 《庄子·齐物论》,见[清]郭庆藩:《庄子集释》,第56页。
② 《庄子·在宥》,见[清]郭庆藩:《庄子集释》,第377页。
③ 《庄子·至乐》,见[清]郭庆藩:《庄子集释》,第609页。
④ 《庄子·骈拇》,见[清]郭庆藩:《庄子集释》,第311页。
⑤ 《庄子·骈拇》,见[清]郭庆藩:《庄子集释》,第323页。

人逐利之类强到哪里去！为此，庄子专门用了"殉"一词："天下尽殉也。彼其所殉仁义也，则俗谓之君子；其所殉货财也，则俗谓之小人。其殉一也，则有君子焉，有小人焉；若其残生损性，则盗跖亦伯夷也，又恶取君子小人于其间哉！"①这里，庄子将"殉仁义"与"殉货财"等同，将君子与小人划齐，并不是为小人平反，而是要揭穿所谓仁义君子残生伤性的真面目。另一方面，仁义对世人的危害，也表现在一些人窃取仁义，借仁义之名逞其私欲，即所谓"窃国者"。他们窃取"仁义"之名，以谋取私利。"仁义"成了他们维护权力、欺骗人民的工具，以致出现了"彼窃钩者诛，窃国者为诸侯"②的荒唐怪事。

　　庄子更为重视的是仁义对人的内在道德本性的扭曲。在庄子看来，仁义未萌的至德之世，人们"同与禽兽居，族与万物并"，本性"素朴"而暗合于道德之真。然而，"及至圣人，蹩躠为仁，踶跂为义，而天下始疑矣；澶漫为乐，摘僻为礼，而天下始分矣"③。仁义之行、礼乐之用正是以废离道德之真、背弃素朴本性为代价的。仁义礼乐的坏道悖性通过"撄人之心"来具体实现："昔者黄帝始以仁义撄人之心，……天下脊脊大乱，罪在撄人心。"④庄子认为，那些所谓的儒家圣人，执著于小知小别，以仁义袭扰人的素朴之性、婴儿之心，破坏了人们内在道德本性的宁静与圆满，实在是罪莫大焉。

　　在战争刑罚残害生命、是非争执销蚀生命、仁义利禄扭曲生命等等人生困境一一显现之后，最终凸现在庄子面前的，便是生死命限了。可以说人生的所有困境中，最深重也最为根本的，莫过于生之有限与死之必然了。人总是要死的，正是因为这一点，战争刑罚、是非争执、仁义残害等等才得以真正成为人生的困境。我们甚至可以说，生死命限已经成为人生的最大困境，它本身包含、覆盖着其他种种困境，对人生起着关键的影响。换言之，对时代苦难的反思、对生命困境的体味，最终导致生死问题在庄子哲学中凸现出来。

---

① 《庄子·骈拇》，见［清］郭庆藩：《庄子集释》，第323页。
② 《庄子·胠箧》，见［清］郭庆藩：《庄子集释》，第350页。
③ 《庄子·马蹄》，见［清］郭庆藩：《庄子集释》，第336页。
④ 《庄子·在宥》，见［清］郭庆藩：《庄子集释》，第373页。

在庄子看来,死亡是必然的,无论长寿如彭祖,还是短命若殇子,死亡对于他们都一样不可避免。换句话说,生命对于每个人都同样有限。而生命的这种有限一旦与天地相比较,则更显出它的短暂。庄子形象生动地把人的一生比作"白驹过隙":"人生天地之间,若白驹之过隙,忽然而已"①,"天与地无穷,人死者有时,操有时之具而托于无穷之间,忽然无异骐骥之驰过隙也"②。一边是飞奔如箭的白驹骐骥,一边是区区指宽的缝隙,这种强烈的对比愈发衬托出在永恒无穷的时间中,有限的人生是多么地短暂!正是这种强烈的对比,使庄子对现实人生的寿夭产生出一种怀疑:"虽有寿夭,相去几何?"③相对于天地的至大至久,现实的大与小、人生的寿与夭到底有多大的分别呢?这种怀疑促使庄子反省人生,并一步步走向相对主义。在他看来,生命的或长或短、死亡的或早或迟,这些现实的种种差别,都只具有相对的意义;一旦与天地的广阔背景相对照,则这些差异都是微不足道的。因此,他深刻地提出:"天下莫大于秋豪(毫)之末,而大(泰)山为小;莫寿于殇子,而彭祖为夭。"④我们既可以说泰山大、秋毫小,彭祖寿、殇子夭,也可以反过来说秋毫大、泰山小,殇子寿、彭祖夭。于是,现实生命的长短便在天地长河中被齐一化了。而这种齐一化的结果就是,无论生命长如彭祖,还是短若殇子,都一样是有限的,是短暂而不足道的。

(二)庄子的困惑与生死问题的提出

然而,令庄子困惑不解的是,正是这样一种短暂的、充斥着种种困境苦累的生命,却还被世人顽强而执著地追求着,"特犯人之形而犹喜之"⑤。世人处在天地的造化之中,一旦能够成为人便十分欣喜,浑然不知与天地万物相比,人是多么地平凡而不足道。更有甚者,尚在熔冶万物的火炉之中,便踊跃地叫喊着:"我要做人!我要做人!"全然不

---

① 《庄子·知北游》,见[清]郭庆藩:《庄子集释》,第746页。
② 《庄子·盗跖》,见[清]郭庆藩:《庄子集释》,第1000页。
③ 《庄子·知北游》,见[清]郭庆藩:《庄子集释》,第744页。
④ 《庄子·齐物论》,见[清]郭庆藩:《庄子集释》,第79页。
⑤ 《庄子·大宗师》,见[清]郭庆藩:《庄子集释》,第243—244页。

理会人生的诸般苦累。在《至乐》篇,庄子借一个骷髅之口形象地道出了人生的种种苦累:庄子路遇一个骷髅,于是猜测此人是出于贪生悖理而致于死呢? 还是由于国家败亡而遭斧斤之祸呢? 抑或是因为自己德行不善、愧见亲人而自杀于此呢? ……入夜,骷髅托梦于庄子,指出庄子的种种猜度,其实都是"生人之累也"①。这个寓言警醒人们:原来我们生活在这个世界上,竟然承受着这么多的苦累啊!

庄子的冷静旁观加深着他的困惑,也迫使他思考一个问题:面对短暂的、苦难的人生,人们为什么会悦生而恶死呢? 在庄子看来,生死问题已经不仅仅是人生必须面对的现实命限,而且,更成为横亘在人生的现实世界与更高境界之间的一道鸿沟。如此一来,庄子便由一个感受生死的存在者,转变为一个思考生死的思想者。而首先他所必须思索的便是生命的养护问题。为此,庄子提出了养生论。

二、生死问题的初步思考:庄子养生论

生命的养护问题,在不同人看来有着不同的涵义。如儒家知识分子就十分看重生命的护养。孟子主张"正命",强调君子"不立乎岩墙之下"(《孟子·尽心上》),也就是不使自己的形躯处于危殆之中。儒家的另一部经典《孝经》更是强调"身体发肤,受之父母,不敢毁伤,孝之始也"②,提倡一种立足于孝道的"重生"、"惜生"主张。然而,儒家士人虽然强调"生亦我所欲"、"死亦我所恶"(《孟子·告子上》),但他们更看重的是"杀身成仁"、"舍生取义"的道德伦理境界。与儒家士人不同,在道家隐逸之士看来,生命的存养被赋予了更为丰富的内涵;他们提出了"惜生"、"重生"、"长生"、"贵生"等等一系列存养生命的理论,折射出一种感性体悟与理性思索相交摄的光辉。庄子的养生论正是在道家生命存养理论的基础上提出的。因此,我们首先从道家先辈的生命存养思想谈起。

---

① 《庄子·至乐》,见[清]郭庆藩:《庄子集释》,第617—618页。

② [唐]李隆基注、[宋]邢昺疏:《孝经注疏》,《十三经注疏》,上海:上海古籍出版社,1997年第1版,第2545页。

(一)道家养生论传统:老子的"长生"与杨朱的"贵生"

生命的存养在老子那里有着极其重要的地位。老子身处乱世,深切地感受到生命的脆弱。为此,他从外在的处世态度和内在的道德要求两个方面提出了自己的养生思想。

首先,老子认为人们在为人处世的过程中,要尽量保持一种柔弱、卑微的态度,以一种迟钝的状态,使自己融入庸常之中,不争、不求、不引人注意,这样,就能够"不辱"、"不殆"了。例如:"众人熙熙,如享太牢,如春登台。我独泊兮其未兆,如婴儿之未孩。儽儽兮若无所归。众人皆有余,而我独若遗。我愚人之心也哉,沌沌兮! 俗人昭昭,我独昏昏。俗人察察,我独闷闷。澹兮其若海,飂兮若无止。众人皆有以,而我独顽似鄙。我独异于人,而贵食母。"①面对外界的纷繁热闹、是非变幻,保持一种迟钝的似愚似鄙的心态,如同婴儿尚未长大,少一些敏感,少一些欲求,少一些骚动,使身心不受损。他还提倡:"知其雄,守其雌,为天下溪。为天下溪,常德不离,复归于婴儿。……知其荣,守其辱,为天下谷。为天下谷,常德乃足,复归于朴。"②使自己处于一种卑微、柔弱的地位,不争,不欲,"不敢为天下先"③。如此,不仅能避免身心性命的损害,而且还能使本性与"常德不离",保持婴儿般的素朴之性。

外在的处世态度应以内在的道德要求为根基。因此,老子提出:对于"我"而言,要从内心做到"无知"、"无欲",进而"外其身":"是以圣人之治:虚其心,实其腹,弱其志,强其骨。常使民无知无欲,使夫智者不敢为也。"④因为"祸莫大于不知足,咎莫大于欲得"⑤,人们一旦倚

①　《老子道德经》第二十章,见[魏]王弼注:《老子注》,《诸子集成》第三册,北京:中华书局,2006 年第 2 版,第 11 页。

②　《老子道德经》第二十八章,见[魏]王弼注:《老子注》,《诸子集成》第三册,第 16 页。

③　《老子道德经》第六十七章,见[魏]王弼注:《老子注》,《诸子集成》第三册,第 41 页。

④　《老子道德经》第三章,见[魏]王弼注:《老子注》,《诸子集成》第三册,第 2 页。

⑤　《老子道德经》第四十六章,见[魏]王弼注:《老子注》,《诸子集成》第三册,第 28 页。

恃小知小识，放纵声色犬马之欲，就会陷溺于偏执争斗，使外在的形体与内在的心性都处于危殆之中。

　　过去有的学者认为老子主张"虚心、实腹、弱志、强骨"，是让民众头脑简单，四肢发达，是一种维护剥削阶级统治的愚民政策。但是，当我们从内外生命存养护持的高度来理解时，会发现老子"无欲无求"的主张其实有着深刻的道理。这种"无欲无求"的结果是"外其身"："是以圣人后其身而身先，外其身而身存。"①在老子看来，人们之所以有太多的忧患疾苦，最根本的原因就在于我们有一个"有知有欲"的"身"，"吾所以有大患者，为吾有身。及吾无身，吾有何患！"②当然，老子所谓的"无身"，并不是要将外在形骸毁灭；而是通过"无知"、"无欲"的修养，在精神上做到"其身似无"，不受形体之欲的支配，如此就能免患长生了。此即"见素抱朴，少私寡欲"③的"深根、固柢、长生、久视之道"④。

　　道家的另一位代表人物杨朱的养生思想与老子截然不同。杨朱养生思想的一个显著特点是逞欲纵情。《列子·杨朱》篇⑤公孙朝、公孙穆兄弟的言行充分体现了这一点：朝、穆为郑国贵族，朝好酒，穆好色，其"荒于酒"、"耽于色"，无不用其极也。用他们的话来说，就是："为欲尽一生之欢，穷当年之乐。唯患腹溢而不得恣口之饮，力惫而不得肆情于色。"⑥这种貌似荒唐颓废的举止背后，其实有着深刻的人生体悟，那就是"人生苦短"。杨朱十分清醒地认识到人生苦短这一残酷现实：人生匆匆，不过百年；其中，少稚昏老、夜眠疾苦、亡失忧惧种种又占去大半，所余年壮力盛可供享乐之日实已无多。正是在这种人生

----

①　《老子道德经》第七章，见［魏］王弼注：《老子注》，《诸子集成》第三册，第4页。
②　《老子道德经》第十三章，见［魏］王弼注：《老子注》，《诸子集成》第三册，第7页。
③　《老子道德经》第十九章，见［魏］王弼注：《老子注》，《诸子集成》第三册，第10页。
④　《老子道德经》第五十九章，见［魏］王弼注：《老子注》，《诸子集成》第三册，第36页。
⑤　作者按：关于杨朱思想的史料散佚严重，仅在少数先秦典籍中保留有只言片语。《列子》一书有《杨朱》篇，不少学者认为该篇为魏晋人伪造编入。本文认为，《列子·杨朱》篇尽管晚出，但其主旨和部分内容仍可在一定程度上反映杨朱的主张。
⑥　杨伯峻：《列子集释》，北京：中华书局，1979年第1版，第226页。

体悟下,杨朱提出了逞欲纵情的享乐主张。

杨朱的享乐主张与其"贵生"的养生思想一致。《杨朱》篇中,他借管夷吾之口道出:"去废虐之主,熙熙然以俟死,一日、一月、一年、十年,吾所谓养。拘此废虐之主,录而不舍,戚戚然以至久生,百年、千年、万年,非吾所谓养。"①可见,杨朱的"贵生"并不是简单地延长寿命,保全生命,而是主张一种有质量、有意义的人生。可以说,杨朱的"贵生"其实是"使生贵",也就是使生命本身得到尊显,只不过他所选择的尊显生命的标准是享乐罢了。

杨朱以享乐为"贵生"标准,这与他对生命性质的理解相关联。在他看来,声色之欲内在于人性,纵情声色是人性的自然需求,与"全性葆真"的养生宗旨相吻合。所以,他认为自己的享乐其实是一种在"全性葆真"基础上的享乐,是对短暂人生的最大尊重。正因为如此,他反对那种外在于生命本性的社会功利,反对牺牲生命之性以谋利社会,甚至主张"拔一毛以利天下不为也"(《孟子·尽心上》)。这种极端的态度是对他"全性保真,不以物累形"②的"贵生"思想的形象写照。

(二)庄子的养生论

庄子的养生论是在汲取、扬弃老子、杨朱养生思想的基础上提出的。他吸收了老子"长生"思想中"见素抱朴,少私寡欲"的成分,特别着重吸取了"外身"思想中的可取之处;对于杨朱的"贵生"思想,庄子则对其中的人生苦短之叹"于心有戚戚焉",扬弃吸收了"全性保真,不以物累形"的思想。

但庄子并未止步于此。结合自己对人生诸般困境特别是生死命限的体会和思考,庄子有意识地把养生思想纳入其对生死问题的思考过程中,使之成为其中的一个重要阶段,进而更为细致深入地分析了外在形体生命的护持与内在德性生命的存养,建构起深刻而完备的养生论思想体系,既深化了老、杨以来的道家养生思想,又把养生论的探

---

① 杨伯峻:《列子集释》,第223页。

② 《淮南子·泛论训》,见刘文典:《淮南鸿烈集解》,北京:中华书局,1989年第1版,第436页。

讨与生死问题的思索联系在一起,为生死问题的最终解答提供了一条独特的路径。

1.“养形”与“外化”

首先,庄子确立外在形体生命的存养为其养生论的基础。他说:“有生必先无离形”①,指出形体的存养是生命展开的前提。庄子本人十分看重形体的养护。上文提及鲁国叔山无趾因“不知务而轻用吾身,吾是以亡足”②,庄子对这种“轻用吾身”而招致形体生命残伤的现象持批评态度。他虽然没有提出杨朱式的“拔一毛以利天下不为也”的极端主张,但是他指出“夫天下至重也,而不以害其生”③,认为“两臂重于天下也,身亦重于两臂”④。庄子笔下的许多得道之士将帝王之位视作损道残生的重负。面对唾手可得的帝王名位,他们都选择了尊生而让王,纷纷逃隐于深山,甚至宁可自投于水也不愿出来做天子⑤。庄子本人在被礼聘为官作宰时,也表示宁愿做“生而曳尾于涂中”⑥的小乌龟,也不愿做被供奉在太庙中的死了三千年的神龟⑥;宁可“为孤犊”而保全生命于污泥浊水之间,也不愿成为“衣以文绣,食以刍菽(菽)”而丧命于太庙之中的牺牛⑦。此外,他在称颂“真人”、“至人”、“神人”时,屡屡强调他们“入水不濡,入火不热”⑧,也从另一个方面印证了形体生命的护养一直是他所十分重视的。

庄子重视形体生命的护养,更突出地表现在“外化”思想中。

所谓“外化”,是指外在的形体生命以随顺的态度对待外界事物的纷纭变化,听之任之,与之变化,不加损益,使外在的形骸不至于因为与外界环境发生摩擦而受到残害。刘笑敢把这种“外化”归纳为一种“随俗论”:“外表要随顺牵就,内心要浑融随和。他若如婴儿之无知,

---

① 《庄子·达生》,见[清]郭庆藩:《庄子集释》,第 630 页。
② 《庄子·德充符》,见[清]郭庆藩:《庄子集释》,第 202 页。
③ 《庄子·让王》,见[清]郭庆藩:《庄子集释》,第 965 页。
④ 《庄子·让王》,见[清]郭庆藩:《庄子集释》,第 970 页。
⑤ 其事多载于《庄子·让王》篇,详见[清]郭庆藩:《庄子集释》,第 965—988 页。
⑥ 《庄子·秋水》,见[清]郭庆藩:《庄子集释》,第 604 页。
⑦ 《庄子·列御寇》,见[清]郭庆藩:《庄子集释》,第 1062 页。
⑧ 《庄子·大宗师》,见[清]郭庆藩:《庄子集释》,第 226 页。

亦随他如婴儿之无知；他若对事毫无分别，亦随他对事毫无分别；他若无拘无束，亦随他无拘无束，这样就会万无一失。这是典型的随俗论。"这种随俗是基于一种立场："现实世界中的一切都是无可奈何的，因而人们只能随顺外界的必然，任何脱离和抗拒命运之必然的企图都是徒劳的。"①

不仅如此，庄子的"外化"还有更深一层的含义。在庄子看来，外在形骸之所以要养护，实在是一件不得已的事；"养形"的目的并不只是单纯为了形骸的存养，更为重要的是使之"似有若无"，进而将其"存而不论"。这一点，庄子明显继承了老子的"吾所以有大患者，为吾有身。及吾无身，吾有何患"②的思想，认为人之所以有喜怒哀乐、悦生恶死种种偏执，根本的原因在于人有形骸、"有己"。因此，形骸成为庄子解答生死命限所必须首先面对的问题。但正如他自己所说，"有生必先无离形"，我们不能人为地毁去形骸。面对这种两难，庄子想出了一个绝妙的解决办法，即：一方面保留形骸，并使之不受外界损伤；另一方面，又尽量淡化形骸在生命存养过程中的地位，减少其对生命的影响，使之"养而不用"、"存而不论"，从而有效地限制那些紧紧依附于形骸的物欲之情对人的袭扰。

为此，庄子提出了"外化"的标准，即："形如槁木"。"形如槁木"就是要消解形骸中易为情欲所扰的部分，使形骸在"外化"中与外界（自然）同其性，而淡化争名逐利、嗜欲害性的种种负面。从而使形骸不再成为阻隔个体心灵与自然之道相交摄的屏障，即做到："有人之形，无人之情。有人之形，故群于人，无人之情，故是非不得于身。眇乎小哉，所以属于人也！謷乎大哉，独成其天！"③虽然保全人的形体，但却不为附属于形躯的物欲之情所困。这样，既能"群于人"而不受损伤，又能超越人而合于天。一旦做到"形如槁木"，就可以体会到"无己"、"无功"、"无名"的圣人境界。冯达文把"无己"、"无功"、"无名"理解为取消自身的质的

---

① 刘笑敢：《庄子哲学及其演变》，北京：中国社会科学出版社，1993年第1版，第201、202页。

② 《老子道德经》第十三章，见［魏］王弼注：《老子注》，《诸子集成》第三册，第7页。

③ 《庄子·德充符》，见［清］郭庆藩：《庄子集释》，第217页。

规定性,做到无所依赖、无所对待,从而从矛盾对立中超脱出来,而向"道"靠拢①。三者之中,最为重要的还是"无己"。"无己"就是虽有一己之身,却不受其束缚和限制,达到对形骸的超脱。

接着,庄子提出"养形"("外化")所依凭的手段是:"为善无近名,为恶无近刑,缘督以为经",如此,便"可以保身,可以全生,可以养亲,可以尽年"②。这段话可视作庄子养形思想的纲领。所谓"为善无近名,为恶无近刑"就是"不以心捐道,不以人助天"③,不以物累形,不以身犯祸,不恃形逞欲而陷形骸于危殆之中。而"缘督以为经"一句,历来有多种解释;通常解"督"为"督脉",即人体中央之脉,意取"中"。故"缘督"意为顺应自然的中虚之道,为人处世亦须立于庸常之间,无过不及,此亦即庄子所言"处乎材与不材之间"之意④。

但是,在谈到庄子养形思想时,我们必然会遇到这样一个难题:既然庄子十分看重形骸的存养,那为何在《庄子》书中又充斥着大量肢残形陋之人,如上文提到的支离疏,"颐隐于脐,肩高于顶,会撮指天,五管在上,两髀为胁"⑤,其形之畸陋令人匪夷所思;又如哀骀它,其形"恶骇天下"⑥;为何庄子对他们不仅不批判,反而推崇备至呢?本文认为,这个问题可以从两个方面来理解。

一方面,从这些畸残之人所以畸残的原因来看,他们不像叔山无趾之类因为人为原因而招致亡足,也就是说他们的畸残并非后天人为的存养不当造成的,而是"天与"。何谓"天与"?《养生主》篇记载:"公文轩见右师而惊曰:'是何人也?恶乎介也?天与?其人与?'曰:'天也,非人也。天之生是使独也,人之貌有与也。以是知其天也,非人也。'"⑦右师只有一条腿,公文轩问其缘故,得到的回答

① 冯达文:《论庄子哲学的逻辑思维过程》,《庄子研究》,上海:复旦大学出版社,1986年第1版,第232页。

② 《庄子·养生主》,见[清]郭庆藩:《庄子集释》,第115页。

③ 《庄子·大宗师》,见[清]郭庆藩:《庄子集释》,第229页。

④ 《庄子·山木》,见[清]郭庆藩:《庄子集释》,第668页。

⑤ 《庄子·人间世》,见[清]郭庆藩:《庄子集释》,第180页。

⑥ 《庄子·德充符》,见[清]郭庆藩:《庄子集释》,第206页。

⑦ 《庄子·养生主》,见[清]郭庆藩:《庄子集释》,第124页。

是:这是天使之然,并非人为所致。换言之,右师刖足,并不是因为个人的后天存养不当、德行失宜所致,而是"天与之",是自然的天意使他这样的。显然,庄子所反对的只是那种因人为原因而招致的形体伤残,对于右师这类的"天残"之人,他并不反感。在《大宗师》篇,庄子的这一观点表现得更为显著:"俄而子舆有病,子祀往问之。曰:'伟哉夫造物者,将以予为此拘拘也!曲偻发背,上有五管,颐隐于齐,肩高于顶,句赘指天。"①可见,所谓畸残,乃是天道造化的产物,人对此是无能为力的,只能顺之应之。如此,反而能跳出桎梏,不受其限制。可见,庄子对此类天残之人的赞赏,表明他的养形思想的核心乃是顺应天道自然:若天使之残,则顺之应之;若人使之残,则戒之慎之。

接下来,我们从另一个方面来理解这种养形与畸残之间的关系。在全面考察此类畸残之人的言行后,我们发现这些畸残之人往往"形残而德全",他们不以伤残畸陋为念,而顺其"外化",葆全其德:在外,不怨不尤,不以人力增损自然的造化,而是与之变化,听之任之,随之顺之;在内,淡化畸陋之形,而注重德性之全。也就是说,这类畸残之人之所以为庄子所称道,是因为他们往往是"畸于人而侔于天"②,虽形残体陋,但却德全如春,侔合于天道,故"德有所长而形有所忘"③,使别人只注意到其德性的完满,而忽略了其形体的畸残。这些天残之人通过内在德性生命的存养,与自然大道同其德,与天地造化同其流,从而跳出形骸畸残的现实困境,达到内在生命的自由通达。这才是养生思想的大旨。

因此可以说,尽管庄子也十分看重形骸护持,但是,他更为重视的是内在德性生命的存养(即"养神")。庄子多赋予这些德全之人以畸陋的外形,也正体现了他极力消减形骸在德性生命存养过程中的影响,从而凸显"养神"的重要性。

---

① 《庄子·大宗师》,见[清]郭庆藩:《庄子集释》,第258页。
② 《庄子·大宗师》,见[清]郭庆藩:《庄子集释》,第273页。
③ 《庄子·德充符》,见[清]郭庆藩:《庄子集释》,第216页。

2. "养神"与"内不化"

在《应帝王》篇,庄子借郑国神巫季咸为列子之师壶子预测人生的故事,提出了他的"养神"主张。面对季咸的观形辨色,壶子先后示之以"地文"、"天壤"、"太冲"和"未始出吾宗",吓得季咸仓皇而逃[①]。壶子之所以能屡屡变幻形色,示其殊相,根本原因在于他做到了全德养神。所谓"养神",就是后来列子"三年不出"所学到的"为其妻爨,食豕如食人。于事无与亲,雕琢复朴,块然独以其形立。纷而封哉,一以是终"[②],即忘弃荣辱,与物平等,而不为世事扰心;摈弃文采,而反于素朴;绝弃情识,破除小智,而块然独立。如此,便能养神守一,终其天年。对于这一点,庄子在《德充符》篇中表达得更为直接:"哀公问:'何谓才全?'仲尼曰:'死生存亡,穷达贫富,贤与不肖毁誉,饥渴寒暑,是事之变,命之行也日夜相代乎前,而知不能规乎其始者也。故不足以滑和,不可入于灵府。使之和豫,通而不失于兑;使日夜无隙而与物为春,是接而生时于心者也。是之谓才全。'"[③]这里的"才全"正是"全德养神"之意。对于这段话,张默生先生的译读颇为精当,今摘录如下:"…… 仲尼道:'死生、存亡、穷达、贫富、贤与不肖、毁誉、饥渴、寒暑等,这都是事物的变化、天命的流行。日夜循环不已,虽有至智之人,也不能推测其来源。所以只有听任大化的自然流转,这些无常的事,不足以乱我本性的天和,不可使它入扰我的灵府。使其和豫之气常自流通,而不失怡悦的本性,日夜如此,毫无间隙,随物所在,同游于春和之中,好像四时不在天地,而是接续生时令于我的心中。要之,他是随变任化,无往而不逍遥自得,这就叫做才全。'"[④]可见,"养神"就是任世事如何纷纭变幻,而不使其乱我本性、扰我灵府(即"心");通过养性护心,返归其素朴之质、道德之真。如此,便能随变任化,无往而不自得。简而言之,"养神"就是要做到"全性葆真",使其天然的素朴之性得以全,使其婴儿的道德之真得以葆。

---

① 《庄子·应帝王》,见[清]郭庆藩:《庄子集释》,第297—304页。

② 《庄子·应帝王》,见[清]郭庆藩:《庄子集释》,第306页。

③ 《庄子·德充符》,见[清]郭庆藩:《庄子集释》,第212页。

④ 张默生:《庄子新释》,济南:齐鲁书社,1993年第1版,第184、第185页。

　　"神"与"形"相对,庄子的"养神"也是与"养形"相联系、相对待而提出的。可以说,"养神"既是与"养形"同时进行的,又是比"养形"更高的一个阶段。用一种动态的眼光来看,"养形"和"养神"是在整个养生活动中同时进行的一消一长的过程。一方面,通过"养形",形骸的地位和作用不是被提高了,而是被"养而不用"、"存而不论",被消减到如槁木、死灰一般,寂灭无欲,寥无生机,从而消解了形躯及依附于它的种种物欲之情对人内在生命的束缚和限制。另一方面,与此同时进行的"养神",则通过护其本性,养其灵府,使人的内在德性生命得以存养,并在不受形骸局限的情况下自由自在地长育充扩,达到德性的圆满。正是通过这样的一消一长,在庄子那里,该消解、该抛弃的都被消解、抛弃了,那些有价值的东西便凸现出来;反过来,有价值的东西凸现了,那些外在的、与道德之性相违背的东西便更容易被消解了。换言之,养形为养神提供了前提和基础,而养神为养形准备了目的和根据。

　　"养神"相对于"养形"的重要性不仅体现在其作为目的和根据这一点上,还表现为它在生命养护中更具有决定性。《田子方》篇中,庄子借仲尼之口表达了这样的见解:"夫哀莫大于心死,而人死亦次之。"①这里,"心死"可以被理解为神之亡,而"人死"则是形之死。对于这两种死亡,庄子显然更看重"神之亡";这也从反面证明了庄子对心神养护的格外关注。在《达生》篇中,庄子更提出"养形果不足以存生"②的观点,指出如果仅有养形而没有养神,是远远不够的,并不足以"存生";只有养形、养神兼备,生命才得以存养。

　　"养神"最典型的表现是"内不化"。所谓"内不化",刘笑敢的理解是:"内不化即不动心,即在万物纷纭变化之中保持内心的宁静,……内心超然独立,不随物而动,令物自化而恪守与道为一的境界。……内不化的实质即无情而不动心。"③可见,"内不化"正是相对于形骸的"外化"而提出的。相应于"外化"的"形如槁木"的标准,"内

----

①　《庄子・田子方》,见[清]郭庆藩:《庄子集释》,第707页。
②　《庄子・达生》,见[清]郭庆藩:《庄子集释》,第630页。
③　刘笑敢:《庄子哲学及其演变》,第203页。

不化"也提出了自己的标准，即"心若死灰"。具体地讲，就是在外要因顺万物变化，使形骸如自然的枯木一般不将不迎，随变任化；在内则守护本性、心灵的宁静与自足，使心灵如寂寥的死灰一般波澜不起，闹中取静，从而与虚静之道贯通为一。在《知北游》篇，庄子借孔子之口说道："古之人，外化而内不化；今之人，内化而外不化。与物化者，一不化者也。安化安不化，安与之相靡，必与之莫多。"①与物外化，于心则一而不化，安化安不化，这才是养生之妙谛所在。

　　落实到"内不化"的具体要求上，我们可以从庄子对真人、至人、神人之类的描绘中看出些许端倪："古之真人，不逆寡，不雄成，不谟士。若然者，过而弗悔，当而不自得也"②；"古之真人，其寝不梦，其觉无忧，其食不甘，其息深深"③；"受而喜之，忘而复之，是之谓不以心捐道，不以人助天。是之谓真人。若然者，……凄然似秋，煖然似春，喜怒通四时，与物有宜而莫知其极。"④也就是说，"养神"要做到不拒不迎，不虑不谋，无念无想，无偏无执，忘怀一切而寂然似秋，浑朴圆和而温润如春；如此，便能"登高不慄，入水不濡，入火不热"⑤。这些对真人"养神"的描述中使用了大量的"不"、"无"之类的否定词，这种描述方式正是老子以来道家惯用的"遮诠"方法。"遮诠"之法的运用，说明庄子的"养神"不仅以形骸的"外化"消解为其前提，而且"养神"本身也正是在消解与否定中获得自身的内容和规定性。

　　此外，"神人"、"真人"之类的境界描述中如此多的"养神"内容，也反过来给我们一种暗示，即：通过这些"养神"的修炼，有可能进入"神人"、"真人"的境界，从而"不知悦生，不知恶死"⑥，超脱生死。这样，就为"养神"预设了一条超越生死的途径。只不过，在这一道路上，还存在其他大量的思考与体验的环节。

①　《庄子·知北游》，见[清]郭庆藩：《庄子集释》，第765页。
②　《庄子·大宗师》，见[清]郭庆藩：《庄子集释》，第226页。
③　《庄子·大宗师》，见[清]郭庆藩：《庄子集释》，第228页。
④　《庄子·大宗师》，见[清]郭庆藩：《庄子集释》，第228—230页。
⑤　《庄子·大宗师》，见[清]郭庆藩：《庄子集释》，第226页。
⑥　《庄子·大宗师》，见[清]郭庆藩：《庄子集释》，第229页。

上文提到"养神"要护其灵府不受袭扰,灵府即"心"。下面,有必要进一步强调"心"在"养神"中的地位。庄子讲"夫哀莫大于心死"①,又讲"近死之心,莫使复阳也"②。可见"心"之存亡,对于"神"而言是至关重要的。心需如死灰,这只是养心的外在显现;一旦深入到"心"(灵府)的深处,我们会发现"心"的养护,乃是在这种寂灭如死灰之中保持其不受外界袭扰,并进而守一体道。这一过程的展开,就表现为一种近乎神秘的体验。在庄子那里,此种神秘体验被称为"心斋"。

"心斋"的"斋"字本身有"斋戒"、"静养"的含义,因而"心斋"与"静"关系密切。这种"静"不只是表层意义上的安静,还包含了内在心灵的宁静。《人间世》篇记载:"回曰:'敢问心斋。'仲尼曰:'若一志,无听之以耳而听之以心,无听之以心而听之以气!听止于耳,心止于符。气也者,虚而待物者也。唯道集虚。虚者,心斋也。"③"心斋"就是要心志守一,对于外界的声音,不要用耳朵去听接,而要以心去感受;甚至也不要用心去感受,而要以气去应待。因为,无论是耳听还是心感,都是有所待的,是依于物而滞于相的。唯有气虚漠无形,流化无待;以气应物,就能运而无形,化而无迹,不滞于物相,而直接与道为一。为什么庄子在这里要特意提出一个"气"来取代"心"呢?这是因为"心"尽管能做到寂如死灰而近于道,但一方面"心"因"内不化"而不得不存养护定,即"不动心",故而与道"流化万品"的品格不相称;另一方面,"心"固然有其超越形骸的一面,但究其根,仍不得块然独立、自足完满,如此"心"只能"若"死灰,却不能"是"死灰。而"气"则不然,它兼含流化与独立的性质,加之它本身虚漠无形,与道体"虚而不有"的特性相符,故而能成为"心"之后体道的又一更高环节。

回过头来,我们不难发现"心斋"其实是一个不断消解的过程:首先,作为形体感官的"耳"被消解了,而归之于一种内在的精神层面的"心";接着,作为精神主宰的"心"也被消解了,而归之于一种虚漠无

---

① 《庄子·田子方》,见[清]郭庆藩:《庄子集释》,第707页。
② 《庄子·齐物论》,见[清]郭庆藩:《庄子集释》,第51页。
③ 《庄子·人间世》,见[清]郭庆藩:《庄子集释》,第147页。

形的"气"。这是一个动态的、不断进行的消解过程,我们也有理由相信:即便是这种虚漠无形的"气"也终将被消解掉。单从"气"对"心"的消解上看,就已经突破了"养神"的阶段,而在"气"的层面为生命提供了一种超越与贯通的可能性。

与"心斋"相类似的另一个概念是"坐忘"。在谈"坐忘"之前,我们有必要先看看"忘"在庄子养生思想中的地位。"'忘'是庄子解脱哲学的一大法宝。"①首先,"忘"不等于"灭"。"灭"是要把对象销毁掉,而且即使做到"灭"了也仍可能没有"忘"。"忘"比"灭"要高明得多。具体到庄子的养生思想,无论是残缺之形还是健全之体,我们都不可能也没有必要去毁灭它;只要我们能"忘"了它,就能"存而不论",在实质上超越形骸而不受其限制。故庄子云:"忘己之人,是之谓入于天。"②一旦能做到忘掉一己之身,就能不为形躯所困,就能离于人而侔合于天。因此,"忘"在养形到养神的跃升中起着重要作用。

"坐忘"则不止于"忘"。它既保留了"忘"的以上功用,又赋予其新的内容。何谓"坐忘"?"堕肢体,黜聪明,离形去知,同于大通,此谓坐忘。"③再联系到颜渊"坐忘"之前的"忘礼乐"、"忘仁义",我们不难发现:"坐忘"的前半部分内容的实质乃是"内不化",即:对于外在的种种欲望、诱惑,我们虽不能通过毁坏形躯来阻隔它们,但我们可以通过"养神",利用"忘"这一法宝,消解形骸肢体对我们的束缚,消解耳目等感官对我们的袭扰,使自己与形骸相疏离("吾丧我"④),而不受形骸层面的小知小识的困扰,达而内心的宁静,进而做到"全性葆真"。但是,"坐忘"的后半部分内容(也是更为重要的内容)——"同于大通",就比较难于理解了。结合篇中其他部分,本文认为,"同于大通"指的是通过"坐忘"而达到的一种通达而圆满的境界,亦即同天体道的境界。为什么通过"离形去智"的"坐忘"工夫就能达到"同天体

①　杜导明:《道家与解脱》,北京:作家出版社,1997年第1版,第35页。
②　《庄子·天地》,见[清]郭庆藩:《庄子集释》,第428页。
③　《庄子·大宗师》,见[清]郭庆藩:《庄子集释》,第284页。
④　《庄子·齐物论》,见[清]郭庆藩:《庄子集释》,第45页。

道"的境界？这个问题非常难以回答,因为庄子这一"坐忘",便把他超越的具体过程也给"忘"了;当然,更有可能是由于这种跃升无法言说,是一种与"心斋"类似的直觉体验。

无论怎样,"心斋"和"坐忘"总算是给了我们一些理解庄子生命超越的线索。在庄子这里,"心斋"、"坐忘"既是他的"养神"而"内不化"的养神修性的具体工夫,也是精神超越形骸、不断上升的神秘的直觉体验过程。这种神秘的直觉体验立足于形躯心神的养护,以生死问题为契机,为人们的现实生命提供了一种超越的可能性。

3. 庄子养生论的实质

在分别考察了"养形"和"养神"之后,我们可以隐约把握到庄子养生论的实质。

首先,对于外在生命,即形骸生命而言,庄子的态度是不毁不弃,但又"养而不用"、"存而不论"。从某种意义上讲,庄子对外在形骸并未真正做到"养",而只是"存身免祸"而已。而且,这种"存身"又是与"忘身"、"无己"同时进行的,"吾守形而忘身"[1]。"存身"、"守形"不是目的,"存身"、"守形"正是为了"忘身"。既然如此,又为何要存身呢？庄子用了一个贴切的比喻来回答这个问题。他说:"忘足,履之适也;忘要(腰),带之适也。"[2]最合适的鞋子,是当人们穿上它时,会忘了自己的双脚的存在;最合适的腰带,是当人们系上它时,会忘了自己的腰的存在。反之,倘若人们总是感觉到自己有脚、有腰时,则是由于鞋子不合适而导致脚痛、腰带不合适而导致腰疼。人们也会因此而受到脚与腰的困扰。可见,我们选择合适的鞋子、合适的腰带,真正的目的并不在于保护我们的双脚和腰,而是为了感觉不到它们的存在,忘掉它们,从而不受其困扰。"存身"与"忘身"的关系也是如此。

其次,对于内在生命,即心神而言,庄子则主张存而长养之。庄子"养神"的目的是要返于素朴之性,归于道德之真,即"全性葆真"。这种"全性葆真"的"养神"主张背后,有一种先验的对"心"和"性"的理

---

① 《庄子·山木》,见[清]郭庆藩:《庄子集释》,第698页。

② 《庄子·达生》,见[清]郭庆藩:《庄子集释》,第662页。

解,即:"心"和"性"本来的状态就是朴素、混沌如"婴儿之未孩"。换言之,人的"心"、"性"本身就是合于道德之真的;人们只要能存其本性、养其本心,全性葆真,就能自然与大道契合。更深一步,这种素朴浑沌的"心"、"性"本身就是源自于天道的;因而,全性葆真、同于大通其实是一个由天到人再由人返天的循环。谈到这里,我们会惊奇地发现,庄子的这种天与人之间的循环竟然与《易》乃至儒家思孟学派的天命人性之说有着惊人的相似。对于这一现象,我们是不是可以说,这种天与人之间的循环,或者说这种天人合一的思维模式,不仅仅是儒家思维方式的特征,更是儒、道乃至其他诸子各家思想的一种共同的思维框架和理论背景;从这种意义上来说,儒、道乃至诸子各家在早期很可能享有共同的思想资源。这一点,在近些年来的一些考古发现中也有所显示。

第三,庄子养生论的另一个显著特点是它主张形、神、心、物俱养。关于这一点,朱喆的观点极具代表性。他指出:"庄子的养生之道特别注意心、物、形、神的结合或调匀,如由'及物'到'外物'就是由'物养'进到'心养',由'保身'、'养形'到'心斋'、'坐忘'就是由'形养'进到'神养'。'心养'并不意味着就舍弃'物养',而是不止于'物养',超越'物养';'养神'也并非意味着舍弃'养形','养神'是'养形'的深入和提高,只有心、物、形、神俱养,不留滞于一端,才能够抱本原之朴,守住本真之性,真正合于自然之道。"①重"物养"、重"形养"体现了庄子对外化的随顺和"存而不论"的智慧,而对"养神"、"养心"的高举则显示了庄子对内在生命的关注和对超越性的追求。

最后,庄子的养生论与他对生死问题的思考紧密联系在一起。庄子的养生论既讲到全身免害之法,又讲到"全性葆真"之方。但庄子强调养生,并不是为了"益生"、"长生",而是为了在养生过程中体会生命、看透生死,从而超越生死命限。可以说,庄子的养生思想是他思考生命、超越生死的体认过程中的重要一环。从这种意义上来讲,庄子

---

① 朱喆:《先秦道家哲学范畴研究》,武汉大学博士学位论文,1997 年第 10486 号,第 94 页。

养生思想中的超越性其实是其生命超越性的一种体现。他的"心斋"、"坐忘"的工夫,既是适应现实的存身手段,更是超克生死的体认路径。然而,仅仅通过养生还不能解决生死问题。为了更深入地解答生死问题,庄子便从对生命(外在形体生命与内在德性生命)养护的关注转到对生死现象的超越性思考上。

三、生死问题的深入解答:庄子对生死现象的三重超越

庄子的养生论并未真正解答生死问题,但它所强调的形躯的护持,特别是心神的存养,为人们深入解答生死问题奠定了基础。不仅如此,其中的"心斋"、"坐忘"工夫更是为人们超越生死、"同于大通"提供了一条超越性的体认路径。

但是,庄子的"心斋"、"坐忘"从根本上讲乃是一种近乎神秘的直觉体验;这种直觉体验的一个显著特征是它存在着很大的跳跃性,时常会出现逻辑思维过程的中断与空白。这类跳跃式的直觉体验是中国传统思维(特别是道家、禅宗等)中的瑰宝,对于研究早期思维有着难以估量的价值。不过,我们研究庄子生死观的一个重要任务,却是要在这些跳跃式的直觉体验中厘清其理论线索和思想脉络。为此,不仅要体会"心斋"、"坐忘"的直觉体认,还要努力从思维理路上把握庄子在"心斋"、"坐忘"、超越生死、同于大通的直觉体验背后,对生死问题的具体解答。于是,我们回到庄子对处于死亡背景下之生命的具体体认上——其实,这正是"心斋"、"坐忘"之类体验的超越性的具体展开。这时,我们会发现,在这种体认过程中,庄子对生死问题的思考大体上有一个从人的角度到物的角度再到道的角度的发展过程。相应地,他对生死问题的解答和对生死现象的超越也可分为从人的层面到物的层面再到道的层面这层层推进的三重境界。而在这三重境界的超越过程中,作为人与道之间的中介,"气"始终贯穿于其间。

(一)以人观之:死生命也——从人的层面的超越

落实到人的层面,庄子首先关注的是现实生活中人们面对生死问题所采取的基本态度——"悦生恶死"。庄子认为,人们悦生恶死的生

活态度本身隐含着对生死的几层理解:第一,生命是可贵的,我们应该珍惜和留恋生命;第二,死后的世界是不可知的,故而死亡很可怕;第三,在生死问题上,人的作用可以发挥影响,如:人为的力量不仅可以延长生命,而且还可以使生命更有价值。庄子认为,以上的三层预设其实都经不起推敲。倘若要破除生死的执著,人类就必须纠正这几层错误理解。

　　上文引述过《庄子·至乐》篇的一个寓言:庄子曾经在路上遇到一个骷髅;出于好奇,庄子对此人的死亡原因做了种种猜测,如死于战乱、死于财货、死于名声等等。夜半,骷髅托梦给庄子,直言庄子的种种猜测都是所谓“生人之累也”①,这是你们这些活在人世间的人们的负担与苦累啊!再结合上文归纳的人之生命历程中不得不面对的种种无奈与局限,我们发现:庄子实质上否定了“生命是可贵的”这一预设,同时也否定了人们“悦生”的根源。

　　至于对死亡的恐惧,庄子指出:正因为人死后的世界是不可知的,故而人们所假定的“死后的世界多么可怕”也只能是一种可能性;而“可能可怕”也同时意味着“可能并不可怕”,因此我们没有理由一定害怕死亡。或许人们恐惧死亡,是因为看到了死亡过程的痛苦与可怕;但是,死亡的过程与死后的世界其实并不是一回事。换言之,死得痛苦,并不意味着死后永远处在痛苦之中。在《齐物论》篇,庄子借丽姬的故事进一步阐明了这个道理:“予恶乎知说(悦)生之非惑邪!予恶乎知恶死之非弱丧而不知归者邪!丽之姬,艾封人之子也。晋国之始得之也,涕泣沾襟;及其至于王所,与王同筐床,食刍豢,而后悔其泣也。予恶乎知夫死者不悔其始之蕲生乎!”②丽姬前后迥异的态度,也许正反映了人们对于死亡的心态:在面临死亡时总是担忧、恐惧,殊不知死亡的背后也许恰恰是安乐的家园!而一个悦生恶死的俗人也许正像流落异地、迷不知返的孩童一般可怜!在《大宗师》篇,庄子更是“以生为附赘悬疣,以死为决疣

---

① 《庄子·至乐》,见[清]郭庆藩:《庄子集释》,第617—618页。
② 《庄子·齐物论》,见[清]郭庆藩:《庄子集释》,第103页。

溃痈"①,把生命看作是肿瘤赘肉悬附在形体之上,充满了苦累;而把死亡看作是瘤破溃消,反而是一种解脱。

有些学者据此提出:庄子主张"悦死恶生"而反对"悦生恶死"。我们认为,这是对庄子原意的一种误解;否则,庄子就成了鼓励人们自杀的邪教教主! 就庄子的本意来看,他其实既不主张"悦生恶死",也不主张"悦死恶生"。这一点,杜导明的观点比较符合庄子的初衷,他说:"其实他(指庄子)并不提倡人人都去自杀,以解脱人生的苦难,否则他也不会追求全性保真、养生尽年了。庄子之所以有如此怪诞的说法,是因为要进一步为他的'死生同状'、'死生无变于己'张本。他针对世人的悦生恶死,有意矫枉过正,以消除人们对于死亡的恐惧。实际上,他既不悦生恶死,也不悦死恶生,而是要求顺其自然,死生无变于己。"②也就是说,庄子鼓吹"悦死恶生",并不意味着他提倡人们应该放弃生命,追求死亡。对死亡的赞颂其实只是他针对世人普遍的"悦生恶死"而提出的一种批评,只不过这种批评采取了一种极端的形式罢了。结合《庄子》全书的内容,我们可以发现庄子其实既不主张悦生恶死,也不主张悦死恶生,他实际上更看重生死随顺自然,安于命化。

庄子在矫枉过正地提出他的"悦死恶生"之说时,特意用一个词来形容死,这个词就是"归",如上文引述过的"予恶乎知死之非弱丧而不知归者邪?"③《庄子》书中还有不少地方提到"归",如"终身役役而不见其成功,苶然疲役而不知其所归,可不哀邪!"④又如"解其天弢,堕其天袠,纷乎宛乎,魂魄将往,乃身从之,乃大归乎!"⑤以"归"来解"死",实质上是把生与死看作是一个出发与返归的过程,就像孩童离开家又回到家。不仅如此,"归"还暗示了生死这些相对的表象背后存在着一个终极的母体。这样一来,不仅消解了死亡所带给人的冰冷与

---

① 《庄子·大宗师》,见[清]郭庆藩:《庄子集释》,第268页。
② 杜导明:《道家与解脱》,第59页。
③ 《庄子·齐物论》,见[清]郭庆藩:《庄子集释》,第103页。
④ 《庄子·齐物论》,见[清]郭庆藩:《庄子集释》,第56页。
⑤ 《庄子·知北游》,见[清]郭庆藩:《庄子集释》,第746页。

恐惧感,而且为生命寻找到一个超乎生死现象的皈依。这种超乎生死的生命之皈依就是"道",我们将在下文中进一步谈到。

人为的努力在生死问题上又能发挥多大的作用呢? 庄子进一步思索了这个问题。在《大宗师》篇末,贫困潦倒、疾病缠身的子桑感叹道:我的父母生我养我,当然不希望我贫困;天地无偏无私,也不会故意让我潦倒;那么,为什么我会贫病交加、潦倒至此呢? 最后,他得出结论:"然而至此极者,命也夫!"①是不可改变的命使他到了这个地步。庄子借用这则寓言指出,生死寿夭、穷达毁誉,这人生的种种际遇,其实都是受一个独立于人的、无法改变的自然之"命"宰制,人为的力量在其中微不足道,产生不了多大作用。这一点也进一步说明庄子所强调的养生并不是为了"长生"、"益生",因为在"命"的宰制下,任何"长生"、"益生"的人为努力都变成了造作与挣扎,而显得徒劳无益。庄子又说:"死生存亡,穷达贫富,贤与不肖毁誉,饥渴寒暑,是事之变、命之行也;日夜相代乎前,而知不能规乎其始者也。"②"命"像日月星辰运行一样,它自然而然,不待而成,是我们人为力量无法更改的;死生、穷达之类均由命定,有其自然而然的轨迹,人类于此只能无可奈何。

既然"命"独立于人、自然而然而又不可更改,那我们能不能因此说"命"就是外在于人的客观的自然力量呢? 答案是否定的。"命"虽然独立于人,但它并不能脱离于人。在此,我们有必要从儒家经典《中庸》中找到一点借鉴——在早期思维的研究中,这种跨学派的参考借鉴极有必要。《中庸》云:"天命之谓性。"③从这短短的一句话中,我们可以看出以下内容:"命"是源自于"天"的,但同时又与人相联系;也就是说,它既分享了天道的品格,同时又可以落实到人乃至万物之中。道家哲学也主张"命"。"命"源自天道,又不同于天道的悠远高妙;它与人世相涉,又不同于人世的嗜欲造作;在现实中,"命"表现为独立于

---

① 《庄子·大宗师》,见[清]郭庆藩:《庄子集释》,第 286 页。

② 《庄子·德充符》,见[清]郭庆藩:《庄子集释》,第 212 页。

③ [宋]朱熹:《四书章句集注》,北京:中华书局,1983 年第 1 版,第 17 页。

人的不可改变的自然力量;但它又是与天性相偕:一旦人能摈弃杂质,返于素朴之性、婴儿之质时,就能随顺于命而无不自得。因此,"命"是天道在人及万物身上的落实与显现,它与人及万物的本性相偕相应,但又突出了其自然而然、不可变更的性质。

那么,"命"是怎样从天道落实到人、物之上呢? 这就必须提到"气"。在庄子这里,"气"源自于道,它虚漠无形,存在于天、地、人、物之间;它流化万品,成为"无终始"的道与"有生死"的人、物之间的中介。一方面"气"为"命"从道落实到人、物提供了环境和中介,"命"是在"气"的背景下落实到人、物之上的;另一方面,"命"又反过来为"气"的"流化万品"提供了具体规定,"命"是道在人、物身上的现实展开,它为"气"的流行带来了道的指令。可以说,人和物正是在"命"与"气"的共同作用下才得以产生、发展和消亡。因此,"命"既独立于人而存在,同时又与人相即相融、不离不弃。

庄子以"命"的观念消解人们对人为力量的推崇和对"长生"、"益生"的偏执,在强调世俗道德、主张积极事功的日益喧嚣、浮躁的战国中期,重新对人类的生活方式进行了深刻的反省。而从直接目的来讲,庄子提出"命"的观念是为了倡导一种"安命"的生存态度:"哀乐不易施乎前,知其不可奈何而安之若命,德之至也。"①死生贫富均由自然之命决定,人们哀死乐生也无济于事,不如索性安于这种命运。应该说,这首先是一种"外化而内不化"的养生工夫。但是,"安命"的提出却赋予这一养生工夫以新的内容,即:"外化而内不化"乃是建立在对"命"的深刻理解的基础上。倘若能安命,便能明了得失存亡皆由命,不为无法更改的事情劳役奔波;如此,就能保养形体,做到"死生无变于己"②。

庄子认为,通过对命的认识和随顺,便能跳出人为造作与挣扎,合于自然之道,明了死生不过是"命"的大化流行,正如昼夜的更替一样,有其自然的轨迹。因此,人不必执著于躯体的自我,而应在知命、顺

---

① 《庄子·人间世》,见[清]郭庆藩:《庄子集释》,第155页。

② 《庄子·齐物论》,见[清]郭庆藩:《庄子集释》,第96页。

命、安命的过程中体会凌驾于生死现象之上的"大化"。如此,即可在自然意义上解开生死桎梏,不为生死所累,达到"悬解"的解脱境界。

以上,庄子一方面从"生不可爱"、"死不足惧"的角度否定了生命的可贵与死亡的可怕,批判了悦生恶死的态度;另一方面,他又通过"命"的观念扫涤了世人惜生、重生的种种人为努力,主张人们在"安之若命"、顺随自然的态度下淡看生死,不做无谓挣扎,从而跳出生死执著,达到"悬解"境界,从而在心态上跨越生死障碍。

但是,庄子对生死问题的这种解答,仍然只是站在人的立场上的随顺与猜度。它无法忽视人生的种种具体命限,因而只能从生存的心理和向死的心态上做出一些调整,但对生死现象的本质却没有能找出一个根本性的解答。要想更为深刻地解答生死问题,必须从更为开阔的视角看待生与死。于是,庄子从物的层面对生死现象进行了第二重超越。

(二)以物观之:死生物化——从物的层面的超越

庄子是一个有着奇特智慧的人。他认为人只是世间万物中普通一种,"号物之数谓之万,人处一焉"①,从而在更彻底的意义上反对人类中心主义。这也使他能够超越人的立场的局限,而站在万物之一的角度考察生死问题,形成了独具特色的观点。

庄子将其观察的立场从"人"转变为"万物之一"。这一转变有着深刻的思想基础,那就是他的"齐物之论"。

庄子"齐物之论"首先是针对是非分辨的小知小识之执著而提出的。上文我们在介绍庄子时代人的生存困境时,已经谈到这种是非彰明、彼此对待的辩争对于身心的危害。庄子指出:"以是其所非而非其所是"②的是非之争,其实只不过是"朝三暮四"与"朝四暮三"之别③;人们执著于此,显得既可笑又悲哀。为了打破此类小知小识的执障,庄子提出了"齐同万物"的主张:"天下莫大于秋豪(毫)之末,而大

---

① 《庄子·秋水》,见[清]郭庆藩:《庄子集释》,第564页。
② 《庄子·齐物论》,见[清]郭庆藩:《庄子集释》,第63页。
③ 《庄子·齐物论》,见[清]郭庆藩:《庄子集释》,第70页。

(泰)山为小;莫寿于殇子,而彭祖为夭。天地与我并生,而万物与我为一。"①由这段话可以看出,齐物论的提出与生死问题的困扰关系密切;"齐同万物"的一个重要目的即在于"齐死生",而"庄子讲齐死生的目的在于超死生"②。那么,庄子是如何从"齐万物"过渡到"超越死生"的呢?答案就是:从根本上论证世事的纷纭变幻、人生的寿夭穷达等等差异都不过是"朝三暮四"或"朝四暮三"之别罢了;生与死是相对的,人们执著于外在变幻、生死之别并没有永恒的意义。相反,在"齐同万物"的基础上,人们反而能跳出人之生死,合于自然的大化;如此,就能超越生死而不为所困了。

因此,这种从人到物的立场转换,并不意味着人的地位下降,反而正是一种回归与上升。因为在庄子看来,人之为人,首先是作为万物之一而存在着的;从特殊的"人"的地位返归"万物之一",其实是与道更为接近了。这种"以物观之"是对养生思想中"形如槁木"的继续与深化;它更为彻底地消解了形体带给人的种种困扰,并在更为深刻与宽广的意义上为生命的超脱提供了场景。

在"以物观之"的过程中,"气"的地位和作用进一步凸现出来。

首先,从宽泛的意义上讲,"气"也是一种物;只不过它是一种特殊的物,是"待物之物":"气也者,虚而待物者也。"③"气"源自于天道,充溢于天、地、人、物之间;甚至我们可以借助于古希腊哲学的语言,认为"气"类似于泰勒斯的"水",是构成万物的基质(只不过,这种基质不能从纯粹唯物论的意义上来理解)。因此,庄子指出"通天下一气耳":"生也死之徒,死也生之始,孰知其纪!人之生,气之聚也;聚则为生,散则为死。若死生为徒,吾又何患!故万物一也,是其所美者为神奇,其所恶者为臭腐;臭腐复化为神奇,神奇复化为臭腐。故曰:'通天下一气耳'。"④"气"充盈天地,构化万物;生与死只不过是"气"的聚散而已。庄子把人的生死归因到"气"的聚散上,生与死不过是"气"在流行变化中的离聚散合。

---

① 《庄子·齐物论》,见[清]郭庆藩:《庄子集释》,第79页。
② 刘笑敢:《庄子哲学及其演变》,第227页。
③ 《庄子·人间世》,见[清]郭庆藩:《庄子集释》,第147页。
④ 《庄子·知北游》,见[清]郭庆藩:《庄子集释》,第733页。

而随着气的聚聚散散,人的死生也在不断地交替流转着,"方生方死,方死方生"①。因而,死亡不再是生命绝对意义上的终结点。

"气"对生死的影响不仅表现在聚散离合的作用上,还表现在"气"以阴、阳两种性质影响人的寿夭祸福。"气"分阴阳:"是故天地者,形之大者也;阴阳者,气之大者也"②;人乃是"天地之委形也"③,"比形于天地而受气于阴阳"④。也就是说,"气"的聚散离合从总体上决定人的生死;而"气"对生死的具体作用又是通过阴阳二气来实现。不仅如此,阴阳二气调和与否,还直接影响到形体的健康,如子舆"曲偻发背,上有五管,颐隐于齐,肩高于顶,句赘指天",他的形体之所以畸变至此,根本原因是"阴阳之气有沴"⑤,即阴阳二气乖戾而不调和。

如此,庄子便通过"气"超越了人的个体本位,从变幻无常的气的高度来俯视人的生死,把生死现象看作是气的聚散流转。由此,庄子揭示出人的生死并不具有特殊的、崇高的意义,故生不必爱,死亦不足惧。庄子从构成万物的基质的角度解析了生死现象,从根基上否定了人们的悦生恶死观念,并为生死问题的最终解答提供了坚实的基础。

庄子"以物观之"不仅表现在他把生死现象归结为构成万物基质的"气"之聚散上,更表现在他把生死现象与自然物化过程联系在一起。庄子认为"气"的聚散变化乃是通过物化的过程具体实现。尽管"气"可以算作一种特殊的"待物之物",但气的聚散仍然只是一种抽象的变化;它的具体实现是一系列的物化过程。

何谓"物化"?"物化"就是"万物皆种也,以不同形相禅"⑥。很明显,这种"万物以不同形体相继禅变"的物化,乃是对庄子养生思想中形体随变任化的"外化"观念的进一步深化。如果说"外化"还只是站在人之立场上的无可奈何的随顺,"物化"则是站在一个超越于人的

---

① 《庄子·齐物论》,见[清]郭庆藩:《庄子集释》,第66页。
② 《庄子·则阳》,见[清]郭庆藩:《庄子集释》,第913页。
③ 《庄子·知北游》,见[清]郭庆藩:《庄子集释》,第739页。
④ 《庄子·秋水》,见[清]郭庆藩:《庄子集释》,第563页。
⑤ 《庄子·大宗师》,见[清]郭庆藩:《庄子集释》,第258页。
⑥ 《庄子·寓言》,见[清]郭庆藩:《庄子集释》,第950页。

"万物齐一"的立场上来看待世间万物的自然流化。

在庄子看来，不仅仅人，世间万物也都是气聚而生、气散而亡的，气的一聚一散的过程，便可化生出不同事物。这些不同事物交替地生灭着："久竹生青宁，青宁生程，程生马，马生人"①，形成一个"莫得其伦"的循环，这个物化的循环就是"天钧（均）"："万物皆种也，以不同形相禅，始卒若环，莫得其伦，是谓天均。天均者天倪也"②；"是以圣人和之以是非而休乎天钧，是之谓两行"③。"钧"（"均"），亦作"陶钧"，《史记·鲁仲连邹阳列传》云："是以圣王制世御俗，独化于陶钧之上。"裴骃集解引《汉书音义》称："陶家名横下圆转者为钧，以其能制器为大小，比之于天。"司马贞索隐引张晏云："陶，冶；钧，范也。作器，下所转者名钧。"④可见，"钧"应作"转"、"环"之意⑤。庄子把气化聚散、生灭万物的过程看作是一个首尾相连、环环相扣的"天轮"，而人的生生死死便是这万物禅化的"天轮"中的一环。一旦体会到这一点，进而把握道枢，"枢始得其环中，以应无穷"⑥，就能跳出人之生死，在万物禅化中自得其乐。

这样，庄子就从物化的角度取消了人类相对于其他物种的优越性，使人作为万物之一，在物化的过程中重新审视自我。在《齐物论》中，庄子提出了著名的"庄周梦蝶"的寓言："昔者庄周梦为胡蝶，栩栩然胡蝶也，自喻适志与！不知周也。俄然觉，则蘧蘧然周也。不知周之梦为胡蝶与，胡蝶之梦为周与？周与胡蝶，则必有分矣。此之谓物化。"⑦庄周与胡蝶"以不同形相禅"，竟至于不知道是"庄周梦蝶"还是"蝶梦庄周"，这是一种多么纯粹的物化观啊！李白有诗《古风》可与此相参："庄周梦胡蝶，胡蝶为庄周。一体更变易，万事良悠悠！"⑧在这种物化

① 《庄子·至乐》，见［清］郭庆藩：《庄子集释》，第625页。
② 《庄子·寓言》，见［清］郭庆藩：《庄子集释》，第950页。
③ 《庄子·齐物论》，见［清］郭庆藩：《庄子集释》，第70页。
④ 详见［汉］司马迁：《史记》，北京：中华书局，1959年第1版，第2477页。
⑤ 参见孙以昭：《试论庄子哲学的基本倾向及其积极因素》，《庄子研究》，第145页。
⑥ 《庄子·齐物论》，见［清］郭庆藩：《庄子集释》，第66页。
⑦ 《庄子·齐物论》，见［清］郭庆藩：《庄子集释》，第112页。
⑧ 《古风》其九，《李太白全集》，北京：中华书局，1977年第1版，第100页。

体验中,庄子以一种奇特的方式真切地"经历"了死亡:梦中出现的那只自在而充实的蝴蝶,也许正是我们人类死亡之后"物化"的某个结果;而梦境中的状态与感受,或许反映出的就是死后世界的面貌。

　　站在"以物观之"的高度来反观人的生死,庄子总是能用一种与物同化的态度来坦然面对死亡。在《至乐》篇,庄子借滑介叔之口说道:"生者,假借也;假之而生生者,尘垢也。死生为昼夜。且吾与子观化而化及我,我又何恶焉!"①死亡是物化的过程;物化乃是大自然的"伟哉造化"。一旦将自己置于万物同化的"天钧"之中,体会到"死生者,无穷之变耳,非终始也"②,便能"不悦生,不恶死",超然生死而与物同化。又如庄子笔下的子舆,更是把自己的死亡当作一种游戏,设想自己死后,左臂物化为一只鸡,而右臂则化为弹弓,如此便可执弹弓而射鸡;又设想臀部物化为车轮,精神化为车,便可驾车巡游③。通过这种物化的想象,人们便能从死亡的阴影中解脱出来,从而以一种轻松、超然的态度看待生老病死。因此,我们不必执著人的形体的存亡:"特犯人之形而犹喜之。若人之形者,万化而未始有极也,其为乐可胜计邪!"④人的存在不过是万化中一个很普通、很平凡的环节,为人为虫,对于万化而言并无太大分别;人死虫生、人存虫亡也只是万化中的一个简单过程,又何必拘执于区区"人"的生死呢?这样,庄子便从人物相禅的物化角度消解了人的存亡的特殊性,使人的生死问题简单化为万物禅化的一个过程,并进而在物化过程中消解人的生死障碍。

　　庄子以气论为根基,以万物同化的观点诠释人的生死,把人的生死融入自然万化之中,使人在"莫得其伦"的"天钧"之中获得了某种不朽性。然而庄子并未止步于此。他进而把对人之生死问题的解答置于更为广阔的"道"的背景之下,提出了对生死现象的第三重超越。

---

　　① 《庄子·至乐》,见[清]郭庆藩:《庄子集释》,第616页。
　　② 《庄子·秋水》"道无终始,物有死生"一句郭象注,见[清]郭庆藩:《庄子集释》,第587页。
　　③ 《庄子·大宗师》,见[清]郭庆藩:《庄子集释》,第260页。
　　④ 《庄子·大宗师》,见[清]郭庆藩:《庄子集释》,第243—244页。

(三)以道观之:死归于道——从道的层面的超越

从根本上说,庄子对生死问题的探讨受其核心思想("道论")的影响,"我们须将其自然之生命观建立于自然的道论之上"①。在《大宗师》篇,庄子提出了"藏舟于壑"、"藏天下于天下"一喻:"夫藏舟于壑,藏山于泽,谓之固矣。然而夜半有力者负之而走,昧者不知也。藏小大有宜,犹有所遁。若夫藏天下于天下而不得所遁,是恒物之大情也。"②庄子区分"藏舟于壑"与"藏天下于天下",正是希望借此说明:从人的层面和物的层面解答生死问题,仍然不过如舟车之藏匿于谷泽之中,仍可能被"有力者"负走,而得不到根本的解决;只有从道的层面,把生死问题放置于一个"道"的背景下思考,才是"藏天下于天下",方可从根本上解决。

那么,我们首先要探讨的问题就是:在庄子眼中,"道"是什么? 关于这一点,《庄子》书中有许多描述,如"夫道,有情有信,无为无形;可传而不可受,可得而不可见;自本自根,未有天地,自古以固存;神鬼神帝,生天生地;在太极之先而不为高,在六极之下而不为深,先天地生而不为久,长于上古而不为老"③;又如"夫道,于大不终,于小不遗,故万物备。广广乎其无不容也,渊乎其不可测也"④,等等。从这些表述可以约略看出"道"的一些品格,如它是自本自根,以自身为根据而不待外求的;它创生天地万物,却又无形无迹;它包含一切却又块然独立。

但是,在《庄子》书中,对"道"最为重要的描述是《天地》篇中的一段:

> 泰初有无,无有无名;一之所起,有一而未形。物得以生,谓之德;未形者有分,且然无间,谓之命;留动而生物,物成生理,谓之形;形体保神,各有仪则,谓之性。性修反德,德至同于初。⑤

---

① 叶海烟:《庄子的生命哲学》,台北:台湾东大图书公司,1990 年第 1 版,第 67 页。
② 《庄子·大宗师》,见[清]郭庆藩:《庄子集释》,第 243 页。
③ 《庄子·大宗师》,见[清]郭庆藩:《庄子集释》,第 246—247 页。
④ 《庄子·天道》,见[清]郭庆藩:《庄子集释》,第 486 页。
⑤ 《庄子·天地》,见[清]郭庆藩:《庄子集释》,第 424 页。

这里的"泰初"即是"道";在未有天地万物时,"道"便已经存在了;因为它没有任何规定性,只好勉强称之为"无";"道"之"无"化生出"一",这个"一"是无形的,即是"气";"气"负载着"道",一旦落实到物,就成为物之"德";"气"虽无形,却有阴阳之分,二气调和,决定万物,就叫做"命";"气"流动化生万物,物得"气"而成,故有"形";有"形"则需存形保神,神之质、心之本即谓"性";保神修性则能返归于"德";而"德全"之至,则能合于"泰初之道"。

这段具有宇宙创生论意义的文字不仅指明了"道"的泰初的地位,而且精当地描绘了"道"创生万物的整个过程,还归纳出由"道"到"德"到"形"、"性",再从"性"到"德"到"道"的天人循环。上文已经注意到这种由天到人、由人返天的天人循环,对于理解早期道家思维模式乃至整个中国早期思维有着极其重要的价值。不仅如此,这种天人循环对我们从整体上了解庄子的生命哲学也起到纲领性的指导作用。根据这一"道"生万物的框架,人的生死就被定位在"安命"、"守形"、"保神"、"修性"这一具体过程中;也正是在这个意义上,庄子养形守神的养生论与超越生死的生死观,最终才得以融合为一体,共同成为庄子生死哲学的重要组成部分。从"道"的高度来看,生死不过是道下注流贯到人、物,然后又返归于道的过程,是微不足道的。

当人们站在"道"的层面"以道观之",就会发现生死存亡在"道"的视野中是浑然一体的,"孰能以无为首,以生为脊,以死为尻,孰知死存亡之一体者,吾与之友矣"①,"夫大块载我以形,劳我以生,佚我以老,息我以死。故善吾生者,乃所以善吾死也"②。人的生老病死其实只是"大块"(即"道")中的化生、运变、归息的自然过程。一旦能超越人与物的局限而达到"道"的层面,就能"入无穷之门,以游无极之野。吾与日月参光,吾与天地为常。当我,缗乎!远我,昏乎!人其尽死,而我独存乎?"③跳出有穷之辨,入于无穷之门,参日月,同天地;至

---

① 《庄子·大宗师》,见[清]郭庆藩:《庄子集释》,第258页。
② 《庄子·大宗师》,见[清]郭庆藩:《庄子集释》,第262页。
③ 《庄子·在宥》,见[清]郭庆藩:《庄子集释》,第384页。

于超生越死更是不在话下。

一旦做到"以道观之"，就能真正超越人、物的"自贵而相贱"，而达到"物无贵贱"的同化境界。而"以道观之"的具体实现与庄子对"气"和"物化"的进一步理解联系在一起。

从道的层面来看待生死，庄子发现，那通过一聚一散来控制人之生死的气，其实只是道的一种象征物。道作为创生万物的总根源，是神妙莫测、天马行空的。如老子勉强地形容"道"为："视之不见名曰夷，听之不闻名曰希，搏之不得名曰微。……是谓无状之状，无物之象，是谓忽恍。迎之不见其首，随之不见其后。"[1]正因为"道"是这样一个看不见、摸不着的"无状之状，无物之象"，而庄子又不得不言说这"不可言说者"，于是庄子便也勉强地借用了一个具有道的部分性质的事物——"气"——来指称和象征道。气之所以能得此殊荣，是因为它在很大程度上分享了道的品格，并且背负着道的许多指令。但无论气在化生人物、控制生死过程中起多大作用，其作用背后始终以道的存在作为最后依凭。这一点，在《至乐》篇得到证明。《至乐》篇中，庄子因妻死而引发思考，结果发现："察其始而本无生，非徒无生也而本无形，非徒无形也而本无气。杂乎芒芴之间，变而有气，气变而有形，形变而有生，今又变而之死。"[2]可见，气并不是生死的最后根源；气是从"芒芴之间"生发出的，而这个"芒芴之间"就是道。也就是说，气源自于道，它最多只能是道的一种象征物，而并不能完全替代道。是以，庄子明确指出：人之生死的终极根源乃在气之前的"芒芴之间"——"道"。

接着，庄子又觉察到世间万物流转变化的最后根源也在道。在《庄子》一书中，多次出现"造物者"、"大块"、"吾师"之类的概念，大略地讲，这些都可以看作是对道的指称。道"以天地为大炉，以造化为大冶"[3]，万物（包括人）莫不在道中运化，道乃是万化中的不化者。万物固然处在"自化"过程中，但这种"自化"又无一不是在道的背景下进

---

① 《老子道德经》第十四章，见[魏]王弼注：《老子注》，《诸子集成》第三册，第7—8页。
② 《庄子·至乐》，见[清]郭庆藩：《庄子集释》，第614—615页。
③ 《庄子·大宗师》，见[清]郭庆藩：《庄子集释》，第262页。

行的。这样,庄子将人物相禅、死生物化的自然过程嵌入天道的流行过程之中,为生死问题的最终解答提供了一个道的背景。

明确了"气"和"物化"的背后根源都是"道",庄子便从道的层面直接观照生死,得出"人之生出于道,而死亦归于道"的结论。《大宗师》篇,桑户死了,他的几个朋友发出感叹:"嗟来桑户乎! 嗟来桑户乎! 而已反其真,而我犹为人猗!"①这里的"真"所指的正是"道"的境界;而"反其真"就是要通过死亡消解形骸,复归于大道。在道的层面上对形骸进行消解,既是庄子养生论中"形如槁木"思想的继承和发展,又使人们在更彻底的意义上摆脱生死困扰。这段话中的"反"与我们前面谈到的"归"同义。以"反"、"归"来解"死",就在一个崇高的道的层面上为人的生死现象找到了超越的皈依;不仅如此,这种"反"、"归",在由"道"到"德"到"性",再由"性"返"德"、合"道"的循环过程中,也有着深刻的意义。

在"以道观生死"的过程中,庄子还引进了一个重要的概念,即"机"(或"几"):"种有几? 得水则为继,……程生马,马生人,人又反入于机。万物皆出于机,皆入于机。"②胡适解"机"为物种最初的种子,夏纬瑛认为"机"是动植物生长的地势环境或自然条件③。结合《庄子》全书,这里的"机"即是"天门";它是道之端,又是道之末;它是万物将发未发之际的预兆,又是万物将亡未亡之时的趋向。人之生乃由"机"而来,又复归于"机"。郭象在解释"机"时,称"此言一气而万形,有变化而无死生也"④。也就是说,生与死只不过是充盈天地的气的形禅物化过程,是一个出于机、入于机的过程。"机"是气化流行的先兆,是气将聚将散、欲动未动之际的微妙状态。这样,庄子便通过"机"的概念把人的生死现象转化为万形变化。而从根本上讲,"机"也是在道中;或者说,道正是借助"气"并通过"机"来实现它的运化万

①　《庄子·大宗师》,见[清]郭庆藩:《庄子集释》,第 266 页。
②　《庄子·至乐》,见[清]郭庆藩:《庄子集释》,第 624—625 页。
③　参见赵明:《道家思想与中国文化》,长春:吉林大学出版社,1986 年第 1 版,第 153、154 页。
④　《庄子·至乐》注,见[清]郭庆藩:《庄子集释》,第 629 页。

物的作用。如此一来,庄子便借助"机"把人的生死与道相系在一起,生出于道,死归于道。人类短暂有限的生命得以与无边无际、无始无终的道结合在一起,人的生命便在道的层面上跨越了生死鸿沟,而像道一样具有永恒性。

以上,带着生与死的困惑,庄子在养生论的基础上从三个层面对生死问题做出了步步推进、层层深入的解答:首先,庄子针对人生的各种现实苦累,提出"命"的观念来消除人们为惜生、重生而做的种种无谓挣扎,并在心态上瓦解了对生命的留恋和对死亡的恐惧;接下来,庄子从构成生命的基质的角度解析生死,并使生死在万物禅化的"天钧"中超越人世的羁绊;最后,庄子从道的高度审视生死,指出生与死的现象不过是道流行变化中的一个普通环节,而体道者形体的死亡恰恰是一种复归于道的表现。如此,通过人的层面和物的层面,最后到道的层面,庄子从根本上揭示了生死现象的本质,并在道的意义上彻底跨越生死鸿沟,使生命达到永恒。在这个对生死现象层层超越的过程中,"气"作为道的信使和象征物,作为人与道之间的中介,始终贯穿并作用于其间。我们甚至可以说,庄子对生死现象的层层超越正是通过气的流化运转而具体实现。

但是,从道的层面来考察生死,本身就存在一个前提,那就是:要首先能对"道"有所体认,才能站在道的层面上"以道观之"。而对"道"的体认,便触及到庄子哲学的核心——道论。因此,仅仅提出对生死问题的三重解答还不够。要真正实现这三重超越(特别是道的层面的超越),最终完成庄子的生死观,还必须把对生死问题的思考与对道的体验结合起来。而这种体道又与庄子在养生论中提到的具有超越性的"心斋"、"坐忘"等养神修性工夫相互呼应。因此,庄子想要最终彻底破解生死问题,就不仅需要在深刻、系统的理性思考中寻求答案,更要在神秘的修炼与跳跃式的直觉体验中感受道的境界。为此,庄子便又从一个思索生死的思想者转变为一个体验大道的存在者;而这个"存在者"就是"真人"。

四、生死问题的最终破解：庄子的真人境界

在庄子看来，生死问题，特别是死亡，具有着双重意涵：它既是我们现实生活中无法逃避的命限，又是我们的现实生命与另一种可能性之间的一条分界。这条分界既可能是世人难以跨越的心理鸿沟，又可能成为人们的现实生命通往另一种超越性存在的一道桥梁。对庄子来说，这种超越性存在就是"道"。我们可以通过生命的体验，在不断参悟生死的过程中体察"道"。"就庄子而言，他之倚重死亡意识，基本原因是因为他视之为达到哲学终极实体（'独'）认识、达到无古今、无生死的哲学思维境界的充分必要条件。"①引文中提到的"哲学终极实体（'独'）"实质上就是"道"。因此，生死问题与道的关系，不仅表现在必须从道的高度了悟生死，还体现为在体道的过程中必须以生死现象为线索和契机。

在庄子的思想中，这种超越生死的道的境界，既是一种"神鬼神帝，生天生地"②的具有宇宙生成论意义的创生本体境界，同时又是一种通过个体的神秘修炼和直觉体验所能最终达到的感性体验境界。前者是一个从"道"到"德"到"形"到"性"的自上而下的化生过程，后者则是一个从"性"到"德"到"道"的自下而上的体道经验。正是这两者的融合，使庄子超越生死的努力，一方面由于处于道的演绎化生之中，从而不停留于单个个体的生命，并因此具有普遍而深刻的本体意味；另一方面，这种不生不死的道本体境界又不像西方的上帝那样抽象深奥、远离人世，而就在个体的感性体验之中。"道化生万物"与"人修性体道"的融合，既是对道与人之间的内在循环的深化，更为人们超越生死、超越现实提供了一条奇特的道路。从思维形式上来讲，"道化生万物"与"人修性体道"圆融不二，不仅体现了庄子个人的思想特征，更在很大程度上代表了中国早期思维的一个共性，即超越性的本体境界与现世的个体修养的相即不离。

---

① 段德智：《死亡哲学》，第 7 页。
② 《庄子·大宗师》，见［清］郭庆藩：《庄子集释》，第 247 页。

这一点,在庄子超越生死、"同于大通"的体道修炼中表现得最为典型。前面我们在养生论中提到过"心斋"、"坐忘"等养神工夫;现在,站在体道的高度,再回过头来审视"心斋"、"坐忘"。对于"心斋"、"坐忘",有的学者把它们理解为一种气功类的修养工夫,还有学者认为"心斋、坐忘一类说法暗示了庄子道论有某种原始修炼术的背景"①,这些说法都在一定程度上揭示了"心斋"、"坐忘"的内涵。但是,要想从根本上把握"心斋"、"坐忘"的实质,我们认为,还是应将其置于道家天人循环的结构之中。这时,我们会发现"心斋"、"坐忘"的养神工夫本身就处在"道"—"德"—"形"—"性"—"德"—"道"的天人循环之中,是人们修性养神以达到"德之至"并最终合于天道的基本修炼工夫。

在《大宗师》篇,庄子具体地提出了体道、达道的修炼途径:"叁日而后能外天下;已外天下矣,吾又守之,七日而后能外物;已外物矣,吾又守之,九日而后能外生;已外生矣,而后能朝彻;朝彻,而后能见独;见独,而后能无古今;无古今,而后能入于不死不生。"②在这段话中,"外天下"、"外物"、"外生"、"朝彻"、"见独"等等修养阶段本身具有跳跃性,不易把握;但其中有一点是共同的,即"守"。"守"就是"守神护性"、"全性葆真",守其婴儿素朴之质,全其天地德化之真;如此,便能"性修而德全",进而"德之至而合于道"。具体考察这一修炼过程,我们可以发现:这一过程的三个基础环节——"外天下"、"外物"、"外生",实际上是以"外生"为核心的。无论是不以财富名利为念的"外天下",还是不为周遭事物所困的"外物",归根到底,都是勘破人世浮华,不为短暂相对的生之乐所囿。可见,庄子修体天道的根基乃是对人的生死的达观透视。通过消解生死执障,便能如初升红日,光而不耀,纯然无杂而又无所不照;进而能忘怀古今,得窥道体,进入不生不死的境界。

① 颜世安:《生命·自然·道》,《道家文化研究》第一辑,上海:上海古籍出版社,1992年第1版,第116页。
② 《庄子·大宗师》,见[清]郭庆藩:《庄子集释》,第252页。

这样,我们便发现了一个很有趣的现象:一方面,庄子从道的层面对生死问题作出解答,必须以对道的体认为前提;另一方面,这种对道的体认恰恰又是通过对生死的达观透视来完成的;而对道的体认反过来又使生死得以彻底解答:入于不死不生。这种在形式逻辑中看似循环论证、矛盾混乱的过程,在庄子这里却圆融无碍,并行不悖。这也给了我们一个重要的启示:在理解(特别是体认)中国传统哲学智慧时,不要过分迷信形式逻辑的力量。与其说中国传统哲学智慧的很多表达不符合形式逻辑,不如说中国古人跳跃性的直觉体悟,在很大程度上暴露出形式逻辑的不足。

生死问题的解答与道的体认互辅相成的过程,最充分地体现在庄子的真人境界中。

何谓"真人"?"真人"就是通过全性葆真的修炼而体道、达道的人,是那些能够守神养心、修性全德并合于天道的人。在《大宗师》篇,庄子描绘了真人的境界:"古之真人,不知说(悦)生,不知恶死;其出不欣,其入不距;翛然而往,翛然而来而已矣。不忘其所始,不求其所终;受而喜之,忘而复之,是之谓不以心捐道,不以人助天。是之谓真人。"①真人能达观生死,不执著于生生死死,顺其自然,对生来死往不拒不迎;真人生而不累,物化而不虑,不以心智损害道,不以人为辅助天。这样的真人,由于能够超然生死,顺任自然,故一举一动,无不合于天道。于是,他能化解生死,无适而不自得。又如孟孙氏,由于达到真人境界,能置生死于度外,不知道什么是生,不知道什么是死,只是顺其自然,听凭变化。由此进入寂寥纯一的道的境界②;从此,只有外在的形躯会有所变化,而与道同体的心性却不再损伤分毫。对于这样一种分享了宇宙创生本体("道")的品格的真人,其存在已经不只是感性超验的体悟了,他本身也已经成为一种具有本体意味的存在。真人的本体性存在不同于感受生死困扰的感性存在者,而是一种超越生死、与天地同德、与万物同流的合道的存在。

---

①　《庄子·大宗师》,见[清]郭庆藩:《庄子集释》,第229页。
②　参见《庄子·大宗师》,见[清]郭庆藩:《庄子集释》,第274—275页。

　　以上,本文初步地探讨了庄子的生死哲学。通过研究我们可以看出,庄子的生死观是从具体人生的现实困境出发,一步步来思考生死、解答生死问题;但其对生死的最终解答却已不只是停留在对生死大限的跨越上,而是进一步上升到一个更高的、本体性存在的层面,追求一种与道的融合。在这种体道的真人境界中,对生死的透悟与对道的体认浑融无碍地结合在一起,使人们在消解生死执障的修炼过程中体悟天道,又从天道的层面洞彻生死。在这个过程中,庄子从一个感受生死的存在者上升为一个思考生死的思想者,并最终成为超越生死的本体性的存在者。可以说,在这一源自于生死命限的超越过程中,随着对生死的洞彻,随着体道的加深,生死问题越来越被淡化,并最终变得无足轻重。相反,对人的存在形式的思索,对超越的本体性的道的追寻,却在这一生死超越的过程中突显出来。因此,庄子的生死观是源自于生死困扰并以生死为线索展开的,但其对生死问题的最终破解却已不仅停留在生与死的对立,而是直接思考天人循环之下的人的存在形式与道本体之间的微妙关系。只有当我们认识到这一点,才能真正理解庄子生死观所具有的全部价值。

王弼与魏晋有无之辩

　　两汉时期是经学的天下。两汉经学取得了杰出成就,尤其是在经典资料的汇集整理和学者的培养方面,都作出了很大贡献。然而,这些并不能掩盖汉代经学自身的严重缺陷。从内容上看,经学末流鼓吹神秘的天人感应与谶纬之学,尽管颇能吸引众人的耳目,满足人们的猎奇心理,但相对于先秦时期极具创造性的诸子之学,实质上是一种萎缩和倒退。再从形式上看,经学与汉代社会政治绑得越来越紧,学术的独立性得不到保证,不少经学家们斯文扫地,他们研读经典的目的变得赤裸裸的,那就是升官发财!于是,经学研究呈现出繁琐化和功利化的趋势,这使得喧嚣热闹的两汉经学始终无法摆脱粗糙、肤浅的形象。

　　有鉴于此,汉代的扬雄、桓谭、王充等思想家从自然哲学的角度对经学的神秘化倾向进行了抨击。然而,或许是"身在此山中"的缘故,他们的批判虽然很犀利,但仍停留在"技"的层面,而未能从"道"的层面给予经学致命一击。

　　从"道"的层面对汉代经学进行根本清算,从而终结经学并开出一套新学的,是魏晋玄学。自魏齐帝曹芳正始年间(241—249)开始的百余年里,涌现出一大批才华横溢的学术明星,他们思想洒脱,行为旷达,不满于汉代经学的琐碎与神秘,将目光回溯到先秦的元典,以《周易》、《老子》、《庄子》这"三玄"为中心,集中围绕有无、本末、体用、动静、言意、自然与名教等抽象论题展开形上玄思,成就了灿烂辉煌的魏晋玄学。而其中,由何晏、王弼所开启的"有""无"之辩及其相关哲学论题,贯穿于玄学思潮的整个过程,成为魏晋玄学最具代表性的哲学主题。

一、从"清议"到"清谈"

魏晋玄学"有""无"之辩是以"清谈"为背景展开的。作为玄学的重要表现形式,魏晋时期的"清谈"渊源于东汉的"清议",但又与"清议"颇不相同。

"清议"是东汉社会动荡的特殊产物。东汉后期,皇权旁落,宦官外戚交替专权,政治腐败,民生艰苦。朝野的一批知识分子痛感于此,自发地形成一个个民间思想团体,也就是所谓的"党"。他们关心政治,议论国事,品评人物,依托各自的思想团体,代表民间,发出了一些与当政者不同的抗争的声音,形成了一股足以影响朝廷的舆论力量,并赢得广大知识分子尤其是太学生的拥护。东汉时期这种"以德抗位"的议论国事,被叫做"清议"。"清"指的是议论者的身份和地位——他们多半不在庙堂之上,而是身处学校、乡野之间。也就是说,议论来自于民间。必须承认,这种不盲从于统治者的"清议",反映了学术的批判性,潜含着早期民主政治的萌芽。但到了后来,"清议"渐渐卷入到政权之争,成为一些政客争权夺利的工具;同时也由于"清议"本身所具有的政治敏感性,所以,无可幸免地在东汉的"党锢之祸"中遭到弹压。

与东汉"清议"关注政治、具有抗争性不同,魏晋玄学所特有的"清谈",其主要特色却是不谈国事、不言民生。

从形式上看,魏晋时期的"清谈"颇有些类似于今天的辩论赛或学术沙龙:论辩者少则两人,多则十余人,分为"主""客"双方;先是为"主"的一方就某一抽象论题提出自己的新颖观点,并予以论证;接着,为"客"的一方批驳"主"方的观点,并提出不同意见。如此你来我往,针锋相对,以驳倒对方为目的,展开思想和语言的游戏。有时,当其他人对某一问题并无高见时,某一玄学家也可以分任"主""客"二职,自己设问,自己解答,尽情展示思想才华和语言技巧。

从内容上看,"清谈"的内容可以用两个字来概括:第一个字是"清",第二个字是"玄"。"清"与"俗"相对立,有清逸、清雅之意。魏晋的名士们是一群精神上的贵族,他们很看不惯汉代经学家凭借通晓经典而博得名利、飞黄腾达。不过,名士们的态度不免有些矫枉过正,连带着也鄙视起经世致用之学,对那些讨论治理国家、强兵富民的学说主张冠以"庸俗"之名,极尽挖苦、嘲讽之能事。与之形成鲜明的对照,魏晋名士们的"清谈"几乎不涉及社会或人生的具体问题,而努力保留其超脱、优雅、飘逸、从容的特色。说到"玄",魏晋名士们很反感两汉经学沉溺于章句训诂以致支离与琐碎,于是转而将目光投向先秦时期的典籍,尤其是《周易》、《老子》和《庄子》。在他们看来,这三部书雅致玄远,浩博无涯,论及了宇宙天地的终极奥秘。所以,《易》、《老》、《庄》被他们尊奉为"三玄",并成为"清谈"的主要内容。正因为如此,魏晋的"清谈"也被称作"玄谈"。

从社会历史原因看,魏晋"清谈"所具有的非政治性、非抗争性、不关注现实而追尚虚无玄远之论的特点,还体现着名士们存身免祸的不得已苦衷。魏晋之交,司马氏集团篡夺曹魏集团的大权之后,钳制思想,控制物议,知识分子的思想言论空间狭窄,生存处境残酷,相当一批杰出的知识分子惨遭杀戮。可以说,名士们"清议玄谈",乃至纵酒服药、狂逸放荡,很大程度上是为了明哲保身,逃避黑暗的社会现实,寻求精神上的解脱。在他们的内心深处,沉淀的是深深的无奈和浓浓的悲哀。

例如大名士阮籍,一方面骄傲狂放、任性不羁、不拘礼教,另一方面为人却又十分谨慎,喜怒不形于色,从不轻易评论他人的好坏。魏文帝曹丕曾经评价阮籍说:"要说这天底下最谨慎的人,恐怕要算是阮籍了!他与别人交谈,从来不评论时事,也不去说人家的好坏,而是将话题引向高深抽象的谈玄论道上,这样一来,自然就不会得罪人,也不会犯错误了!"

正因为魏晋"清谈"不关心现实而一味追崇高远缥缈的玄理,所以长期以来人们都有"清谈误国"之虑。

《世说新语》记载:大书法家王羲之在担任会稽内史时,就很为"清谈"的务虚风气担心。一次,他约了好朋友谢安,两人站在城楼上,王羲之指着如画江山,对谢安说道:"我以为,像夏朝的圣人大禹和周朝的圣人文王那样,踏踏实实做点事情才是正道。哪像我们晋朝的名士们,就知道游山玩水、聚会玄谈,而且谈的都是些虚无缥缈的东西。老这么下去,国家该怎么办啊!"谢安本人就是杰出的名士、玄谈的高手,曾经在"清谈"中,为阐述自己的观点口若悬河上万言,口才相当了得。只见他微微一笑,说道:"我只知道秦朝经历了两代皇帝就完蛋了,难道也是因为清谈'谈'垮的吗?所以啊,老兄你就不要杞人忧天了吧!"

二、贵无与崇有

"究竟是先有鸡,还是先有蛋"?——这是大家都碰到过的一个令人头疼的问题。如果说先有鸡,那么请问鸡是从哪里来的?显然是从蛋孵化而来!所以,"先有鸡"之说不能成立。如果说先有蛋,那么蛋又是从哪里来的?显然只能是由鸡下的!所以,"先有蛋"之说也不能成立。

这个看似儿戏的两难论题,其实显示了人们对于终极根源的追寻。人之为人,一个根本的标志就在于我们会反思,会追溯事物存在的终极根源。当人们在反思自身和宇宙存在的终极根源时,除非将一切抛弃于充斥着偶然性的混乱世界中,否则,必然会尴尬地发现自己陷入了一种"恶的循环",一种无穷回溯的困境:有果必有因,因又有其因,因之因又有其因,如此无限追溯。这种无穷回溯的困境,可以看作是对"第一因"的追寻;而所谓"第一因",在逻辑上其实也就是"终极果"。任何一位探索宇宙与人生之极境的思想巨匠,都不能不对"第一因"(亦即"终极果")有所思考。

魏晋时期的"贵无"与"崇有"之争,正是玄学家们对此问题的探索。玄学家们是在先秦文献《周易》、《老子》、《庄子》思想成就的基础上展开思索和辩论的;其中,尤以《老子》思想影响极大。

所谓"无",原本是老子用来描述"道"之特性的重要观念。"道"是老子哲学的最高范畴,体现了老子对终极本体的追寻。本体论探讨的是宇宙万物产生、存在和作用的终极原因,所以,本体性的"道"超出了人们的日常经验,不是日常语言所能形容与界说的。为此,老子采用了一系列否定的方式来诠释"道"："道可道，非常道；名可名，非常名。"①"道"是无限的，不可以用有限的感观、知性、名言去感觉、界说或限制；可以言说、表述的"道"与"名"，不是永恒的"道"与"名"。"视之不见名曰夷，听之不闻名曰希，搏之不得名曰微。"②"道"是看不见、听不到、摸不着的；倘若人们执意用日常经验来把握"道"，势必会如盲人摸象，离真相越来越远。

然而，这绝不意味"道"就是空无所有的绝对"虚无"。或许我们可以如此来理解"道"与"无"的关系：当人们在认识和描述某个陌生事物时，总是要将其放置在一定的参照系中，以那些已经熟知的事物作为参照物。换言之，我们只能在一定的参照系统中把握某一对象。但"道"却是这样一种东西：它是"绝对"的，也就是没有任何东西和它相对、相似、相反。所以，不存在与"道"匹敌的参照物，同样也不存在形容"道"的参照系；"可道"之"道"，绝非老子此处所申言的"道"；"道"是无法形容的。然而，有时我们又不得不"言说不可言说者"，老子只好用"无"来勉强描述"道"的一部分特性。所以，"道"之"无"并非空无所有，而是指"道"的绝对性、超越性、无规定性和无以名状性。

不过，老子思想的旨趣在宇宙生成论上，他说："天下万物生于有，有生于无。"③此处的"生"看重的是时间上的先后顺序，而不是逻辑上的前后关系。换言之，老子更为关注宇宙天地万物生成的过程，而非背后的根源。这就使得老子未能将本体性的追寻贯彻到底，他的思想只停留在"宇宙生成论"的层面，而未能达到"宇宙本体论"层面。贯彻本体性的追寻、建构系统本体论的任务，便落在魏晋的玄学家身上。

率先展开形上玄思、提出"贵无"主张、建构本体论的，是大思想家何晏。何晏是汉末大将军何进的孙子，其父早亡，母亲尹氏改嫁给曹操为妾，何晏因而成为曹操的继子，并深得曹操宠爱，视若己出。

---

① 《老子道德经》第一章，见［魏］王弼注：《老子注》，《诸子集成》第三册，北京：中华书局，2006 年第 2 版，第 1 页。

② 《老子道德经》第十四章，见［魏］王弼注：《老子注》，《诸子集成》第三册，第 7 页。

③ 《老子道德经》第四十章，见［魏］王弼注：《老子注》，《诸子集成》第三册，第 25 页。

作为魏晋玄学的奠基人之一,何晏指出,如果天下万物是"有所有"的话,"道"则是"无所有",是"不可体"的。在这一点上,他完全继承了老子的思想。但是,何晏的贡献在于,他进一步从逻辑上探讨"无"和"有"的终极关系,提出这个"无所有"的"道"才是天地万物的依据和根源。所以,无语、无名、无形、无声才是"道之全"。在他看来,"有"与"无"两者之中,"无"才是根本,才是真正起决定作用的。"无"是宇宙间万事万物产生的依据和根源,也是人类社会的最高法则。

何晏的忘年之交、天才少年王弼继承了何晏的这一主张,并将其发挥到极致,提出了系统完整的"贵无"思想,完成了本体论的建构。王弼只活了 24 岁,却成为素来以思想玄奥著称的魏晋玄学的奠基人和最伟大的哲学家之一,真正可以称得上是"天纵之才"!

王弼"贵无"思想的一个显著特色,是他第一次引入"本""末"概念来讨论"有""无"的关系。

老子所谓"有生于无"是在生成、化生的意义上讲的,"无"和"有"的关系乃是"本源"与"化生物"的关系。王弼并不赞同老子的这一观点。通过为《老子》作注,王弼改造了老子的思想,将"无"和"有"的关系解读为"无"为"有"的存在提供了"根据"。他说:"天下之物,皆以有为生。有之所始,以无为本。将欲全有,必反于无也。"①在此,王弼跳出了"有"和"无"何者生成何者的时间性思维模式,而从两者存在的逻辑关系上探讨"有"、"无"何者为本、何者为末的问题。"有之所始,以无为本",指宇宙万有的存在,从根本上是以"无"作为终极原因和最高根据的。

王弼通过一系列的事例来加以论证:以"动静"而言,"动"与"静"不是对等的,"静"是根本,是本原状态,是"动"的原因和根据。以"语默"而言,"言语"和"静默"也不是对等的,"静默"才是基本形态,"言语"是在"静默"基础上产生的,以"静默"为存在的前提。同样,天地万物风云变幻并不是本然状态,"寂然至无"才是其本体;万物生灭、雷

---

① 《老子道德经》第四十章"天下万物生于有,有生于无"句王弼注,见〔魏〕王弼注:《老子注》,《诸子集成》第三册,第 25 页。

动风行,都依据"寂然至无"而生,并回归于"寂然至无"。"动"、"语"、风云变幻都属于"有","静"、"默"、"寂然"都属于"无";可见,"无"是"有"产生和存在的前提与根据。王弼"以无为本"的主张带有了一种鲜明的本体论色彩。

在"以无为本"的基础上,王弼进而提出了"崇本息末"的思想。他创造性地将《老子》一书的宗旨归纳为"崇本息末",认为这是以"道"治国的关键。

自何晏、王弼后,"贵无论"成为"有""无"关系讨论的主流。但是,随着玄学向精神和生活层面逐渐渗透,一些极端现象也相伴而生。某些名士以"贵无自然"为标榜,将"贵无"思想作庸俗化的理解,于是裸体、纵酒、放荡、服食,无所不为。此类现象越来越频繁,而且上行下效,严重地败坏了社会风气,造成恶劣的社会影响。

在这种情况下,以裴頠为代表的一批玄学家开始反省"贵无论"的理论缺失,进而提出"崇有论"以补"贵无"之弊。

何晏、王弼的"贵无论"主张"以无为本",认为"无"是道的本性,是世界万物的本原;"有"是以"无"为存在依据的。裴頠不赞同"贵无论"的看法,坚信世界的本原和依据只能是"有",万物都生于"有",甚至"无"也是从"有"而来。

裴頠指出,从发生的角度看,"无"既然是"无",就应该是没有任何内容也没有任何规定性的。这种没有任何规定性的"无"理所当然地不可能产生任何有规定性的东西。换言之,"无"不能生"有"。那么,有规定性的东西是怎么产生的呢?为此,裴頠特意提出了"自生"的观念:这些有规定性的东西其实都是"自己产生自己"的!

而有规定性的东西必定会把它的规定性落实到一定的形体上,这就是"有"。"道"正是最大的规定性的落实;所以,"道"乃是最大的"有"。万物"自生"过程的实质是万物剖分了"大有"之"道"。"无"则是"大有"被剖分完之后剩余下来的虚空。

因此,裴頠得出结论:"有"才是世界的本原,是"道"的本性。世间万物都是分享"有"而得以产生的;"无"作为"有"被分享殆尽之后剩余的虚空,从根本上来说,也是由"有"产生的。只有"有"才能济

"有";"虚无"对于万有的产生是无能为力的。

以上,裴𬱖从"崇有"的立场阐发了"有"相对于"无"的决定作用,在一定程度上弥补了"贵无论"的理论偏失,使魏晋玄学围绕"有""无"关系问题的讨论更加全面和深入。不过,饶有趣味的是,尽管裴𬱖在思想上坚持"崇有"的主张,但在社会政治领域,他还是欣赏"无为而治"。这可能是当时思想界的一个吊诡吧!

后来,向秀和郭象借助为《庄子》作注的形式,进一步发展了"崇有论"。向秀提出物"自生"、"自化"说,强调天地万物的"生化之本"不在万物之外,而在万物自身。郭象则提出万物"独化于玄冥之境"的思想,指出万物既不是由虚无产生的,也不是万物相互作用产生的;真正的造物者只能是物体自己,是它自己产生了自己。万物的出现和存在,只能是自己出现、自己存在。所谓"自",就是"自然",就是自己而然、不待他物而然。

三、圣人体无

王弼在论证"无"的本体性与崇高性的过程中,不可避免地遇到了一个理论难题,那就是:如何安排"有""无"之辩与"儒""道"关系。这集中表现在一个很敏感的问题上,即:孔子和老子二人,究竟谁才是理想的圣人?

当时的情况是:一方面,自战国时期到汉代,孔子的"圣人"地位已逐渐深入人心,不仅被士大夫阶层所公认,而且也为普通民众接受。也就是说,孔子的"圣人"地位几乎是不可挑战的。但另一方面,据已有的资料记载,孔子很少谈论虚无玄远的东西,而是多就日常生活中的伦常仪则随机指点,内容都很具体;倒是老子,对"无"谈论得很多、很彻底。从形式上看,孔子是探讨"有"的,老子才是讨论"无"的。

这样一来,"贵无"、"以无为本"就会面临一个尴尬的局面:凸显"无"的价值,就会抬升老子的地位而压低孔子的地位,使老子优于孔子;但这又与当时人们对孔子的情感相左,甚至会因此而遭到坚决的批评和抵制。

天才的王弼没有被这个理论难题困住,他很聪明地另辟蹊径,跳出了这种两难处境。他采取的方法是:剥离老子与"无"的联系,让孔子成为"无"的真正代表。他说:"圣人体无,无又不可以训,故不说也。老子是有者也,故恒言无所不足。"①王弼并没有对孔子采取批评的态度,表面上仍然尊重孔子为圣人。不过,在实质上,王弼却以老子的义理来界定孔子思想。王弼指出,尽管老子总将"无"字放在嘴边论说,但其实他并不真正懂得"无",而是故弄玄虚,欲盖弥彰。孔子则不然。尽管他绝少谈论"无",但他才是真正体悟到"无"的精神的人;只不过因为他明白"无"是不能够用言语去论说的,所以才不愿意妄谈"无"。如此一来,孔子反而是"体无"者,老子却成了"有者"。就形式而言,王弼主张孔子比老子高明,孔子才是真正的"圣人";但实质上却是"阳尊孔丘"、"阴崇老聃",抽换了孔子"圣人"之所以为"圣"的依据。正是通过这种将孔子思想道家化的巧妙伎俩,王弼漂亮地解决了"以无为本"和"孔优老劣"之间的矛盾。当然,我们也不难发现,经过这样解释的孔子,已经不是原先意义上的"孔子",而是被王弼改造过的道家化的"孔子"。

与"圣人体无"相对应,王弼又提出了"圣人有情而无累"的思想。

"圣人是否有情?"这是魏晋玄学家很喜欢讨论的一个问题。王弼的朋友何晏受道家思想影响,主张圣人无喜怒哀乐之情。钟会继承了这一看法。

尽管王弼在"贵无论"上将何晏引为同调,但却不同意何晏"圣人无情"的主张。王弼说,自己一开始也以为圣人没有喜怒哀乐的情感。但是,后来读《论语》读到孔丘为颜渊好学而高兴、为颜渊早逝而悲哀时,才意识到原来圣人也是有情的!原因不难理解:喜怒哀乐是人的"自然之性",圣人也是人,当然也有"自然之性",这是圣人和寻常人一样的地方。不过圣人之所以为圣人,在于他们在智慧上、在对待"情"的态度上超出常人。王弼的理论,可以归结为一句话:"圣人有情而无累。"套用《世说新语》里面的讲法,圣人是"忘情",而不是"无

---

①　《三国志·魏书·王弼传》注引何劭《王弼传》,见[晋]陈寿撰、[宋]裴松之注:《三国志》,北京:中华书局,1982 年第 2 版,第 795 页。

情"。"情"是人与外物接触而产生的反映,圣人与常人皆同。然而圣人之心就像明镜一样,能反映外物却不受其干扰、影响。故而,圣人虽"有情",却不受情的牵累。有情是人性自然的表现,而无累则是体道的结果,只有圣人才能做到。推究其原因,是因为圣人洞悉了"有"和"无"的关系——"有情"为"有","无累"为"无";"无累"为"有情"之本,"有情"需回归于"无累"。

四、言与意

作为"有""无"之辩的一个理论延伸,"言"与"意"的关系问题成为魏晋玄学的另一热点。

"言"与"意"是中国传统哲学的一对重要范畴。所谓"言",是指言说、名词、概念等;所谓"意",是指意象、义理、精神等。"言""意"之间的关系问题,早在先秦时期就已引起许多思想家的注意。在《墨子·经下》、《庄子·天道》、《易传·系辞》、《吕氏春秋·离谓》等篇目中都有相关的精彩论述。以《易》、《老》、《庄》为圭臬的魏晋玄学家们,更是集中讨论了"言""意"关系,将"言""意"之辩提升到本体论的层面,并先后形成三派有代表性的观点,即:"言不尽意"论、"言尽意"论和"得意忘象"说。

荀粲继承了先秦道家的主张,坚持"言不尽意"论。通过解读《周易》,荀粲指出《周易》之"意"、"象"、"系"的意义系统均可分为内外两部分,即:"意内"、"象内"、"系内"和"意外"、"象外"、"系表"。只有前者可以用语言传达出来;对于后者,语言却无能为力。

欧阳建站在客观主义的立场上,提出"言尽意"论。他注意到语言在辨名析理方面的重要作用,指出"言"与"意"的关系正如"响"之应"声"、"影"之附"形",是紧密相连、不可分割的;经过"正名"的"言"可以完全穷尽事物的意涵。

王弼是"得意忘象"说的典型代表。"得意忘象"说是对"言不尽意"论和"言尽意"论的调和。一方面,王弼承认语言在表达事物意涵的过程中存在很大的局限,肯定"言不尽意"论具有一定的合理性;另一方面,他又认为事物的终极意涵是可以被我们穷尽的,这与"言尽意"论殊途同归。

王弼的做法是:在原有的"言""意"两大要素之间,再加入一个新的要素——"象"。在王弼看来,"言"与"意"之间存在一定的距离,倘若坚持用语言来传达意义,必然会陷入词不达意的窘迫境地。而"象"则可以很好地充当中介和桥梁作用。在《周易略例》一书中,他提出了"寻言以观象"、"寻象以观意"、"得象而忘言"、"得意而忘象"的全新解《易》方法。

王弼认为,作为万物之本的"无"是无言、无形、无名、无象的;如果人们只停留在言辞、概念的层面上去追索"无",结果是不可能达到对"无"的体认和把握。要想真正把握"无"的意涵,就必须通过直观的"形象"才能实现。从方法论上来讲,也就是必须"寻象以观意"进而"忘象以求意",因为"有生于无","象生于意"。王弼的这一思想包含有重视直觉体认的合理因素,但由于过分强调"得意在忘象",片面夸大了"立言垂教"的作用,使它带上了一种神秘主义的色彩。"得意忘象"作为一种方法论,不仅对玄学"贵无"理论的建立有着重要意义,而且对当时佛教在中国的传播和发展也起到了重要作用。

五、名教与自然

"名教"与"自然"的关系问题,是"有""无"之辩在社会政治领域的集中反映。所谓"名教",指的是社会的等级名分、伦理仪则、道德法规、制度典范等等的统称;所谓"自然",则是指人的本初状态或素朴本性,同时也指天地万物的原生状态。魏晋玄学家对"名教"与"自然"的关系格外重视。

王弼从道家的自然哲学立场出发调和二者,主张"名教本于自然",以"自然"为"无"、为本;以"名教"为末、为用,强调名教应该顺应人的自然本性。

阮籍则以自己的生命体证来完成自然对名教的突破。《世说新语》里记载了一则故事:阮籍邻居家有一位美丽的女主人,与阮籍有相同的嗜好,那就是喝酒!阮籍很高兴,经常串门去找她喝酒。两人一喝痛快了,女主人醉卧床上,阮籍也毫不避嫌地躺在她旁边睡着了。

邻居家的男主人暗地里观察多次，并未发现任何越轨行为。像阮籍这样惊世骇俗而又纯真无邪的举动，正是摆脱名教、纯任自然的最好写照。

阮籍毫不掩饰对人的喜恶，见到欣赏的人，便以青眼视之；而遇到礼俗之士，则以白眼对之。一次，他的嫂子要回娘家了，阮籍去送行，却被一些人讥讽为"失礼"。阮籍不屑地说道："礼岂为我辈设耶?"像我们这样的人又岂是那些繁文俗礼所能束缚得了的！公然挑战礼俗观念。

正是这种不拘于礼的性格，使阮籍做出了许多惊人的举动。当时一户兵家有女，才色双全，可惜尚未出嫁就因病去世了。阮籍听说此事，尽管他与这家人素不相识，但是却径直前往哭吊，尽哀而还。他还时常独自驾车出游，却行不由径。当走至无路可走时，痛哭而返。

阮籍任性放诞的行为其实体现了他对名教与自然关系的看法。他认为自然为本、名教为末。所以他会按照自然的方式去任性放诞、去肆情酗酒，而对礼乐等名教不屑一顾。这一点，集中地反映在他的《大人先生传》一文中。

所谓"大人先生"，是阮籍心目中的理想形象，也是自然精神的凝聚。与"大人先生"相对的是所谓"域中君子"，这是那些拘束于礼乐名教的世俗之人。在阮籍看来，"大人先生"是与道同体、与天地并生的，行为高妙，不拘于俗，以天地为家，与造化为友，视自然为生命。而"域中君子"则是"服有常色，貌有常则，言有常度，行有常式"，循礼守则，"诵周孔之遗训，叹唐虞之道德"，以名教为圭臬。这两个形象的鲜明对照，体现了阮籍崇尚自然、反对名教的自由精神。

与阮籍同为"竹林七贤"的嵇康，则明确地把"名教"与"自然"的关系作为哲学的主题，提出了"越名教而任自然"的思想主张。

在嵇康生活的时代，儒家名教思想及其所宣扬的忠、孝、节、义等规范已经逐渐被篡权的司马氏集团所利用，成为他们维护统治、钳制人心的有效工具。嵇康对这种现象深恶痛绝，决心从根子上动摇司马氏的说教。同时，由于深受道家思想影响，追求精神自由独立，嵇康从情感上也不愿意接受名教的规范。所以，他将"名教"和"自然"对立起来,认为名教是违背自然本性的,是对大道的陵迟。

嵇康继承老庄的"绝仁弃义"思想,认为"名教"乃是"自然"破坏之后的产物,是低于"自然"的。"自然"合乎大道之本性,是天地间的最高法则,也是最真实的存在。因此,针对时人推崇名教的风尚,嵇康提出要"越名教而任自然",反对名教对大道的剖分和对人性的戕害,从而超越名教,使人的自然真心本性得以彰显。

为此,嵇康对当权的司马氏采取了不合作的态度。他或与竹林好友欢聚纵酒、啸傲弹琴;或避居山阳,以锻铁为生,自得其乐。在《与山巨源绝交书》信中,嵇康倡言不愿从政的原因有"必不堪者七,甚不可者二",表面上似乎是解释自己在生活习惯和性格喜好上与政治的不相谐之处,实质上则是巧妙地表达了他对当时的礼教和政治的嘲讽与厌恶。尤其是他提出了"轻贱唐虞而笑大禹"、"非汤武而薄周孔"的大胆主张,矛头所向,直指名教的核心和司马氏的统治。正因为如此,嵇康一直深为司马氏所忌,终于难逃一死。

临刑前,嵇康神色自若,只是要人拿来古琴,在刑场上弹奏了一曲《广陵散》。曲罢摔琴,仰天长叹:"广陵散于今绝矣!"从容赴死,时年四十岁。嵇康之死是一个哲学家的死亡,更是对"自然"与"名教"关系的最终解答。

东莱学及事功学对理学的
调和与批评

　　诚如陈来、郭齐勇等教授所指出的,理学不应被视为"封建社会后期没落的意识形态";其价值应在"近世化"的范畴背景下得到重新确认。程朱理学是配合、适应了社会变迁的近世化而产生的整个文化转向的一部分,其工夫论在强化社会所需要的价值系统的同时,还包含了正视社会中绝大多数人的"形气之私"等世俗性、合理性、平民性的性格①。

　　不过,同时应该承认的是,理学仍然处在近世化过程的早期阶段,在思想观念上还表现出新旧杂陈的面貌。所以,随着近世化程度的加深,到了南宋时期,在以婺州(今浙江金华)为中心的浙东地区,理学的调和、折衷思想与各种批评、改革理学的思想交相辉映。

　　南宋乾道、淳熙年间,地处长江下游的浙东地区,成为学术研究和交流的一大重镇,形成了宋代学术史上鼎鼎有名的"婺学",亦称"浙东学"。

　　作为一种区域性的儒学群体,"婺学"内部包含着不同的发展面向。正如侯外庐等在《宋明理学史》中指出的,"'婺学'只是一个地理上的笼统提法,并不说明其学派的性质"②。但是,作为浙东地区独有

---

① 参见陈来:《中国近世思想史研究》序言,北京:商务印书馆,2003 年第 1 版;郭齐勇:《中国传统与现代性——以近世哲学思想史为中心》,《武汉大学学报》(人文科学版),2005 年第 4 期,第 407 页。

② 侯外庐、邱汉生、张岂之主编:《宋明理学史》(上),北京:人民出版社,1997 年第 2 版,第 340 页。

的学派,"婺学"内部的各种思想又是在相似的背景下,在互相交流、互相切磋的过程中逐渐形成和完善的,因而"婺学"同时又具有某种地域特色。这一点,从后来学者的评述中可委婉看出。据全祖望记载:"乾淳之际,婺学最盛。东莱兄弟(吕祖谦、吕祖俭)以性命之学起,同甫(陈亮)以事功之学起,而说斋(唐仲友)则为经制之学。"①婺学诸家各宗其说,鼎足而立,但它们又都具有一个共同的特色,即:注重经世致用。即便是"以性命之学起"的吕祖谦,其所言"性命"、"天道"亦与程、朱等"醇儒"颇为不同,而是更多地关注现实致用。与吕祖谦同时代的陈亮和稍晚的浙东学的后起者叶适更是以"开物成务"为宗,倡言事功。所以,浙东婺学门户虽繁,但以致用为治学之要则是它们共同的旨趣。

按照与正统理学的关系为标准,浙东之学又可划分为东莱学和事功学两大派。东莱学以吕祖谦为代表,主要表现出调和理学各家的折衷倾向。事功学以陈亮、叶适为代表,主要表现出批评理学、改革理学的倾向。

一、"东莱学"对理学的调和与补充

吕祖谦,字伯恭,学者称东莱先生,生于宋高宗绍兴七年(1137),卒于宋孝宗淳熙八年(1181)。吕氏祖籍山西,北宋灭亡时,其曾祖吕好问携全家南渡,迁至婺州(今浙江金华)。吕祖谦自幼起,便在以婺州为中心的浙东、闽西地区求学、交游,并创建了浙东地区独树一帜的学派——"婺学",与朱熹、张栻齐名,时称"东南三贤"。为了把吕祖谦所创建的学派与包罗众多门派的笼统地理意义上的"婺学"相区别,他所开创的学派也被称作"东莱学"。

(一)"博杂":东莱学的特点

宋孝宗淳熙二年(1175),朱熹、陆九渊两大理学巨匠会面于江西上饶鹅湖寺,展开了一场以"教人之法"为中心议题,凸显二人学术根

本差异的学术大辩论,列席旁听者达十数人,这就是理学史上著名的"鹅湖之会"。

作为朱、陆二人共同的朋友,吕祖谦正是这场学术盛会的发起人和组织者。这从他写给陈亮的信中可见一斑:"某留建宁,凡两月余,复同朱元晦至鹅湖,与二陆及刘子澄诸公相聚切磋,甚觉有益。"①更好的记载则见于陆九渊《年谱》:"淳熙二年乙未,先生三十七岁。吕伯恭约先生与季兄复斋,会朱元晦诸公于信之鹅湖寺。……朱亨道(陆九渊门人,曾列席鹅湖之会——作者注)书云:'鹅湖讲道切诚,当今盛事。伯恭盖虑陆与朱议论犹有异同,欲会归于一,而定其所适从,其意甚善。……'"②可见,吕祖谦不仅是"鹅湖之会"的列席旁听者之一,更是直接召集和组织会议的人。而他发起这次盛会的初衷,乃是"虑陆与朱议论犹有异同,欲会归于一",也就是希望调和二人学术上的分歧。如果说"鹅湖之会"是宋明理学史上欲打破门户藩篱的一次伟大尝试,那么吕祖谦调和朱、陆,就不止是充当"和事佬",而且还具有重大的思想史意义。

为什么吕祖谦能充当这次盛会的发起人和组织者呢?须知召集这样一次会议并不是一件容易的事情。作为发起人,必须具备两方面的资格,缺一不可:一是要在学识上得到各方的承认;二是须具有人格魅力,要在品德上得到各方认可,并有良好的学术人缘。在各主其说的理学时代,这样的人并不多见。而吕祖谦无疑是其中最合适的人选。这一方面与他和朱、陆二人私交甚笃有关,更根本的原因则是由吕祖谦其人其学的"博杂"的特色决定的。

作为吕祖谦的好友,朱熹在论及东莱之学时曾坦率地指出:"博杂极害事,伯恭日前只向博杂处用功,却于要约处不曾仔细研究。"③且不论朱熹的批评妥当是否,要之"博杂"二字的确概括了东莱学最主要的特色。而吕祖谦这种"博杂"风格形成的原因也是多方面的。

---

① 《东莱吕太史别集》卷十《与陈同甫》,《吕祖谦全集》第一册,杭州:浙江古籍出版社,2008 年第 1 版,第 472 页。

② 《陆九渊集》卷三六《年谱》,北京:中华书局,1980 年第 1 版,第 490—491 页。

③ 《宋元学案》卷五一《东莱学案》,第 1675 页。

　　首先是来自家学的影响。吕氏家族世代从学,家学深厚,自东莱六世祖吕公著后,一门之中,被选登《宋元学案》者竟达十七人之众。吕祖谦一生虽师从多人,但家学对他的影响无疑是最大的,"祖谦之学本之家庭"①。与其他的家传、师承派别不同,吕氏家学最大的特点在于它"不名一师"、"不私一说",这从吕氏学者的从学经历及他人的评价可以看出。吕东莱伯祖吕本中曾先后拜程门嫡传弟子游酢、杨时、尹焞为师;东莱本人少时亦先后师从林之奇、汪应辰、胡宪,成年后又交游于朱熹、张栻、二陆、陈亮诸贤,兼收并蓄,不主一说。对于吕氏家学的这一特点,朱熹议论颇多:"吕公(吕希哲)家传,深有警悟人处,前辈涵养深厚乃如此。但其论学殊有病,如云'不主一门','不私一说',则博而杂矣。"②可见,泛观博览、"不主一门"、"不私一说"的博杂风格正是吕氏家学的一大特色,这直接影响了东莱学的形成。

　　其次,来自师学的影响也不容忽视。吕祖谦先后师事三人,其中他的第二个老师汪应辰恰恰是以"博综"闻名的。据《宋元学案》记载,汪应辰"博综诸家,……粹然为醇儒"③。如果清楚了汪应辰曾一度从学于东莱伯祖吕本中,这一点就不难理解了。由于这双重原因,吕祖谦自然乐意承袭汪应辰"博综诸家"的风格。

　　文献的便利和史学的偏好,是东莱学"博杂"之风形成的又一原因。吕氏家族一向注重搜集和保存文献资料,历世代经营,特别是在"靖康之祸"后安全南渡,其文献资料已冠绝东南,"有中原文献之传"④的美誉。这为吕祖谦博综诸家、遍考前贤提供了得天独厚的条件。文献的丰富也使得东莱之学可以不必局囿于经学,而是更多地从历史文献中补充资料。如此一来,东莱之学较之其他学派就显得"博"且"杂"了。而吕氏家学中的史学旨趣,以及吕祖谦本人的仕宦经历——他曾先后任太学博士、国史院编修官、实录院检讨官等史官,主

①　《宋史》卷四三四《儒林四·吕祖谦传》,北京:中华书局,1977 年第 1 版,第 12872 页。

②　《宋元学案》卷二三《荥阳学案》,第 908 页。

③　《宋元学案》卷四六《玉山学案》,第 1455 页。

④　《宋史》卷四三四《儒林四·吕祖谦传》,第 12872 页。

持编修《徽宗实录》、《皇朝文海》等——培养了他对史学的偏好,提倡"援史入经",这无疑加重了其学的"博杂"特色。

那么,回过头来再看看朱熹对东莱学"博杂"风格的批评是否中肯。朱熹称吕东莱"其学太杂","不能守约"。他赞同寿昌关于东莱之学"博学多识则有之矣,守约恐未也"的评价,并直言"伯恭失之多","于要约处不曾仔细研究"①。所谓"守约",指的是对理学中的核心范畴、精要之处的用心揣摸、体会,也就是对圣人言语中的微言大义,对天道、性理等进行细致入微的研习体认。这是构筑理学精深体系的必要手段。朱熹强调"守约"并不错,关键在于如何理解"守约"与"博杂"之间的关系。

所谓"博杂",顾名思义:博综诸家、杂采众说。表面上看来,能做到这一点是很难得的。但它潜含着一种危机,即:学者如果仅仅满足于"博"且"杂",只知道"泛观广接"、博采众说,而不能形成自己的独到见解,没有自己学术的"根",那么他对各家各派思想的汲取就有可能只是停留在浅层次上,只是一种浮光掠影、不求甚解的形式上的"博杂"。

倘若吕东莱只做到这一步,那么朱熹对他的评价就应该是公允的。但问题是吕东莱之"博杂"是像朱熹所形容的那样吗?

我们可以从对吕东莱影响颇深的伯祖吕本中的言论中找到线索。吕本中公开倡言:"既自做得主张,则诸子百家长处,皆为吾用。"②值得注意的是,吕本中博综百家的前提是"既自做得主张",也就是先要确立自己的学术根柢。我们不妨把这看作是吕氏家学的学术宣言,它显然也影响了吕祖谦。这从他博综诸家、杂采众说过程中所显示出的一以贯之的学术立场和最终所建构的相对完整、系统的学术体系可以看出一二。因此,"博杂"并不意味着大拼盘、和稀泥,它是在有自己的学术定见、"自做主张"的基础上,博采众说之长,以成一家之言。

尤其值得称道的是,吕祖谦的"博杂"风格本身即体现了一种打破

---

①　[宋]黎靖德编:《朱子语类》卷一二二,北京:中华书局,1986 年第 1 版,第 1949 页。

②　《宋元学案》卷三六《紫微学案》,第 1234 页。

门户藩篱、加强学术沟通的努力。在中国学术史上,理学无疑是极具特色的,这其中就包括了它在传承统绪上极其看重家学、师学渊源。一提及某人,必言他是某某之子、某某之徒。为此,朱熹要特意编著《伊洛渊源录》;而一部《宋元学案》更是揭示了各思想家、各学派之间千丝万缕的联系。突出学派、门户的重要性,有助于集中一代甚至几代学者之力在某些重要的学术问题上积淀深究,这对于学者的培养和学术的纵深发展无疑是大有裨益的。然而如果一旦拘于学派、门户之见,党同伐异,所谓"道不同不相为谋",则容易坠入各主其说、相互攻讦的泥淖,不免于小家子气。尤其是理学发展到南宋时期已渐趋大成,其思想的旨趣和入门的途径都相对明确起来——这也是一门学术成熟兴盛的一个重要特征,——在这种情况下,各派学者如果仍拘囿于门户孔见,不能以宽和、公允的心态平等对待其他学派,其结果必然会限制本学派的发展,进而影响整个理学的丰富完善。毕竟,一个缺乏大气的学术环境是无法产生真正大气的学问的。正因为如此,就必须有吕祖谦这样有学术远见的人,调和诸学之间,涉猎各派之说,以使各家不囿于一孔之见,并可经由吕祖谦这面镜子反观各家之说,从而突破学术偏见,打破门户藩篱,使理学在良性的沟通、互动中走向圆满。

东莱学"博杂"的风格与吕祖谦过人的学术雅量之间关系密切。全祖望在《东莱学案·序录》中称赞道:"小东莱之学,平心易气,不欲逞口舌,以与诸公角,大约在陶铸同类,以渐化其俗,宰相量也。"[①]当时学者之所以皆愿与祖谦交游,一个很重要的原因就是他有着过人的学术气度。而他这种学术雅量的形成,也与他"不主一说"、博采众论分不开。吕思勉《理学纲要》记载:"史称东莱少时,性极偏。后病中读《论语》,至'躬自厚而薄责于人'有省。遂终身无暴怒。"[②]可见吕祖谦少时亦偏执,但受其家学"多识前言往行以畜其德"主张的影响,广

---

① 《宋元学案》卷五一《东莱学案》,第 1652 页。

② 吕思勉:《理学纲要》,上海:东方出版社,1996 年第 1 版,第 137 页。此说取自《宋元学案》卷五一《东莱学案》,第 1652 页。

泛地涉猎各家之说。一个人愈是见多识广,就愈能见人之长,也就愈不会矜己责人。此外,其师胡宪对他的影响也是明显的。胡宪是胡安国之子,因仰慕明道先生为人,养成了宽厚平和的性格。这也感染了吕祖谦,促使他形成了宽厚的学术作风和过人的学术雅量。

中国学术素来主张为学与为人不二。吕祖谦的这种宽厚平和的学术胸襟不仅不是外在于其学术的,反而正是"东莱学"中的重要一环。

至于客观上他未能做到朱熹所强调的"守约",并不是由于其"博杂"的风格造成的,而是因为他的英年早逝。吕祖谦四十四岁便已辞世,而四十、五十岁正是一个学者思想成熟和著述丰富的高峰期。祖谦临终前与朋友提及:"某退藏里间,嗒然无复余念。新岁来方欲再理旧书,为十年调度,但无它扰,使得极意讲磨,志愿已足。"①可见临终前他的学术已渐趋成熟。平心而论,以吕祖谦的博览泛观、兼容并蓄,加之他在经、史方面的造诣,配之以过人的气度,若假以时日,"极意讲磨",虽不必与朱、陆并肩,但要做到炉火纯青、独树一帜是不难的,更毋论"守约"了。惜其天年未享,壮志难酬,但这却不是"博杂"之过。

(二) 与朱学、陆学之关系

吕祖谦"博杂"的学术风格使他虚心接纳各家之说,博采众学之长,"浑然若出一家之言"。这尤为突出地表现在他对朱学、陆学的态度上。

东莱学与朱学、陆学的关系可由全祖望一言以蔽之:"宋乾淳以后,学派分而为三:朱学也,吕学也,陆学也。三家同时,皆不甚合。朱学以格物致知,陆学以明心,吕学则兼取其长,而复以中原文献之统润色之。门庭径路虽别,要其归宿于圣人则一也。"②朱学、陆学是理学的两面大旗,双方各张其说,甚至多有攻讦。而东莱学则调和其间,折衷取长,并以其家学文献增删润色之,遂成鼎足之势。

下面,我们就分别从吕祖谦与朱熹、陆九渊二人的学术交往,看看

① 《东莱吕太史别集》卷九《与周丞相(子充)》,《吕祖谦全集》第一册,第443页。
② 《宋元学案》卷五一《东莱学案》,第1653页。

他是如何调和二说、折衷取长的。

1. 吕祖谦与朱熹

朱熹对东莱之学虽多有议论,有些甚至颇为尖锐,但实际上朱、吕二人却是交往数十年的好友,彼此通信多达百封。他们之间的学术友谊体现在很多方面:

首先,二人合作编纂了《近思录》一书。二人精选周濂溪、程颢、程颐、张载四先生语录,共六百二十二条,分十四卷,按类编纂,以《论语》"切问而近思"为题。朱子所定卷目为:道体、为学大要、格物穷理、存养、改过迁善克己复礼、齐家之道、出处进退辞受之义、治国平天下之道、制度、君子处事之方、教学之道、改过及人心疵病、异端之学、圣贤气象。朱熹本人曾说:"《四子》,《六经》之阶梯;《近思录》,《四子》之阶梯。"①钱穆把《近思录》视同经书。陈荣捷先生指出:"《近思录》为我国第一本哲学选辑之书,亦为北宋理学之大纲,更是朱子哲学之轮廓。以后宋代之《朱子语类》、明代之《性理大全》与清代之《朱子全书》与《性理精义》,均依此书之次序为次序,支配我国士人之精神思想凡五六百年。影响所及,亦操纵韩国与日本思想数百载,且成为官学。"②

后世虽多言朱子《近思录》,但实质上,这本书乃是朱、吕二人合作的结晶。这从朱熹为该书所作的序中即可看出:"淳熙乙未之夏,东莱吕伯恭来自东阳,过予寒泉精舍。留止旬日,相与读周子、程子、张子之书,叹其广大闳博,若无津涯,而惧夫初学者不知所入也。因共掇取其关于大体而切于日用者,以为此编。"③朱、吕二人不仅在寒泉精舍集中读书、参酌切磋,别后又屡屡通信,或增或减,合作完成此书的编纂。对此,严佐之的看法似较全面:"比较公允的说法是二人的作用有主次之别:《近思录》的编定是以朱熹为主,吕祖谦的助编并不妨碍

① ［宋］黎靖德编:《朱子语类》卷一〇五,第 2629 页。
② 陈荣捷:《近思录详注集评》,台北:台湾学生书局,1992 年第 1 版,《引言》第 1 页。
③ 《朱子近思录·朱熹序》,见［宋］朱熹、［宋］吕祖谦撰、严佐之导读:《朱子近思录》,上海:上海古籍出版社,2000 年第 1 版,第 26 页。

《近思录》是一部典型的程朱学派的代表作。"①当然,吕祖谦的助编也非徒挂虚名,这从《近思录》首卷的确定即可看出。按朱熹本意,原不打算在"三纲八目"之前列一个论说太极、阴阳、理气、性命的"道体"之卷,因为担心学者读到这里太感突兀而遽生畏难之心。但吕祖谦坚持认为:"《近思录》既成,或疑首卷阴阳变化性命之说,大抵非始学者之事。祖谦窃尝与闻次缉之意:后出晚进于义理之本原,虽未容骤语,苟茫然不识其梗概,则亦何所底止? 列之篇端,特使之知其名义,有所向望而已。"②最后的成书采纳了吕祖谦的意见,这一方面反映了二人合作著书的真实情况,另一方面也显示了朱、吕二人在学术上切磋磨合、互辅共进的良好关系。

　　其次,吕祖谦凭借其家传文献上的优势,屡屡为朱熹提供学术资料;而朱熹每有书成,亦必先寄给吕祖谦,听取他的意见。吕氏家族累世积淀下来的丰富文献无疑是一笔宝贵的财富,"故中原文献之传,独归吕氏,其余大儒弗及也"③。难能可贵的是,吕祖谦并没有关上门户、死死地抱着这些珍贵文献不放,而是打破门户浅见,无私地把文献资料提供给当时的学者。东莱一生好友如云,正与他这种无私、坦荡的胸襟分不开。吕祖谦多次将自己所占有的珍贵资料毫无保留地抄送给朱熹。对此,朱熹颇为感动,称其"德宇宽洪,识量宏廓,既海纳而渊停,岂澄清而挠浊"④。

　　其实,朱熹对东莱之学的诸多议论、批评本身也是他们学术友谊的体现。观朱熹批评之语不难发现,其中或惜或叹,或劝或勉,真可谓苦口婆心、直谏其弊;甚至那些最尖锐的批评背后,流淌的也仍是殷殷的期望和严肃的关切。骨子里,朱熹对吕祖谦是十分推崇的。吕祖谦也深知朱熹的良苦用心,所以即使是受到朱熹近乎苛刻的批评、指责,

---

　　① 《朱子近思录导读》,见[宋]朱熹、[宋]吕祖谦撰,严佐之导读:《朱子近思录》,第4页。

　　② 《朱子近思录·吕祖谦序》,见[宋]朱熹、[宋]吕祖谦撰,严佐之导读:《朱子近思录》,第27页。

　　③ 《宋元学案》卷三六《紫微学案》,第1234页。

　　④ 《东莱集·附录》卷二《祭文·朱提举元晦》,《影印文渊阁四库全书》集部别集类八十九,台北:台湾商务印书馆,1983年影印,第450页。

他们之间也没有因此而发生不愉快的事情。

　　朱、吕二人数十年的学术交往，对朱学的完善固然大有裨益，而对东莱学的形成更是影响极大，以至有学者认为东莱学之中有朱学的影子。

　　朱学之中，最受吕祖谦关注的是其进悟工夫。朱子为学讲究"即物穷理"，倡言"格物致知"。他在《四书章句集注·大学章句》中补"格物致知"章道："是以《大学》始教，必使学者即凡天下之物，莫不因其已知之理，而益穷之，以求至乎其极。至于用力之久，而一旦豁然贯通焉，则众物之表里精粗无不到，而吾心之全体大用无不明矣。此谓物格，此谓知之至也。"①学者须由已知之理推而扩之，穷尽一事一物之理，进而穷尽事事物物之理，工夫久了，一旦豁然贯通，便可洞见"众物之表里精粗"、"吾心之全体大用"，进而明了天地至理。象山门人朱亨道将朱子的这种集义工夫概括为"欲令人泛观博览，而后归之约"②。

　　应该说，朱子所主张的这种"格物致知"的为学之道是一种正宗的、极有价值的进学思路，它实际上承继了孔子"多学而识"、"下学而上达"的思想，对初学者极有帮助。然而，陆九渊却认为朱子的"格物致知"太过支离破碎，直言"易简工夫终久大，支离事业竟浮沉"③。如何解释这一点呢？吕祖谦巧妙地以"自是人病非是法病"回答："近已常为子静详言之，讲贯诵绎乃百代为学通法，学者缘此支离泛滥，自是人病非是法病，见此而欲尽废之，正是因噎废食。"④"讲贯诵绎"即"泛观博览而后归之约"。吕祖谦认为朱子所提倡的"格物致知"的为学工夫是"百代为学通法"；至于有人误至支离破碎，则是此人之过而非此法之错。

　　进而吕祖谦指出，为学的目的是要能"释然心解"；而要做到"释然心解"，就必须下一番"涵泳集义"的工夫。进学致思不可太疏阔，须得沉潜默识，"涵泳渐渍"，在长期的浸润中不断感受体味，一旦工夫

---

①　［宋］朱熹：《四书章句集注》，北京：中华书局，1983 年第 1 版，第 6—7 页。

②　《陆九渊集》卷三六《年谱》，第 491 页。

③　《陆九渊集》卷二五《鹅湖和教授兄韵》，第 301 页。

④　《东莱吕太史别集》卷十《与邢邦用》，《吕祖谦全集》第一册，第 500 页。

到了，一切滞塞豁然贯通，便可"释然心解"①。

很显然，吕祖谦对朱熹"格物致知"的体认工夫是极为赞赏的。一方面这种"即物穷理"、"格物致知"的工夫与他本人"不主一说"、"泛观博览"的"博杂"风格颇多契会之处；另一方面，朱子这种精细入微的体认工夫可以很好地弥补东莱学"博杂"所带来的参差芜杂、流于肤阔的不足，促使东莱学更加精致。因此，在为学工夫上，吕祖谦更倾向朱学，而不太满意陆学的"流于空疏"。他对二人评价道："元晦英迈刚明，而工夫就实入细，殊未可量。子静亦坚实有力，但欠开阔耳。"②

但是，在治学纲要上，吕祖谦并不赞同朱子的"即物穷理"，而是更倾向于陆九渊的"明心见性"。

2. 吕祖谦与陆九渊

吕祖谦虽仅比陆九渊年长两岁，但在交往中却表现出宽厚的长者之风。二人惺惺相惜，结成深厚的学术友谊。

吕、陆二人的首次交往是在乾道八年（1172）。当时吕祖谦任秘书省正字，参与主持礼部考试工作，而陆九渊则是一名考生。二人虽从未谋面或通信，吕祖谦却能从众多考生的答卷中一眼挑出陆九渊的卷子。关于此事，《陆九渊集·年谱》中有详细记载："乾道八年壬辰，先生（陆九渊）三十四岁，春试南宫，……吕伯恭祖谦为考官。读先生《易》卷，……击节叹赏。又读……，愈加叹赏。至策，文意俱高。伯恭遽以内难出院，乃嘱尤公曰：'此卷超绝有学问者，必是江西陆子静之文，此人断不可失也。'又并嘱考官赵汝愚子直。……他日伯恭会先生曰：'未尝款承足下之教，一见高文，心开目明，知其为江西陆子静也。'"③若仅以《年谱》一家之言不足为凭，则有《宋史》记载相佐证："（吕祖谦）尝读陆九渊文，喜之，而未识其人。考试礼部，得一卷，曰：'此必江西小陆之文也。'揭示，果九渊，人服其精鉴。"④这种因考相识、以文交心的英雄识英雄，也可算得上一段学林佳话。而吕祖谦之

① 详见《宋史》卷四三四《儒林四·吕祖谦传》，第 12874 页。
② 《东莱吕太史别集》卷十《与陈同甫》，《吕祖谦全集》第一册，第 472 页。
③ 《陆九渊集》卷三六《年谱》，第 486—487 页。
④ 《宋史》卷四三四《儒林四·吕祖谦传》，第 12873 页。

识陆文,不是辨其笔迹,而是会其高意,于心有契会。

正因为如此,吕祖谦在因父病免、中途离开主考之位时,仍不忘叮嘱同僚要多关注提拔陆九渊。不仅如此,吕祖谦还热心地把陆九渊荐给当世学者,他在给其师汪应辰的信中写道:"陆君相聚五六日,淳笃劲直,辈流中少见其比,恐不可不[收]拾,惟开怀成就之为望。"①他对陆九渊的看重可见一斑。

陆九渊亦颇感于吕祖谦的知遇之恩:"窃惟执事(吕祖谦)聪明笃厚,人人自以为不及。乐教导人,乐成人之美,近世鲜见。如某疏愚,所闻于朋友间,乃辱知为最深。"②因为这层关系,当吕祖谦邀请陆九渊兄弟前往鹅湖与朱熹相会时,二陆欣然前往。

鹅湖一会,不仅没有达到吕祖谦所预期的"虑陆与朱议论犹有异同,欲会归于一"③的愿望,反而使二人的分歧愈加明显,并直接影响到彼此的日常交往。对此,吕祖谦颇为不安,积极奔走调和于二人之间,才使他们的关系得以缓和。陆九渊亦深感于此,在《祭吕伯恭文》中写道:"我坐狂愚,幅尺殊侈,言不知权,或以取戾。虽讼其非,每不自制,公赐良箴,始痛惩艾。问我如倾,告我如秘,教之以身,抑又有此。惟其不肖,往往失坠,竟勤公忧,抱以没地"④,对吕祖谦的感念之情溢于言表。

吕祖谦对陆九渊虽多有劝谏,但这些多半是针对其为学工夫上的疏阔和为人的耿介偏狂。对于陆学,吕祖谦还是颇为心折的。在东莱学的形成过程中,陆学之功殊不可没。

吕祖谦最欣赏陆学的"明心"之说,并引以为治学纲要。他认为:"圣门之学,皆从自反中来。……凡事有龃龉,行有不得处,尽反求诸己,使表里相应而后可。"⑤"自反"就是返求内心,亦即孟子、象山所言"明

---

① 《东莱吕太史别集》卷七《与汪端明》,《吕祖谦全集》第一册,第,392页。
② 《陆九渊集》卷五《与吕伯恭》,第61页。
③ 《陆九渊集》卷三六《年谱》,第491页。
④ 《陆九渊集》卷二六《祭吕伯恭文》,第306页。
⑤ 《丽泽论说集录》卷七《门人集录孟子说·滕文公下》,《吕祖谦全集》第二册,第190页。

心"。而"明心"、"自反"正是治学的根本所在,"圣门之学"皆由此而来。

为何"明心"、"自反"即可论学?因为"心"的地位至关紧要,它涵括万物,留藏千古文献,它就是"天",它就是"神"。了解了"心",把握了"心",能够"存心"、"养心",就可以顺天理而行,自然无碍。很显然,吕祖谦在治学纲要上深受陆学"明心"之说的影响。

不过,吕祖谦对此也不是全盘照收,而是有所取舍。在治学纲要上,他受陆学"明心"之说影响甚深;但在如何"明心"的问题上,即为学的具体工夫上,他不满于陆学的简易虚阔,而更倾向于朱学"就实入细"的"格物致知"之功。

这也正是东莱学"博杂"特色的反映,如上引全祖望所言,"朱学以格物致知,陆学以明心,吕学则兼取其长,而复以中原文献之统润色之"。吕祖谦"兼取其长"并不是盲目、无原则的杂糅、拼盘。单看他用"格物致知"之功作为"明心"的手段,便可见其匠心。所以,吕祖谦调和、折衷于朱、陆之间,博综取用,正是吕学"既自做得主张,则诸子百家长处,皆为吾用"学术宗旨的体现。

吕祖谦的这种"博杂"风格还直接影响了他的本体哲学的建构。

(三)天理观与心性论

大凡治中国传统学术,必先对天道、性命等有真切体认,方可发散而成一家之言。套用西方哲学话语,可以勉强将其称作"本体哲学"或"形而上之学"。但实际上,它不只是学问,更是生命的实存体验。吕祖谦学宗性理、兼纳百家,亦当有其所以贯通天道、人性之纲维。这就是他力图融贯一体的天理观和心性论。

1. 天理观

"天理"是吕祖谦思想的最高范畴和最根本的背景,也是整个东莱学的根基。在博综理学各家之说的基础上,他建构起自己的具有杂糅特点的天理观。

首先,天理具有绝对性。天理是人生乃至宇宙的最宏大的背景,没有东西能逃出它的范围:"天者,人之所不能外也"①,人世间的一切

---

① 《东莱博议》卷三《鲁饥而不害》,北京:中国书店,1986年第1版,第195页。

乃至宇宙间的万物,都是在"天"之内的,没有什么能超出"天"。"天"之"形"如此,"天"之"理"亦同样若无际涯。因而,从范围上看,"天理"是无穷无际的。天理永恒存在,它不会被产生,更不会被灭绝。"天地生生之理,元不曾消灭得尽"①;"天下之不容泯者,天理也"②;"世皆以人欲灭天理,而天理不可灭"③。天理是永恒独立、绝无增减的,"天理所在,损一毫则亏,增一毫则赘,无妄之极,天理纯全,虽加一毫不可矣"④。正因为天理范围万物、不生不灭、不增不减,所以它才能成为绝对之物,成为天地之本。而作为天地之本的天理,一旦发用流行便可产生天地万物。

其次,天理具有根源性。天理不仅是绝对的存在,更是天地万物的终极根源,一切事物都是由天理派生出来的。"理之在天下,犹元气之在万物也。一气之春,播于品物,根茎枝叶,……名虽千万而理未尝不一也。"⑤"天理"化生万物就像元气流行衍生万物一样,世间万千事物莫不由天理而来;而这个过程就是所谓"德":"德者,天地万物所同得实然之理,圣人与天地万物同由之也。此德既茂,则天地万物自然各得其理矣。"⑥这里,天地万物所同得的"实然之理"就是指"天理"。"天理"是万物之所以产生的根源,是万事万物的母体。

第三,天理具有现实性。天理既已生万物,必然会对人间社会发生影响,其展开就是天理的现实性。人类和人间社会也是天地间的事物,同样由天理化生而得来。天理流贯到人间社会,体现出它现实性的一面。

天理的现实性集中体现在"礼"字上。"礼"本从上古祭祀活动而来,先天具有一种超拔神圣的意味。吕祖谦重申《礼记》所载孔子的话:"夫礼者,理也。"⑦天理下贯,山川草木得之,则为山川草木之理;

---

① 《丽泽论说集录》卷一《门人集录易说上·复》,《吕祖谦全集》第二册,第42页。
② 《东莱博议》卷三《梁亡》,第176页。
③ 《东莱博议》卷一《盗杀伋寿》,第66页。
④ 《丽泽论说集录》卷一《门人集录易说上·无妄》,《吕祖谦全集》第二册,第47页。
⑤ 《东莱博议》卷一《颍考叔争车》,第27—28页。
⑥ 《增修东莱书说》卷八《伊训》,《吕祖谦全集》第三册,第126页。
⑦ 《东莱吕太史外集》卷五《杂说》,《吕祖谦全集》第一册,第717页。

人得之，则成"人文之礼"，故而"日、月、星辰、云汉之章，天之文也；父子、兄弟、君臣、朋友，人之文也。此理之在天人，常昭然未尝灭没"①。

天理何以成人文之礼？很简单，"遇"之即成。"理在天下，遇亲则为孝，遇君则为忠，遇兄弟则为友，遇朋友则为义，遇宗庙则为敬，遇军旅则为肃，随一事而得一名。"②天理流贯人间，所过之处，所遇之事，无不是礼。如此一来，原本作为世俗的调整人世关系的伦理道德，经过天理的浸润，具有了神圣不可侵犯的意味。

最后，天理具有必然性。伦理道德的神圣化，自然而然地引出了天理的必然性。对于人类社会而言，确立伦理道德规范的神圣地位，确立其普遍性、必然性，是至关重要的。这就是"天理"范畴所以出现的原因。吕祖谦借助"天命"的观念论证了"天理"的必然性。

"命者，正理也，禀于天。而正理不可易者，所谓命也。使太甲循正理而行，安有覆亡之患哉！"③什么是"命"？"命"就是由天所决定的、不可变更的必然性，实际上就是天理的必然性。同时，"命"又不是虚而玄之的东西，人们通过"循正理而行"，了解天理的必然性，并在现实社会中知礼、守礼，就可以趋利避害，在一定程度上掌握自己的命运。如此一来，吕祖谦就通过"命"的概念，真正实现了"理"与"礼"的贯通。因为所谓"循正理而行"，落实到人间正是"循正礼而行"。

在以"礼"代"理"的基础上，吕祖谦进而提出"天理感应"论，认为人间君主如果不能依礼而行，乱政悖德，昏纵戾乱，那么其违"礼"就是违"理"，于是乎天理感应，他很快就会覆亡。很显然，吕氏的"天理感应"之说是对董仲舒"天人感应"论的改造和完善，其高明之处在于"既使略嫌粗糙浅露的'天命'披上精致的'天理'之外衣，又将颇具思辨色彩的'天理'归结为至高无上、不可抗拒的'天命'，从而增强了'循正理而行'命题的神学权威"④。

吕祖谦的"天理观"以确立天理绝对、神圣的最高存在地位为基

① 《丽泽论说集录》卷一《门人集录易说上·贲》，《吕祖谦全集》第二册，第37页。
② 《东莱博议》卷一《颍考叔争车》，第27—28页。
③ 《增修东莱书说》卷八《太甲上》，《吕祖谦全集》第三册，第134页。
④ 潘富恩、徐余庆：《吕祖谦评传》，南京：南京大学出版社，1992年第1版，第228页。

点,通过天理创生万物的根源性和天理影响人世的现实性,最后落实到"循其天理,自然无妄"①、"循正理而行"的"天命"思想上,既维护了"天理"的纯洁性,又使现实的道德践履具有了一种崇高神圣而又必然的意义。当然,吕祖谦在建构其"天理观"的过程中,由于"博杂"的特色,继承汲取了二程、朱熹等众多理学家的思想资源,有些地方仍略显生硬,但它自成体系,进一步补充和丰富了宋明理学的"天理"思想。

　　2. 心性论

　　既已确立"天理"的神圣地位,突出了"循正理而行"的必然性,那么,究竟如何落实"循正理而行"呢? 是像朱熹所主张的"即物而穷其理"的"日日格物"吗? 在天理观上深受程、朱影响的吕祖谦在这一点上并不赞同朱熹,毕竟朱熹"下学而上达"的"下学"工夫太过琐细了。在吕祖谦看来,这并不利于体认天理、"循正理而行"。

　　因此,吕祖谦从程颢的学说中,特别是从陆九渊的思想中获得启发,提出"心性"之说来补充和完备其"天理观"。

　　吕祖谦试图融通"天理"与"心性"的关键在于"圣人"。何谓"圣人"? 简而言之,"圣人"就是体行天理之人。"圣人"所以能体行天理,原因就在于圣人之心与天理贯通无间:"一理流通,天与圣人本无间。"②对于一般人而言,虽然天理同样流行于天地万物之间,但由于人有私心,"自以私意小智阻隔蔽障"③,故而其心无法与天理贯通融合,也就无法体认天理,更毋论"循正理而行"了。

　　所以,人们应该以"圣人"为师,"圣人之心,万物皆备,不见其为外也。史,心史也。记,心记也"④,"圣人备万物于一身"⑤。对于圣人而言,天地万物并不繁杂遥远,而就在他的方寸之间,在他的心中。吕祖谦进而发挥:"圣人之心即天之心,圣人之所推即天所命也,故舜之命禹,天之历数已在汝躬矣。舜谓禹德之懋如此,绩之丕如此,此心

　　① 《丽泽论说集录》卷一《门人集录易说上·无妄》,《吕祖谦全集》第二册,第46页。

　　② 《增修东莱书说》卷十二《说命中》,《吕祖谦全集》第三册,第173页。

　　③ 《丽泽论说集录》卷七《门人集录孟子说》,《吕祖谦全集》第二册,第179页。

　　④ 《东莱博议》卷二《齐桓公辞郑太子华》,第164页。

　　⑤ 《东莱博议》卷二《卜筮》,第109页。

此理盖纯乎天也"①。如此一来，通过圣人，将人心与天心贯通，将圣人之所为与天理、天命挂搭在一起，为"天理"向"心性"的落实提供了一道桥梁。

对吕祖谦而言，"圣人"并非遥不可及，"圣人"与"平凡人"的区别仅在于其心是否与天并行不悖、贴合无间。一旦"平凡人"能克制私心，做到"舍己无我"，同样也能"闻一善言，见一善行，若决江河，莫之能御"②，进而达到圣贤境界。

因此，万物不仅备于圣人心中，同样也备于凡人心中。人心之中，天理早已俱足："扰不知心即天也，未尝有心外之天；心即神也，未尝有心外之神，乌可舍比而他求哉？"③人心不应是限隔宇宙的蔽障，而应是通往天理的桥梁。故而，天理不必外求，反求于心即可。

吕祖谦指出："圣门之学，皆从自反中来。……凡事有龃龉，行有不得处，尽反求诸己，使表里相应而后可"④，因为"万物皆备，初非外铄。惟失其本心，故莫能行；苟本心存焉，则能力行矣"⑤。正因为万物皆备于心中，天理亦俱足于心中，所以人若不能体行天理，只能是因为自己限隔了宇宙，由于失其本心，使原本与天理并行不悖、贴合无间的心陷入私意杂念而不再纯洁、透明。

这样一来，体行天理的关键不再是朱熹所说的"即物而穷理"，而是陆九渊所主张的"明心"、"存心"、"养心"。吕祖谦说："凡人未尝无良心良知也，若能知所以养之，则此理自存，至于生生不穷矣。"⑥理本不在心外，一旦能复其本心，则其理自现。

何谓"明心"、"存心"、复其本心？简言之，就是去除心中不洁不净的私意杂念，使心体纯明，从而与天理并行不悖、贴合无间。而这也就是"仁"："无间则仁，有间则暴。无间则天下皆吾体，乌得而不仁？

---

① 《增修东莱书兑》卷三《大禹谟》，《吕祖谦全集》第三册，第62页。

② 《丽泽论说集录》卷七《门人集录孟子说》，《吕祖谦全集》第二册，第180页。

③ 《东莱博议》卷一《楚武王心荡》，第74页。

④ 《丽泽论说集录》卷七《门人集录孟子说》，《吕祖谦全集》第二册，第190页。

⑤ 《丽泽论说集录》卷五《门人集录礼记说》，《吕祖谦全集》第二册，第153页。

⑥ 《丽泽论说集录》卷一《门人集录易说上·颐》，《吕祖谦全集》第二册，第51页。

有间则独私其身,乌得而不暴?"①作为道德之最高原则的"仁",落实在心上就表现为"无间",心性与天理没有间隔。

人如果能做到"无间",其心与天理就会融通无碍,则"人言之发,天理之发也;人心之悔,即天意之悔也;人事之修,即天道之修也"②。其所言所行无不契合于天、契合于理,则"循正理而行"自是情理之中了。

如此,吕祖谦以"圣人"为贯通天理、心性的枢纽,通过"圣人备万物于一身"推出"心即天"、"心即神",实质上肯定了"心即理"。于是乎,天理不在人心之外,而就在方寸之间。人们体行天理也只需反躬内省,自存本心。本心存则心与天无间,心与天无间即是仁,亦即随心所欲不违理、不逾矩,做到"循其天理,自然无妄"了。很显然,吕祖谦用陆学"明心"之论嫁接程朱"天理"之说,欲使天理、心性浑融一体、贴合无间,从而建构一套调和、折衷朱、陆之学而又系统完整的新的理学体系。

总体看来,吕祖谦的本体哲学仍受"博杂"风格影响,加之他感于"陆朱议论犹有异同",致力于会通朱、陆,融贯天理、心性,导致其本体哲学呈现出"天理观"、"心性论"并行两立的局面。但这并非像有些学者所说的"二元论"。究其根本,吕祖谦仍是以"天理"为纲,以"心性"来补充、完备"天理"之说。当然这并不是说他倒向了朱学;正好相反,吕祖谦本体之说更倾向于陆学。只是他未全盘接纳陆氏心学,而仍把"天理"作为其思想的最高范畴和最后皈依。

(四)致用思想和史学观

吕祖谦虽治天理、心性之说,但他认为自己与当时那些空谈道德性命的所谓"醇儒"并不一样。在《东莱博议》中,他指出:"永嘉之季,清言者满朝,一觞一咏,傲睨万物,旷怀雅量,独立风尘之表,神峰隽拔,珠璧相照。而五胡之乱,屠之不啻机上肉。"③高谈玄理性命,固然

---

① 《东莱博议》卷三《用人祀神》,第 180 页。
② 《东莱博议》卷三《鲁饥而不害》,第 196 页。
③ 《东莱博议》卷二《卫懿公好鹤》,第 139 页。

可以赢得"旷怀雅量"、丰神俊朗的外在赞誉；可是一旦祸患来临，这些人却只会目瞪口呆，束手无策，任人宰割。所以，与其空谈误国，不如踏踏实实地务实致用，"各发身之所实然，以求实理之所在。夫岂角词章、博诵说、事无用之文哉？"①

难怪以事功学闻名于世的陈亮要把吕祖谦引以为同道，许以为知己："海内知我者，惟兄（吕祖谦）一人。"②对此，朱熹颇多报怨："其（吕祖谦）学合陈君举（陈傅良）、陈同甫（陈亮）二人之学问而一之。永嘉之学理会制度，偏考其小小者，唯君举为其所长。……同甫则谈论古今，说王说霸。佀恭则兼君举、同甫之所长。"③朱熹颇不满于永嘉诸子治经制事功之学，贬之为"小小者"；他称"伯恭则兼君举、同甫之所长"非是赞赏，而是间接的批评、惋惜。不过朱熹的概括倒是准确地把握了吕祖谦致用思想的脉络。

吕祖谦倡言致用，首先表现在他主张有用之学。针对当时学界空言性理，他指出："今人读书全不作有用看。且如人二三十年读圣人书，及一旦遇事，便与间巷人无异。或有一听老成人之语，便能终身服行，岂老成人之言过于六经哉？只缘读书不作有用看故也。"④世人读书求学渐渐流于形式，虽然熟读"六经"，但只把"六经"当作上古死言，当作致仕进官的阶梯，而全然不把"六经"之书、圣人之言当作极有用的金玉良言。于是，一生读书却不能增益一分做事才能。吕祖谦认为，这并非圣人、"六经"之错，错在于世人读书"不作有用看"。

因此，他明确主张"学者须当为有用之学"⑤，认为治学之旨当在"讲实理、育实材而求实用也"，"立心不实，为学者百病之

---

① 《东莱吕太史文集》卷五《太学策问》，《吕祖谦全集》第一册，第85页。
② 《陈亮集》卷之十九《与吕伯恭正字·又书》，北京：中华书局，1974年第1版，第262页。
③ 《宋元学案》卷五一《东莱学案·附录》，第1676页。
④ 《丽泽论说集录》卷十《门人所记杂说·二》，《吕祖谦全集》第二册，第254页。
⑤ 《左氏传说》卷五《令尹为艾猎城沂使封人虑事》，《影印文渊阁四库全书》经部春秋类一四六，第47页。

源"①。针对"醇儒"们"学不必有用"的玄虚论调,吕祖谦反问道:
"百工治器,必贵于有用,器而不可用,工弗为也。学而无所用,学
将何为也耶?"②倘若治学不为有用,学成亦一无用处,那我们又何
必孜孜以求学呢? 难道真的只是为了考取功名吗?

有感于此,吕祖谦深入比较了古人与今人在求学教育观念上
的不同,并对科举取试的弊端做出检讨。在他看来,古人读书受教
育的目的在于成就国家栋梁之才,古人的教育真可谓是"人才"教
育,其所教所学,皆以他日能用为宗旨;通过学习各种治理国家、拯
救弊病、消弭祸患的有用良方,再配以实际的锻炼,所培养出的都
是国家的栋梁之材。而观今人治学,今人读书不为有用,空读诗
书,对国家之事却漠然不知,更毋言治国安邦了。这样的人一旦立
于朝廷之上,让他来除患去弊、治理国家,其结果可想而知。分析
古今之人治学差异的根源,吕祖谦发现科举之制实是祸源之一。
正是后世科举制度兴起,以科举考试成绩取士,学人若想致仕进
官、出人头地,就必须苦读诗书。但科举制度并没有能向致用倾
斜,它所考的内容不少是那些死记硬背甚至穿凿附会的东西,某种
程度上阉割了经典中活生生的极为有用的内容。于是乎,考生为
获取功名,"两耳不闻窗外事,一心只读圣贤书",固然可以因此而
考取功名,但所学的知识却对他日后做官治国毫无用处,这不能不
说是一种悲哀。究其根源,就在于科举取士某种程度上导致了教
育求学的"异化"。

当然,我们不能奢求吕祖谦对科举制度做出更为全面深刻的批
判。仅就他意识到科举的弊端,并试图弥补之,已足可见其高明。有
鉴于此,吕祖谦认为教育人才和致知求学应当以古人为师,以致用为
本,以理国为要,也就是要"讲实理、育实材而求实用",毕竟"盖人生
天地间,岂可不尽知天地间事?!"③

---

① 《东莱吕太史文集》卷五《太学策问》,《吕祖谦全集》第一册,第 84 页。
② 《丽泽论说集录》卷十《门人所记杂说·二》,《吕祖谦全集》第二册,第 263 页。
③ 《丽泽论说集录》卷四《门人所记周礼说》,《吕祖谦全集》第二册,第 141 页。

致用之道,大处着眼在于培养治国之栋梁;落实到细节,还须看日常的务实力行。吕祖谦极为看重"力行",认为"力行"是与"致知"同等重要、不可偏废的工夫。他说:"大抵致知力行本交相发工夫,初不可偏"①。所谓"力行",就是现实的道德践履,就是"要须日用间实下工夫乃得力"②。吕祖谦认为落实致用之道,关键是要在日常的从学、为人、做官的过程中"务实"、"躬行":"然学者以务实躬行为本"③。

吕祖谦一生的经历也很好地诠释了"务实"、"躬行"的致用之道。例如他不局限于"学者讲论之际",而认为"闻街谈巷语,句句皆有可听,见舆、台、皂、隶,人人皆有可取"④,主张一切有益有用的东西都是学问,都须用心掌握,哪怕它是老农之语、市井之言。在求学、做官的过程中,他把关注现实、经世致用作为要旨。针对兼并日肆、赋税沉重的现象,他通过研究历史,提出"分民授土"的"均田"之法;针对外患当前、兵弱将疲的危机,他主张"寓兵于农"、"兵农合一"。此外,他还对历代的"赋役"、"盐法"、"钱币"、"荒政"、"考绩"等等各项涉及国计民生的制度进行考察,并著有《历代制度详说》一书。他还屡次上谏,直言抗金主张,并努力为抗金制订切实可行的策略。

吕祖谦的史学观也集中反映了他的致用思想。

吕祖谦一生为官二十余年,所任多为史官。他曾历任"南外宗学教授"、"太学博士",兼"国史院编修官"、"实录院检讨官",主持参与编写多部国史、官史,深得多方嘉许。吕祖谦家学中的史学倾向、其家传的丰富历史文献资料,以及他本人致仕的经历,都促使他对史学倾注了大量心力,并创建了自己的史学体系。从某种意义上讲,吕祖谦的史学思想是其"东莱学"中最有特色亦最具独创价值的部分。

吕祖谦曾形象地把历史比作"药山",其中富含治国济民的良方,关键是要有一个正确的采集方法。因此,他极为重视"观史之法",这

---

① 《东莱吕太史别集》卷八《与朱侍讲(元晦)》,《吕祖谦全集》第一册,第 430 页。
② 《东莱吕太史别集》卷十《与学者及诸弟》,《吕祖谦全集》第一册,第 504 页。
③ 《东莱吕太史别集》卷九《与内兄曾提刑》,《吕祖谦全集》第一册,第 459 页。
④ 《丽泽论说集录》卷七《门人集录孟子说·梁惠王上》,《吕祖谦全集》第二册,第175—176 页。

也是他引以为傲之处："'人之所游观其所见,我之所游观其所变。'此可取以为看史之法。大抵看史,见治则以为治,见乱则以为乱,见一事则止知一事,何取? 观史当如身在其中。见事之利害、时之祸患,必掩卷自思:使我遇此等事,当作如何处之? 如此观史,学问亦可以进,知识亦可以高,方为有益。"①从这一大段议论中可以看出,吕祖谦主张"观史当如身在其中"的独特的观史之法;如此,不仅能真切体会历史真实,更能置身于其中砥炼自己。很显然,这种"观史当如身在其中"的观史法是他的致用思想在史学观上的典型表现,其核心仍是经世致用、务实躬行。这也使他的观史之法具有一种灵活的现实性,能够做到"史为今用"。所以,他认为看史应当"看一半便掩卷,料其后成败如何。其大要有六:择善、警戒、阃范、治体、议论、处事"②。吕祖谦如此看史,并非玩智力游戏,而是通过看史来培养、训练自己现实的治国安邦的技能。

考其源流,吕东莱"观史当如身在其中"的观史之法可追溯到程颐。"先生(程颐)始看史传,及半,则掩卷而深思之,度其后之成败,为之规画,然后复取观焉。"③程颐主张通过研习历史训练自己,但他没有进一步阐发,也很少向师友弟子宣讲。吕祖谦则光大其说,提倡读史应融通习行,学以致用,通过历史来训练、提高自己现实的经世致用的才能。

观史之法已明,吕祖谦进而论及观史的诸多技巧,包括如何观史之得失,及观史的详略、秩序。吕祖谦认为,观史并非就书言书、就史论史,而应"先立乎其大者"。以《左传》为例,"看《左传》须看一代之所以升降,一国之所以盛衰,一君之所以治乱,一人之所以变迁。能如此看,则所谓先立乎其大者,然后看一书之所以得失"④。所谓"先立乎其大者",此处指观史须先从整体上通观总览一时一世、一国一君的

---

① 《丽泽论说集录》卷八《门人集录史说》,《吕祖谦全集》第二册,第 218 页。
② 《丽泽论说集录》卷十《门人所记杂说·二》,《吕祖谦全集》第二册,第 257 页。
③ 《河南程氏遗书》卷第二十四《伊川先生语十》,《二程集》第一册,北京:中华书局,1981 年第 1 版,第 313 页。
④ 《左氏传说·卷首》,《影印文渊阁四库全书》经部春秋类一四六,第 4 页。

盛衰兴亡。换而言之，对整个历史事件的变迁根由有所体认，进而居高临下，俯瞰统摄。倘能如此，就可以评判历史的得失。

此外，观史并非对任何史书都详细阅读。吕祖谦主张观史应当有详有略，详处不可一字马虎，略者可以粗粗放过，甚至略而不论："学者观史各有详略，如《左传》、《史记》、《前汉》三书，皆当精熟细看，反复考究，直不可一字草草；自《后汉》、《三国志》以下，诸史只是看大纲、始末、成败。盖自司马氏、班氏以后，作史者皆无史法。"①

观史不仅有详略之别，还有秩序上的讲究。"观史先自《书》始，然后次及《左氏》、《通鉴》，欲其体统源流相承接耳"②，"史当自《左氏》至《五代史》依次读，则上下首尾洞然明白"③。历史事件本身是依时间顺序先后发生的，先起者必然对后继者发生影响，而不能反过来说。所以如果要做到脉络清晰、首尾洞明，就必须从古及今依次来读。

身为史官，研读历史日久，吕祖谦愈发感到历史的重要性，讲论之间多有提及。对此，朱熹颇不以为然："问东莱之学。曰：伯恭于史分外仔细，于经却不甚理会"④；"伯恭动劝人看《左传》、迁《史》，令子约（吕祖俭）诸人抬得司马迁不知大小，恰比孔子相似"⑤。吕祖谦本人虽未将司马迁抬得与孔子相似，但他突出史学，强调经史并重。这尤为集中地表现在他"史官有功于圣人"的大胆论述上。按照吕祖谦理解，春秋时代百官皆不能把守职责，唯独史官不失其守。可以说孔子诞生之前这几百年间全赖史官的忠于职守，中国才没有沦丧灭亡。所以，"史官非特有功于仲尼之未出也"，若无史官之功，国已灭，家已亡，孔子也就不会产生了，故而史官有功于孔圣人。而且，如果"简编失实，无所考信，则仲尼虽欲作《春秋》以示万世，将何所据乎？"因此，祖谦赞道："大矣哉！史官之功也。"⑥把维系国家命脉的功劳仅仅归之

---

① 《左氏传续说·纲领》，《影印文渊阁四库全书》经部春秋类一四六，第 144 页。
② 《东莱吕太史别集》卷七《与张荆州》，《吕祖谦全集》第一册，第 395 页。
③ 《东莱吕太史别集》卷六《杂说》，《吕祖谦全集》第一册，第 715 页。
④ 《朱子语类》卷一二二，第 2951 页。
⑤ 《朱子语类》卷一二二，第 2951 页。
⑥ 《东莱博议》卷二《曹刿谏观社》，第 116 页。

于史官,这是吕祖谦言过其实之处,也是其史观的局限性所在。但在以孔子为神的理学时代,公然倡言"史官有功于圣人",其思想上的价值远较其史实方面的价值重大得多。可以说,吕祖谦突破了时人"以经治史"的藩篱,从一个更加广阔的历史视角来观看、评判历史,这正是他史学观的杰出之处。

吕祖谦的史学思想中还包含有不少慧识,有的甚至"发前人所未发"。

例如他通过考察历史文献,指出史书的编写主要有两种方法:纪传和编年。二者各有所长、互有得失,"论一时之事,纪传不如编年;论一人之得失,编年不如纪传。要之,二者皆不可废"①。所以,在他晚年所编写的《大事记》一书中,就试图融合二者之长,并取得很好的效果。

又例如,他从历史上盛衰兴亡的事件中摸索出规律——"盛之极乃衰之始"。以齐桓公为例,齐桓公曾九合诸侯,并在葵邱之会达到极盛。但葵邱之会后,他不思进取,骄狂懈怠,最终导致齐国的迅速衰败。所以"天下之势,不盛则衰,天下之治,不进则退","孰知盛之极乃衰之始乎?"②吕祖谦此论极富历史的辩证精神,是十分珍贵的历史见解。

再例如,他强调"看史要识得时节不同处,春秋自是春秋时节,秦汉自是秦汉时节"③。也就是说,不同的历史阶段有各自不同的特点,学者观史,应当把握不同时期的不同特色。如《左氏》就可按"五霸迭兴"为界限分为"未兴以前"、"迭兴之际"和"既衰之后"三个阶段,每个阶段各有特色。

此外,吕祖谦还从历史教训中领悟到民众民心的重要性,指出"永命在天,君之所以受之者乃在于小民耳。……国之根本全在小民。其兴其亡,不在大族,不在诸侯,不在奸雄盗贼,止在小民之身"④。因

---

① 《丽泽论说集录》卷八《门人集录史说》,《吕祖谦全集》第二册,第218页。
② 《东莱博议》卷三《葵邱之会》,第167—168页。
③ 《左氏传续说·纲领》,《影印文渊阁四库全书》经部春秋类一四六,第145页。
④ 《增修东莱书说》卷二二《召诰》,《影印文渊阁四库全书》经部春秋类一四六,第298页。

此,人君之道,在于体恤民情,特别是要谏道通畅、下情不塞。他十分看重下情的通畅,认为汉武帝的穷奢极欲不逊色于秦、隋,但却避免了覆亡的命运,其关键就在于"下情却通"。所以,"国之存亡,只看下情通塞"①。这绝不是危言耸听,而是历史的慧见。

纵观吕祖谦的史学思想,亦可见其"博综诸说"的影子。史学观是吕祖谦"东莱学"中最独立也是最有价值的部分。他的史学观将史学的见解、历史的解读与致用务实的精神结合在一起,形成了浙东学中别具特色的史学派别,无怪乎章学诚要在《文史通义》中称道:"浙东之学,言性命者必究于史"②。而后人提及"东莱学",亦多就其史学成就而言。

综观吕祖谦"东莱之学",可以用两个词来概括,即:"博杂"、"致用"。"东莱学"以"博杂"为特色,不主一门、不私一说、博综众学,这既影响到他与朱、陆诸学者的交往,又直接形成了他在本体哲学上"天理"、"心性"的杂糅并立。可以说,是"博杂"的风格造就了"东莱学"。而这种"博综诸家"基础上形成的"东莱学",由于受事功之学的影响,加之吕祖谦个人的旨趣,又明显地带有"致用"的倾向,而与当时的"醇儒"有所不同。其"致用"倾向与史学兴趣融合,又形成了极具浙东地区特色的史学思想。

所以,"东莱学"是在调和、折衷理学各派思想(甚至包括理学之外的思想)的基础之上形成的。它所体现出的"博杂"、"致用"的特点正好从一个侧面折射出当时理学诸派及事功派的一些特色。

二、事功学对理学的批评和改造

吕祖谦的"东莱学"虽然已经表现出种种由经入史、经世致用的迹象,并因此屡遭朱熹批评;但综而论之,"东莱学"仍然只是对理学内部

---

① 《丽泽论说集录》卷九《门人所记杂说·一》,《吕祖谦全集》第二册,第243页。
② 《文史通义》卷五《浙东学术》,见[清]章学诚注、叶瑛校注:《文史通义校注》,北京:中华书局,1985年第1版,第523页。

不同派别的一种温和的调和与折衷。与之相比,几乎同时在浙东地区兴起的事功派,则要激进得多。

事功派的思想可以婉转追溯至旁承伊洛之学的永嘉诸老,但究其实质,乃是对当时社会现实的直接反映。在反思现实危机、寻求救亡之道的基础上,以陈亮、叶适为代表的一部分思想家不满足于理学空言性理天命的迂阔,试图把事功作为不违背天理但同时又区别于单纯天理的另一标准,并以此来批评和改造理学,形成了南宋异彩纷呈的事功哲学。

从某种意义上讲,事功哲学虽然表现出诸多与理学不相谐之处,但它仍然属于传统儒学在宋代的发展;而且,它还表现出一种扩大理学范围的倾向。所以,事功之学仍然应该被包含在广义的理学范围之内,而不应视之为理学之外的异端。

(一)陈亮与朱熹的王霸、义利之辩

陈亮一生历经坎坷。但是他个性刚强,气魄豪迈,少时即好“伯王大略,兵机利害”[①],以中兴复仇、收复国土为志向。成年后,他创建永康学派,成为事功学的一员猛将。陈亮的事功思想比较集中地体现在他与朱熹关于王霸、义利问题的辩论上。

朱、陈二人的王霸、义利之辩,究其根源乃在于他们对“理”的不同理解。

所谓“理”,又称“天理”、“天道”,是中国传统士人最高的道德旨归和最终的人生理想,同时也是他们关于社会历史的终极标准,——一个幸福美好的社会一定是合乎“理”的;反之,一个不合“理”的社会一定是不幸福、不美好的。突出“理”的核心的道德本体地位是宋明理学的根本特色之一,也是“理学”名称得来的一个原因。

应该说,在凸显“理”的核心地位上,朱、陈二人并无原则上的分歧。但二人对“理”的具体理解却又大相异趣,这主要表现在“天理”与“历史”的关系上。

以三代为例。上古三代的王道盛世是传统士人笃信不疑的黄金

---

① 《陈亮集》卷之五《酌古论序》,第49页。

岁月,它几乎背负了文人们所有的政治理想和社会抱负。朱熹和陈亮都承认存在过上古三代的王道盛世,但他们眼中的三代大不一样。

朱熹不同意对三代做历史的研究。在他看来,三代之所以是王道盛世,不是因为它所展示出的幸福和谐,这只是表象;根本原因在于尧、舜、禹、汤、文、武诸圣人把握并体行"天理",以"天道""转相授受"。所以,如陈亮所批评的,朱熹等"近世诸儒遂谓三代专以天理行,汉唐专以人欲行"①。朱熹更为看重的,与其说是三代的社会政治和历史现实,不如说是三代的精神和由此而来的神圣性、崇高感及令人景仰的力量。所以,他对三代的理解并非基于历史的理解,而更多源自于一种道德理性的认同。换言之,朱熹的逻辑是:因为三代是合乎"天理"的,所以三代才会展现出如此面貌,而他也才会因此而认同三代。

陈亮则不然。受到个人济世救亡抱负的激荡,加之不满当时理学空言性理,陈亮更倾向于对上古三代做历史的考察。虽然三代客观的历史原貌已经无法恢复,但是从经典的残余记录,以及后世的历史——尤其是各朝代开国之初的历史——所折射出的相似性中,陈亮仍能建构起自己关于上古三代历史的图景。因此,陈亮眼中的三代实际上与后世的历史之间具有某种关联性,而不是切作两截的。所以,陈亮的逻辑是:三代的王道盛世正是由当时的社会政治和历史现实展现的;这时的"天道"、"天理"是与社会历史融贯一体、不可分割的。所以他指出:"道之在天下,平施于日用之间,……与生俱生,固不可得而离也。"②

不难看出,朱熹心目中的"理"是纯好至善,独立于历史之外的。一个时代、一个社会只有贴合、承继了这个遗世独立的"理",才能成为王道盛世。而此重担就压在作为统治者的君王身上。这就要求君王在道德上不断完善,进而能从尧、舜、禹、汤、文、武等圣人处"转相授受"这个"天道"、"天理",成就王道盛世。

---

① 《陈亮集》卷之二十《又甲辰秋书》,第281页。
② 《陈亮集》卷之十《经书发题·诗经》,第100—101页。

而在陈亮看来,"理"固然是神圣至上的,但它并不是超然独立于社会历史之外,反而正是"平施于日用之间"。所以,"理"与社会历史融贯一体、不可分割;我们把握了历史,就可经由历史来洞悉"天理"。因而,历史的兴衰治乱不再是天理流行的附属品,其本身就具有了一种合"理"的价值。

朱、陈关于"理"的分歧直接引发了他们围绕王道、霸道而展开的辩论。

朱熹认为王道是道德的胜境,是天理流行的盛世。在王道盛世里,由于圣王们以义理之心把握并体行天理,所以人道与天道贴合无间;而人道的兴盛即意味着王道盛世的实现。反之,如果某一时代君王的义理之心灭而利欲之心炽,就无法"转相授受"天理;于是其行其为皆悖于天道,故人道止息。而人道止息就意味着王道不行,霸道猖獗。可见,朱熹对王道、霸道划分的关键在于君王的道德,即:是否兴义理之心而灭利欲之心。

根据这一标准,朱熹区分了三代与汉唐。在他看来,三代是王道的典范,这时的圣王们道德完满,天理被递次授受,人道昌明达到极致。所以三代是纯而又纯的王道盛世,而不夹杂有丝毫的霸道行为。至于汉、唐诸君王,虽然也建立了不少功业,但由于他们无法承继三代以来的"天理"、"天道",故而尽管其所作所为或有暗合天理之处,"而其全体却只在利欲上"[①]。其所行皆是霸道,而无分毫王道。

对于朱熹提出的这种王、霸截然对立的观点,陈亮颇不以为然。通过对三代做历史的考察,他发现上古三代的王道并不像朱熹所描绘的那样纯之又纯,而是在王道之中夹杂有霸道。三代固然有许多圣王躬行仁义、德化教众的事迹,但也不乏"汤放桀于南巢而为商,武王伐纣取之而为周"[②]及周公平管、蔡、武庚之乱一类的争讨平伐,而后者显然是以武力取胜的霸道行为。

在陈亮看来,三代这种"夹霸道于王道"的现实,非但不会有损于

---

① 《陈亮集》卷之二十[附]《寄陈同甫书·八》,第306页。
② 《陈亮集》卷之二十《又乙巳春书之一》,第285页。

三代王道盛世的神圣与崇高,反而使得三代王道的内容更加丰富,形式更加灵活,也更具有现实价值。

由此我们也可以看出朱、陈二人对于王、霸关系的不同理解。朱熹从道德理性出发,认为王道与霸道是性质上截然不同的两种治世之道。王道所代表的是道德上的至善,而霸道则意味着某种程度上的道德沉沦。所以,三道与霸道势成水火、互不相容。陈亮则是从历史理性出发,认为所谓王道、霸道乃是在具体的历史场景下展示出来的,王道代表着历史的理想性的一面,霸道则更侧重于历史的现实性的一面。而真实的历史一定是理想性与现实性并存的。所以,一个美好的时代,应该是以王道为纲,辅以霸道。所谓霸道,"其道固本于王也"①,霸道是以王道为其根本的,它作为王道的辅助和变通而存在,而不是作为王道的否定和对立面存在。因此,陈亮提出了"王霸并用"的主张。

陈亮从正反两个方面论证了"王霸并用"的合理性。

首先,陈亮借用了孔子对管仲的评价,从正面肯定了霸道的价值。陈亮认为,管仲辅佐齐桓公九合诸侯,一匡天下,正是霸道的杰出典范。而孔子对管仲的功业赞赏有加,并许之为"如其仁",可见孔子并不反对一定形式的霸道,只要这种霸道能达到匡扶天下、造福百姓的效果。按照陈亮的理解,管仲辅佐桓公称霸,不仅不是背离王道,反而正是王道的需要。因为当时周王室衰微、王道疲弱,正要依靠这种霸道来佐助王道。此外,汤放桀、武王伐纣、周公平乱等等,也都体现了霸道对王道的补充、辅助作用。所以,王霸本是一体,王霸可以并用。对此,田浩教授在他的《功利主义儒家》一书中这样写道:"通过将王与实用主义政治学联系起来,陈亮使功利关怀成为王道这个道德概念的一部分。"②通过对王道的历史考察,陈亮丰富了王道的内涵,使得王道不再作为一个单纯的道德概念而存在,王道还包含了使它得以实

① 《陈亮集》卷之二十《又甲辰秋书》,第281页。
② (美)田浩著、姜长苏译:《功利主义儒家——陈亮对朱熹的挑战》,南京:江苏人民出版社,1997年第1版,第95页。

现所必需的手段。如此一来，原本作为道德对立面的功利化的霸道，就转变成为王道的一部分，并可以和王道配合使用了。

其次，由于汉唐历史所具有的特殊的现实价值，陈亮更热衷于以汉唐开国明君的功业来论证王霸并用的合理性。他反对朱熹等理学家将汉唐历史形容为"专以人欲行"、"人道息"的没落霸道统治，而是极力宣扬汉高祖、唐太宗等开国明君所创下的不朽功业，指出这些功业是震动一世、不逊于"见赤子入井时"的恻隐之心的。"故亮以为汉唐之君本领非不洪大开廓，故能以其国与天地并立，而人物赖以生息"①；"高祖、太宗……禁暴戡乱、爱人利物而不可掩者，其本领宏大开廓故也。……其本领开廓，故其发处便可以震动一世，不止如见赤子入井时微渺不易扩耳"②。他甚至直接称许道："高祖、太宗及皇家太祖，盖天地赖以常运而不息，人纪赖以接续而不坠"③，将他们开邦立国的现实霸业比作三代圣王们经天纬地的王道事业。

为了进一步说明这一点，陈亮为高祖、太宗"谋位"的霸道行为进行了辩解，指出他们的本意不在帝位，只是不得其位就无法推行仁政，所以为了天下国家，只好不得已谋其位。一旦我们深察其心，就会发现高祖、太宗虽善用智力，但"彼其初心，未有以异于汤武也。……虽或急于天位，随事变迁，而终不失其初救民之心，则大功大德固已暴著于天下矣"④。这样一来，汉高祖、唐太宗、宋太祖等人的"谋位争伐"，就不再是遂其私欲，而是像汤放桀、武王伐纣一样，是王霸并用的义举。这也意味着肯定霸道、肯定现实功利事业的合理性。

除了从正面肯定王霸并用的合理性与可行性外，陈亮还从反面批驳了朱熹等人对于汉唐的贬斥。针对朱熹所主张的汉唐"专以人欲行"、"以智力把持天下"，陈亮指出这是荒唐的、不符合历史真相的。因为按照朱熹等人的逻辑，三代以来直至南宋的一千五百年间，天理不传，人道息止，天地也只是房危撑架、屋漏补洞这般勉强苦熬，那么

---

① 《陈亮集》卷之二十《又甲辰秋书》，第 281 页。
② 《陈亮集》卷之二十《又乙巳春书之一》，第 286 页。
③ 《陈亮集》卷之二十《又乙巳春书之一》，第 286—287 页。
④ 《陈亮集》卷之三《问答·上》，第 33 页。

这应付的时日也未免太长了吧！况且这期间万物凭什么繁衍,道凭什么留存？可见,朱熹此说大可商榷。又如朱熹称汉唐只是凭智力扶持而不合天理,更不足以承继三代之统,但汉唐各定基业数百年,难道这种伟业也是单凭智力可以扶持的吗？

陈亮尤为不满理学家所引以为傲的"二千年间世界涂涴而光明宝藏独数儒者自得之"①的天道秘传不绝的说法,讽刺道:"殄灭不得者便以为古今秘宝,因吾眼之偶开便以为得不传之绝学。三三两两,附耳而语,有同告密;划界而立,一似结坛。尽绝一世之人于门外,而谓二千年之君子皆盲眼不可点洗,二千年之天地日月若有若无,世界皆是利欲,斯道之不绝者仅如缕耳。"②陈亮坚决反对这种将"道"神秘化的"秘传不绝"的观点。在他看来,天道、天理本就与人事日用密不可分,故天道、天理并不曾离开人间,它就在王霸并用之际,就在建功立业之间,就在英雄豪杰身上。

当然,"王霸并用"并不是说"王霸合一",也不是说"王霸平等"。陈亮虽然看重霸道所展示的现实功业,但仍强调王道的主导地位。换言之,霸道不能是肆意妄为、逞强斗狠,而必须"本之于王道"、受王道节制。霸道纵使可以建立不世功业,但仍然只能用来补充、辅助王道。所以王、霸虽无性质上的分歧,却仍有程度上的差异。陈亮用是否"做得尽"来形容这种程度上的差异:"某大概以为三代做得尽者也,汉唐做不到尽者也。"③三代以王道为主,辅以霸道,故而更为合宜,是"做得尽";汉唐虽亦有王、霸,但由于上接"三王之心迹"或有"不尽"、"不备"之处,所以王道、霸道的配合仍有失宜之处,是"做不到尽"。

陈亮以王、霸之间程度的差异取代了朱熹所坚持的王、霸性质上的对立,使霸道统摄于王道之下并补充、佐助王道,从而论证了"王霸并用"的合理性,也肯定了功利事业的现实价值。

朱、陈由王霸之争进而延及到义利问题的争辩上。

---

① 《陈亮集》卷之二十《又乙巳秋书》,第293页。
② 《陈亮集》卷之二十《又乙巳秋书》,第293页。
③ 《陈亮集》卷之二十《又乙巳春书之二》,第289页。

　　朱熹坚持道德理性的立场,主张一个真正的王道盛世应该高扬义理之心而压制利欲之心。在他看来,上古三代是兴义灭利的。而三代以降,利欲之心日炽,义理之心日消,以致天理不行、人道息止,才有了汉唐千余年"架漏过时,牵补度日"的勉强维系。所以,王道旁落、霸道横行的根源正是人们的利欲之心蒙蔽了义理之心。为此,朱熹主张以义灭利,躬行义理之心。

　　陈亮不同意朱熹关于义利关系的理解。为了配合"王霸并用"之说,他提出了"义利双行"的主张。

　　首先,陈亮指出"义利双行"原本就是三代王道盛世的应有之义。在陈亮的眼中,三代并非像朱熹所描绘的只有义理之心,毫无利欲之心。在《问答》篇中,他明确肯定了人的耳、目、鼻、口、四肢的生理欲求是人的性命之所定。进而,他提出了一个极为大胆的观点:"亮以为才有人心便有许多不净洁。"[1]"不净洁"并不是肮脏、不干净,而是指相对于纯净的义理之心,人心所显示出来的复杂的利欲之心。三代也有利欲,而且三代的圣王们懂得合理地运用"利",从而做到"义行双行"。正所谓"禹无功,何以成六府? 乾无利,何以具四德?"[2]义利并不是截然对立的,关键要看这个"利"是毫无节制的一己私欲,还是赐福众生的"生民之利"。

　　与"王霸并用"中霸道补充、辅助王道的形式一样,陈亮认为在"义利双行"之中,"利"也是用来补充和辅助"义"的。否则,"利"就容易滑向私心杂欲的陷阱。

　　那么,怎样解释《诗经》、《尚书》等上古经典所记载的三代盛世只有净洁的仁义之行而无分毫功利之举的现象呢? 陈亮认为,这其实反映了孔子等圣人的良苦用心。三代之世本是既有仁义,又有功利的,但这种"义利双行"的局面到了孔子的时代已经变质了,争权夺利、私欲膨胀使得仁义成为一句空言。为了规劝世人、点醒后学,孔子等圣人便将三代之世的记载清洗一番,只保留了净洁的仁义之行,却将功

---

　　[1]　《陈亮集》卷之二十《又乙巳秋书》,第293页。
　　[2]　《宋元学案》卷五六《龙川学案·签判喻芦隐先生偘》,第1850页。

利之举弃而不记，目的是为了避免后人误解功利之学而趋利忘义。就三代的真实情况来说，甚至就孔子本人言行来看，其实是利不妨义、义利双行的。所以后人读《诗》、《书》，既要体会圣人的良苦用心，不要趋利忘义，又要明白圣人并非真的排斥一切功利。明此即可知"正其谊不谋其利，明其道不计其功"之类只是董仲舒之流的断章取义、肆意歪曲。

因此，陈亮的"义利双行"所主张的乃是"正其谊而谋其利，明其道而计其功"，也就是把美好的愿望与完美的效果结合起来，在理学空言性理、不切实际的风气之外，提倡一种关注现实、重视实效的事功之学，以此来冲击理学。他尖锐地指出："今世之儒士自以为得正心诚意之学者，皆风痹不知痛痒之人也。举一世安于君父之仇，而方低头拱手以谈性命，不知何者谓之性命乎！"①客观地讲，陈亮此言确实有偏激之处，但对于少数埋头死读书的迂腐理学家确有振聋发聩之功。有感于国仇家恨，有愤于腐儒麻木，陈亮高唱"堂堂之阵，正正之旗，风雨云雷交发而并至，龙蛇虎豹变见而出没，推倒一世之智勇，开拓万古之心胸"②，断然举起事功之学的大旗。

单从字面上，我们可能会以为事功之学是唯功利是图的实用主义或功利主义。但是，一旦我们深入到陈亮思想之中，则不难发现陈亮所言的事功是以大义大利为宗旨的，需要有一颗"真心"："眼目既高，于驳杂中有以得其真心故也。波流奔进，利欲万端，宛转于其中而能察其真心之所在者，此君子之道所以为可贵耳。"③何谓"真心"？"真心"就是于驳杂万端的利欲之中不迷失本性、不背弃大义的心。

纵观朱、陈二人王霸、义利之辩，我们发现这场论辩其实是不对称的。细细分来，这种不对称表现在两个方面。

一方面，二人以历史道德为核心的学术争论，其实并不在同一层次上展开，因而也并非如他们所想象的那样针锋相对、你死我活。朱

---

① 《陈亮集》卷之一《上孝宗皇帝第一书》，第8—9页。
② 《陈亮集》卷之二十《又甲辰秋书》，第280页。
③ 《陈亮集》卷之二十《又乙巳春书之二》，第290页。

熹是站在超越层面来看待王霸、义利关系。他所关注的是王霸、义利
对立背后所潜涵的一种根源性的天理与人欲的深层对立;这一对立不
仅不是灭杀人性的软刀子,相反正是人性走向超越的桥梁。陈亮则是
站在现实的层面上看待王霸、义利关系。与朱熹所表现出的理想性、
超越性不同,陈亮更关注的是思想在济世救亡的社会现实中的实用性
和操作性。

另一方面,陈亮在与朱熹探讨学术问题时,一直试图突破理学家
们对性理之学的较为严格、狭窄的定义范围,而努力用孔子思想中的
多面向性和北宋之初学术的多元性来改造理学。换言之,他不满足于
当时理学纯言性理天命的狭隘,认为这种"理学"于国于家皆无用处,
所以他一直努力将理学的范围扩大,建构一种涵摄道德性理和现实事
功的广义的理学。而他在与朱熹的王霸、义利之辩中,正是试图站在
这种广义的理学立场上与朱熹进行辩论的。

应该说,二人论辩的这两方面的不对称性,恰好反映了传统理学
与事功之学的根本差异,也体现了陈亮关注现实、以事功之学来批评
和改造理学的尝试。

(二)叶适对理学"道统说"的批判

叶适,字正则,学者称水心先生,浙江永嘉(今温州市)人,生于宋
高宗绍兴二十年(1150),卒于宋宁宗嘉定十六年(1223)。《宋元学
案·水心学案》称:"乾淳诸老既殁,学术之会,总为朱、陆二派,而水心
断断其间,遂成鼎足。"①叶适集永嘉学派之大成,将永嘉功利之学推
向深入,使之达到理论的顶峰,并与朱、陆理学分庭而抗礼。

叶适的事功思想直接源自永嘉诸先学,尤其薛季宣、陈傅良二人
对他影响极大。薛氏"永嘉之学"主张:"教人就事上理会,步步着实,
言之必使可行,足以开物成务。"②这种脚踏实地、务实重效的学风深
为叶适所赞赏,他据此提出:"善为国者,务实而不务虚,择福而不择

---

① 《宋元学案》卷五四《水心学案》,第 1738 页。
② 《宋元学案》卷五二《艮斋学案》(黄宗羲案语),第 1696 页。

祸"①,表明了他继承永嘉先辈务实的事功倾向的立场。

　　但是,对叶适思想的形成起到决定性作用的,却是现实的国家民族的危机。对于叶适乃至那个时代所有的有志之士而言,国耻家辱是他们思考一切问题的出发点。靖康之耻、故土之失无时无刻不刺痛着他们的心;而偏安一隅、岌岌可危的现实更促使他们努力寻求复国中兴的途径。正如叶适在给皇帝的奏折中所说:"臣窃以为今日人臣之义所当为陛下建明者,一大事而已。二陵之仇未报,故疆之半未复,此一大事者,天下之公愤,臣子之深责也。"②

　　但救国雪耻不是单凭纸上谈兵、空言玄论就可以实现的。为此,叶适尖锐地指出时人的种种弊病:"今世议论胜而用力寡,大则制策,小则科举,……皆取则于华辞耳,非当世之要言也。虽有精微深博之论,务使天下之义理不可逾越,然亦空言也。盖一代之好尚既如此矣,岂能尽天下之虑乎!"③举世之人,面对国仇家恨,只知以华辞议论,大谈"精微深博之论",而不知"精于力行",故而形成了空言义理的一代风尚。在叶适看来,这种空言义理的风尚不仅使得理学家迂阔无用,而且还会使一些本可建功立业、大有可为的"多才勇敢之士",因"陷溺于流俗之习",追慕疏阔空谈的风尚,而至一事无成甚至败亡身死。

　　叶适指出,时人"闭眉合眼,朦瞳精神,自附道学者,于古今事物之变不知为何等也"④,其迂阔和麻木于国无益、于家无利。有感于此,叶适明确提出"善为国者,务实而不务虚",高扬起永嘉学务实重事功的大旗。

　　首先,叶适批判了自董仲舒以来的"正其谊不谋其利,明其道不计其功"的思想。他说:"'仁人正谊不谋利,明道不计功',此语初看极好,细看全疏阔。古人以利与人,而不自居其功,故道义光明。后世儒

①　《水心文集〈补遗〉·奏札》,《叶适集》,北京:中华书局,1961 年第 1 版,第 617 页。
②　《水心别集》卷之十六《总后·上殿札子》,《叶适集》,第 830 页。
③　《水心别集》卷之十《外稿·始议二》,《叶适集》,第 759 页。
④　《宋元学案》卷五二《艮斋学案》(黄宗羲案语),第 1696 页。

者,行仲舒之论,既无功利,则道义者,乃无用之虚语尔。"①古人言义不言利,并不是说古人不要利,而是因为古人主张"以利与人"而"不自居其功",所以为功为利而不言功利。后世儒者误解了古人之说,以为讲义便不可言利、行道便不可曰功,于是舍功利而言道义,结果只能是"疏阔"的"无用之虚语"。

　　为了说明这一点,叶适举了"理财"和"聚敛"的例子。他说:"理财与聚敛异。今之言理财者,聚敛而已矣。""理财"本与"聚敛"不同,但今天人们所说的"理财",却都只是"聚敛"而已。为什么呢?因为"君子避理财之名,而小人执理财之权"。那些道德高尚的君子没有私心杂欲,原本是"理财"的上佳人选;怎奈他们认为"义"就是"不言利",把"理财"当作"苟言利益"的不义之举,避之如蛇蝎。这就让利欲熏心的小人钻了空子,窃取了"理财"大权。而小人一旦掌财权,势必大肆聚敛钱财以逞一己之私欲,于是"理财"变成了"聚敛"。那么,是否为义便不可言利、君子就不可理财呢?叶适坚决反对,指出:"是故以天下之财与天下共理之者,大禹、周公是也。古之人,未有不善理财而为圣君贤臣者也。""理财"非但不是区分君子和小人、判断义或不义的标准,相反正是成为圣君贤臣所不可或缺的才干②。

　　通过对理财观念的追溯,叶适发现昔日的圣贤皆不忌讳谈功利,"昔之圣人,未尝吝天下之利"③。当然,叶适认为圣人言利,其所指之"利"乃是"以利与人"的"大功大利",这种功利不与义对立抵牾,而是与义相得益彰。所以,叶适主张"崇义以养利,隆礼以致力"④,既要言利用力以使道义可行,而不致成"无用之虚语";又要用礼义来规范、引导事功,而不致像小人一样聚敛钱财。这种"成其利"而"致其义"的义利双行、互不偏废之道,正是叶适的为国治世之道,也是其事功思想的主旨。

---

　　① 《习学记言序目》卷二十三《汉书三·列传》,北京:中华书局,1977 年第 1 版,第 324页。

　　② 详见《水心别集》卷之二《进卷·财计上》,《叶适集》,第 657—660 页。

　　③ 《水心别集》卷之三《进卷·官法下》,《叶适集》,第 672 页。

　　④ 《水心别集》卷之三《进卷·士学上》,《叶适集》,第 674 页。

在叶适看来,"义利双行"正是理想的救世中兴之道。但是,为什么在现实中,这种立意高远而又平实可行的救世中兴之道却无人能行呢?叶适思索了这一问题,他发现时人闭目合眼、空言浮论其实只是一种表面现象;究其根源,乃在于理学家们"专以心性为宗主"而未能得尧、舜、周、孔所传之道的正宗统绪。为此,他层层深入地批判了理学的"道统论",以期能清源而正流。

叶适本人并不反对"道统"一说,相反,他极为重视思想传承的统绪。他说:"读书不知接统绪,虽多无益也。"①又说:"学者溯源而后循流,则庶几得之;若沿流以求源,则不胜其失。"②对古代圣贤的思想(即所谓"道")的学习继承,应当力求正本清源,从而把握其大旨,承续其道之正宗统绪,如此方能历千百年而不失其旨。反之,若不能清其本源,承其正统,则虽然能衍生出万千支流,但与道之本统不免"差之毫厘,谬以千里"了。所以,"传之有无,道之大事也"③。

对于理学家安排的自尧至孔子的"道统"传承统绪,叶适还是接受的。例如他说:"自尧、舜、禹、汤、文、武、周公、孔子,所传皆一道。"④又说:"道始于尧,……次舜,……次禹,……次皋陶,……次汤,……次伊尹,……次文王,……次周公,……次孔子,……然后唐、虞、三代之道,赖以有传。"⑤说法虽有细微差异,但他肯定自尧至孔子"所传皆一道"的传承统绪这一点是没有疑问的。

但是,叶适坚决反对理学家所信奉的"道"自孔子而后的传承统绪。根据叶适的门生孙之弘的描述,理学家们所信奉的"道统"是:"盖学失其统久矣,汉唐诸儒推宗孟轲氏,谓其能嗣孔子;至本朝关、洛骤兴,始称子思得之曾子,孟轲本于子思,是为孔门之要传。"⑥也就是说,理学家们坚信孔子将道传给了曾子,曾子传子思,子思传孟子。作

①　《水心文集》卷之二十九《杂著·赠薛子长》,《叶适集》,第607页。
②　《习学记言序目》卷三《周易三·上下经总论》,第36—37页。
③　《习学记言序目》卷十三《论语·泰伯》,第189页。
④　《习学记言序目》卷十三《论语·泰伯》,第188页。
⑤　《习学记言序目》卷四十九《皇朝文鉴三·序》,第735—738页。
⑥　《习学记言序目·附录一·孙之弘序》,第759页。

为此说法的补充,理学家们还宣称周、程接续了孟子之后断绝千年的"道统"。对于理学家所信奉的孔子之后的"道"之传承统绪,叶适颇不以为然。按照他的理解,理学的"道统论"不仅无法起到弘扬三代之道的作用,反而由于其旁承歧统而"专以心性为宗主",流于心性浮论而不言务实事功,结果贻害无穷。

于是,叶适晚年"根柢六经,折衷诸子,剖析秦汉,讫于五季"①,系统深入地剖析了理学的"道统论",努力要揭示出那些他认为存在讹乱可疑的地方。

在此有必要对全祖望在《水心学案》后的一段案语稍作说明。全祖望称:"水心较止斋又稍晚出,其学始同而终异。永嘉功利之说,至水心始一洗之。"②按照全祖望的理解,叶适最初继承了薛季宣、陈傅良的功利之学,是为"始同";但叶适晚年放弃了功利之学,并清洗掉永嘉之学的功利色彩,是为"终异"。我们认为,全祖望对叶适晚年思想的描述并不准确。表面上看起来,叶适晚年的确"根柢六经,折衷诸子",少了前时直言功利的酣畅淋漓。但是,叶适晚年研究的目的正是为了揭露理学歪曲道统、崇尚心性浮论的偏失,为永嘉事功之学的发展扫清障碍。所以,他并没有将功利之说"一洗之",而是将永嘉功利之说、将事功之学进一步推向深入,并使之达到理论的顶峰。

叶适对理学"道统说"的批判大体是按照曾子、子思、孟子和宋初理学家四个环节步步为营、层层深入地展开的。

首先,叶适把握住理学"道统说"的关键环节——曾子,对曾子"得孔子之道而传之"的说法表示了怀疑。曾子是承启孔孟之统的关键;删除曾子,则思孟之学的正统地位必受动摇。叶适对曾子正统地位的质疑极具逻辑性:他首先指明曾子"语不及正于孔子",其所学与孔子正道犹有出入。曾子将他从孔子那里领悟到的内容传承下去,但这并不等于曾子将孔子之道传承下去。因为曾子从孔子处领悟到的内容只是孔子之道的一部分,甚至并不是最重要的一部分,故其所得

① 《习学记言序目·附录一·孙之弘序》,第759页。
② 《宋元学案》卷五四《水心学案》(全祖望案语),第1738页。

所传之道并不能代表孔子之道。这也正是曾子"语不及正于孔子"的原因。

　　进而,叶适用曾子以"忠恕"解释孔子"一以贯之道"的例子,来说明曾子为什么不得其正。曾子以"忠恕"解孔子"一贯之道",世人多以为慧解。叶适却认为曾子此说虽亦极妙,但恐怕未必是孔子本意,也未经孔子肯定("未经孔子是正")。因为"忠恕"之说过于偏重"己",全以一己之所思所动为准,对于古圣先贤经纬天地的精神割舍得未免太多。"曾子之学,以身为本,容色辞气之外不暇问,于大道多所遗略,未可谓至。"①所以曾子之学虽极高妙,但孔子未曾称许过他,而是曰:"参也鲁",指出他未具灵犀慧心。如此一来,曾子所受所传之学,也就不是尧舜以来直至孔子之道的正统。

　　源不正则流难清,子思承曾子之学,自然也无法与孔子同心契会。叶适通过研习《中庸》,又对"子思著《中庸》"一说提出诘难。

　　叶适首先对子思年仅十六岁便著《中庸》的传说表示怀疑。他说:"若子思所自作,则高者极高,深者极深。"②《中庸》义理玄深,似非十六岁少年所能著;而且,考其文意,也不像是上世所传下的。所以世人所传的"孔子传曾子,曾子传子思,必有谬误"③。叶适怀疑曾子著《中庸》之说的真实性,认为"汉人虽称《中庸》子思所著,今以其书考之,疑不专出子思也"④,实质上不仅动摇了理学的"道统"谱系,而且还冲击了理学的理论根基——作为理学经典"四书五经"之一的《中庸》——的地位和价值。这从叶适对《中庸》具体内容的诸多非议也可以得到印证。

　　叶适对理学"道统说"批判的重心在于孟子。世称孟子私淑孔门,尽得孔子之道;叶适则认为孟子的思想多"新说奇论",多一己之见,发前人所未发,创新有余,守宗则不足。例如,他说:"孟子言性、言命、言

---

①　《习学记言序目》卷四十九《皇朝文鉴三·序》,第738—739页。
②　《习学记言序目》卷四十九《皇朝文鉴三·序》,第739页。
③　《习学记言序目》卷四十九《皇朝文鉴三·序》,第739页。
④　《习学记言序目》卷八《礼记·中庸》,第110页。

仁、言天,皆古人所未及。"①这里的"未及"并非"不如,比不上"之意,而是"未曾言及"之意,故叶适此言非褒而实贬。这由他的其他言论可以看出:"古之圣贤无独指心者,至孟子,始有尽心知性、心官贱耳目之说"②;"至子思、孟子言性命祸福,虽亦本于古人,然稍分矣"③。叶适此说,无疑是批斥孟子未能承古人之道而好为"新说奇论"。如孟子以善论性,叶适则认为"性"实"非止善字所能弘通";又如孟子论昔日管仲、曾西之事,叶适评之曰"其实不知孔子之意"④。

最让叶适不满的还是孟子所主张的"心性"之说。叶适说道:"盖以心为官,出孔子之后;以性为善,自孟子始;然后学者尽废古人入德之条目,而专以心性为宗主,致虚意多,实力少,测知广,凝聚狭,而尧、舜以来内外交相成之道废矣。"⑤在叶适看来,由曾子发端、子思继之、孟子总其大成的心性之论,尚心性天道之浮论,黜笃行务实之事功,尽废古人入德之条目,歪曲了尧舜以来的道统,导致理学家们"不足以知其统而务袭孟子之迹,则以道为新说奇论矣"⑥,殊不知"舍孔子而宗孟轲,则于本统离矣"⑦。

于是,叶适接下来以《易》为核心批判了理学家对道统的误袭妄解。《易》一向被奉为"群经之首",理学家们更是把《易》比作"宝山",从中汲取各种资源。可以说,宋明理学的发轫阶段,《易》实居功至伟,如周、张、程、邵诸贤,无不体味把玩,将它视作学术的根基。叶适却指出,理学家们对《易》的解说是"托孔孟以驾浮说,倚圣经以售私义"⑧,其间多"依于神以夸其表,耀于文以逞其流",实际"于《易》之道犹曰出入焉而已"⑨。

---

① 《习学记言序目》卷四十九《皇朝文鉴三·序》,第739页。
② 《习学记言序目》卷四十四《荀子·解蔽》,第652页。
③ 《习学记言序目》卷十《左传一·成公》,第143页。
④ 《习学记言序目》卷十三《论语·八佾》,第177—178页。
⑤ 《习学记言序目》卷十四《孟子·告子》,第207页。
⑥ 《习学记言序目》卷四十九《皇朝文鉴三·序》,第739页。
⑦ 《习学记言序目·附录一·孙之弘序》,第759页。
⑧ 《习学记言序目》卷十一《左传二·总论》,第163页。
⑨ 《习学记言序目》卷四《周易四·系辞》,第39页。

　　首当其冲的便是"孔子著'十翼'"之说。《周易》除上下经的本文之外,又有《易传》十篇,称作"十翼"。学者多传"十翼"俱为孔子所作。倘真如此,则《文言》、《系辞》中大量的性命天道之论皆可归源于孔子。叶适通过考证指出,"十翼"之中只有《彖》、《象》为孔子所著,其余诸篇皆非孔子作品,只不过后世之人不作深考,将它们都当作是孔子的文章。这样一来,理学家们引以为圣律的《文言》、《系辞》中关乎性命天道的内容都被打上了问号,其真实性和价值亦需重新确认。

　　叶适又对"《易》有太极"之说表示怀疑。在他看来,"太极"一说被理学家奉为"宗旨秘义",然考其根由,《易》本无"太极"之说。估计是庄生、列子等人随意取名,肆言"太始"、"太素"之名,为后世所仿效,亦作"太极"之名以"骇异后学"。通过溯源清流,可明"太极"一说本非尧、舜、周、孔之道的内容;理学家高谈"太极",其实只能是与"道日以离矣"①。

　　通过批判"太极"、"心性"之说,叶适发现性命天道之浮论、太极两仪之妄说皆与佛老关系密切。但他反对一般学者所主张的佛老侵蚀理学的观点,指出"非其学能与中国相乱,而中国之人实自乱也"②。理学中佛老痕迹随处皆是,究其根源,并不是佛老之说淆乱理学,而是理学先已自乱。何谓"自乱?""自乱"所指正是理学家们"不足以知其统而务袭孟子之迹","舍孔子而宗孟轲",于是"专以心性为宗主",无法得尧、舜、周、孔之正道。所以才会出现程、张等人一面"攻斥老、佛至深",而另一方面又"尽用其学而不自知"的荒唐现象③。

　　叶适从曾子直至周、程,历批理学"道统"之说,并非出于一种学理的兴趣。考其崇尧、舜、周、孔之道而贬曾、思、孟、程之统,当可知叶适之意不在否定"道统"本身,而在通过否定理学的思孟之统而明尧舜之道,从而正本清源,使三代圣贤之道可以昌、可以行;如此,则复国中兴唾手可得。

---

　　①　《习学记言序目》卷四《周易四·系辞上》,第47页。
　　②　《习学记言序目》卷四《周易四·系辞上》,第46页。
　　③　《习学记言序目》卷五十《皇朝文鉴四·书》,第751页。

　　所以,叶适对理学"道统说"的批判其实正是要"争道统"①;而他"争道统"的目的不是要当圣贤,而是为解救国家民族的现实危机。这使得他对"道统说"的批判必然带着一种实用的功利色彩,而他对孔子之道的阐释也说明了这一点。

　　叶适用来批判理学"道统说"的标准是孔子之道。在他看来,自尧舜以来直至孔子,所传的"道"都是同一的;换言之,孔子之道即尧舜之道,即三代之道。所以,孔子所传之道是正统,而叶适每事"必质于孔子而后不失其正"。

　　那么,孔子之道与思、孟所传之道有什么区别呢?叶适认为它们的区别就在于孔子之道是博大精深、厚蓄广发的,而思孟之道则褊狭专主心性。"古人多识前言往行,谓之畜德。近世以心通性达为学,而见闻几废,为其不能畜德也。然可以畜而犹废之,狭而不充,为德之病矣。"②近世理学家们所承继的思孟之道,专以心性为宗主,而尽废耳目闻见。殊不知尧、舜、周、孔之道固然不乏心性天道之论,但其心性天道之说从来都不是脱离日用闻见的空说浮论。

　　叶适进而明确把孔子之道归纳为"内外交相成之道"。所谓"内",就是心灵的自觉和道德的内省,它涵盖孟子"心官"之意却又比"心官"更广阔;所谓"外",就是耳目感官的闻见之知,尤为重要的是,这种视听见闻还包括了以此为基础的言行举止。在叶适看来,尧舜以来直至孔子所传之道就是这种并包"思"与"行"的"内外交相成之道",二者缺一不可。之所以思、孟所传之道偏而不正,根源就在于它是偏于内而疏于外的。后世学者又"偏堕太甚,谓独自内出,不由外入,往往以为一念之功,圣贤可招摄而致"③。按照思、孟的心性之道,人们只需埋首心性,整日玄言性命天道之类的浮论,全然不理会目之所见、耳之所闻,至于应变事功更是废而不论。

　　而圣人之道并非如此。"舜言'人心惟危,道心惟微',不止于治

---

① 参见侯外庐等主编:《宋明理学史》(上),第467页。
② 《水心文集》卷之二十九《杂著·题周子实所录》,《叶适集》,第603页。
③ 《习学记言序目》卷四十四《荀子·劝学》,第654页。

心；箕子'思曰睿'，不在心"①，"故尧舜皆备诸德，而以聪明为首"②。

　　叶适强调圣人之道中"耳目聪明"的地位，实质上表明了他对实事实功的看重。因为与"闭眉合眼，朦瞳精神"的心性之说相比，耳目见闻更加体现了对日常、对现实的关注，而这种关注必定会落实到实事实功上。因此，叶适说："无验于事者，其言不合；无考于器者，其道不化；论高而实违，是又不可也。"③那些貌似高妙实则空虚的心性之说是不可行的；相反，凡事必须依耳闻目见，依实事实物而加以践行。于是，叶适又将《大学》"格致"之说加以改造，认为"格物"、"致知"应当在"正心"、"诚意"之前；也就是说，"验于事"、"考于器"的见闻之知应当是"心"、"意"之说的基础，后者不能脱离闻见而妄发，否则就会沦为空言浮论。

　　以上，叶适通过对理学"道统"之说的批判，指出曾、思、孟以来直至理学诸家所传的"专以心性为宗主"的"心性之道"，非但没有继承尧、舜、三代之道，反而旁承歧流、歪曲正说，造成道统的混乱和思想的空芜，并对社会现实带来负面影响。进而，"拨乱而反正"，叶适明确提出尧、舜、周、孔之道是"思"、"行"并重的"内外交相成之道"，所以圣人之道本就包含了对日用见闻、实事实功的关切；而永嘉功利之说是合于"道"之正统的，是整顿人心、拯救现实的必经之道。

　　总体而言，无论东莱学还是事功学，都在继承理学的近世化倾向的同时，对理学中的一些与近世化社会变迁过程不相协调的内容提出了或温和或尖锐的批评。吕祖谦试图以兼容博杂的开放态度、务实躬行的致用精神，来调和理学各派，以避免其偏颇和虚无的倾向；陈亮堂堂正正地宣扬王霸并用、义利双行，赞颂功利事业的现实价值；叶适勇敢地批评儒学道统说的务虚风气，倡言功利，认为理财、实事实功等都是圣人之道的具体体现。尽管这些学说

----

① 《习学记言序目》卷四十四《荀子·解蔽》，第652页。
② 《习学记言序目》卷十四《孟子·告子》，第207页。
③ 《水心别集》卷之五《进卷·总义》，《叶适集》，第694页。

不可避免地存在理论深度不够、理解偏颇和情绪化太重等诸多瑕疵,但是综合地看,浙东之学通过调和与批评传统理学的方式,进一步彰显了世俗性、合理性、平民性的近世化性格。这既是对传统理学的补充和扩大,同时也成为近世化历程中的又一丰碑。

萧萐父先生"明清启蒙"学术史观之演进

萧萐父先生被学界许为"哲学启蒙"派的领军人物,他创造性地继承并发展了梁启超、侯外庐等前辈学人重视明清之际早期启蒙思想的传统,提出"应当从我国 17 世纪以来曲折发展的启蒙思潮中去探寻传统文化与现代化的历史接合点"①,进而系统深入地阐述了他别具一格的"明清启蒙"学术史观,引起学术界的广泛回应,蜚声海内外。

通过对萧先生不同时期关于这一主题诸多成果的耙梳整理,我们发现,近半个世纪以来萧先生在思索"明清之际哲学启蒙"问题时,固然有其前后相承、一以贯之的精旨,但似乎亦客观存在着一个思想不断发展演进的过程。本文正是从这一理解入手,按照时代的线索,分阶段介绍萧先生"明清启蒙"学术史观从初始萌发到逐渐形成,再到臻于完善的具体演进过程。

一、20 世纪 60 年代:"明清启蒙"学术史观的萌发期

萧萐父先生关于明清启蒙学术的思考开始萌发于 20 世纪 60 年代,但这一思想的历史情结则可以追溯到他童年的生活经历。

萧先生童年时期生活在成都城西一座废弃的桑园中。一次,先生很偶然地从自家屋角的旧书堆里翻出几本清末同盟会印作革命宣传品的小册子,其中就有黄宗羲、王夫之等明清之际思想家的著作,书封面上还注明"黄帝纪元"或"共和纪元",这些都引发了先生好奇的童

---

① 萧萐父:《文化反思答客问》,《吹沙集》,成都:巴蜀书社,1991 年第 1 版,第 54 页。

心。加之时常听父辈谈起明清逸事,耳濡目染,感受到父辈对明清之际思想家们既敬佩又亲切的情感,愈发在他的"童心中留下深深印痕"①。

童年的心结化作潜在的历史情结,促使他在以后的求学生涯中不断思索:为什么明末清初这批学者在三百年前写的书会对辛亥革命起到鼓动作用? 明清之际思想异动的意义究竟何在?

带着种种疑问,萧先生 20 世纪 40 年代起先后阅读了梁启超的《清代学术概论》、《中国近三百年学术史》,以及侯外庐的《中国近世思想学说史》,颇为心折。梁任公创造性地将明末清初近三百年历史独立出来,作为中国学术思想发展的一个特定阶段,指明其反理学的思想性质,并将之与欧洲"文艺复兴"相媲美。侯外老更是以马克思主义为圭臬,用唯物史观统率大量史料,全面论述了 17 世纪的中国社会和启蒙思潮的特点,为科学地研究 17 至 19 世纪中国思想史奠定了坚实的基础。

"哲学的发展必须以前一代人已经达到的终点为起点,它以继承、综合或改造先行思想资料作为自己发展的前提。"②在努力挹注前辈学者研究成果的基础上,萧先生 20 世纪五六十年代系统研究了黑格尔——马克思的哲学史观及其一系列方法论原则,特别汲取了历史与逻辑相统一的分析方法,以及"历史的发展只有到特定阶段才能进行自我批判和总结性反思"的论断,突出关注对明清之际崛起的批判思潮中的启蒙因素的发掘。

以上思考的成果集中反映在他 20 世纪 60 年代完成的王船山研究的系列论文中。例如,他明确指出我国明清之际兴起的哲学思潮具有启蒙性质,"它虽然对封建专制制度和传统思想束缚进行了勇敢的斗争,批判了旧世界,却又不能发现一个新世界"③。又如,他十分重

---

①　萧萐父:《历史情结话启蒙》,《吹沙二集》,成都:巴蜀书社,1999 年第 1 版,第 152 页。

②　萧萐父:《哲学史研究的根本任务和方法问题》,《吹沙二集》,第 394 页。

③　萧萐父:《船山哲学思想初探》,《船山哲学引论》,南昌:江西人民出版社,1993 年第 1 版,第 3 页。

视从历史的角度展开哲学史的研究,重视吸纳被马克思主义改造过的历史与逻辑相统一的方法,并视之为哲学史研究的方法论基础。在此基础上,萧先生着重以王船山的个案阐释了这一启蒙思潮的具体进程和思想成就,明确指出王夫之是我国明清之际兴起的启蒙思潮中的哲学代表,并深入抉发了王夫之历史哲学中"依人建极"思想的人本主义因素,同时注意到王氏"天理寓于人欲"之论所具有的人性解放的光辉。

然而,任何一个思想家都不能完全脱离他所处的时代去独立创造。受当时盛行的原苏联斯大林—日丹诺夫"左倾"教条主义之风的影响(日丹诺夫把哲学史定义为唯物主义和唯心主义两大阵营斗争的历史,强调意识形态领域的阶级斗争),萧先生这一时期的作品不可避免地具有时代的局限性。在他 20 世纪 60 年代有意识地完成的一系列历史上具有唯物主义和无神论倾向的思想家的研究中,明显带有"哲学战线上两条思想路线对立斗争"的色彩。

应该说,从思想家所处的阶级(这是一个经济范畴)来分析其思想产生的背景和性格,以及从唯物、唯心的认识分歧来评判其思想类型,都是极有价值的。但是,一旦把这些标准奉为放之四海而皆准的"金科玉律",以此来压迫和取消其他思维方式的意义和价值,则不免沦为僵化的教条,而走向它的反面。

对于这种时代的局限性,萧先生后来做了严肃而深刻的剖析和反省。在《吹沙集·自序》中,他说道:"由于历史形成的各种思想局限,往往画地为牢,作茧自缚,甚至迷信权威而丧失自我,这就难于作出创造性的学术贡献。"①

综观萧先生 20 世纪 60 年代的研究成果,基本上继承了侯外庐等人的启蒙理论,尚未真正意义地提出自己的学术史观;但另一方面,就是在这些带有时代局限性的成果中,他关于哲学启蒙的思考已经开始萌发并逐渐形成自己的特色,并在诸多方面为日后正式形成系统的"明清启蒙"学术史观准备了先行资料。

---

①　萧萐父:《吹沙集》,自序。

二、20 世纪 80 年代："明清启蒙"学术史观的形成期

从 20 世纪 80 年代起,结合对改革开放的哲学思考,萧先生深入讨论了近代以来一直纠缠不清的中西文化关系问题。

首先,他历史地肯定了 16 世纪末开始的"西学东渐"运动对中国近代文化代谢发展的积极影响。他说:"中国文化走向近代,自中国人接触西学始,早在 17 世纪,帷幕就拉开了。"①当时西方的传教士把一些科技知识作为宣传天主教的敲门砖输入中国,而中国的先进学者却出于一种历史的自觉把它们当作人类文化创造的成果来吸收,并且从一开始就表现出很强的主动性和开放性。如徐光启主张对异质文化应由"翻译"而"会通"进而求"超胜"之;方以智在系统地研究传入的西学后得出结论:"泰西质测颇精,通几未举。"②在吸纳西学改造和发展中国固有科学传统的基础上,中国当时的自然科学(尤其是天文学和数学)的水平得到很大提高,其影响辐射到经济、政治和社会心理等各个层面。可以说,17 世纪的中国正是借助于西学东渐的触媒,开始了走出中世纪而迈向近代的民族觉醒和思想启蒙。所以萧先生把"西学东渐"视为中国近代文化代谢发展的杠杆,"确乎在中国现代化的文化代谢中起过引发作用"③。

但是,萧先生也注意到当时(乃至到近代)人们对于中西文化关系存在一种奇怪的理解。根据对西学的态度,学者们被分为革新派和守旧派,然而这势成水火的两派却一致认同"西学源于中国",甚至不少博雅学者为此遍翻典籍,进行了大量的考证。萧先生认为,不能简单地把这种现象理解为人们的虚骄和无知,它"除透露出在西方文化冲击下人们意识中的某种畸形的民族情感以外,还似乎隐示着异质的西方近代文化一传入就产生了如何使之与中国传统文化相结合的历史课题"④。这实际上暗示了目前在世界上并行的、对流的两大思

① 萧萐父:《认同・立异・会通》,《吹沙二集》,第 32 页。
② [明]方以智:《通雅》卷首二《读书类略》。
③ 萧萐父:《活水源头何处寻》,《吹沙集》,第 92 页。
④ 萧萐父:《中西文化异同辨》,《吹沙集》,第 49 页。

潮——全球意识和寻根意识——之间的辩证关系。一方面,现代化是世界思潮,它强调各种文化的互动和融合;另一方面,任何一个民族的现代化都是独立发展的,无论是本土文化的创造性转化,还是外来文化的吸纳涵化,都存在着一个"文化寻根"的问题,即探寻自己民族文化的根基,"这就构成了本世纪文化发展在对立两极中必要的张力"① 。

在这一点上,萧先生赞同杜维明"要在自己的民族文化中找到源头活水"的主张.指出:"中国文化的现代化必须从民族文化传统中找到内在历史根芽,找到传统与现代化的历史接合点,否则由于旧传统的惰力在文化深层中的排拒作用,往往使新文化难以生根;而仅是外来文化的引进,则只能是表层文化的被现代化,而不可能实现民族文化整体的代谢发展和真正的自我更新。"②

接下来,萧先生系统论述了"历史接合点"的思想,这也是他的"明清启蒙"学术史观的核心内容之一。

萧先生主张,"历史的接合点"应该用"接力赛"的"接",而不是"结合"的"结"。萧先生的这一字之改遭到了一些语言学家的批评,他们认为"接合'的提法不符合现代汉语的规范。但这种看上去不太规范的提法,恰恰显示了萧先生独特的创造性,它实际透露出浓郁的历史连续性和强烈的主体参与意识,"因为主体参与的文化代谢发展,有一个如何接力的问题"③ 。而这与他对"传统"的独到见解一脉相承。在他看来,"传统,并非已经死去的历史陈迹,不仅仅属于过去;它是生生不已的文化生命,渊源于过去,汇注于现在(经过现实一代人的参与),而又奔流向未来"④。所以,"传统"并不是过去的、凝固的,它是活生生的、现实的;它不仅造就了我们,而且我们本身就生活在"传统"之中。"传统"也不是可以随意抛弃的东西,人们只能在某种文化传统中去承先启后,谢故生新,"任何人研究历史文化,清理思想遗产,

---

① 萧萐父:《活水源头何处寻》,《吹沙集》,第82页。
② 萧萐父:《活水源头何处寻》,《吹沙集》,第92页。
③ 萧萐父:《文化反思答客问》,《吹沙集》,第55页。
④ 萧萐父:《活水源头何处寻》,《吹沙集》,第79页。

无论他自觉与否,实际上都是在参与民族文化的接力赛,都是在寻找最佳、最近的接力点"①。

但是与历史的"接续"并不是与抽象的、模糊的历史的接续,我们只能与某种明确的、具体的历史传统相承接。选择怎么样的传统作为"历史接合点",完全取决于思想家的历史感。可以说,有什么样的历史感就会有什么样的传统观。而人们对历史的理解和感受不尽相同,加之历史传统又是多元的,因此人们对"历史接合点"的取舍也众说纷纭。

萧先生明确主张应当从我国 17 世纪以来曲折发展的启蒙思潮中去探寻传统文化与现代化的历史接合点。在他看来,明清之际在我国文化思想史上是一个特殊的发展阶段,社会经济的变动、文化心态的转型、价值观念的突破,汇合着社会政治的剧烈动荡,构成了这一时代"天崩地解"的生动图景。几乎同一时期,涌现出一大批文化精英,他们从政法、科学、文艺以及哲学各个领域掀起一代批判思潮,锋芒直指宋明道学,尤其集中抨击了道学家们把封建纲常天理化而以"存天理,灭人欲"为主旨的一整套维护"伦理异化"的说教,这就触及到封建意识的命根子,典型地表现出中国式的人文主义的思想觉醒。

"伦理异化"的概念是萧先生最早提出来的。他认为除了宗教异化、政治异化、劳动异化外,还存在与宗教异化相类似的伦理异化,这一点在中国传统研究中尤其应该注意。

萧先生把中国封建社会视为典型的发达的封建社会,具有充分发展了的统治思想,表现为唐以前宗教异化的神学理论形式和宋以后的伦理异化的哲学理论形态。他论证的重点是"伦理异化"。

看重伦理的特殊价值是中国传统文化的根本特性之一,尤其是长期占主导地位的儒家传统,更是视伦理为人生践履的核心。萧先生反对将儒家传统看作单纯的学术思想或精神资源,认为儒家传统"主要是依存于以自然经济与血缘纽带为支柱的宗法农业家庭,以及由这样

---

① 萧萐父:《文化反思答客问》,《吹沙集》,第 55 页。

的家庭——宗族细胞按分层隶属原则而构成的宗法封建制"① ;反过来,它又以"三纲五常"为核心的一整套宗法伦理规范来强化这个封建等级制度。

萧先生对儒家传统作了历史的考察。儒学在其早期阶段虽然保留了某些天命神权或神道设教的传统思想,但它重视人伦和人的实践智慧,从伦理实践的角度肯定了人作为主体的道德自觉的意义,尚未把伦理规范绝对化。秦汉以后,宗法伦理逐渐由相互的道德情感转变为绝对的伦常义务,由自觉的道德要求转变为强制的行为规范,并经董仲舒而形成宗教异化的神学思想。宋明理学则将这种神学发展为哲学。理学家们全力论证宗法伦理及其政治推广的纲常名教的神圣性和绝对性,于是绝对化的纲常名教日益成为主体道德自觉的异化的伦理教条,而个体的主体性逐渐消融于伦理纲常的网络之中,个体存在的意义和价值完全隶属于超个体的异化的群体之中。这就是"伦理异化"。

伦理原本是人们为实现人的本质所形成的一定的社会关系和道德规范,人的价值正是在这些关系中自觉实践道德规范而得以表现。然而,"当这些规范被架空,脱离了现实的人际关系,脱离了人的自我道德意识,而异化为一种强制、奴役、愚弄人的'天生铁定底道理'",就会出现"一个人的道德自觉性愈高,愈是最大限度地尽到伦理义务,也就愈是自觉地否定自我,乃至扼杀个人的道德意识"的荒谬现象。结果是人成为非人,人在实践道德规范中反而丧失了人的本质②。

萧先生把这种"伦理至上"的异化现象称作"伦文主义"。与人文精神截然相反,伦文主义是以维护伦理异化、扼杀个人的道德意识和独立人格为特征的。伦文主义和伦理异化的出现,突出地暴露了封建专制主义的弊端和宋明理学潜藏的种种负面③。

而明清之际的哲学启蒙正是在对宋明理学种种负面的否定性批判中开始的。一大批足以与欧洲"文艺复兴"时代的巨人相媲美的思

①　萧萐父:《文化反思答客问》,《吹沙集》,第 61 页。
②　萧萐父:《专统·儒家·伦理异化》,《吹沙集》,第 140—141 页。
③　萧萐父:《舌水源头何处寻》,《吹沙集》,第 94 页。

想巨匠从人性、个性、理性各个方面对封建专制主义和伦理异化进行了猛烈的批判。首先,他们呼唤人性。王夫之对宋明理学的"存天理,灭人欲"颇为不屑,他明确提出"天理寓于人欲","人欲之各得,即天理之大同",从封建天理观的网罗中撕开一个口子,恢复了人的欲望的价值和人性的尊严。其次,他们呼唤个性。从李贽的"人本自治"到黄宗羲的"人各自私",从王夫之的反对"无我"到龚自珍的呼唤"自我",他们抨击封建专制制度用群体价值("公")来压迫甚至取代个体价值("私")的异化现象,从而肯定了个体价值——"私"——的合理性。最后,他们呼唤理性。他们痛斥宋明理学"空言心性"的虚夸作风和"清谈误国"的迂腐麻痹,尊重新兴的"质测之学",吸取科学发展的新成果和"核物究理"的新方法,提倡重实际、重实证、重实践的经世致用之学[1]。

　　由此萧先生指出,17 世纪中国崛起的哲学思潮就其一般的政治倾向和学术倾向看,已显然区别于封建传统思想和中世纪的异端,而具有了对封建专制制度和封建蒙昧主义进行自我批判的性质[2]。

　　然而,时代的局限以及 18 世纪的历史洄流,又使得这一思潮还达不到资产阶级革命理论的高度。这就使明清之际崛起的哲学思潮具有了"启蒙"的性质。"哲学启蒙"应该既区别于中世纪的异端思想,又区别于资产阶级革命时期的理论。它与资本主义萌芽经济相适应,表现了封建旧制度崩解的征兆和新思想兴起的先声,是在特定条件下封建主义的自我批判[3]。

　　以上,萧先生在 20 世纪 60 年代思考的基础上,于 80 年代正式形成了系统的"明清启蒙"学术史观。他从"西学东渐"的影响和中西文化的关系入手,确立了"历史接合点"的观念,进而剖析传统,集中清理了儒家传统的"伦理异化"现象,从而彰显了明清之际崛起的哲学思潮的反理学性质和启蒙意义。萧先生的这一学术思想突破了"两军对

---

①　萧萐父:《文化反思答客问》,《吹沙集》,第 59—63 页。

②　萧萐父:《中国哲学启蒙的坎坷道路》,《吹沙集》,第 19 页。

③　详见萧萐父:《中国文化的优良传统与启蒙思潮》,《吹沙二集》,成都:巴蜀书社,1999 年第 1 版,第 39—40 页。

阵"、"汉宋纷争"、"朱陆异同"的陈旧模式,对"中体西用"论和"西学中源"说进行了双向扬弃,对于人们理解明清以来的学术流变以及思索传统与现代化的关系,都有重大的启发意义。

三、20 世纪 90 年代以来:"明清启蒙"学术史观的完善期

20 世纪 90 年代以来,萧先生的气象更加博大。伴随着对民族文化传统的更深层的反思和对世界文化潮流的更主动的回应,他进一步完善了"明清启蒙"学术史观。

首先,先生带着一种跨世纪的历史感全面回顾了建国三十余年学术文化所走过的坎坷历程,指出历史留给我们的最深刻的教训就是把学术文化简单地、直接地、草率地政治化,用政治标准代替其他一切标准,用一元化的简单方法来处理学术文化领域的所有问题。这实际上违背了人类文化的根本特性和真理发展的客观规律。事实上,人类文化从来就是多元发生、多维进化,而又在一定条件下普遍趋同的,不可能有一元的、单一的进化模式;真理的发展也从来都是多元、多维、多根系、多向度的,在差异、矛盾、对立和竞争中互补互动,互相采摘吸纳、渗透融合,这才是真理发展的必由之路①。

因此,他主张在思考文化问题时,应该以一种多元开放的文化心态和文化包容意识来回顾过去、疏观现在、展望未来。多元开放的文化心态是对过去简单一元化的超越和对世界文化多元化潮流以及"文化中国"观念的回应;文化包容意识则是对传统文化资源深入挖掘的结果,它吸取了道家和《周易》的文化包容精神,继承了黄梨洲尊重"一偏之见"、乐闻"相反之论"的文化史观,主张把矛盾、杂多看作是统一、和谐的前提。多元开放的文化心态和文化包容意识是互相依存、互相促进的。只有能够包容差异,才有可能实现文化的多元;而具备了多元开放的心态,就会使文化更具有包容性②。

---

① 详见萧萐父《世纪桥头的一些浮想》,《吹沙二集》,第 64—65 页。

② 详见萧萐父《中国传统文化的"分"、"合"、"一"、"多"与文化包容意识》,《吹沙二集》,第 7—10 页。

　　紧接着,萧先生提出了"两化"的思想,即:中国传统文化的现代化和西方先进文化的中国化。这是对他先前提出的"历史接合点"思想的进一步深化。他指出,"两化"是一个相互区别而又相互联系的"同一文化过程"。一方面,要使中国传统文化实现现代化,就必须吸收包括马克思主义在内的西方先进文化;另一方面,再好的外来文化,如果不与我们的民族特点和现实需要相结合,不经过民族文化的涵化和现时代的选择,都不可能真正发生作用。萧先生的"两化"思想从更为广阔的视域透析了本土文化的创造性转化和外来文化的吸纳涵化之间微妙辩证的关系,将"历史接合点"的观念放置到全球性与时代性的宏阔背景下,展示了一种活生生的、动态的主体意识和开放精神。还应该注意到的是,萧先生在此明确把马克思主义看作西方先进文化的重大成果,并提出马克思主义的中国化问题,这也体现了一种科学的、客观的学术精神[①]。

　　最后,他还提出"理性启蒙"的概念,以区别于那种感性的、浮面的启蒙。具体地说,"理性启蒙"首先应着力于"价值取向"的转变,努力将传统文化中伦理价值至上的取向转变为人的全面发展,使人的主体性和人生价值在各个方面都得以平等实现。其次应关注"思维方式"的改造,把传统文化偏重整体综合、直觉体悟的思维方式改造为以实证分析为基础,统合感性、知性、理性的新的思维方式。最后应实现"行为方式"的创新,对传统文化中的公私、群己、义利观念慎加分疏,去其糟粕,取其精华,创造新的行为方式[②]。

　　可见,20 世纪 90 年代以来萧先生对"明清启蒙"学术史观作了进一步的完善。我们可以发现,先生这一时期的思考已经站在世界文化发展全局的高度,他的视野是广阔的,他的态度是自信的;又因为广阔而包容,因为自信而开放。这时,"启蒙"已不仅仅是挨打者的反思和落后者的追赶,它更是伟大的民族文化的自我振兴,它有勇气对传统

---

　　① 详见萧萐父:《中国传统文化的现代化与西方先进文化的中国化》,《吹沙二集》,第42—52 页。

　　② 详见萧萐父:《中国传统哲学概观》,《吹沙二集》,第 91—92 页。

文化进行解构和重构,有信心吸纳涵化优秀的外来文化,有力量参与世界性的"百家争鸣",从而为人类文化的新发展作出应有的贡献。

　　以上,我们以思想的初始萌发、逐渐形成、臻于完善的动态过程为线索,分阶段介绍了萧萐父先生的"明清启蒙"学术史观,从一个侧面揭示"明清启蒙"学术思想的独特价值,尤其是它对于人们深入思索传统与现代化关系问题的重要的启发借鉴意义。同时,也借以烛见萧先生近半个世纪以来"千淘万漉"、"吹尽狂沙"的学术执著与追求真理的热忱。

传统与现代化之间

——萧萐父先生"历史接合点"思想初探

传统与现代化的关系问题是中国近现代社会影响最为深远的问题之一。越来越多的人已经形成了一个共识，即：每一个民族都要走出中世纪，实现现代化。但关键是如何走出中世纪，如何实现现代化？特别是在这一过程中如何理解传统，如何看待传统与现代化之间的关系问题？这些已经成为中国以及其他面临走出中世纪、实现现代化历史使命的国家和民族不得不认真思考的问题。

萧萐父先生近半个世纪以来思考的重心正在于此。萧先生思考的成果集中体现为他的别具一格的"历史接合点"思想。本文将按照思想发生的线索，从连续性与断裂性的视角，初步解析萧先生的"历史接合点"思想，并进而揭示萧先生的这一理论贡献对于启发人们进一步思考传统与现代化关系问题的重要价值。

一、问题的提出：对近代以来中西文化论争的检讨

萧萐父先生对传统与现代化关系问题的思考是在近代以来文化争论的背景下展开的。

鸦片战争以来，伴随着西方近代文明的巨大冲击，中国的先进知识分子在一种救亡图存的民族忧患意识下集中思考了中西文化关系和古今文化关系问题。根据自己的不同理解，他们分别提出了"中体西用"说、"全盘西化"论等理论模式，扩展了研究视域。然而，这一时期的文化研究并没有能真正厘清文化发展的脉络，呈现出喧嚣却又贫乏、热烈却又偏激的面貌。人们倾向于浮面的认同与反对，往往把文

化思索与民族情愫混杂在一起,缺乏真正的理性和冷静的批判与反思。于是乎,或者非中非西,或者亦中亦西,其实对于本土文化和外来文化的理解均有失偏颇。换言之,救亡图存的迫切心理使人们渴求看到"立竿见影"的效果,殊不知文化现象从来都是与急功近利相矛盾的。

文化心理的失衡必然导致文化理解的偏失。其中的一个严重后果就是"传统"在近代逐渐被疏离、变形了。一方面,西化派对传统固然十分不屑,视之为历史的包袱;另一方面,保守派却也忙着与人论战,急于"矫枉"却未免"过正"了。而对于传统文化本身,大家都似乎少了一点耐心。"传统"本身所包含的宽容与融摄的精神在近代功利化的文化论争中被抛弃了,因为它被认为是奢侈的、多余的东西。

为此,萧萐父先生对这两种文化观分别进行了检讨:

一是"全盘西化"论。这种观点认为,中国传统文化已整体落后,"百事不如人",西学乃一完善整体,西化已成为世界发展趋势;传统已成为"沉重的枷锁"、"陈旧的过时物"。中国要想走出中世纪,谋求新发展,就必须彻底挣脱传统的束缚,"全盘西化","从根子上西化"①。

二是"中体西用"说。这一观点把传统剖分为"体"与"用"两个层面。传统之"用"是表层的、技术的、应用的层面,它是可以与西学相互吸纳融合的。而传统之"体"则是民族文化中"一脉相承之统绪",即三代以来"原于中国文化之一本性"而形成的"道统之相传"②。

很显然,两派思想的分歧源于它们对传统的不同理解,而这又直接影响到它们关于传统与现代化关系的认识。所以,问题的关键在于反思什么是传统。

二、反思传统

萧先生指出,人们对传统的理解取决于他们的历史感。是否同情地理解传统,以及选择何种传统作为向现代化转进的资源,均取决于

---

① 萧萐父:《中西文化异同辨》,《吹沙集》,成都:巴蜀书社,1991 年第 1 版,第 49 页。
② 萧萐父:《传统·儒家·伦理异化》,《吹沙集》,第 129 页。

人们对历史的感受。历史会具化为各种各样的传统并作用于人们的文化心理之中，有什么样的历史感就会有什么样的传统观。

从某种意义上可以说历史感和传统观是个人化的，它是个人的一种"选择"：在浩瀚如烟的历史陈迹与线索中，选择什么样的历史史料作为我们理解历史的背景与根据，以及我们的选择在何种程度上与历史真实相贴合，这些都是值得深思的问题。而影响我们选择的，除了时代思潮、社会心理、理论环境之外，还有个人的学养、经历、性格、情感。

萧先生区分了两种历史情感：一种是个人的主观的非科学的偏爱偏恶，这是应该去掉的私情；另一种是通过对历史的客观的、冷静的科学分析，通观全局，综合许多侧面情况而产生的历史情感，这是一种具有历史感的价值判断，即符合历史趋向，与历史固有前进性相一致的褒贬，是一种"公情"，而非"私情"①。

归根到底，历史感取决于处身于历史之中的个人如何以及在多大程度上勘破时间的迷雾，从而对历史有一种真切笃实的感悟，正如昔日孔夫子叹息于川上："逝者如斯夫，不舍昼夜"；又如大唐陈子昂漫步大河之滨，"念天地之悠悠，独怆然而涕下"。换一个角度，也可以说历史是如何将自己的一部分真相展示于人们的面前。

所以，在不同的历史感中，人们对传统的理解可谓见仁见智。萧先生着重分析了三种常见的对传统的误解。

第一种误解是认为"传统是一元的"。这种观点非常普遍，甚至直到今天，一谈起中国传统，很多人就以为是指儒家传统。针对这样一种用儒家传统替代中国传统的"一元传统"观，萧先生对儒家传统进行了历史的考察，进而提出多元传统观。他指出传统文化是多元的，儒家仅居其一。"事实上，传统并非单一而是多元的。历史的长河宽容'殊途百虑之学'。任何时代、任何民族的文化都是多因素、多层面的复杂综合体。"②不仅如此，儒家本身也是多元的，不存在一个思想

① 萧萐父：《历史情感与历史科学》，《吹沙集》，第403页。
② 萧萐父：《活水源头何处寻》，《吹沙集》，第79页。

一致、一脉相承的儒家传统。在儒家的诸多传统中既有精金亦有沙。所以，迷信并固扶单一的"儒家传统"并不符合历史的客观事实。

第二种误解是认为"传统是过去的"。这种观点割断了传统与现代的联系，主张传统即意味着"过去"，意味着"曾经"；今天还谈什么"传统"，未免太过时、太落伍了。针对此种误解，萧先生分析了传统与现实的关系，指出："传统，并非已经死去的历史陈迹，不仅仅属于过去；它是生生不已的文化生命，渊源于过去，汇注于现在（经过现实一代人的参与），而又奔流向未来。"①传统和历史并不是与现实相断裂、相隔膜的，历史恰正是人类存在的基本事实。而一旦人们意识到自己其实正生活在历史之内，正活动于传统之中，则世界对于人类将具有全新的意义。

对传统的第三种常见的误解是主张"传统是凝固的"。这一观点实质上扼杀了传统的生机与活力，把传统理解成僵死的、封闭的系统。针对"传统凝固"说，萧先生主张传统是流动转化、代谢发展的。正如黑格尔所说："传统并不是一尊不动的石像，而是生命洋溢的，有如一道洪流，离开它的源头愈远，它就膨胀得愈大。"②换言之，传统是随着历史不断叠加和保存的。当然，这种叠加和保存是有所选择的，只有那些真正富于活力的东西才能融摄入传统，成为我们文化的根。

三、"历史接合点"

在剖析人们关于传统的三种典型误解的基础上，萧萐父先生正式提出了传统与现代化相接合的"历史接合点"思想。萧先生主张，要实现传统向现代化的转进，就必须选择一定的"历史的接合点"作为转进的契机。他特别强调，"历史的接合点"应该用"接力赛"的"接"，而不是"结合"的"结"。萧先生的这一字之改遭到了一些语言学家的批评，他们认为"接合"的提法不符合现代汉语的规范。但正是这种看上去不太规范的提法，恰恰显示了萧先生独特的创造性，"接合点"的提

---

① 萧萐父：《泗水源头何处寻》，《吹沙集》，第79页。
② （德）黑格尔：《哲学史讲演录》，北京：商务印书馆，1959年第1版，第8页。

法实际上透露出浓郁的历史连续性和强烈的主体参与意识,"因为主体参与的文化代谢发展,有一个如何接力的问题"①。"传统"并不是过去的、凝固的,它是活生生的、现实的;它不仅造就了我们,而且我们本身就生活在"传统"之中。"传统"也不是可以随意抛弃的东西,人们只能在某种文化传统中去承先启后,谢故生新,"任何人研究历史文化,清理思想遗产,无论他自觉与否,实际上都是在参与民族文化的接力赛,都是在寻找最佳、最近的接力点"②。

萧先生进一步指出,现实与历史的"接续"并不是与抽象的、模糊的历史的接续,我们只能与某种明确的、具体的历史传统相承接。至于选择怎么样的传统作为"历史接合点",则完全取决于思想家的历史感。思想家个人的历史感决定了他的传统观。由于人们对历史的理解和感受不尽相同,加之历史传统又是多元的,因此人们对"历史接合点"的选择与取舍也各有其趣。

在这一问题上,萧萐父先生创造性地继承并发展了梁启超、侯外庐等前辈学人重视明清之际早期启蒙思想的传统,提出"应当从我国十七世纪以来曲折发展的启蒙思潮中去探寻传统文化与现代化的历史接合点"③。在他看来,明清之际在我国文化思想史上是一个特殊的发展阶段,社会经济的变动、文化心态的转型、价值观念的突破,汇合成社会政治的剧烈动荡,构成了这一时代"天崩地解"的生动图景。几乎同一时期,涌现出一大批文化精英,他们从政法、科学、文艺以及哲学各个领域掀起一代批判思潮,锋芒直指宋明道学,尤其集中抨击了道学家们把封建纲常天理化而建构起的一整套以"存天理,灭人欲"为主旨的伦理说教,并将之批判为"伦理异化"。这就触及到封建意识的命根子,典型地表现出中国式的人文主义的思想觉醒。因此,明清之际出现的思想异动明显带有早期思想启蒙的色彩,它为传统文化向现代化的转进提供了契机,成为中国传统与现代化相衔接的"历史接合点"。

---

① 萧萐父:《文化反思答客问》,《吹沙集》,第 55 页。
② 萧萐父:《文化反思答客问》,《吹沙集》,第 55 页。
③ 萧萐父:《文化反思答客问》,《吹沙集》,第 54 页。

四、"连续性"与"断裂性"

对萧先生"明清之际哲学启蒙"思想进行系统阐述不是本文的目的。本文所关注的是从连续性与断裂性的视角来考察"历史接合点"思想。

"连续性"与"断裂性"的提法较早见于张光直先生《连续与破裂：一个文明起源新说的草稿》一文（张先生在文中使用的是"破裂性"的说法）。张先生在深入考察古代中国和古代西方向文明转进的主要型态后，主张应该'将中国的叫做'连续性'的型态，而将西方的叫做'破裂性'的型态"①。与张文关注两类文明转进的整体形态特征不同，本文所使用的"连续性"与"断裂性"的概念更侧重于阐明一种文明形态内部在由传统向现代化转进的过程中所显示出的既连续又断裂的特性。从这一视角来透视萧先生的"历史接合点"思想，我们发现其中正蕴含了连续性与断裂性辩证统一的观念。

一方面，"接合点"的"接"有继承、接续的意思，它体现了传统与现代化之间存在着一种连续性。首先，中国传统文化的主体精神是连续的。儒家的仁民爱物、关怀现实的精神，道家的不慕荣利、以德抗权的精神，特别是《周易》的生生不息和"同归而殊途，一致而百虑"的文化包容精神，都是中华文化亘续不绝的灵魂。很显然，这些传统文化精神在现代化的事业中必将占有重要一席。其次，传统文化是多元的，人们对多元传统文化的舍此取彼并不意味着对中华文化传统整体的背弃。这突出表现在对传统之中众多异端思想的价值的体认上。萧先生十分重视对中国传统中异端思想的发掘。他在阐述明清之际哲学启蒙时，对李贽等异端思想家的独特贡献作了深入的论述。从萧先生的论述中我们不难发现，异端思想也是多元传统中的重要内容；所以，异端思想对主流思想的批判甚至取代，正是传统之连续性的一种特殊表现。第三，传统与现代化的连续性还体现为后人必须遵循着前人的足迹，并以前人的成就作为自己前进的起点。"哲学的发展必

---

① 张光直：《中国青铜时代》，北京：三联书店，1999年第1版，第487页。

须以前一代人已经达到的终点为起点,它以继承、综合或改造先行思想资料作为自己发展的前提。"①因此,"中国文化的现代化必须从民族文化传统中找到内在历史根芽"②。

另一方面,"接合点"的"接"又表现了一种突破和创新。萧先生将传统与现代化的关系理解为一场文化的、历史的接力赛,我们固然应尊重前人的努力和成就,但毕竟前人力已急、气已竭,甚至在某些方面已经落后,这就需要后人补充新鲜的力量;而且,不同于田径的接力赛,在这场文化的、历史的接力赛中,后人具有更自主的选择权和更自由的创造性。因此,现代化与传统之间又具有某种断裂性,成熟意义上的现代化正是根源于传统的自我批判、自我超越;它既包括对传统文化的某些负面的反思与扬弃,又包括对多元传统文化的重新体认与选择,还包括对外来文化的吸收与涵融。

其实,文化的连续性与断裂性是辩证统一的。文化总体上的连续性并不排斥在具体转进过程中存在一定的断裂性,而在文化的断裂性中又始终贯穿着连续性。现代化正是以"突破"和"超越"的方式来继承和发展传统的。现代化不是对传统的简单割舍和否定,而是传统的延续和转进。

以上,萧萐父先生通过"历史接合点"的观念重新审视了传统与现代化之间的关系,从连续性与断裂性辩证统一的角度对"中体西用"说、"全盘西化"论进行了双向扬弃,不仅深化了思想界对于"传统"的理解,而且为人们在新的时代条件下进一步思考传统与现代化关系问题提供了颇具启发性的思维参照系。

---

① 萧萐父:《哲学史研究的根本任务和方法问题》,《吹沙二集》,成都:巴蜀书社,1999年第1版,第394页。

② 萧萐父:《活水源头何处寻》,《吹沙集》,第92页。

近二十年熊十力哲学研究综述

（1983—2003）

  自 1932 年标志熊十力哲学体系正式形成的《新唯识论》（文言文本）问世以来，学术界关于熊氏哲学的研究不断有新成果涌现。20 世纪 80 年代中期以前海内外围绕熊十力哲学研究的情况可参阅郭齐勇著《数十年间海内外熊学研究动态综述》一文[①]。

  其后迄今的近二十年间，随着海内外学者更深入的交流互动、覃研深思，熊学研究进入高峰期，著述不断，创见迭出，并形成内地、台港澳、海外学者互通声气、各展所长的局面。本文试对近二十年间关于熊十力哲学研究的真正有代表性的论著做一番梳理，以为研究者提供一点可资参考与批评的资料和线索。从这个意义上讲，本文可以视作上述郭文的续篇。

  近二十年来，熊十力著作的整理和出版取得了长足进展。1983年，汤一介、萧萐父合作主编《熊十力论著集》（三册），该书已由北京中华书局出版[②]。由黄克剑等主编、群言出版社 1993 年出版的"当代新儒家八大家集"，有《熊十力集》一册，选录有熊十力先生的论著。由方克立、李锦全主编、中国社会科学出版社 1995 年出版的《现代新

---

  ① 郭齐勇：《数十年间海内外熊学研究动态综述》，《熊十力及其哲学》，北京：中国展望出版社，1985 年第 1 版，第 118—144 页；其修订稿为《熊十力学术思想研究综述》，详见郭齐勇：《熊十力与中国专统文化》，香港：天地图书有限公司，1988 年第 1 版，第 199—237 页。该书的另一版本由台北远流出版公司于 1990 年出版。

  ② 《熊十力论著集》共三册，即：《新唯识论》、《体用论》、《十力语要》，参加整理工作的主要有郭齐勇、王守常、景海峰等。该书已由北京中华书局分别于 1985 年、1994 年、1996 年出版。

儒家学案》中，收入郭齐勇编撰的《熊十力学案》，其中有《熊十力新儒学思想资料选辑》部分。1996 年，中国广播电视出版社出版了由郭齐勇编撰的《现代新儒学的根基：熊十力新儒学论著辑要》一书，选录了熊十力的一些代表性著作的重要章节和单篇论文。该书属于方克立教授主编的"现代新儒学辑要丛书"中的一种。1999 年，郭齐勇选编的《熊十力学术文化随笔》一书由中国青年出版社出版。在熊氏著作整理、出版方面最重要的成果，是由萧萐父任主编、郭齐勇任副主编，郭齐勇、景海峰、王守常、蔡兆华等搜集、点校，由湖北教育出版社于 2001 年出版的《熊十力全集》。《全集》十巨册，共计 500 万字，完整展现了熊十力先生的学术思想和人格，并在《附卷》辑录了各个时期有关熊十力思想的代表性的评论和论战性的论著。《全集》的编纂出版遵循了"存真"、"求全"、"精校"的原则，代表了当前学术界在熊十力论著资料整理方面的最高水平。至于最新成果，有 2004 年 2 月日本关西大学出版部出版的熊十力名著《新唯识论》（文言文本）的日文版，译者是关西大学吾妻重二教授。该日文版的出版，可与 1960 年代陈荣捷先生将熊先生部分语录翻译成英文出版之事交相辉映①。

　　与此同时，这一时期有关熊十力哲学研究的专著也层出不穷：1985 年，郭齐勇的硕士论文《熊十力及其哲学》由北京中国展望出版社出版。该书是国内最早研究熊十力哲学的专著。是书后经修订、扩充，更名为《熊十力与中国传统文化》由香港天地图书有限公司和台北远流出版公司分别于 1988 年、1990 年出版。郭齐勇的博士论文《熊十力思想研究》被收入"现代新儒学研究丛书"，由天津人民出版社于 1993 年出版。他的另一本专著《天地间一个读书人——熊十力传》也于 1994 年由上海文艺出版社和台北业强出版社同时出版。日本学者岛田虔次的日文名著《熊十力与新儒家哲学》于 1987 年由日本京都同朋社出版，该书后经徐水生教授翻译为中文，由台北明文书局于 1992年出版。这之前，1990 年，上海三联书店出版了杨国荣著的《王学通

---

　　①　1963 年，美国普林斯顿大学出版社出版了陈荣捷先生编撰的《中国哲学资料书》。该书首次将熊十力论"翕与辟"、"理与气"、"心与仁"、"体与用"等语录译成英文出版。

论——从王阳明到熊十力》一书;1991 年,台北东大图书公司出版了景海峰著的《熊十力》一书。1992 年,沈阳辽宁大学出版社出版了郑家栋的专著《本体与方法——从熊十力到牟宗三》,该书也被收入"现代新儒学研究丛书"。台湾"清华大学"林安梧的博士论文《存有·意识与实践——熊十力体用哲学之诠释与重建》于 1993 年由台北东大图书公司出版。同年,江西百花洲文艺出版社出版了宋志明的《熊十力评传》一书。1995 年,张庆熊的《熊十力的新唯识论与胡塞尔的现象学》一书由上海人民出版社出版。1999 年,北京图书馆出版社出版了丁为祥著《熊十力学术思想评传》一书。

学术界关于熊十力思想研究的交流活动也日益深入。其中最重要的学术交流活动是两次熊十力学术会议的召开。1985 年 12 月,由北京大学、武汉大学等单位共同发起,第一次熊十力会议——"纪念熊十力先生诞生一百周年学术讨论会"——在熊先生故里湖北黄州隆重召开。会议为期四天,邀请了来自全国各地的专家学者及熊先生生前友好、学生和家属共计百余人,会议还同时邀请了美、日、加、澳和前苏联的多位海外学者。与会学者充分肯定了熊先生的人格气象、治学风范以及他在近现代中国哲学史上作出的杰出贡献,高度评价了他融会中、西、印思想而独创的哲学理论体系的世界意义,并具体地分析了熊氏哲学思想产生的文化背景、思想渊源及其客观的历史作用,集中探讨了熊十力哲学的性质、重心、特点以及熊氏"体用不二"的辩证法思想的内涵及其价值。会议成果结集为两本会议文集——《回忆熊十力》和《玄圃论学集——熊十力生平与学术》,分别由湖北人民出版社、北京三联书店于 1989 年、1990 年出版。

相隔十六年,2001 年 9 月,由武汉大学中国传统文化研究中心、武汉大学哲学学院、湖北教育出版社三家联合发起,第二次熊十力会议——"熊十力与中国传统文化国际学术研讨会"在武汉大学珞珈山庄召开。会议的第一天举行了隆重的《熊十力全集》首发式。为期三天的会议共邀请了来自中国内地、台港澳地区及海外专家学者共 60 余人,交流学术论文 40 余篇。与前期相比,本次会议所反映的熊学研究,在思维方法、研究论域和理论深度上都有了长足的进步。中国社会科学院方克立教授在大会发言中,称此次会议的召开与《熊十力全集》的出版,意味着熊十力研究的中心在武汉,意味着熊十力研究在新世纪进入了新的起点。会议成果结集成书,冠名《玄圃论学续集——熊十力与中国传统文化国际学术研讨会论文集》,以示对十六年前第一次会议的承继与超越。该书已由湖北教育出版社于 2003 年出版。

接下来,本文介绍学术界有关熊十力哲学研究的一些重点问题。

一、熊十力的学术渊源与思想背景

在熊十力的学术渊源问题上,郭齐勇指出,熊十力的本体宇宙论("体用不二")思想主要是扬弃《周易》和王船山哲学而形成的;其直觉主义,远源为禅宗和陆王心学,近源为柏格森与梁漱溟;至于其在认识所由发生、主体认知结构、对象意识的形成和心与境的相互关系方面,则深深地打上了唯识学的印记①。杨国荣认为熊十力着重在理论上对王阳明的"心物一体论"展开思辨引申和发挥,其新唯识论体系的建构事实上受到王学多方面的影响,尤其表现在"体用不二"与"翕辟成变"上。但同时也应看到熊氏"体用不二说"与王阳明"心物一体论"之间存在的差异;在把"体用不二"与"翕辟成变"说与进化论联系起来的同时,熊十力又对王阳明的心学和柏格森的生命哲学做了沟通。杨国荣最后得出结论:熊十力哲学表明,从王学"心物一体论"出发去讲大化流行、自己运动,在理论上是没有出路的②。澳大利亚学者姜允明则进而上溯至陈白沙,注意发掘明儒陈白沙心学思想对熊十力哲学体系形成的影响③。

熊十力哲学体系形成过程中最鲜明的特色无疑是出入佛儒之间。

---

① 郭齐勇:《熊十力及其哲学》,北京:中国展望出版社,1985 年第 1 版,第 54、102、62 页。

② 杨国荣:《王学通论——从王阳明到熊十力》,上海:三联书店,1990 年第 1 版,第 210、211、216 页。

③ (澳)姜允明:《明儒陈白沙对熊十力的影响》,《哲学与文化月刊》十三卷三期,1986 年 3 月。姜氏又有《熊十力与陈献章》一文,见《中国哲学与中国文化》第一辑,北京:东方出版社,1986 年第 1 版。

几十年来有关佛教与熊十力哲学的争论收录最全的是《熊十力全集》的《附卷(上)》。而近二十年来的研究中值得重视的有三篇文章,分别是:江灿腾的《吕澂与熊十力论学函稿评议》、郭齐勇的《论熊十力的佛学思想——儒佛心性论辨析》和王守常的《二十世纪儒佛之争——熊十力与刘定权的争论》[①]。

关于熊十力哲学产生的时代与思想背景,郭齐勇与李明华认为:"熊十力哲学是处于上升时期的中国资产阶级的思想意识的升华物。熊十力虽身处于'五四'之后,然心却仍在辛亥之时,他埋头于东西方哲学的故纸中,闭门凝思,煞费苦心地为辛亥革命进行理论补课。"[②]此说甚为岛田虔次和李泽厚先生所关注[③]。但是,岛田虔次主张将熊十力哲学的形成看成五四运动的一部分。他从五四新文化运动与新儒家之出现的宏观视野入手,指出五四新文化运动本身合乎逻辑地内含了重新评价和继承传统的动向,这一动向的展开正是新儒家的涌现。因此,作为新儒家哲学之重要代表的熊十力哲学的形成应当被看成五四运动的一部分[④]。陈万雄认为,五四新文化运动与辛亥革命有着内在的联系,其启蒙派与文化保守派的诸人物都属于辛亥革命党人,双方的思想都属于辛亥革命思想的组成部分[⑤]。杜维明则主张将熊十力视作"后五四时代"的一员,认为熊氏思想是对"后五四时代"

---

① 详见《熊十力全集·附卷(上)》,第 425—493、494—561、562—592 页。其中,郭文的后半部分《儒佛心生论之辨析》由吾妻重二翻译为日文,更名为《熊十力の仏教唯识学批判》,发表在日本关西大学《东西学术研究所纪要》第 37 辑(2004 年)上。

② 郭齐勇、李明华:《试论熊十力哲学的性质》,《江汉论坛》1983 年第 12 期,第 18—23 页。

③ 详见(日)岛田虔次著、徐水生译:《熊十力与新儒家哲学》,台北:明文书局,1992 年第 1 版,第 86、87 页。该书的日文原版由日本京都同朋社于 1987 年出版。另见李泽厚:《中国现代思想史论》,天津:天津社会科学出版社,2003 年第 1 版,第 263—264 页。该书的初版本由东方出版社于 1987 年出版。

④ (日)岛田虔次著、徐水生译:《熊十力与新儒家哲学》,第 86、7、8 页。

⑤ 陈万雄:《从一封函札谈起》,《读书》1995 年第 10 期。

思想危机的自觉反映①。

二、本体宇宙论与体用关系

　　将宇宙论与本体论融通为一并重新确立起本体宇宙论,是熊十力哲学最重要的成就;而这正是中国传统哲学的一个重要特质。学者们对此极为关注。李泽厚认为,熊十力哲学的最"吃紧"处,是他将传统儒家哲学——其中主要是宋明理学(又特别是陆王心学)——所凸显出的内圣极致的"孔颜乐处"给予了本体论的新论证,即把宋明理学的伦理学和人生观翻转为宇宙论和本体论②。郭齐勇指出,熊十力作为第一代现代新儒家中对形而上学建构有兴趣的学者,以他的"境论"(即本体宇宙论)为现代新儒学思潮奠定了一个基础。熊氏哲学的特点之一,是不离宇宙谈本体,不离本体谈宇宙。所谓"本体",是生灭变动的宇宙之"体";所谓"宇宙",是依本体而现起的"用",即本体的大化流行。"本体"是熊十力哲学的最高范畴,"本体论"是熊氏哲学的中心,也是郭齐勇博士论文讨论的重心。重建本体是熊十力思考的关键,他重建大本大源,将"本心"解释为宇宙本源与吾人真性,是具有能动性的创生实体。熊氏的本体论是"仁"的本体论,涵有内在—超越、整体—动态、价值中心、生命精神的意蕴③。景海峰则注意发掘熊十力本体思想所蕴含的实感体验,指出信念支撑的生命投注是熊氏建构哲学本体论的关键,也是我们能对其哲学思想产生真切了解的唯一入手处。正是在实存体验与内在情感的鼓荡下,熊氏将自己的本体论界定为"玄学的本体论",并以之来统摄宇宙论、人生论、知识

　　① (美)杜维明:《探究真实的存在:略论熊十力》,《近代中国思想人物论——保守主义》,台北:时报文化出版事业有限公司,1985 年第 1 版,第 347 页。本文原为英文,题目"Hsiung Shih – li's Quest for Authentic Existence",收录于 Furth 所编的 *The Limits of Change* 一书中;后由林镇国译为中文出版。
　　② 李泽厚:《中国现代思想史论》,第 266—267 页。
　　③ 郭齐勇:《熊十力思想研究》,天津:天津人民出版社,1993 年第 1 版,第 52、30、82 页。

论等全部哲学内容①。陈来认为熊十力特别注重宇宙本体和宇宙万象的关系。在熊十力看来,宇宙论中的实体与功用(现象)的关系是哲学上从来难获解决的根本问题;而熊氏哲学的体用论正是集中讨论宇宙实体与宇宙万象之关系的②。李维武在论述 20 世纪中国哲学本体论问题时,也辟专章探讨了熊十力《新唯识论》的本体哲学③。

学者们还集中讨论了熊十力本体哲学中的体用思想:郑家栋认为,熊氏用"体用"这对中国哲学所特有的古老范畴作为构架其哲学体系的经线,强调仁用之间亦即本体与现象、实体与功能之间"不一不异"的关系。在熊十力看来,高扬"体用不二"正是儒家哲学的基本特征,也是儒家哲学的优点和长处所在。而熊先生之力主的"体用不二"实针对西方哲学与佛家具有不同的意义:相对于西方哲学,他所强调的是"即体而言用在体";相对于佛家,他所强调的则是"即用而言体在用"④。颜炳罡指出,在熊十力看来,体、用是相对待而言的,没有无用之体,也不存在无体之用。就体言用,体是举其自身全现为分殊的大用,它是用的本体,不能脱用而独存;就用言体,体乃是用之本体,不能离用而觅体。即用显体,举体成用,体用分而不分、不分而分,这正是熊十力哲学的精髓。可以说,中国哲学所讲的"体用一源,显微无间"直到熊氏"仁用不二"这里才发挥到淋漓尽致的程度,也才能在真正意义上避免体用两橛⑤。丁为祥则认为,在熊十力的哲学中,体用并不是一套专门排列概念关系的外在方法,而直接就是其精神实质和探索指向本身;熊十力全部的哲学探索,就是从明体起始而以梳理宇宙

---

① 景海峰:《熊十力》,台北:东大图书公司,1991 年第 1 版,第 25、27、30、31 页。

② 陈来:《熊十力〈体用论〉的宇宙论》,《现代中国哲学的追寻》,北京:人民出版社,2001 年第 1 版,第 130 页。

③ 详见李维武:《熊十力:〈新唯识论〉》,《二十世纪中国哲学本体论问题》,长沙:湖南教育出版社,1991 年第 1 版,第 174—193 页。

④ 郑家栋:《本体与方法——从熊十力到牟宗三》,沈阳:辽宁大学出版社,1992 年第 1 版,第 36、37 页。

⑤ 颜炳罡:《当代新儒学引论》,北京:北京图书馆出版社,1998 年第 1 版,第 217、218 页。

万有之体用关系为归宗的。丁为祥还指出,体用思想虽属于儒家传统,但熊氏的体用关系却不能仅仅归结为对儒家这一思想传统的简单继承,而是同时包含着对佛教思想批判继承的因素。正是对佛教思想的吸收继承、对佛学问题的批评辩难,使其体用关系带上了明显的现代关怀①。黄克剑着重阐发了熊氏哲学体系中"体用不二"的宇宙论、"天人不二"的人生论和"道器不二"的治化论,指出熊十力的哲学旨趣在于为人们指明一条可以"洞识仁体"以成就一种希"圣"向"圣"的人生途径②。林安梧则主张从存有、意识与实践之间关系的视域来诠释和重建熊十力的体用哲学,指出熊氏的体用哲学是一种现象学式的本体学。因此,熊氏哲学作为一种"思修交尽之学",是经由实存的体验或存有的遭逢,而上遂于道的哲学。林安梧又具体地论述了熊十力体用一如的体用哲学,将其诠释转化为"存有三态论",即:存有的根源、存有的彰显、存有的执定,并将之置放到王船山"乾坤并建"、"两端而一致"的思考与牟宗三"两层存有论"的逻辑线索中加以考察,提出由牟宗三而熊十力、再由熊十力上溯到王船山的哲学可能,以作为后新儒家的一种哲学可能和思考向度③。

三、"境论"与"量论"的关系

"境论"与"量论"的分梳蕴含着熊十力将"本体—宇宙论"与"知识—方法论"(亦即将哲学与科学)相区分的良苦用心。而熊先生直到晚年还念念不忘的恰恰是"'量论'未及作",并引以为一大憾事。对此,学者们有不同看法。

楼宇烈认为熊十力尽管未曾著《量论》,但《量论》在熊氏胸中早有端绪。细心考察熊氏的《新论》、《语要》及其在《原儒》绪言中提供

---

① 丁为祥:《熊十力学术思想评传》,北京:北京图书馆出版社,1999 年第 1 版,第 76、77 页。

② 详见黄克剑:《百年新儒林——当代新儒学八大家论略》,北京:中国青年出版社,2000 年第 1 版,第 37—73 页。

③ 林安梧:《存有·意识与实践》,台北:东大图书公司,1993 年第 1 版,第 1、2 页;林安梧:《从牟宗三到熊十力再上溯王船山的哲学可能》,《玄圃论学续集——熊十力与中国传统文化国际学术研讨会论文集》,武汉:湖北教育出版社,2003 年第 1 版,第 270—282 页。

的《量论》一书的纲目和大意,则熊氏《量论》的主要内容,在他的其他著作中都已有所论及,只是缺少最后的整理而已。即使熊氏真的写出《量论》,或许在条理上更严整、清晰一点,在细节上更详尽一些,但在基本理论上则不会有更多新的内容了。换言之,在熊氏"境论"中已包含了"量论"的主旨,"量论"的主体部分在"境论"中已得到了相当充分的阐发。因此,熊氏未写出独立的《量论》,其真实原因并不是如他自己所说的"精力疲困",而是与他对哲学的看法和关于本体论的基本理论有关①。

郭齐勇指出:"其实,熊氏认识论思想已经包括在本体论之中,并与本体论融成一体了,故在《境论》完成之后数十年间,……没有单独的《量论》问世。'②郭齐勇的博士论文有专章讨论熊十力的"量论",指出其"本体方法学"的基础是有关"性智与量智"关系、"科学真理与玄学真理"的讨论。熊十力继承宋儒的理路,又吸收西学与佛学,深入讨论了有关本体体证(证会)与思辨的关系、表诠与遮诠的关系,是其本体论的延伸与发展。郭齐勇认为,熊十力并不轻视知识论、理智思辨,只是注意知识论的边界和局限,强调道德体证与本体体悟的意义。熊十力发展了儒家的道德形上学,他把道德的工夫论也纳入其中。郭齐勇细致分析了其《量论》提纲,又考察了熊氏"一心二门"、"性修不二"、"思修交尽"的模式③。

胡军从知识论与哲学关系的理解入手,认为熊十力哲学正是要在科学(以追求知识为职志)和哲学之间划下一道明确的界限,即:哲学的范围只有本体论,知识论在哲学的范围之外。熊十力的这一看法实际上是对西方哲学中的知识论传统的误解。正是由于这种误解,熊氏缺乏知识论方面的学术训练,轻视理论思辨,而过于抬高"性智"在其本体论中的地位,强调直觉性的体验、证会、自识等在自求本体过程中的作用,其结果正是"量论"的"未及作"。因此,胡军得出结论:熊十

---

①　楼宇烈:《熊十力"量论"杂谈(三则)》,《玄圃论学集——熊十力生平学术》,北京:三联书店,1990年第1版,第150—160页。

②　郭齐勇:《熊十力及其哲学》,第61页。

③　详见郭齐勇:《熊十力思想研究》,第103—150页。

力没有建立起"量论"的最根本的原因与他本人的哲学观有关;正是他"哲学就是本体论,知识论不属于哲学"的哲学观决定了他不可能建立起"量论"。所以,熊先生没有必要为他的"量论""未及作"而引为终生遗憾①。

胡伟希通过辨析熊十力与康德的"知智之辨",指出康德对现象界与本体界的划界影响了以后整个西方哲学的发展,促使西方哲学界普遍放弃从知识入手寻求道德与价值问题的解决。而熊十力却对知识与智慧的关系问题重新讨论,并将"知智之辨"作为他哲学思考的中心话题。从这种意义上说,是熊十力而非康德,成为古希腊"德性即知识"这一思想谱系的真正传人。熊十力固然承认知识不等于智慧,知识有待于转化为智慧,但他并不否认知识作为达成智慧之工具与途径的作用,并已强调了两者之间的联系。在体用不二、即体即用的本体论的前提下,熊十力同时肯定了"转识成智"与"转智成识"之作为人生哲学的重要意义,这也是他对以二分法为代表的西方本体论思想的颠覆的意义所在。熊氏体用不二、即体即用的本体论思想的哲学意义,与其说是为西方长久以来所纠缠的"转识成智"问题提供了一条思路与途径,不如说是扩大了哲学形而上学思考的地盘。但就哲学形而上学的追问而言,熊十力关于"转识成智"的思想仍有待补充和拓展,其哲学形而上学并没有能完全展开。因此,熊十力的哲学在很大程度上给人以独断论的味道,而且他最终也无法回答西方以二分法为前提的怀疑论者的挑战②。

成中英注意到熊十力本体宇宙论与当代西方哲学知识论之间会通的可能性。熊十力的《体用论》、《明心篇》以及《乾坤衍》,一方面提供了一个实质的宇宙本体哲学与人的存在道德形上学,另一方面也界定了一个整体发展、层级创化的思维模式,这两者对当代西方哲学知识论发展中的问题都可能发挥整合推进的作用。同时,熊氏本体宇宙

---

① 胡军:《知识论和哲学——熊十力哲学观评析》,《玄圃论学续集——熊十力与中国传统文化国际学术研讨会论文集》,第76—83页。

② 胡伟希:《熊十力与康德:"知智之辨"》,《玄圃论学续集——熊十力与中国传统文化国际学术研讨会论文集》,第68—75页。

论所论述的"体月不二"、"翕辟成变"、"乾坤并建"与"心物同源"所提供的本体框架，又需要以对知识的内涵与形式，以及"化识成知"并进而"转知成智"的过程与结构有充分的理解与认识；就这方面说，西方哲学知识论的进路又可促进熊十力本体哲学落实本体论于知识论，提升知识论为本体论或本体知识论。"性智"与"量智"互补、互发，"境论"与"量论"相即不二，这是可以由熊氏本体哲学逻辑地导伸出的哲学主张；而错综复杂的境量关系的分梳展开，则是熊氏哲学所面临的最大挑战①。

四、对熊十力后期思想的理解

关于熊十力后期思想（熊氏思想大体可以1949年为界分为前后两期）的理解与评价一直是学术界争论的一个热点。

翟志成认为，1949年以后熊十力的思想无论在内圣学上还是在外王学上都有了相当的改变。熊氏晚年共著书九种，在翟志成看来，这一时期熊十力出的每一种新书都可以说是一种"负积累"，标志着他学术水平的"倒退"和精神生命的"堕落"②。

刘述先也主张后期熊十力的思想发生了一些转变，从这个角度看，熊氏思想的真正意义并不能由他晚年那些著作透显出来。但这种转变更多地表现在"外王学"的层面上；至于熊氏"内圣学"，在其前后期实乃保持了精神上的一致与贯通。而且，即使是熊先生后期"外王学"的转变，也并非翟氏所隐喻的"应帝王"——去迎合政治权威和意识形态的看法；恰恰相反，熊先生乃是要通过"外王学"的调整去改正当时意识形态的一些不妥看法。因此，刘述先也在文中批评了翟文在

①　（美）成中英：《从当代西方知识论评价熊十力的本体哲学》，《玄圃论学续集——熊十力与中国传统文化国际学术研讨会论文集》，第36—47页。
②　翟志成：《长悬天壤论孤心——熊十力在广州（一九四八——一九五〇）》，《当代》杂志，1992年第76—78期。翟文又见其著作：《当代新儒家史论》，台北：允晨文化实业公司，1993年第1版。

视域上的偏颇之处①。

郭齐勇不同意翟志成关于熊十力后期思想的评价,认为熊先生在1949年前后的很多著作在基本理论上是一致的,有些思想更有所发展;当然,后期著作中的确也存在一些冗复拖沓之处,但绝对不是翟文所谓的什么"负积累"或"标志着他学术水平的倒退"、"精神生命的堕落"。例如熊先生"生生乾元性海"的形上学思想虽在1949年以前的著作中已有提及,但作为一个命题集中阐发,却是在1949年以后的《原儒》和《乾坤衍》中。又如,熊氏后期著作《明心篇》对以前学说包括《新唯识论》之明心章,都在原来理路的基础上推进了一大步。郭齐勇也不同意刘述先的看法,认为1949年前后熊十力"外王学"思想并没有多大变化,《读经示要》及此前的外王学思想与1949年以后的《原儒》有直接的关系。熊先生的思想在1949年以后的确发生了一些变化,这突出表现在他对"重用"、"明有"的强调以及吸纳了一些科学知识的内容;但从总体看,熊氏后期的思想并没有脱离其以心性本体为核心的"体用不二"的框架②。

岛田虔次也主张应将熊十力前后期的思想看作一个连续的整体,认为熊氏哲学的完成应以他后期的著作《原儒》为标志,是书全面叙述了熊氏哲学的基础和哲学史观③。

五、关于熊十力思想的总体评价

关于熊十力哲学的总体评价,学者们的意见也是仁智互见:

杜维明认为,作为一位文化保守主义者,熊十力特别强调保有和发扬中国文化精神上的认同感,以挺立民族文化的自尊。而熊氏的文化保守主义本身又内含了伦理宗教的层面,超越了狭义的民族主义,

---

① 刘述先:《如何正确理解熊十力——读〈长悬天壤论孤心〉有感》,台北:《当代》杂志1993年第81期。刘文又见其著作《当代中国哲学论:人物篇》,美国:八方文化企业公司,1996年第1版。

② 郭齐勇:《为熊十力先生辩诬——评〈长悬天壤论孤心〉》,台北:《鹅湖月刊》1994年第2、3期。郭文又见其著作《天地间一个读书人——熊十力传》。

③ (日)岛田虔次著、徐水生译:《熊十力与新儒家哲学》,第82页。

对于人们探求当代世界的价值系统提供了极为有益的参考①。

李泽厚认为，无论从思想背景和产生土壤看，或从新儒家的逻辑线索说，熊十力都站在新儒家序列的最前面②。

成中英在对新儒家哲学作出了一个理想性的意义界定后，指出"五四"以来从事新儒家哲学创造最有成就者无疑要推熊十力先生。熊先生为现代中国哲学提供了一个深厚有力的本体论和方法论模型，对后来倡导儒家哲学的学者有明显的影响③。

郭齐勇将熊十力先生视作20世纪中国最具有原创性的哲学思想家和"后五四时期"现代新儒学思潮的哲学奠基人。熊氏的所有工作，简要地说，就是面对西学的冲击，在儒学价值体系崩坏的时代，重建儒学的本体论，重建人的道德自我，重建中国文化的主体性。他的形上学建构，特别是终极实存的思考和道德形上学的创慧，他的"体用不二"之论，特别是道德自我开出文化建制的思想，以及他的历史文化意识，分别开启了牟宗三、唐君毅、徐复观等第二代新儒家④。

刘述先指出，熊十力先生对乾元性海的体证举世无匹，成为当代新儒家的源头活水，并在精神上启迪了唐、牟、徐等弟子。刘述先进而揭示了熊氏的一些为后来新儒家所无法超越的慧识：其一，熊先生以良知为呈现，而不把它当作假设，这是他直承孟子的慧识；其二，熊先生对生生乾元性海的体证，这是他对于《大易》作出创造性诠释所得到的中心体验，也构成了他学术的基本论旨；其三，熊先生以量智为性智之发用的观念，以"翕""辟"范畴讲成物、明心以阐明本体的两种功能与作用⑤。

①　（美）杜维明：《孤往探寻宇宙的真实》，《玄圃论学集》，第191—196页。

②　李泽厚：《中国现代思想史论》，第263页。

③　（美）成中英：《综论现代中国新儒家哲学的界定与评价问题》，《玄圃论学集》，第172—190页。

④　详见郭齐勇：《熊十力思想研究》，第30页；另见郭齐勇著《近20年中国大陆学人有关当代新儒学研究之述评》一文，收入郭著《儒学与儒学史新论》，台北：学生书局，2002年第1版，第331—353页。

⑤　刘述先：《关于熊十力先生晚年思想的再反思》，台北：《鹅湖月刊》1992年第3期，总第201期。

中国哲学研究三十年的反思

　　自 1978 年以来,改革开放的三十年是中国社会大发展的时期,也是大陆中国哲学界取得令人瞩目成就的重要阶段。古人以三十年为一世,中哲学界的同仁在这一世中取得的成就已经到了可以总结和需要总结的时候了。为此,张立文、陈来等教授已着了先鞭,从中国哲学的研究方法、心态、资源和制度等方面作了总结①。本文拟就三十年来中国哲学界的成就与缺失,特别是研究范式的转移作一些探讨,以就教于方家。

　　当然,我们首先要对"中国哲学"做出界说。按学科分类,过去称作"中国哲学史"的学科,现称为"中国哲学"。但使用"中国哲学"一词,又容易被误会为指我国整个的哲学学科门类或一级学科。本文所指"中国哲学"一般指相当于今天所谓二级学科的"中国哲学",但又不尽然。我们特别要说明的是,仅仅以知性的态度解析"中国哲学"是不够的,"中国哲学"至少有两个层面:第一个层面是作为意义世界的"中国哲学",即意在发掘其中蕴含的终极意义、人生价值理念与境界,特别是其中蕴含的"天人之际"、"性命之源"等中华文化的根源性,总体的或分别的"道"与"理"等,此即中华民族的精神信念、核心价值的层面,是活着的、流转的,在今天的世界与中国国民的社群人生中仍然起着安身立命积极作用的层面;第二个层面才是作为学科建制的或知识与学术层面的"中国哲学",即可以断代或分门别类或个案地作学术

---

　　①　详见陈来:《中国哲学研究三十年回顾(1978—2007)》,《天津社会科学》2008 年第 1 期;张立文、段海宝:《中国哲学三十年来的回顾与展望》,《社会科学战线》2008 年第 3 期。

性的研究并与外国哲学作比较研究的知识层面的内容,亦相当于海外中国学家或汉学家作为学术研究对象的"中国哲学"。

一、三个阶段与主要成就

我们不妨把这三十年划分为三个小的阶段。

第一阶段约为1978年至1990年。从1978年至1979年中外哲学史界著名的芜湖会议、太原会议开始,本专业研究进入复苏期。第一,以思想解放为背景,本时段中哲史界的主要倾向是摆脱受苏联日丹诺夫影响的唯物主义与唯心主义、辩证法与形而上学"两军对战"的教条主义模式,批判"评法批儒"等引起的思想混乱,避开"阶级斗争"、"路线斗争"等政治话语,以黑格尔—马克思的"逻辑与历史相统一"的哲学史观与列宁《哲学笔记》的有关论断为方法论主调,受哲学界"认识论"转向的影响,用"螺旋结构"、"历史圆圈"、"范畴研究"、"哲学史是认识史"等路数来重新架构或解读中国哲学,力图从泛政治化走向学术,虽不免新旧杂陈,却仍有不少振聋发聩之作。第二,这一阶段的另一重大背景为"文化热",借助对外开放的机缘,在海内外学者共同推动的"传统文化与现代化关系"的讨论高潮中,学界开始重新省视中国哲学的智慧,主潮虽是启蒙理性,形式多为宏观泛论或宏大述事,但仍有不少揭示中国哲学底蕴与特质的创新论著问世,令人耳目一新。以上两个脉络是并行且交叉的。前一脉络以冯契先生的《中国古代哲学的逻辑发展》及"智慧说"三部曲与萧萐父、李锦全主编的《中国哲学史》及萧先生的论著为代表;后一脉络以李泽厚先生的中国古代、近代、现代思想史论之三部曲及汤一介、庞朴先生的论著为代表。

在这一阶段,第一代学者冯友兰、吕澂、张岱年、王明、冯契、任继愈、石峻先生等老当益壮,在整个中国哲学的理解阐扬、儒释道的创造转化及培养人才方面堪称楷模。第二代学者朱伯崑、萧萐父、汤一介、庞朴、李泽厚、李锦全、张立文、潘富恩、卿希泰、余敦康、牟钟鉴、楼宇烈、杜继文、杨曾文、方立天、方克立、刘文英、蒙培元、陈俊民、崔大华先生等在各自领域中各有开拓与建树。

第二阶段约为1991年至2000年,相对而言是潜沉读书与走上学术性研究的时期,方法论与诠释方式多样化的时期,学问分途与个案研究为主的时期,进一步受到现代西方哲学各思潮的影响,与海内外中国学真正对话的时期。在这一阶段,前文所述的第二代学者非常活跃,笔耕不辍,同时涌现出了一大批中青年学者。第三代学者的代表人物陈来、杨国荣先生等崭露头角,创获尤多。陈来、杨国荣二先生著作等身,不仅在宋明理学方面有扛鼎之作,而且对从先秦到现代的整个中国哲学都有精到的研究,特别是他们有较好的西方哲学的背景与训练。

第三阶段为 2001 年至 2008 年,是以社会层面的"国学热"与学术层面的"中国经典的现代诠释"为背景,重建"中国文化"的根源性与"中国哲学"学科的自主性或主体性的时期,逐步摆脱西方社会科学与哲学方法之束缚的时期,有思想的学术与有学术的思想相结合的时期,对"五四"以来相沿成习的、似是而非的诸多看法与思维定势予以拨乱反正、摧陷廓清的时期。这一阶段仍在继续着。中国哲学的方法论更加多元,中外哲学的交流更加立体化,研究更加精细,队伍不断扩大,新生力量逐渐增加,涌现出虎虎而有生气的"可畏"的第四代学者。

不少学术机构在继承中创新,例如中国社会科学院、北京大学、武汉大学、中国人民大学、复旦大学、中山大学、南京大学、华东师范大学、南开大学、山东大学、四川大学、北京师范大学、中央民族大学、厦门大学、苏州大学、陕西师范大学等的相关机构已成为中国哲学研究的重镇。目前已有二十多个中国哲学学科的博士点,集聚和培养了大批后继人才。

三十年来,各层次、各专题的中国哲学学术会议频频召开,儒佛道藏等经典的资料性的整理工作深入展开,各断代各流派相当多的重要哲学家的全集或资料长编或年谱、学案等陆续被整理出版,学者们发表、出版了大量学术论文、专著,研究成果的数量和质量都较过去有了突破性的进展,学术争鸣、研讨、交流日益频繁,中外哲学与宗教间的对话逐渐加强。牟宗三、唐君毅、徐复观、陈荣捷、劳思光、余英时、傅伟勋、杜维明、成中英、刘述先、陈鼓应、安乐哲的学术成果,在本学科都有较大影响。

不少学者的研究成果具有很强的问题意识与方法论自觉,做到了中外互动、古今会通。不少学者第一手资料的功夫扎实,重视海内外已有的研究成果即研究前史,在此基础上提出创新性见解并给予详实的分析、论证,十分可喜。研究的领域进一步扩大,不再在孔孟老庄、程朱陆王上"扎堆",而是从多个维度,从东亚及世界的历史背景上展开,重视断代、思潮、流派、地域、师承、人物的多样性,例如研讨历史上属东亚或中国的二三流的哲学流派或人物(这些流派或人物有的也很了不起,而且在历史上很有影响,但近百年来少有人专门深入研究过)。

各个时段的人物与哲学问题的研究都有许多成就,相比较而言,传统哲学与当代、经与经学、佛教、道家与道教、宋明理学、现当代新儒学、出土简帛中的哲学思想研究、从政治哲学的视域研究中国哲学等,已成为热门或显学。

(一)传统哲学与当代

中华民族及其文化在数千年里形成了自己的精神系统、信念信仰、终极关怀、思考与行为方式、伦理生活秩序、价值理念、审美情趣。这些东西固然随时更化,不断变迁,但是,仍然有其一以贯之的精神,这是中华民族及其文化融合起来且可大可久的根据。中国传统哲学从来就是多元多样的。儒家、道家、墨家及诸子百家,道教、佛教及中华各民族历史的上层、下层的各种文化及诸流派,作为文化资源都是瑰宝,在今天都有其价值与意义。

三十年来,大多数研究者们逐渐扬弃了清末直至"文革"期间,我国内地流行的"文化决定论"与妄自菲薄、视自家文化如粪土、把传统与现代决然对立起来的看法,重视对传统哲学资源的客观理解与评价,以同情的理解的态度,发掘中华人文精神的内在价值,阐发、调动这些内在价值,使之在我国现代化建设中发挥健康、积极的作用。学者们十分注意挖掘传统哲学的当代价值,以多元开放的心态,对传统哲学作创造性的转化。

(二)经与经学的研究

五经或十三经研究的复兴是近三十年中国学术界最为重要的事

件。经是中国文化的根,是中华民族智慧的结晶,经与经学当然是中国哲学乃至中国经典之最重要的内容。

《书经》、《诗经》、三《礼》(《仪礼》、《周礼》、《礼记》)、《周易》、《春秋》经及其三传(《左传》、《公羊传》、《穀梁传》)、《四书》等经典中包含了中国哲学本体论与形上学,中国古代宗教、哲学、道德、社会、伦理、政治、历史的最根本的理念与架构,是中华文明的精华所在与源头活水。对有的单经的细节的研究,现在还处在准备(尤其是人才准备)阶段,但经与经学研究的全面复兴是指日可待的事情。近三十年来,《易》学、《礼》学、《四书》学已得到长足的发展,出现了不少专家、专著(尤其是博士论文)、研究机构或刊物(辑刊)。

(三)佛教研究

随着与海内外哲学、宗教学界交往的日益频繁,三十年来的佛教研究不断深入发展。在佛教典籍的整理编纂方面,由任继愈先生担任负责人的卷帙浩繁的《中华大藏经》(正编)已经出版,续编正在加紧编纂中。佛教史研究成就斐然,有关中国佛教及其重要流派(如唯识、天台、华严、禅、三论、净土等)的通史或断代史研究与有关佛教重要思想人物的研究之专著、专论层出不穷,学者们注意了对包括敦煌卷子与日本等地新材料的运用,与西方、印度、东亚佛教学者的联系日益增多。有关地方佛教史的研究越来越受到重视,藏传佛教、西藏密宗是新的热点。佛教经典及诠释史、佛教哲学理论与组织制度、中印佛学比较、佛教中国化过程、佛教人生哲学与伦理学、佛学与中国文化及现代生活世界的关系研究,是这一领域的新的重心。

(四)道家与道教研究

有关道家老子、庄子、列子、文子、稷下道家、战国与汉代黄老道家及《淮南子》之文本诠释、哲学解析、个案研究和比较研究,竹简本、帛书本与传世本《老子》、《文子》研究,马王堆帛书《黄帝四经》研究等,尤其是关于道家形上学、自然哲学、修养论与政治哲学的研究不断深化,成果非常丰富。自上个世纪90年代出现道家道教文化研究热以来,有关道教各教派、道教全史及断代史或著名人物的系统研究逐步展开,全真道研究成为道教流派研究的热点。学者们重点探讨道教教义并予以现代阐释。从学科交叉和实际应用的层面上展开研究,是道教研究的新趋势,例如学者们分别从宇宙论与人生哲学、音乐、医学、科技、养生、气功,或管理学、政治学、伦理学、社会学、教育学、心理学、文学等学科来发掘道家道教的文化资源。中国道协组织专家进行的令人瞩目的《道藏》点校本重大项目即将完成,这将成为道家道教文化研究和传播的重要里程碑。

(五)宋明理学研究

宋明理学在中国哲学中的重要地位,乃是因为它是儒释道三教长期碰撞、融合而重建的哲学,呈现出了比汉唐时期更高更精致的精神形态与哲学义理,特别是它的形上学、境界论与工夫论。而且它在很长的历史时段绐东亚史与世界史带来深刻的影响。三十年来,学者们对宋学、宋元明学术与理学的关系,宋学与汉学(清学)的关系,宋明理学的范畴、哲学本系、理论特色,学术人物与学术群体,地域、派别、师承谱系和学术流变等都有十分深入的讨论。关于宋明理学与社会政事、教育师道的关系,理学的民间化及其与书院史、乡约的关系,宋明儒家知识人的政治社会作为,明清之际新哲学的兴起等,也日益受到学界重视。由于宋明儒学的复杂面相和思想成就,它与佛家、道家、经史文学、科学、商业、社会、政治、法律等的相互关系或联系,宋明理学在朝鲜、日本、越南等东亚国家或地区的民间传播及当地朱子学、阳明学及其后学的复杂性,宋明思想的东亚影响、不同走向以及与当时西学的结合,都已成为重要的考察对象或研究内容。在一定意义上,对宋明儒学本身所具有的现代性还需要重新探讨,对元代学术的研究还应加强。

(六)现当代新儒学研究

这是三十年前没有的领域。学界对现当代新儒学思潮和人物及其理论与实践的研究,活跃了关于文化、思想、学术的思考并提出了诸多问题。第一,跳出传统文化与现代化二元对峙的模式,并由此反省现代性,重新思考东亚精神文明与东亚现代化的关系,现代性中的传统、现代性的多元倾向和从民族自身资源中开发出自己的现代性的问题。第二，促进了跨文化比较、对话和融合，有助于"文明对话"，发挥"文化中国"的作用。文明对话与沟通如何可能呢？首先是民族文化精神的自觉自识。如果某种非西方文明或所有的非西方文明失掉了本己性，成为强势文明的附庸，恰恰使文明对话成为不可能之事。第三，努力参与"全球伦理"的建构。"己所不欲，勿施于人"的原则有助于国家间、宗教间、民族间、社群间、个体间的相互尊重，彼此理解与沟通。儒家的"为己之学"及"仁义礼智信"等核心价值观具有现代意义，在环境伦理、生命伦理的建构上亦有发展的空间。第四，就道德勇气、担当精神、友爱、宽容、人格独立与尊严等自由主义的基本价值而言，就民主政治所需要的公共空间、道德社群而言，儒学可以与现代民主、与自由主义相沟通。第五，从精神信念、存在体验的层面肯定儒学具有宗教性和超越性。中华人文精神完全可以与西学、与现代文明相配合，因而求得人文与宗教、与科技、与自然调适上遂的健康发展。

（七）出土简帛中的哲学思想研究

王国维先生有"二重证据法"之说，即地下材料与传世文献的相互印证。1990年代出土的湖北荆门郭店楚简、上海博物馆藏的楚竹书，其哲学思想非常丰富，尤其关于孔门七十子、战国儒道等诸子百家的资料弥足珍贵。1970年代出土的山东临沂银雀山汉简、湖南长沙马王堆汉简与帛书、河北定州八角廊汉简，学术价值颇丰。以上简帛文献是研究先秦两汉诸家学说之流变、先秦两汉中国人之宇宙观念与伦理思想的宝贵资源。在与海内外文字学、考古学、历史学与简帛学等学者的切磋中，哲学界极为重视这些新材料与检视这些新材料的新方法，出现了不少学术成果，丰富了经、子之学的研究。

另外，云梦睡虎地秦简、江陵天星观楚简、江陵九店楚墓、江陵张家山汉简、荆门包山楚简等，有很多关于当时民间信仰及官方法律文书的文字。2006年，湖北的考古专家又在云梦发掘出一批汉简，基本上是法律文书，与睡虎地、张家山的材料相呼应与补充，而且还有类似《说苑》一类的书。我国有深厚的法律文化传统，值得我们重视，历史上观念、制度与民间习俗的相互联系及其具体内容，也应是哲学史工作的题中应有之义,这意味着我们日益重视价值观念的生成及其与日常生活的联系。

(八)从政治哲学的视域研究中国哲学

中国古代的社会政治论总是与中国古代的天道论及人道论紧密地结合在一起的。目前哲学界非常重视中国政治哲学的研究,尤其是以西方政治哲学、正义理论来分析研讨之。马克思主义、自由主义与传统主义的对话,社会结构的变迁与社会秩序的重建,政治与法律问题的凸显,现代政治学、伦理学的挑战,都激发了本学科同仁去加强对中国古典政治哲学的梳理与阐释。当然,西方政治哲学不只是公共政策问题,更重要的是认同问题与制度问题。民族文化身份认同问题是最重要的问题。

中国古典政治哲学不仅仅重视价值或古人所谓的"义理",而且重视公正有效的社会政治、法律之制度架构或制度建设。可以说,典章制度、各类文书即使不属于严格意义上的"哲学",典章制度之学也一直是中国学术的重心之一,这些在儒家经典以及后来的大量史料或文献中可以得到印证。中国古代哲人的政治观念与制度追求,历代政治哲学思潮尤其是明清与民国时期的政治哲学思潮的产生、发展及其变迁与影响,现代政治哲学的基本理念与中国古代政治观念的差异、会通、超越等,这些都已成为学界的难点问题,富有挑战性。

二、研究范式的转移

与本时期所取得的具体成就相比,三十年来中国哲学研究范式的转移则具有更为重大的意义。

"范式"的概念和理论,是由美国著名科学哲学家托马斯·库恩在 1962 年出版的《科学革命的结构》一书中系统阐述的。范式指常规科学所赖以运作的理论基础和实践规范,是从事某一科学的研究者群体所共同遵从的世界观和行为方式。

改革开放以前的三十年里,中国哲学学科受苏联哲学的影响,遵循的主要是唯物主义与唯心主义、辩证法与形而上学两军对战的研究范式。这种两军对战的研究范式源于日丹诺夫在 1947 年苏联哲学界召开的关于亚历山大洛夫所著《西欧哲学史》一书讨论会上的发言。日丹诺夫在发言中提出："哲学史就是唯物主义与唯心主义斗争的历史。"这显然是对马克思、恩格斯思想的教条化理解,是对马克思主义精神的歪曲。

在这一范式的影响下,中国哲学上的所有思想家,都必须要贴上"唯物主义"、"唯心主义"、"辩证法"、"形而上学"的标签;并武断地认为唯物主义哲学代表的是农民阶级和中小地主阶级等社会进步力量,唯心主义则代表奴隶主阶级或大地主阶级等腐朽落后的反动力量;主张对任何哲学家的思想都要划定阶级属性,追溯其阶级背景,把阶级斗争的分析贯彻于整个哲学史的研究过程中。

这一范式在解释中国哲学问题时遇到了极大的困境,它不能客观真实地反映中国哲学的原貌,造成了对哲学史上大量哲学家思想的误解、歪曲,不利于中国哲学的健康发展。

改革开放就是要打开国门,自信地与海外交往。随着改革开放的深入,内地中国哲学界与港台和海外学术界的交流也日渐频繁,人们思想不断解放,眼界不断打开,这种"削足适履"式的生搬硬套越来越让学界无法忍受。

"实事求是"是改革开放的理论基石。只要我们实事求是地看,就会发现中国传统哲学有着天、地、人、物、我之间的相互感通、整体和谐、动态圆融的观念与智慧。华夏族群长期的生存体验形成了我们对于宇宙世界的独特的觉识、"观法"和特殊的信仰与信念,那就是坚信人与天地万物是一个整体,天人、物我、主客、身心之间不是彼此隔碍的,即打破了天道与性命之间的隔阂,打破了人与超自然、人与自然、人与他人、人与内在自我的隔膜,肯定彼此的对话、包涵、相依相待、相成相济。与这种宇宙观念相联系的是宽容、平和的心态,有弹性的、动态统一式的中庸平衡的方法论。中国传统哲学中亦有一种自然生机主义与生命创造的意识,把宇宙创进不息的精神赋予人类。中国哲学的境界追求,把自然宇宙、道德世界与艺术天地整合起来,把充实的生命与空灵的意境结合起来。中国哲学特别是汉民族哲学中有着异于西方的语言、逻辑、认识理论,有自己的符号系统与言、象、意之辩,这是与汉语自身的特性有联系的。以象为中介,经验直观地把握、领会对象之全体或底蕴的思维方式,有赖于以身"体"之,即身心交感地"体悟"。这种"知"、"感"、"悟"是体验之知,感同身受,与形身融在一起。我们要超越西方一般认识论的框架、结构、范畴的束缚,发掘反归约主义,扬弃线性推理的"中国理性"、"中国认识论"的特色。中国传统的经学、子学、玄学、佛学、理学、考据学等都有自己的方法,这些方法也需要深入地梳理、继承。总之,"中国哲学"的主体性与学科范式,需要在与西方哲学相比照、相对话的过程中建构。我们当然需要自觉自识与自信,中国哲学的智慧绝不亚于西方,但民族精神的自我认同与创造性转化的工作又不能太急躁。

我们对于中国传统哲学自身的特性及治中国哲学的方法学,仍在摸索之中。我们应有自觉自识,发掘中华民族原创性的智慧与古已有之的治学方法,予以创造性转化。目前我们特别要强调"中国哲学"学科的自立性或自主性。时至今日,中国哲学靠依傍、移植、临摹西方哲学或以西方哲学的某家某派的理论与方法对中国哲学的史料任意地"梳妆打扮"、"削足适履"的状况已不能再继续下去了。

另一方面,现象学、解释学给我们提供了新的视域与方法。三十年来,有关中国经典诠释学方面的讨论更加深入,傅伟勋的"创造的诠释学"、黄俊杰以孟子为中心的"经典诠释学"、汤一介创建"中国解释学"的构想、成中英的"本体诠释学"等,都有启迪新思的作用。有关文本、概念、范畴的解读、整理的方法则需进一步结合中国哲学文本的特性,避免牵强附会和削足适履。我们应力图发掘中国哲学之不同于西方哲学的特性与价值,力图改变依傍、移植、临摹西方哲学的状况,但中西哲学的交流互渗已是不刊的事实,且也有助于逐步发现"中国哲学"的奥秘。"中国哲学"学科的生存与发展,必须保持世界性与本土化之间的必要的张力。包括中国哲学的研究方法,也需要借鉴欧美日本,当然不是照搬,而是避免自说自话。

在新近关于中国哲学的方法论检讨中,我们提出中国哲学绝不是排他的,不需借鉴的,不考虑中外哲学事实上已存在与发展着的创造性融会的。果如此,那就成了"自说自话",不可能与其他类型的哲学对话与沟通。"中国哲学"学科的完善与发展，仍然离不开中外哲学多方面的更加广泛深入的交流、对话与沟通。今天，我们的解释学处境是在中外古今之间，故针对"以西释中"回到所谓"以中释中"的理路、提法，都是不妥当的，其"中"、"西"都是流动、变化着的。

凡是人类传统的文明与宗教，无不以"爱"立教，儒家以"仁爱"立教及其普世价值与当代意义更加为人们重视。梁启超的"新民说"发表的时候，中国积贫积弱、欧风美雨、坚船利炮、列强宰割，中国社会解体，中国文化处于危机之中。开发民智的启蒙无疑具有伟大意义。但随之而来，全盘西化成为主潮，中国百事不如人成为主调，"文化决定论"成为思维定势，中国文化，特别是儒家文化成了替罪羊。清末民初以来，对自家文明传统的非理性的践踏、毁辱成为主潮。一百多年过去了，我们需要重新检讨。例如，关于"公"与"私"、"公德"与"私德"、"人治"与"法治"的习见，我们还要下功夫去澄清。

改革开放三十年来最重要的范式转换，是对中国传统哲学与文化之心态与立场的变化。多数中国人不再持仇恨、斗争或贬低中国文化的立场，心态逐渐健康起来。当然也不排斥有的人仍然持"全盘西化"的观念与文革大批判心态。今天，中国崛起，文化自觉显得更为重要。我们拿什么走上世界，拿什么建构自家的文明与精神家园？现在，我们到了扬弃启蒙，发掘自家文明精华的时代了！

以"仁爱"为中心的"仁义礼智信"核心价值系统的重建，以"温良恭俭让"为教养主调的新的礼乐文明的提倡，对健康法治社会的形成，对科学发展观的贯彻与和谐社会的建构，对中国的长治久安，尤为重要。文明教养，养育心、性、情、才，对现代性与文明对话极有意义。无论是过去的宣扬仇恨，从亲情仇恨始，达至全社会人人自危；还是今天的放任利欲、彻上彻下的声色犬马及自我中心、不顾他人；都是有缺失的，对国民，特别是青少年、子孙辈之性情、心理的健康发展和中国文化的传承，危害太大。如要真正接纳西方的优良传统与正价值等，要真正走上健康的现代化，不可能没有文化认同、伦理共识与终极关怀，而这主要存在于中国哲学文化的资源中，需要我们做调适工作！由于百年来中国哲学资源遭到太多的误解与践踏，故在一定的意义上，我们不妨说：中国哲学资源可能提供给现代社会的积极因素，无论怎么估价都不会过高。

三、问题与前景

当前的中国哲学研究也存在不少的问题或缺失：

第一，学科间交叉、对话不够。由于学科体制分科太细的毛病与从业者学养的限制，文史哲之间、中西马之间、儒释道之间显得壁垒森严，各说各话，甚至相互贬损。因此，学者们宜打开门户，加强彼此的沟通理解。学科间的交叉、互动与整合显得格外重要。以西方哲学为主要研究对象的学者王树人、张祥龙先生对中国哲学的研究成果，常常给人以新的启示。

第二，学术品质与水平、对古典的研读能力的下降。由于当前学科评价体系的问题等所带来的泡沫及学风的问题，导致论著的数量猛增但学术规范欠序，出现了不少的平庸、人云亦云、水平低下之作，有的论著充满新的名词概念但与所论问题不沾边。相比较而言，博士学位论文的品质相对好一些，但近年来博硕士生的培养质量呈现下滑的态势，值得我们警惕。学术品质是学术研究的生命线。更为根本的还是要下功夫对中国哲学第一手资料的整理、研读，要提高研究者的古文字水平与古文献训诂的能力，首先要识字、断句，把原文与注笺一字一句读懂，要提倡经典会读，下力培养一代一代学者对原著原典的解读能力。从国家民族之长远发展来看，需要一代一代地培养国学的通专人才，对这些人才的培养需要从娃娃抓起，夯实基础，适当背诵。需要从小学与经史子集的素养的角度，而不是急功近利地从所谓某一个二级学科的角度来培养后学。

第三，现实向度不够。虽然我们不能苛求理论、历史的研究专家们及其研究都必须与现代生活密切结合，但我们仍希望大部分学者增强时代感、现实关怀与参与意识。例如，从理论与实际的结合上阐明马克思主义中国化过程中、中国现代化过程中、可持续发展与和谐社会建构过程中，中国哲学的参与及其地位与作用的问题，在文化自觉与文化重建过程中如何指导与提升民众对中国经典的学习需求问题等,都迫切需要专家们的参与。

第四,面向世界的能力尚待加强。中国哲学的世界化、中国哲学研究的国际化尽管有了长足的进步,但对话与交流能力仍需加强,除专家之间进行对话,纠正海外学者长期以来的一些误解与错谬外,还有让国外(不仅指西方)民间了解中国哲学经典与智慧等工作,都仍有着很大的空间。除了与西方、东亚的交流之外,还应加强与南亚、中东、非洲、南美洲的交流。应该推动政府设立基金或奖学金,鼓励外国青少年来中国学习传统中国文化、语言与哲学。

第五,问题意识和理论深度还有待提升。我们生活在现代社会,因此对中国哲学史料或经典的诠释,要有强烈的问题意识,而且不能只停留在思潮、个案等材料的研究中,要提升其中的哲学理论与问题系统,重视中国哲学自身的内在理路、精神、气韵、情采,中国哲学理论与问题的建构,揭示中国哲学的精义、特性。

第六,关于少数民族的哲学与古代科学中的哲学的研究还比较薄弱。我们研究的主要是汉语或汉族的哲学史,当然这本身即是历史上中华各民族间与文化间融合的产物。少数民族哲学表现了中华民族这个民族主体的多样性。我们应当充分尊重与重视不同时期蒙、藏、维、回、彝、苗、土家等民族哲学与宗教的特色,下力气搜集、整理、研究各民族哲学的资料,培养少数民族哲学史研究专家,充分发挥他们的积极性、主动性。还应注意发掘中国古代科技典籍和天、地、数、农、医与乐律学的重大成就与特性,历代科学思想中的哲学问题,古代科学与思维方式的关系等。

中国哲学或中国哲学史当然不同于中国学术史、中国思想史,其研究范围、对象与方法有区别。中国哲学更重视哲学形上学与哲学问题的讨论。但另一方面,中国哲学研究者并不排斥对社会、制度的理解与民间社会的关怀,这种关怀与对哲学理念的关怀相辅相成。因此我们非常注意历史上哲学思潮的民间性与社会影响。中国传统民间社会空间较大,我们对传统社会的了解还相当教条化。例如,费孝通先生的"差序格局"论,有一个适用的范围,但现在无条件普遍使用,不利于我们对中国传统社会的深入理解。中国古代知识人的理念与古代制度的关系,除了他们对专制制度的疏离、排拒、反抗之外,似乎还应当看到知识人在传统社会的有人性的制度建构中的积极作用,这涉及有益于民众权益与百姓私人空间的保护等问题。对中华制度文明,我们还太陌生,认识极为肤浅,缺乏多学科交叉的深入研究,包括土地、赋税与经田界,养老恤孤、救荒赈灾等对社会贫弱者的关爱,教育考试与文官制度中给予农家与平民子弟受教育权与参与政治权的机会保证,中华伦理法系有关容隐制度对隐私权的保护,监察制度,契约文书中涉及的民商法律等,都有很多宝贵的历史经验与合理层面,可以成为现代制度的资源,予以创造性转化。这也是中国哲学的题中应有之义。

我们的任务是彰明中国哲学之为中国哲学的自身的哲学问题、精神、方法、范畴、特点、风格与传统,深度建构、阐发中华民族几千年来的哲学思维发展史,体现中国人的哲学智慧、超越境界、身心修炼、言说论辩的特色及其与欧洲、印度等哲学智慧的不同及世界上几大哲学传统在中华文化区的碰撞与交融。

瞻望未来,我们预计中国哲学界将会在中国哲学学科主体性的确立,中国经典诠释的多样性,中国哲学范畴、命题与精神、智慧的准确把握,西方哲学的中国化与中国哲学的世界化,中国哲学的创造性转化,中国哲学智慧对现代化的参与及对人类社会的贡献等方面继续取得重要进展。

儒家文化：民族认同与伦理共识的基础

　　21 世纪是一个全球化的时代。"全球化"实际上是"现代化"的一个过程和阶段。全球化是经济、贸易、科技的一体化、趋同化。但现代性是多元的，现代化不等于西化，更不等于美国化。经济全球化不意味着文化一元化。近代以来西方现代化的历程和包括东亚在内的世界其他地区的现代化经验表明，全球化、现代化绝不只是西方民主制度与理性价值的普遍化。麦金太尔在《德性之后》一书中已经对西方启蒙理性和以功利、权利为中心的现代西方社会提出了深刻检讨。而西方后工业社会已经暴露出的种种负面，也鲜明地提示了西方的制度和理念存在着片面性、单向度性和"平面化"的弊病。中国固然需要参照、借鉴西方的制度文明和价值理念，并使某些制度与价值真正在中国生根，以成为中国现代化的助缘；然而，中国的现代化是社会主义的现代化，有着自己的道路与模式、自己的特殊性；而且，正如离开了民族化的马克思主义难以在本土文化中生根一样，离开了民族化的现代化也是难以成功的。

　　面对西方文化铺天盖地地席卷域内和西方宗教无孔不入的渗透，我们一定要有文化自觉与文化安全意识。新时代的全球化的挑战，启示我们要有自己的民族认同和伦理共识。如果没有民族认同，中国这样一个多民族的国家就会在现代化的过程中散掉。如果没有伦理共识，也形成不了一个健康的法制社会。因为法制的背后有着信念信仰和伦理共识的支撑。

　　中国的社会主义现代化道路决定了大力发展社会主义市场经济

是我们的必由之路。市场经济为中国的发展带来了活力。但是,不可否认的是,在市场经济条件下,人们的价值观念也出现了一些问题,物质主义、拜金主义和特权思想正日益成为社会主义市场经济的毒瘤,吞噬着市场经济所创造的成果,也吞噬着人们善良的伦理道德观念。

面对全球化与市场经济的双重挑战,中华民族如何在不脱离世界文明大道的基础上,完成自己的现代化,并昂然自立于世界民族之林?这是时代给我们提出的重大课题。新时代的挑战,启示我们要有自己的文化认同和伦理共识,呼唤着弘扬和培育自己的民族精神。如果没有基本的文化认同和伦理共识,没有中华民族自己的民族精神和时代精神,我们就会在全球化的浪潮中被"化"掉,在市场经济的大潮中被冲"散"掉。

民族性与时代性、民族精神与时代精神之间有着张力。民族精神,相对强调民族的殊异性和本民族特征的延绵性、连续性;时代精神,则相对强调人类的普遍性和社会历史的阶段性。然而,两者之间又有其统一性。任何一个走在时代前列的民族,其民族精神都是民族性和时代性的统一,或者说是优秀传统与时代精神的结合。一个与时俱进的民族,必然随着时代的发展而不断弘扬和培育民族精神。

经济全球化、世界一体化或网络文化时代的来临,并不意味着民族性的消解,也不意味着前现代文明已毫无作用。中华民族及其文化在数千年里形成了自己的精神系统、信念信仰、终极关怀、思考与行为方式、伦理生活秩序、价值理念、审美情趣。这些东西固然随时更化,不断变迁,但是,仍然有其一以贯之的精神,这是中华民族及其文化可大可久的根据。中国文化从来就是多元多样的。儒家、道家、墨家及诸子百家,道教、佛教及中华各民族历史的上层、下层的各种文化及诸流派,作为文化资源都是瑰宝,在今天都有同等的价值与意义。我们非常尊重这些文化资源。术业有专攻,我们以儒家文化作为切入点和主要视域,来研究民族精神与时代精神融贯,可深化这一主题。我们绝不排斥,相反非常希望其他学者以道家、佛教等为支点或领域来研究民族精神与时代精神的融贯。毋宁说,这适成一种学术生态的互补关系。

儒学不仅是农业文明的产物,也是华夏族群的精神形态,是中国乃至东亚社会文化的结晶,蕴含了东亚各民族的民族性格、终极信念、生活准则、生存智慧、处世方略。而儒家之所以能够在秦汉以后的社会成为一个主导的思想,这与儒家既能传承传统的典章制度又善于趋时更新、因革损益,是分不开的。所以,儒家文化既是中华民族精神的最集中的代表,又因其"与时俱进"的品格而具有了时代的特性,曾经灿烂辉煌的中国农业社会的儒家文化中的许多因素,尤其是精神因素,不可能不具有超越时空的价值与意义。作为族群的意识与心理,儒家文化在今天仍是活着的。

儒家文化的地位是自然形成的,并不是自封的。儒家本来就是平民之学,是王官之学下移到民间的产物。在礼坏乐崩的时代,春秋末期孔子兴办私学,承担上古三代的文化传承的使命。战国末期到西汉中期的社会,通过选择,在诸子百家中逐渐确立了儒家的地位。儒家思想比较平易合理,使朝野都能接受,满足了"内裕民生,外服四夷"的社会心理,适应了承平时期凝聚社会人心、积极有为地推展事功的需要。儒家讲礼乐伦理教化,虽在实行时会打一些折扣,但大体上与民众的稳定和平、淳化风俗的要求相适合。社会要繁荣发展,秩序化、和谐化是基本的要求。礼教使社会秩序化,乐教使社会和谐化。在分配经济资源,在财产与权力的再分配过程中,儒家满足人民的一个基本公正合理的要求,强调民生,制民恒产,主张惠民、富民、教民,缩小贫富差距,对社会弱者、老弱病残、鳏寡孤独予以保护。其推行的文官制度、教育制度,为平民、为农家子弟提供了受教育与参与政治的机会。这个文官制度,就成了我们的一个国本。这样,它就使得历代各级政治有了新鲜血液,有民间基层的人士参与。这种制度的建构本身,是儒家理念促成的。这个制度文明背后的理念,是维系人心、协调社会人心的。

从历史上看,马克思主义传入中国,恰是以儒家文化为其文化土壤的。我国早期的社会主义者、马克思主义者都以儒家《礼记·礼运》的大同理想作为引进苏俄社会主义、引进马克思主义的文化铺垫。马克思主义中国化过程中,不仅儒家的社会理想起着极大作用,而且儒家的人格理想、人格操守也激励着中国的马克思主义者、共产党人。"志士仁人,无求生以害仁,有杀身以成仁","三军可夺帅也,匹夫不可夺志也","先天下之忧而忧,后天下之乐而乐",救民于水火之中,博施济众,修己安人,修己以安百姓。中国几代马克思主义者所以受民众的拥戴,无不与其人格修养、人格魅力有关。马克思主义与中国的革命、建设的具体实际相结合,包含了与积淀在社会与民众中的儒家文化的诸因素的结合。新中国的制度建构与儒家社会的建构有着难舍难分的关系。毛泽东思想、邓小平理论、"三个代表"重要思想,与儒家传统的经世致用、实事求是、知行合一、民本务实的思想有着内在的关联。毛泽东的《矛盾论》、《实践论》,刘少奇的《论共产党员的修养》,邓小平的易简风格等,都带有儒家色彩。今天,马克思主义中国化最为紧迫的课题,一是科学发展观,强调科学、全面、可持续发展;二是构建和谐社会;三是社会主义的荣辱观。在这三方面,儒家文化资源都可以起一定的作用。儒家文化有关人与自然、人与社会、人与人、人与内在自我诸关系的讨论非常丰富,很多历史经验、治世方略、人性修养的道理需要我们用当代科学理性精神加以分析与总结,以提供给今天的人们来借鉴。

儒家曾不断吸取周边各民族的文化,丰富自身。少数民族不断地给中原带来了活力。反过来说,恰好是在少数民族入主中原之后,例如元代与清代,儒家文化得到长足的发展。今天,儒家仍然是海峡两岸民众的基本信仰与生活方式。海外几千万华人社区,仍然是以儒家文化为主的社区。

我们强调重新发掘儒家文化的精神财富,以之作为弘扬民族精神、培育时代精神的重要资源,决非要鼓吹全面复古、全盘照搬儒家文化的整套东西,更不是试图以中国固有的传统去对抗、抵制外来的文化。儒家文化传统中的确有一些要素由于历史的发展而失去了存在的理由,变成了历史的包袱;另一些要素则可能成为潜在的现代化的胚胎。因此,人们对于"儒家文化传统"本身也存在一个不断重新发现、开掘、回采的过程。我们提倡以批判继承的态度、多元开放的心态,对儒家文化进行创造性的转化。

如上所述,儒家文化中的一些因素,要放在改革开放的社会生活实践、日常生活世界与全球化、现代化的视域中,以现代科学与人文思想、意识来加以考察、分析、批判,始可以转化、建设为今天的精神文明中的有益的内涵,成为今天的民族精神与时代精神的有机的成分。

21 世纪人类文化的发展趋势是告别"西方中心论",在现代性与根源性之间保持必要的张力。各文化民族重新认同自己的文化传统,重新发掘自己的文化典籍与文化精神,将是未来世界多元文化中的一种发展态势,它有助于自己民族的现代化和世界化,也有助于人类文明的多层面开拓。

我们拟系统地研究现代性与根源性之间的辩证关系,以全球化为背景,从民族精神和时代精神的角度全面清理儒家文化,探寻儒家文化在现代社会生活的积淀及创造性转化的途径和模式,探寻多元的现代性;深入挖掘儒家文化资源对当今中华民族精神与时代精神的培育所能贡献的思想观念,提炼儒家思想资源中具有普遍意义的思想观念与价值理想;从文化自觉、民族认同与伦理共识的角度审视儒家思想,探索在经济全球化、文化多元化的世界浪潮中,中华民族的族性特征和中国文化现代化道路的特色,重新检视所谓"国民性"问题;系统清理传统儒家文化的礼乐文明和心性文明资源,抽绎出其中能为当代中国法治社会的建设提供养料的思想资源和能在中国现代化的社会生活中起到积极作用的核心价值观念;为文明对话和全球伦理的建构提供精神食粮;深入考察儒家价值与环境伦理、生命伦理、社群伦理、职业伦理的关系,儒家与现代民主、权利意识、公民社会及现代政治文明的关系,儒学的终极性、宗教性与超越性问题,儒学与女性主义的对话,儒学的草根性及其与生活世界的关系。

儒家文化的许多价值理想一直是中国人安身立命、中华文化可大可久的根据。传统农业社会的社会架构和政治体制已经消失,但并不意味着与之相结合过的价值观念、道德意识、思想与行为方式都失去了存在的合理性。在今天,其中大量的精神财富仍然可以创造转化为中国现代化进程的宝贵助缘,为中国的现代化事业提供精神资源。

儒家的精神首先是创造性的生命精神,是人对宇宙的一种根源感。《周易》以"乾元"代表"天"及其大生之德,"天行健,君子以自强不息";以"坤元"代表"地"及其"广生之德","地势坤,君子以厚德载物"。天地把这种广大悉备的生命创造精神赋予人类,因此,人有一种刚健自强、生生不已的主体精神。孔子、曾子、孟子更是极大地张扬了人的自强不息、积极有为的创造精神,将其归纳为"士不可以不弘毅,任重而道远。仁以为己任,不亦重乎?死而后已,不亦远乎"的弘毅自强精神,"富贵不能淫,贫贱不能移,威武不能屈"的"大丈夫"精神,构成了中华民族精神的主体。儒家文化不是守成的僵死的古董,而是主张常变常新、与时俱进的创造性的有机生命。儒者重"时",孔子就被尊为"圣之时者"。儒家文化主张"因时而变"、"随时世制"、"与时偕行"、"与日俱新",这些都可以转化为当代中国与时俱进、开拓进取的时代创新精神。

　儒家文化的人文精神乃是孔子"仁学"的精神。一方面,"仁"是人的内在的道德自觉,是人的本质规定性,它突显了人的道德自主性。另一方面,"仁"又是"天、地、人、物、我"之间的生命的感通,是"天下一家,中国一人"的价值理想。这种价值理想以"己欲立而立人,己欲达而达人","己所不欲,勿施于人"等"忠恕"之道作为主要内涵,以"仁义治天下"、"以礼治国"、"礼之用,和为贵"、"四海之内皆兄弟"的礼义仁爱原则作为处世之方。这可以推广为人与人、家与家之间的和睦之道,推广为国家与国家、民族与民族之间的和平之道,推广为宗教与宗教、文化与文化之间的和合之道,乃至推广为人类与动植物、人类与自然的普遍的和谐之道。孔子的"仁学"是中华人文精神的内核,是人文主义的价值理想,此不仅是协和万邦、民族共存、文化交流的指导原则,而且也是"人以天地万物为一体"的智慧。无怪乎《全球伦理宣言》的起草者孔汉斯先生,把孔子的"己所不欲,勿施于人"作为全球伦理的黄金规则,这是很有见地的。

　传统儒家知识分子一直以天下兴亡、人民安康为己任。在儒家的济世理想中,始终洋溢着一种伟大的居安思危、忧国爱民的忧患感。这对于维护民族尊严和国家主权、反对外来侵略,都起到了极其关键的作用。儒家是赞同谋利的。董仲舒"正其义不谋其利"是针对君子修身与统治者治国来说的，而不是针对民众与社会的需要来说的。从儒家的思想来看，儒家常把治国者（君子）与一般民众区别开来。对治国者，儒家要求从严，要求治国"不以利为利，以义为利"，故孔子说"君子喻于义"，"为政以德"。但是，对一般民众，儒家要求甚宽。儒家认为人生而有欲，人的物质欲望亦为天之所生，"饮食男女，人之大欲存焉"，有其正当的存在理由。故儒家言"利用厚生"，言"庶"、"富"、"教"。儒家正义谋利的思想在今天仍有积极意义。而且，儒家文化所主张的创生尊生、变通制宜、和谐中庸、诚信敬业、见利思义、以义制利等等思想和智慧也可以转化为现代社会管理和企业管理的宝贵资源。儒家非常重视修身，尤其强调陶冶心灵，养育德性。儒家德目中，"诚"、"信"、"廉"、"耻"等都有深刻内涵，尤其是一系列关于官德的论述与修养工夫论，至今仍不丧失其意义与价值。所有这些，都必须以现代人的公民意识、权利意识、法治观念、道德意识，以社会主义道德文明精神加以引导、改造与运用。

《儒家知识一本通》序言

  大约在一个世纪前,著名的学术史家梁启超先生曾写过一篇小文章,题目叫《为什么要研究儒家哲学》。在这篇文章中,梁先生提出了一个观点:"我们可以说,研究儒家哲学,就是研究中国文化,诚然儒家之外,还有其他各家,儒家哲学,不算中国文化全体;但是若把儒家抽去,中国文化恐怕没有多少东西了。"①无独有偶,稍晚一些,现代新儒学的领军人物牟宗三先生在《从儒家的当代使命说中国文化的现代意义》一文中,也提出了类似的看法:"儒家是中国文化的主流,中国文化是以儒家做主的一个生命方向与形态。"②

  当然,可能有朋友会提出不同的意见,并且找出许多有力的例证。这一点也不奇怪。时至今日,再说到儒家,或许用时下年轻人很喜欢用的一个词——"纠结"——比较能概括人们的感受。的确,很难再找到一种文化现象能像儒家那样令现代中国人"纠结"!在儒家的身上,承载着太多的情感与理智,纠缠着太多的是与非、功与过。当一些中国人虔诚地将儒家奉为价值圭臬、精神信仰时,在另外一些中国人的眼中,儒家则成了文明的包袱,必须对中国近代以来的落后与挨打的历史耻辱负有不可推卸的责任;与此同时,更多的中国人则表现出一种淡漠,把儒家看作是多余的、与现实不相干的东西。

  然而,不论喜欢儒家也好,讨厌儒家也罢,漠视儒家也行,有一点

---

  ① 《为什么要研究儒家哲学》,见易鑫鼎编:《梁启超选集》,北京:中国文联出版社,2006 年第 1 版,第 95.—952 页。

  ② 《从儒家的当代使命说中国文化的现代意义》,见郑家栋编:《道德理想主义的重建:牟宗三新儒学论著辑要》,北京:中国广播电视出版社,1992 年第 1 版,第 28 页。

我们不得不承认：儒家文化已经与中华文明的历史血肉相连、密不可分了。

举一个例子来说吧：

对于很多中国人来说，"四大文明古国"的说法一定不会陌生。我们从小得到教育：文化学家们在考察了人类文明发生、发展的进程后，提出人类的文明最早诞生在古代埃及、古代巴比伦、古代印度和古代中国这四个地区，这就是人类文明源头的"四大文明古国"。

有一点必须承认，在这四大古国中，中国是相对较为晚近的一个。但是，更值得重视的是，中华文明也是这四大文明中唯一保存、延续至今的文明。当古代埃及文明只留下诸如木乃伊、金字塔等供人凭吊的历史遗迹时，当古代巴比伦文明已经淹没在空中花园的传说中时，当古代印度文明被南下的雅利安人拦腰截断时，中华文明却因其坚韧而顽强的生命力，克服一个又一个危机，战胜一个又一个挑战，以通达睿智的头脑、海纳百川的胸襟，涵融不同的文化因子，汇聚成超越时空、绵绵不息的文明之河！

为什么只有中华文明能够经受起诡谲变幻的历史时空的考验，至今依旧卓然挺立？带着这样的疑问，我们重新审视中华文明，惊奇地发现几乎在中华文明演进的每一关键时刻、每一重要阶段，都会闪现有儒家文化的身影！

儒家的命运在20世纪受到严峻的挑战。

20世纪在中国的历史进程中具有突出的意义。从某种程度上看，这个世纪的爱与痛都显得格外地深沉——惨痛而屈辱的近代史迫使人们思考中华民族与华夏文明的出路，"救亡图存，振兴中华"成为时代的主旋律。一批批充满理想与信念的优秀中国人为了中华民族的命运，或者埋头苦干，或者为民请命，或者舍身求法，他们不愧为支撑起苦难中国的"民族的脊梁"！

但毋庸讳言，"下猛药治重病"，以"救亡"为宗旨的中国近现代历史进程中不可避免地存在一些偏激的、矫枉过正的地方。这集中表现在对待儒家乃至整个传统文化的态度上。就拿五四运动以来的一个响当当的口号——"打倒孔家店"来说：

　　南怀瑾先生在《论语别裁》一书中,对"打倒孔家店"做了一番很有意思的解析。他说,中国自唐宋以后的文化主要有儒释道三家,我们可以把它们比作三家店铺。

　　佛学好比百货店,里面百货杂陈,样样俱全。你要是有钱有时间,可以去逛逛,买东西也行,不买东西也行;或者你根本不去逛也没关系,但是社会需要它。

　　道家像是药店,我们不生病的时候当然不去,但万一生了病则非去不可。生病就好比变乱时期,社会出了大问题;倘若要想拨乱反正,就非得研究道家不可。所以,一个国家、一个民族生了病,非去这个药店不可。

　　儒家则是粮食店。前面说的百货店里的商品和药店里的药品,并不是天天都需要的。而粮食店里的粮食则不同,它是我们天天都要吃的,须臾不能离的。

　　五四运动的时候,药店不砸,百货店不砸,偏偏要把最重要的、像命根子一样的粮食店打倒。他们不知道,一旦打倒了粮食店,我们中国人没有米面吃,就只能吃洋面包了。要知道洋面包是我们中国人吃不习惯的,吃久了胃会出毛病的①。

　　从某种意义上看,中国的 20 世纪是一个疏离乃至割裂传统的世纪。而伴随着对传统的疏离,越来越多的中国人已经不知道应该怎样对待包括儒家在内的传统资源。

　　一些人对儒家乃至中国传统文化采取了"薄杀"的态度,这里的"薄"是妄自菲薄的意思。持这种态度的人特别注意到传统资源中落后、愚昧的一面。他们眼中的儒家,成了人血馒头与贞节牌坊的代名词。所以,这些人的观点中往往会表现出一种传统虚无主义。我们可以通过几个例子来扫描这种态度:

　　五四新文化运动的旗手鲁迅先生曾经说过一句话:"中医都是些有意或无意的骗子。"言外之意,中医或者是坑蒙拐骗、谋财害命的骗子,或者是自欺欺人、愚昧糊涂的傻子。总之,中医是无用的。鲁迅先

① 参见南怀瑾《论语别裁》,上海:复旦大学出版社,2003 年第 1 版,第 11—12 页。

生这样说自然有他的原因：在鲁迅的少年时代，父亲便常年卧病不起，请了数不清的中医，喝了各式各样的中药。结果，父亲还是因病辞世。这对鲁迅的打击很大。我们读他的作品，经常能感受到其间弥漫的中药味和与之相伴随的压抑与愤懑。后来，鲁迅赴日本仙台学习西医正是受此影响。尽管转而学文，但对西医的肯定和对中医的不信任，却已经沉浸在鲁迅的精神中。其实，鲁迅对中医的这一看法，反映了当时相当一部分中国精英知识分子的共同心态。他们对旧中国的愚昧、落后有着切肤之痛。欧美（乃至日本）的强势崛起与泱泱中华的卑屈沉沦恰恰构成巨大的反差，以至于不少中国人在追究近代中国悲剧之根源时，不由得对中国的传统文化也产生强烈的质疑。"打倒孔家店！""废除读经！"……于是乎，传统文化一时间成了沉重的历史包袱，成了中国向科学、民主的康庄大道前进路上的绊脚石，甚至成了面目可憎的僵尸和幽灵。

　　再例如，不久前学术界发生了一场大争论。争论的起点是一位学者发表了这样的观点：中国现实社会之所以有如此多的腐败，传统儒家应为此负主要责任！因为儒家讲亲情伦理，儒家的仁爱有明显的远近亲疏差异。作者的结论很能吸引眼球：儒家是中国腐败的温床！显然，不彻底铲除儒家，中国就别想根治腐败。作者和我们大多数人一样，是普通老百姓，深受腐败之苦，因而坚决反对腐败。这很好。但是，作者仅仅基于对儒家的一点儿断章取义的理解，就对儒家下了死刑判决书，未免有"排儒过勇"和避重就轻的嫌疑！这不仅对于人们全面认识儒家不利，而且对我们铲除腐败也无裨益①。

　　无独有偶，一位素以思想新锐闻名的文人，敏锐地发现中国官场上存在一种独特的腐败形式：因书法好而获得异常升迁，升迁后又凭书法而索贿。这一发现很了不起。但该文人的解决方案颇令人咋舌：在中国，要想根治腐败，必先废除书法！

　　此类态度的一个共同点就是"不耐烦"！对儒家"不耐烦"，对传

---

　　① 详见郭齐勇主编：《儒家伦理争鸣集——以"亲亲互隐"为中心》，武汉：湖北教育出版社，2004 年第 1 版。

统"不耐烦"……

另一类人正好相反，对儒家、对传统一味回护，只看到传统资源中领先的、伟大的、杰出的一面。在他们眼中，外国人没有的，我们中国有；外国人有的，我们中国也有，而且还比外国人早得多！

例如：我们中学时代上数学课，会学到"勾股定律"，勾三股四弦五，"勾"、"股"为两条直角边，"弦"为斜边，$3^2 + 4^2 = 5^2$，"勾"、"股"、"弦"构成了一个独特的直角三角形。与此同时，我们还会学到"毕达哥拉斯定律"，$a^2 + b^2 = c^2$，直角三角形的两条直角边的平方和等于斜边的平方。这两条数学定律存在相似之处，所以经常被人们拿来比较。但有一个很奇怪的现象：不少中国人在比较两大定律时，总是会很自豪地强调我们中国的"勾股定律"要比你们西方的"毕达哥拉斯定律"早提出几百年，而下意识地忽视两者之间程度上的差异。被人们忽视掉的其实是更需被重视的事实："勾股定律"只是"毕达哥拉斯定律"中的一种情形；"勾股定律"仍停留在算术的层次，而"毕达哥拉斯定律"则已经进入到代数的层次，后者比前者的抽象思维水平高得多。

再举一个更荒唐的例子吧：

大家都知道"比干剖心"的典故：比干，也称王子比干，是商王朝第十五代君王太丁的儿子，是商朝末代帝王商纣王的叔父。商纣王即位后，荒淫暴虐，倒行逆施，并且残杀敢于劝谏的臣子。眼看商王朝处于风雨飘摇之中，比干冒着被迫害的危险，几次三番进宫向纣王进谏，直斥其非，希望他能幡然悔悟。商纣王恼羞成怒，说道："你总说我这也不对，那也不好，想必你本人是言行端正的圣人了！我听说圣人的心有七窍，倒想看看你是不是也心有七窍！"说罢，命人在都城朝歌的摘星台剖开比干的胸腹，取出他的心肝。这个惨烈的故事说的是历史上敢于进谏、以死抗争的忠梗之臣。不曾想，有一些具备"特殊才华"的中国人居然据此得出了一个令国人"振奋"的结论：中国早在商代晚期就已经有了人体解剖学！

无论是"薄杀"还是"厚杀"，都是片面的、不客观的态度，甚至都是文化自卑心态的反映，都会对我们正确理解传统文化、理解儒家造成阻碍。

　　因此,我们主张用一种开放的心态来了解儒家、了解传统文化,既要对中国古代的文化传统保持必要的"温情"与"敬意",又要"进去之后能出得来",努力站在现时代的高度上,以一种客观、冷静的态度全面评价它。"取其精华,去其糟粕"这句话看似很简单,实则复杂而艰难。套用《大学》里的一句话:"心诚求之,虽不中不远矣。"①共勉!

　　①　[宋]朱熹:《四书章句集注》,北京:中华书局,1983 年第 1 版,第 9 页。

开放的儒学与重建主体性的文化价值

——评《中国儒学之精神》

　　美国已逝著名汉学家列文森教授在其名著《儒教中国及其现代命运》一书中曾下过一个著名的论断："伟大的儒学传统正在衰落,它即将退出历史舞台","退出历史意味着要走入历史。放弃了未来的儒学将会成为逝去的记忆。尽管只是零星地保留了下来,但它却为许多人所怀念和眷顾。它的历史意义也就在此"①。他的"博物馆"之喻,正喻示中国传统文化中最重要的部分——儒学已经在现代社会死亡。列文森教授的这一观点得到许多西方汉学家以及研究西方文化的中国学者的支持。郭齐勇教授的新著《中国儒学之精神》(复旦大学出版社,2009年1月版)对列文森教授的观点做了很好的回应。

　　作为一名现代儒者,郭齐勇近二十年来在大学开儒学课,并在民间做了近百场儒学演讲。历年来讲义讲稿的精粹汇聚成这部带有专著性质的国学教材。该书以十二讲重点梳理了儒学的源流、一代宗师、发展轨迹、经典著作,儒家的礼乐文化、社会理想、治国方略、管理智慧、人性学说、核心价值、人生意境,儒家人文精神的特色、当今的意义与价值,经济全球化下的创造转化与应对之道等。同时,对学术前沿的课题,如儒家与自由主义的对话、公与私、公德与私德、亲亲相为隐与人权、儒学的宗教性及宗教对话等论域,亦提出了许多独到见解。

　　诚如作者在《自序》中所言:"我个人持一种开放的儒学的观点",

---

① (美)约瑟夫·列文森著,郑大华、任菁译:《儒教中国及其现代命运》,桂林:广西师范大学出版社,2009年第1版,第259页。

"开放的儒学"可以视为作者的儒学观以及对中国儒学精神的基本评价。儒学的开放性表现为多个维度：

首先，儒学反对唯我独尊。很多人一提到儒学，就习惯将它与"罢黜百家，独尊儒术"联系在一起。其实，从历史上看，真正的儒学决不自以为是、故步自封。毋宁说，儒学的真精神乃是尊重多元，反对唯我独尊。儒学承认异己者的权利，并不拒绝来自其他学派的客观、善意的批评。早在先秦时期，儒家就与道家、墨家、法家等诸子各家并行不悖、相育不害。两汉以后，各家思想虽有所沉浮，但"诸家大体上是处在合理的冲撞与相互补充的文化生态之中的"。时至今日，包含有儒家的中国哲学，也是在与马克思主义哲学、西方哲学等哲学流派的对话和互动中发展与完善的。中国儒学的生命力并非来自于对他者的排斥与压制，恰恰相反，正是对于不同学派、不同文化资源的包容与涵化，才成就了儒学长久的生命力。

其次，儒学的本质是变动不居、趋时更新的。作者指出，儒学并非一个凝固的概念，历史上并没有什么一成不变的儒学。儒学的开创者孔子就被尊为"圣之时者"，儒家都是"时间的人"，与时偕行，不舍昼夜。历史上的儒学既有其共同尊奉的核心价值，也有适应各自时代所形成的有特色的儒家思想系统或社会人生观念；既有一以贯之的常道，也有因时而异、因时制宜的变道。因此，在今天这个时代，儒学、儒家或儒教当然是具有今天的时代精神的儒学、儒家、儒教。

再次，儒学是下学上达的学问，是生活的智慧。作者明确指出：儒学不是博物馆或图书馆，也不是什么"孤魂"、"游魂"、"野鬼"。儒学是生活，儒学有草根性。真正的儒学从来都是生活的儒学、实践的儒学。即使是在农业社会之后，即使清末民初以来基本社会架构与生活方式发生了翻天覆地的变化，儒学、儒家仍活在民间。例如以"仁爱"为核心的价值潜藏在老百姓心中，体现于当下的生活与社会大群人生的伦常之中，处在百姓日用而不知的状态。汶川大地震使国人的爱心得到充分的展示。作者反对心性儒学与政治儒学的划分，反对将儒学的"学"与"行"隔离。儒家从来都讲内圣与外王的一致，讲经世致用，从来都是在社会政事、教育师道、经史博古、文章子集之学上全面发展的。所以，开放的新儒学或新儒家，不仅要做人，修养自身，著书立说，更重要的是做事 参与现代社会的生活，参与政治、经济、社会管理等各方面的活动，在做人中做事，在做事中做人。作者非常认同所谓"三不朽"中立德、立功、立言的次序。

最后，作者指出：开放的儒学并没有放弃未来，儒学与现代化并不是绝对对立的，它是参与现代化的积极力量，而且不仅仅具有克服现代病、治疗现当代顽疾的作用，也不仅仅具有心理慰藉的作用。儒学的主要精神与价值理念，仍然是人之所以为人、中国人之所以为中国人的安身立命之道，是当代健康的法治社会的民族文化认同与伦理共识之基础。重建中华民族自己主体性的文化价值，才能完成伟大复兴，重新贡献文明于全人类、全世界！

一场关于"亲亲互隐"的论战

2002年至2004年,我国哲学界一些学者以"亲亲互隐"和"孟子论舜"为焦点,就儒家伦理及其现代性的理解问题展开了讨论。学者们从自己的知识背景和学术立场出发,切磋问难。由于论题事关儒家伦理的历史考察和价值评判,事关现代中国社会的伦理、法制建设的人性基础、文化传统,讨论逐渐成为这一时期的一个热点。由郭齐勇主编、湖北教育出版社于2004年11月出版的70万字的《儒家伦理争鸣集——以"亲亲互隐"为中心》一书,正是对这场讨论的及时而全面的总结。

全书收录的48篇论文中有31篇是论战性的文章,参与论辩的学者近20人。为使读者完整地了解论战各方或各作者的思想,《争鸣集》在编排上采取了分类而辑的方式,尽量使某位作者的多篇论文集中在一起,这有利于论者把自己的话说完、说透。毕竟,辩论本身只是形式;系统、深入地厘清观点、阐释思想才是争鸣所真正关注的内核。围绕着"亲亲互隐"为中心,论辩各方"以学术为天下之公器",对儒家伦理的基本特征、文化心理结构和历史评价展开了激烈辩论,并进而对经典文本的解读方式与态度、现代与传统、普遍主义与特殊主义之间的张力等重要主题进行深入探讨。

《争鸣集》的编者努力突破辩论在时间和范围上的限制,不仅把论辩各方的主要观点和相关论文一网打尽,还收录了国内前辈学者和海外知名学者涉及相关主题的有代表性的论著,延伸到儒学与基督教、儒家与墨家的比较等等。该书的独特之处还在于它专辟了一个部分,列出法学界关于相关主题的研究成果。"亲亲互隐"不仅仅是一个哲学、伦理学和道德学的论题,还同时是一个法学论题。有的论文作者从比较法学的角度分析了"亲亲尊尊"、"亲亲相为隐"原则在古今中外法律传统中的普遍性,指出容隐制度实为中西法文化的共同特征之一,完全禁止容隐是不可能的。进而,他们从"授权"和"作证豁免权"的角度解析孔子之"隐"的社会合理性,探讨了"亲亲相隐"的人性基础及从价值层面将"亲亲相隐"与法治平等精神冶于一炉的可行性,指出在建设中国当代法律体系中应重新评价"亲亲相隐"原则的现实意义。

儒家有大量的关于社会公正的资源。本书中的许多论文,深入探讨了儒家血缘亲青、人伦之爱与儒家核心价值"仁爱"的真实意涵;全面地、立体地论了儒家最基本观点的形成与发展;解读了儒家伦理的复杂系统;诠释了先儒对人之性分所涵之仁义以及人之践仁行义的绝对性、普遍性、无条件性的强调,来凸显儒学的这种超越性、终极性和宗教性;论证了"仁"与道德的"心性"究竟为何物;梳理了先秦、宋明儒有关"仁"、"亲亲"、"孝悌"的论说。此外,还有论文将儒家伦理与康德伦理学作了比较,批评了把儒家伦理仅仅视为"角色"、"关系"伦理,指出所谓"普遍伦理学"的建构,一定要在各种文明传统中发掘具有人类共同性的价值观念,通过文明对话,将这些原本"特殊"的观念推广、提升到"普遍"的层面,这当然包括吸取儒家的"仁爱"在内的各族群的伦理价值,将其中人性、人道的内容、因素做创造性转化。根本上,儒家"仁爱"的论说是在本体论、存在论上才能理解的,在实践生活上才能体证的,从人的本体论上讲,中国传统哲学重视宇宙人生的根源性及天人之际的感通性。任何宗教、哲学传统中,伦理价值系统与终极性的本框之学(或曰形上学、本体论)都有不可分割的联系。不理解儒家形上学,也就不可能理解儒家伦理学或儒家价值论,那么在评价上就可能犯孤立、片面、表面的错误。

连续性与时代性的贯通

——读《中国庄学史》

　　《庄子》是我国文学和哲学宝库中不可多得的瑰宝奇葩。鲁迅先生曾评论道:"其文则汪洋辟阖,仪态万方,晚周诸子之作,莫能先也。"《庄子》的暗示性无边无涯,涵盖面无穷无尽,给人以广阔的想象空间,可以作出多重的、创造性的解读。其浪漫主义的手法,丰富多样、生动逼真的描写,辛辣讽刺的笔调,创造式的寓言,是我国文学史不朽的源泉。庄子的精神,也正是中国艺术精神、中国美学精神与中国哲学精神。

　　庄子的宇宙观(自然观)、认识论、人生观、道德观、政治观、社会历史观与庄子的哲学体系核心"道"紧密相连。庄子之至人、神人、圣人、真人,都是道的化身,与道同体,因而都具有超越、逍遥、放达、解脱的秉性,实际上是一种精神上的自由、无穷、无限的境界。这深刻地表达了人类崇高的理想追求与向往。庄子主张随大自然的变化而变化,物来顺应,与大化为一,即与道为一。如此,随健行不息的大道而游,还有什么可待的呢? 因其"无所待"才能达到至人、神人、圣人的逍遥极境。这个境界就是庄子的"道体",至人、神人、圣人、真人都是道体的化身。庄子的人生最高境界,正是期盼"与道同体"而解脱自在。这种自然无为、逍遥天放之境,看似玄秘莫测,但实际上并不是脱离实际生活的。每一时代的类的人、群体的人,尤其是个体的人,虽生活在俗世、现实之中,然总要追求一种超脱俗世和现实的理想胜境,即空灵净洁的世界。任何现实的人都有理想,都有真、善、美的追求,而道家的理想境界,就是至真、至善、至美的合一之境。庄子的哲学思想,从海与河、天地与毫末的相对比较中说明万物的大小、贵贱、生死、是非都是相对的、相互转化的。为人应顺其自然,一切不可强求,要回到天真的境界。《庄子》以寓言故事,说明了学道和得道,"以物观之"与"以道观之"的方法学的差别,强调的是整体的和谐与物我的相通。俗人的好恶总不免偏颇,真人则超越于好与不好之上,摆脱了人间心智的相对分别,既忘怀于美恶,又排遣于爱憎,冥合大道,纯一不二。真人守真抱朴,与天为徒;同时又随俗而行,与人为徒;既不背离天理,又不脱离人事。为此,天与人不相排斥、不相争胜而冥同合一。达到物我、主客、天人同一境界的人,才是真人。

"各适己性"的自由观的前提是"与物同化"的平等观。逍遥无待之游的基础正是天籁齐物之论。庄子自由观的背景是宽容,承认自己的生存、利益、价值、个性自由、人格尊严,必须以承认别人的生存、利益、价值、个性自由、人格尊严为先导。这种平等的价值观肯定、容忍各种相对的价值系统,体认其意义,决不抹杀他人的利益、追求或其他的学派、思潮的存在空间。这样,每一个生命就可以从紧张、偏执中超脱出来,去寻求自我超拔的途径。章太炎《齐物论释》正是从庄子"以不齐为齐"的思想中,阐发"自由、平等"的观念。"以不齐为齐",即任万物万事各得其所,存其不齐,承认并尊重每一个体自身具有的价值标准。这与儒家的"和而不同"思想正好相通。

《庄子》一书是道家与道教的经典,对后世产生了深远的影响。中国古代的读书人,几乎没有不喜欢《庄子》的。秦汉以降,特别是魏晋之后,有关《庄子》的研究越来越多。有的重文字考证,有的重义理解释,更多的是借注《庄》、释《庄》获得一种人生解脱,亦有以玄学解《庄》或援《庄》诠佛的。历代关于《庄子》的注疏可谓汗牛充栋。有关庄子的注疏、诠释的历史,构成了庄学的一部分。但历来并没有人把诠释庄子的历史加以系统的整理、研究,有之,则从熊铁基教授开始。

由熊铁基、刘固盛、刘韶军诸先生著述、湖南人民出版社 2003 年10 月出版的《中国庄学史》一书,无疑是一个极为成功的范例。作者做出了创造性的尝试。

是书洋洋五十万言,历述了庄学自产生起,经秦汉、魏晋南北朝、隋唐、宋元,迄至明清时期的各个时代的发展状况。特别应该指出的是,作者在梳理庄子之学纵向的发生、发展线索时,始终将历史上的庄学研究看作一个动态的过程;换言之,庄学史既与庄子乃至道家思想内在的发展理路血肉相连,同时又与各个时代具体的文化心理、社会思潮激荡互动、密不可分。如此一来,庄学的发展就同时具有了连续性和时代性,这两者共同构成了庄学研究的历史发展。

从连续性来看,对庄子之学的研究思考始终是各个时代所共同关心的主题之一。处在不同历史阶段的思想家们不约而同地从《庄子》的文本中汲取思想的营养;尤其是庄子对于社会、人生的深刻反思,以及由此而确立的超拔挺立的精神,一直以来,成为支撑和滋养中国思想家的重要精神资源之一。因此,庄学研究在历史上的发展过程,在某种程度上,就是不同时代的人们对庄子以及道家思想的不断发掘的过程。这使庄学研究史必然具有某种连续性。

但更值得关注的是庄学研究的时代性。作者从两个方面做了论述:

首先,作者注意挖掘不同时代的主要思潮与该时代的庄学研究之间的关联互动。以秦汉为例,政治一统、学术整合,表面上"罢黜百家,独尊儒术",庄学研究处于"潜行"的状态;但在这种表象之下,三百年间读《庄》注《庄》之风不绝如缕,很多思想家都自觉不自觉地受到庄学的影响,这其中也包括了不少儒家知识分子。如韩婴著《韩诗外传》引《庄子》之语不少,董仲舒作天人感应之论受庄生启发实多,等等。相应的,作者系统地阐释了魏晋时期庄学与佛学般若学之间的互辅共进,隋唐时期庄学在儒道并重之下的发散展开,宋元时期庄学与理学的并行不悖,及明清时期庄学与心学、考据学的转相发明。如此一来,庄学研究的发展史就成为各个时代思想发展史的鲜活的内容,人们从历史时代的思潮中可以看到庄学发展的影子,也能够在庄学的具体展开中折射出时代思想的轨迹。

其次,作者独具匠心地选取了庄学发展史上各个时期的若干重要思想家进行个案研究。以唐代的成玄英为例,作者从"会通老庄"、"修正郭象"、"凸现重玄"、"归宗修身"四个方面介绍了成玄英的庄学研究情况,内容涉及文本解读、义理耙梳、直觉体验等多个层次、多个方面。在具体个案的研究中,作者关注到了一些庄学史上被人们所忽视的重要资料;而对于众人聚讼不已的问题,作者亦有许多精彩独到的见解。关于宋元时期的庄学如何在学术思想的转换创新中获得新的生命,本书格外详尽地作了说明。庄学与佛学、理学的关系尤为繁复,作者发掘了不少材料,又以典型个案的方式,论证了庄学既是理学的重要资源,又在理学的氛围下改换了自己的内容与形式。其中关于王雱、陈景元、朱熹、林希逸、褚伯秀的讨论,可谓发前人之所未发。至于明清时期的学术特色与庄学的关系问题,作者也作出了独到的说明,其中关于陆西星、释性通、沈一贯、焦竑、方以智、王夫之等人的阐述,有很多深刻的洞见。

该书在思想阐释、体系结构等方面的特色还有很多。例如,作者对各时代学术特点及同一时期庄学研究特色的概括,言简而意赅,往往有过人之处。又例如在论及各时期庄学研究的状况时,作者常常有意识地将这一时期的研究和注释成果系统地列出,以便后学者检索查询。而作者将庄学史写到清代便戛然而止,同时附上《20世纪〈庄子〉研究资料简目》,也反映了作者在宏观结构上的成熟思考。

倘若我们把连续性的思想史的纵向线索比作一串项链的绳线,而把思想史在不同时代、不同思想家身上的横向展开比作这串项链的珠子,那么,《中国庄学史》一书正是做到了珠与线的有机贯穿。因此,我们有理由说,《中国庄学史》是一部真正意义上的专门思想史!在中国经典的诠释方面,有关《庄子》的诠释自成一格,又与儒、释思想的诠释时相呼应。本书对我们把握中国经典的诠释特性,极有价值。我们衷心地感谢熊铁基教授与他的共同体在《中国老学史》之后又为学术界贡献了这一精品,二者珠联璧合。

附录:秦平主要著述目录

专　著:

《大家精要——方东美》,昆明:云南教育出版社,2008 年 9 月第 1 版。

《儒家知识一本通》(与桑靖宇教授合编,第一作者),武汉:长江文艺出版社,2011 年 9 月第 1 版。

论　文:

《庄子的生死观刍议》,《学术月刊》,1999 年第 8 期。

《个体的发现与探索——孔学新探》,《中华文化论坛》(与郭齐勇教授合著,第一作者),2000 年第 1 期。

《萧萐父先生"明清启蒙"学术史观之演进》,《中华文化论坛》,2004 年第 2 期。

《浙东:东莱学与事功学的突起》,收录在郭齐勇主编:《宋明儒学与长江文化》,武汉:湖北教育出版社,2004 年 10 月第 1 版。

《近 20 年熊十力哲学研究综述》,《哲学动态》,2004 年第 12 期。

《一场关于"亲亲互隐"的论战》,《光明日报》,2005 年 3 月 24 日。

《试论春秋的世子制度》,《武汉大学学报》(人文科学版),2006 年第 3 期。

《浅析〈春秋穀梁传〉的"内鲁"思想》,《齐鲁学刊》,2007 年第 1 期;人大报刊复印资料《中国哲学》2007 年第 8 期全文转载。

《二十世纪以来国内〈春秋穀梁传〉思想研究综述》,《孔子研究》,2007 年第 6 期;人大报刊复印资料《中国哲学》2008 年第 2 期全文转载。

　　《范宁〈春秋穀梁传集解〉的解释学意义》,《人文论丛》(2007 年卷),北京:中国社会科学出版社,2008 年 5 月第 1 版。

　　《传统与现代化之间——萧萐父先生"历史接合点"思想初探》,《武汉大学学报》(人文科学版),2008 年第 5 期。

　　《中国哲学研究 30 年的反思》(与郭齐勇教授合著,第一作者),《哲学研究》,2008 年第 9 期。

　　《开放的儒学与重建主体性的文化价值》,《光明日报》(理论综合版),2009 年 4 月 3 日。

　　《〈春秋穀梁传〉华夷思想初探》,《齐鲁学刊》,2010 年第 1 期。

　　《析论〈春秋穀梁传〉兄弟伦理》,《比较哲学与比较文化》(第二辑),武汉:武汉大学出版社,2010 年第 1 版。

　　《〈春秋穀梁传〉时间观念探析》,《武汉大学学报》(人文科学版),2011 年第 6 期;人大报刊复印资料《中国哲学》2012 年第 1 期全文转载。

后 记

十八年前，一份难得的机缘让我来到珞珈山下，并逐渐被中国传统哲学神秘而空灵的氛围所吸引。为了窥探中国哲学的门径，我养成了抄书的习惯。无论四书五经或诸子典籍，先找来中华书局的权威版本，细读一遍，然后开始抄录；重看一段，抄一段；先抄经文，再选抄注疏。如此几年下来，厚厚的笔记本也用完了七八本。

至今仍记得当年抄录《孟子》的情形。在读与抄的过程中，《孟子》最触动我的，不是它的浩然之气，也不是它的恻隐之心，而是《离娄下》中的一句话："盈科而后进。"当时并不能完全明白这五个字的含义，只是隐隐约约认定：这正是我学习中国传统哲学应该遵循的道路！

再往后，按部就班地读硕士、读博士、留校任教，从学中国哲学到教中国哲学，其间也有过少许的动摇或懈怠，但"盈科而后进"这五个字始终盘桓在心脑之间，让我缓慢然而持续地在这条路上前行着。

现在有机会将自己这些年来学习和研究《春秋穀梁传》及中国哲学史的成果整理一下，看着仍显稚嫩的文稿，想到自己与"盈科而后进"这句话的渊源，便斗胆将它作为后记吧！

2012 年 4 月于珞珈山南麓